ピース・アルマナック 2024

核兵器と
戦争のない
地球へ

編著　ピース・アルマナック刊行委員会

監修　梅林 宏道

緑風出版

ガザ 今すぐ停戦を

⇐「関西ガザ緊急アクション」主催のデモで停戦を訴える（2023年11月18日、大阪御堂筋。写真撮影：細川義人）

⇑ 国籍を超えて無差別大量虐殺抗議するキャンドル・アピール（20○年11月26日、広島原爆ドーム前。写真撮影：中奥岳生）

街角から平和を

米軍空母の横須賀母港反対50年

⇑ 地域のグループが同で取り組んだ街頭○ンケート（2023年5月○日、横須賀中央駅Yデキ。写真撮影：今井明）

⇐ 1976年に始まった末日曜日の月例デモ休まず今も続く（2023○7月30日、基地正門近の街角。写真撮影：今○明）

発刊にあたって

　『ピース・アルマナック2024』が扱う2023年1月1日より12月31日までの1年は、2022年に引き続き戦争と軍事化の1年でした。ロシア・ウクライナ戦争は2年目に入りましたが、依然として停戦の見通しが立っていません。ロシアとNATOの対立はさらに深刻化しました。また、中東では新たな戦端が開かれました。ハマスによる奇襲攻撃を発端として、イスラエル軍がガザに大規模な攻撃を開始し、2023年末までに2万人を越える死者を出しています。朝鮮半島では、北朝鮮の核兵器に対して日米韓軍事体制が強まり米国の核兵器の誇示で対抗するようになりました。

　他方で、核軍縮に向けた多国間会議も開催されました。7月から8月にかけてウィーンで第11回核不拡散条約（NPT）再検討会議第1回準備委員会が、11月から12月にかけてニューヨークで核兵器禁止条約（TPNW）第2回締約国会議が開かれました。

　このような情勢を反映して、本書は「ハイライト：ガザ─人間の危機」という特別の章を設けてイスラエル軍のガザ攻撃に関わる文書や資料を掲載しました。ロシア・ウクライナ戦争に関する文書は第1章と第8章に、朝鮮半島情勢に関する文書は第4章に、NPTとTPNWの会議に関する文書は第2章に掲載しました。

　日本では、安保三文書の方針にしたがって軍事化がさらに進みました。防衛装備品の輸出基準が緩和され、安全保障目的の対外援助が開始され、防衛産業強化の方針が示されました。また、南西諸島の軍事化がさらに進みました。こうした資料を第7章に掲載しました。

　また、戦争と軍事化に対抗する市民社会のさまざまな取り組みを第8章に掲載しました。

　さらに今回から、出典にQRコードをつけて、デジタル・アクセスを容易にしました。

　本書は、若手・中堅の専門家を中心とした刊行委員会によって刊行されています。原稿の作成と解題の執筆は刊行委員が担当し、編集と製作はピースデポが担いました。資料の翻訳について、とくに断りのないものは、すべて刊行委員会の責任において行いました。

　本書では新しい資料と書きおろした文章は大きな活字とゆとりのあるレイアウトで、再掲載が必要だと考えられた以前からの文書は小さな活字と詰まったレイアウトで紙面を作り、読みやすさと収納文書数のバランスを図っています。

　『ピース・アルマナック2024』が座右の書として活用されることを、刊行委員会一同、強く願っています。また、内容の正確さや見やすさ、使いやすさの向上のために、読者の方々のご意見をお待ちしています。

『ピース・アルマナック』共同刊行委員長

渡辺洋介・梅林宏道

『ピース・アルマナック2024』の発刊によせて

　『ピース・アルマナック2024』の発刊にあたり、日本非核宣言自治体協議会を代表して心よりお喜び申し上げます。

　1984（昭和59）年に結成された本協議会は、平和を希求し、核兵器のない世界を目指した自治体がお互いに連携し輪を広げています。2024（令和6）年4月1日現在、国内の1,788自治体の約93％にあたる1,667自治体が非核・平和都市宣言を実施し、このうちの356自治体が本協議会に加入しており、世界恒久平和の実現のために努力することを誓っています。

　2022年2月に開始したウクライナ侵攻が長期化し、核兵器が使用される可能性が現実味を増す中で、昨年5月にG7サミットが初めて被爆地・広島で開催され、核軍縮に焦点を当てた初のG7首脳文書である「広島ビジョン」が発出されました。

　しかし、その後に開催された第11回核不拡散条約（NPT）再検討会議第1回準備委員会では、議長総括を公式文書として残せず、さらに、核兵器による威嚇を繰り返してきたロシアが包括的核実験禁止条約（CTBT）の批准を撤回したことに加え、中東の軍事衝突の中で、イスラエルの閣僚により「核兵器の使用が選択肢の一つ」との発言がなされるなど、国際社会における対立や分断、核兵器への依存がより一層顕著な形で表れる出来事が続きました。

　昨年11月、国際社会の緊張がさらに高まる中で開催された核兵器禁止条約第2回締約国会議では、ますます深まる核兵器への依存によって、核リスクがとりわけ悪化していることを強調したうえで「現在及び将来世代のため、核兵器のない世界を達成するために不断に取り組んでいく」という力強い政治宣言が発出され、核兵器のない世界の実現に向けた確固たる決意が表明されました。

　このような混沌とした状況にある時こそ、核兵器廃絶を願うすべての人々が一丸となり、核兵器禁止条約発効に至るプロセスに象徴されるようなボトムアップ型のアプローチによって、核兵器廃絶に向けた強固な包囲網を築き、世界を変える力を再び生み出していくことが大切です。

　本協議会では、研修会等を通して、核兵器を巡る国際情勢や平和行政の取組みへの理解を深めています。本書では、前述の2つの国際会議に関する重要な文書や、ウクライナ侵攻、中東情勢を理解するに必要な基礎資料など、国際社会を取り巻く最新の動向を幅広く紹介していると伺っています。今年も全会員自治体に配布し、職員の方々に大いに役立てていただきたいと考えています。

　最後に、『ピース・アルマナック2024』刊行委員会の皆さまのご尽力に心から敬意を表しますとともに、特定非営利活動法人「ピースデポ」のますますのご発展を祈念いたします。

2024年4月
日本非核宣言自治体協議会会長
長崎市長　鈴木史朗

もくじ

ハイライト　ガザ—人間の危機

第1章　平和・軍縮全般

第2章　核軍縮・不拡散：国連など多国間協議

第3章　核軍縮・不拡散：主要国（日本を含む）

第4章　核軍縮・不拡散：朝鮮半島

第5章　核軍縮・不拡散：イランおよび中東

第6章　通常兵器

第7章　日米拡大安保体制および自衛隊

第8章　自治体および市民

第9章　基礎資料

エッセイ

時代のなかで

平和構築に求められる憲法24条からの学びと実行

清末愛砂

（室蘭工業大学大学院教授）

憲法24条と護憲・平和運動の課題

　筆者は、憲法24条の価値を特に憲法原理の一つである平和主義の観点から研究している法学研究者である。詳細は後述するが、家庭生活における個人の尊厳や両性の本質的平等について規定する24条は、家制度の廃止をもたらした重要条文であること等から、サンフランシスコ講和条約の発効以後にはじまった右派による改憲運動により、ターゲットとされてきた条文の一つである。そうであるにもかかわらず、また憲法上、日常生活に最も関係する条文であるにもかかわらず、戦後から現在にいたるまでの護憲・平和運動は、総じて同条の価値については無関心であり続けている。平和主義・平和条項という場合には、戦争・武力行使・武力による威嚇の放棄、戦力の不保持等を規定す

る9条が、第一義的には至上のものとされ、次に、またはほぼ同時に平和的生存権（前文2段後半）が注目されてきたのである。

　護憲・平和運動内の無関心も、結果的に右派が進める改憲運動によるターゲット化を促進することになった。24条の存在が注目されずにきた主な理由は、①憲法研究者を含め、日本社会のジェンダー意識が弱く、それゆえに②日本国憲法の三大原理のうち、最も重要な原理である基本的人権の尊重にジェンダー平等が含まれるという意識が広く醸成されにくかったこと、および③そうした背景ゆえに、24条が日本の民主主義だけでなく、恐怖と欠乏からの解放を軸とする平和的生存権と密接なかかわりを有することで、平和主義の発展に寄与してきたことへの理解が圧倒的に不足してきたことにある。

　本稿では詳細は述べないが、24条の草案起草者であるベアテ・シロタ・ゴードンが、大日本帝国を知っていた者として、起草当時に日本で平和を達成するためには女性の幸せが不可欠だと考えていたことの多重の意味について、もう少し注意が向けられるべきであろう（ベアテ・シロタ・ゴードン〔平岡磨紀子／構成・文〕『新装版　1945年のクリスマス―日本国憲法に「男女平等」を書いた女性の自伝』柏書房、1997年、159頁）。大日本帝国のありようからジェンダー平等を

訴えたベアテは、平和の概念を広くとらえていたのである。この視座があれば、恐怖が戦争や武力行使だけでなく、例えば、DVや児童虐待のようなファミリー・バイオレンス、性暴力、いじめ、各種の差別等の多様な暴力の形態から生じることを想像できよう。そうすれば、平和的生存権と24条との関係性も見出すことができるのである。

こうした状況に鑑みて、筆者は、ジェンダー構造のなかに見られる、力による支配やそれを生み、維持することを可能とする権力関係をつくりだす諸々の構造的暴力を是とするメンタリティからの克服こそが、非暴力的な社会を構築するために必要不可欠であると各所で訴えてきた。なぜなら、このメンタリティの浸透が、社会を無意識であっても軍事力で他国や地域を凌駕することに何ら疑いを持たない方向に歩ませ、同時にその遂行のために軍事力の強化を推進することが当然視されるような風潮を生むからである。

残念ながら、現在の日本では、すでにその風潮が公私双方のレベルで染み渡っているといわざるを得ない。特に公のレベルでは、2022年12月に安全保障関連の3文書（いわゆる安保3文書：国家安全保障戦略、国家防衛戦略、防衛力整備計画）が閣議決定されてからというもの、大軍拡の進度に拍車がかかっている。例えば、関連立法として、2023年6月には防衛産業強化法や防衛財源確保法の制定がなされているほか、同年12月に防衛装備移転3原則とその運用指針の改定が閣議決定されたことで、殺傷能力を有する武器の輸出への道が開かれた。

この流れに対し、日本各地で市民による大規模な抗議が盛り上がることなく、むしろそれをあたかも当然のものであるかのように受け止める社会的風潮すらある。近年の日本政府による、安全保障上の危機感をあおるためのプロパガンダ（例えば、ロシアによるウクライナ侵略の利用や台湾「有事」論）が功を奏した結果であるともいえるだろう。このような風潮と上記のメンタリティは密接にかかわっている。力を誇る強者であろうとすることこそが国家や社会、あるいは人間関係においてめざすべき理想であると考える点でつながるからである。強者が堂々と闊歩できる社会は、家族関係を含むさまざまなレベルで脆弱な立場に追いやられてきた人々をさらに追い込む社会である。昨今の離婚後の共同親権制の導入をめぐる議論においても、＜ジェンダー平等＞の名の下で共同親権を「理想」とし、その導入を強く推進する研究者や実務家がいるが、少なくとも、実質的なジェンダー平等の達成に大きな課題があるような段階では、その論理は自律した強い個人を前提にした脆弱性を無視した＜平等論＞にすぎない。強者の闊歩を許す余地を与えることで、結果的に強者であることを是とする軍事化にも貢献する。

現在の情勢を変えるためには、こうしたメンタリティが生む問題に真摯に向き合い、それを身につけないようにする個人をどれだけ育成できるかが、大きな課題となる。その鍵を握るのが24条である。本稿では、同条が9条とともに平和主義を支える両輪であることを説明するが、同時にそれを通して、護憲・平和運動に対する筆者なりの問題提起が含有されていることを受け止めていただけると幸いである。

憲法24条と伝統的な憲法解釈の限界

憲法24条は1項で憲法上の婚姻の成立要件と夫婦の同権を明記し、2項で家族に関係する立法における憲法上の基準を規定している。もう少し詳細を書くと、①1項は、婚姻に対する他者からの介入を排除し、当事者の合意のみに基づいて成立すること（＝「両性」と明記されているが、婚姻の当事者

が「男性」と「女性」であることを示すことが目的ではなく、その主眼は合意のみという点に置かれている)、②2項は、立法は立法府である国会の裁量にゆだねられるとはいえ、裁量の悪用や暴走を防ぐために、憲法上の秩序として「個人の尊厳」と「両性の本質的平等」を基準とすることが明記されている。

日本の高等教育機関における憲法学の授業では、法学部開講科目であろうと、一般教養科目であろうと、24条の解説にじっくりと時間をかける担当教員はほとんどいないだろう。それどころか、総論の授業のみならず、各論のうち人権の授業においても24条自体を取り扱わないか、短時間だけ取り扱って終わりという担当者も多いはずだ。それは、限られた時間で総合的に網羅しようとするときに、特定の条文に長い時間をかけることができない事情もあろうが、それよりも、憲法研究者の間で同条の多面的な意義が十分に広がっていないことに起因している。

伝統的に憲法学界においては、24条が明治民法上の家制度の廃止をもたらした憲法上の根拠条文となったという点に着目し、女性を大日本帝国時代の性差別に基づく抑圧的なしくみから解放したという文脈のみから評価してきた。総じてそれ以上の価値を見出さず、消極的な意味での自由権（＝国家からの介入の自由）にすぎないと解釈してきた。家制度は、同条、13条（個人の尊重）および14条1項（平等原則）の観点からすると、日本国憲法の下では存在し得ないしくみであり、その廃止だけが価値の判断対象となったのである。

もっとも、帝国主義・植民地主義国家であった大日本帝国を支えた公的なしくみである家制度が廃止されたこと自体、帝国の価値観や実際のありようが少なくとも法制度上は否定されたのであるから、社会の新

しい方向性を考えるうえで、非常に大きな意味があることは間違いない。しかし、その点だけで留まってしまうと、家制度が廃止されようとも根強く残り続けることが自明な、親密圏である家族内の差別や暴力への法的対応を網羅する視点を持ち得なくなる。（どのような形態であろうとも）家族は、外部からの目が及びにくいため、とりわけ権力関係に基づく暴力や差別が隠蔽されやすい空間である。それにもかかわらず、近代市民法の原則の1つには、私的自治の自由があることから、私的な空間である家族には公権力が介入することが難しいとされてきた。そのために、被害者への法的救済が遅れ、被害者が長年泣き寝入りを強いられてきたのである。

憲法24条の再評価の動き

憲法24条は、こうした泣き寝入りを認めないための立法政策を導くことができる条文である。具体的には、上述したように1項で夫婦の平等の権利が規定されていること、そしてより重要なのは、2項で家族に関する立法の基準として、個人の尊厳と両性の本質的平等が規定されているからである。

1980年代以降、女性学の発展の流れと軌を一にして、24条の伝統的解釈を超える同条の存在意義を再評価する動きが始まった。それは、家制度廃止以降の家族内での暴力を根絶するための条文として、その存在意義を積極的に見出そうとする解釈であった。より詳細に書くと、家父長的社会規範に基づく男性優位社会の構造が顕著に反映されている親密圏において、性支配から被抑圧者を解放するための法的救済の道をつくる根拠条文として位置づける解釈ということになろう。

なお、日本国憲法において、個人の尊厳を明記しているのは24条2項のみであり、これは同条の大きな特徴の1つとしてとらえ

るべき点である。憲法学界では、個人の尊厳を13条の個人の尊重と同義であるかのように解釈する傾向があるが、両者は異なるものである。個人の尊重とは、個人が自己決定の権利主体として認められることを意味する。一方、個人の尊厳とは、自己決定の権利主体であっても、実際には社会にはびこる強者の論理を前にして、個人が強いられる脆弱性や社会規範ゆえに権利を行使することが困難な場合に、その苦境から個人を解放するための法的救済を導く、重大な役割を有するものである。似ているように見えるが、めざすところは異なり、両者が同義と考えられてきたこと自体、強者の論理が優先されてきたことの証左に他ならない。

さて、日本では、2001年にDV防止法（現在の正式名は「配偶者からの暴力の防止及び被害者の保護等に関する法律」）が制定された。同法の憲法上の根拠となった条文の1つが24条であったのはいうまでもない。制定から複数の改正を経て、2023年改正で接近禁止命令の対象となるDVの形態に精神的暴力が含まれるようになった。DVといえば、一般的には、加えられる暴力を指すととらえられがちであるが、それは間違いである。その本質は配偶者や元配偶者を支配することにあり、その道具として身体的暴力や生命・身体に対する加害の脅迫に加え、精神的暴力や経済的暴力等の他の形態の暴力が用いられると理解すべきものである。

この視点を分析ツールの1つとして持ち得ると、暴力が使われる目的が家族のような親密圏における関係だけでなく、次に述べるイスラエルとガザとの権力関係を含む他のさまざまな関係性における支配の構造を明らかにしていくことが可能となる。この点をあえて強調しておきたい。なぜなら、筆者は護憲・平和運動へのかかわりを通して、同運動に決定的に欠けている重要な視点の1つであると考えてきたからである。

憲法24条の視点からイスラエルとガザの関係を読み解く

社会が個人から構成されていることを前提に、非暴力的な特性を有する社会を構築するために求められる諸条件を検討すると、欠かすことができないものとして、暴力に依拠しない個人を育むことがあげられる。これは、憲法24条の再評価を通して導かれた解釈としての親密圏における暴力の根絶をめざす位置づけと同じ軸の上にある。

ところで、親密圏における暴力の加害者あるいは職場等での各種のハラスメントの加害者は、自らの加害行為を正当化するために、しばしば行為が引き起こされた責任は被害者側にあると主張する。そのために、例えば、被害者が協力的でなく反抗的であったからだといった理屈が用いられる。暴力をふるうことだけでなく、それにいたるまでの自らの支配欲を顧みることがない責任転嫁そのものである。いうなれば、支配下に置いてきたはずの相手が意に反することをしたと立腹し、それを押さえつけ、かつこれ以上の抵抗を許さないために恐怖心を植え付けるための行為に走るのである。

ところで筆者は約24年間、イスラエルの占領下に置かれているパレスチナ人の支援・連帯活動にかかわってきた。現地でパレスチナ人が率いる非暴力抵抗運動に参加したり、日本の支援団体のメンバーとして国内で問題を喚起する活動にも参加したりしてきた。近年では、北海道パレスチナ医療奉仕団という小さなNGOの活動の一環で、現地派遣の際には、東エルサレムを含むヨルダン川西岸地区とガザ地区で子どものための出張アトリエ（絵画教室）の担当者を務めてきた。これらを通して、占領者イスラエルの数々の国際法違反の行為を支えるメンタリティや占領統治の方法（＝分断と隔離を基

点の1つであると考えてきたからである。

本とするアパルトヘイト）を観察してきた。その結果、19世紀の欧州における近代反ユダヤ主義とナショナリズムの高揚の影響、および帝国主義的、植民地主義的発想を同時に持ち合わせたイスラエルの建国思想であるシオニズムの排他性が、パレスチナ人に対するアパルトヘイトの底に横たわっていることを痛感させられてきた。

支援・連帯活動へのかかわりの初期から中期の段階では、ここまでの理解にすぎなかったが、これに加えてとりわけ近年では、占領者と被占領者の関係や構造が上記で述べたような、DV加害者と被害者のそれに酷似していると確信するようになった。これは、24条の研究を続けるなかで、DVの本質を決定づける加害者のメンタリティを学んだからこその理解であった。占領・支配下に置いているパレスチナ人、とりわけ17年もの長い期間、苛酷な封鎖を強いることで支配者の力を見せつける対象であり続けてきたガザの人々が、支配者の意に反することをしたと思えば、反抗を許さないとばかりに叩きのめす。これはまさに、DV加害者のやり口と同じである。

2023年10月に始まった、かつてないレベ

ルの想像を絶するガザへの大規模軍事攻撃——それは今世紀に起きたあらゆる惨劇のレベルを凌駕し、人の経験と英知に基づいて発展してきたはずの国際法の秩序をあからさまに否定するもの——においても、力に依拠して勝たねばならぬとする強者の論理が、あらゆる側面で見てとれる。強者の論理の究極性・モンスター性を日々見せつけられているといえばいいだろうか。それは、軍事攻撃の激しさだけに反映されているわけではない。人道支援物資の搬入を大幅に制限することでガザの人々を飢餓で壮絶に苦しめる行為、2024年1月26日の国際司法裁判所による暫定措置命令の発令後のUNRWA（国連パレスチナ難民救済事業機関）に対する叩き方等にも如実にあらわれている。

この関係性が示すように、支配と被支配の構造を形成する権力関係が存在する限り、足元の生活であろうとなかろうと、恐怖からの解放も暴力からの解放も不可能である。軍事化、戦争や武力行使を止めるためには、権力関係を問題視する24条の精神からの真摯な学びと実行が強く要請される。

清末愛砂（きよすえ　あいさ）

室蘭工業大学大学院教授。専門は憲法学・ジェンダー法学、アフガニスタンのジェンダーに基づく暴力の研究。著書に『平和に生きる権利は国境を超える—パレスチナとアフガニスタンにかかわって』（共著）、『ペンとミシンとヴァイオリン—アフガン難民の抵抗と民主化への道』（単著）、『自衛隊の変貌と平和憲法—脱専守防衛化の実態』（編著）等がある。アフガニスタンのフェミニスト団体RAWA（アフガニスタン女性革命協会）との連帯活動を10年以上続けている。RAWAと連帯する会共同代表。北海道パレスチナ医療奉仕団メンバー。

2023年の日誌

日誌

2023年の日誌

	核兵器・軍縮	日米安保・憲法	沖　縄
1月	▶1月9日　中国外相、露外相と電話会談、核による威嚇や使用に反対の立場を強調。 ▶1月24日　原子力科学者会報、「終末時計」を人類滅亡まで90秒に設定。 ▶1月26日　ウクライナ軍、露軍が極超音速ミサイル「キンジャル」使用と発表。	▶1月11日　日米「２＋２」**(第7章2)**。横浜ノースドッグへの小型揚陸艇部隊配備などを共同発表。 ▶1月11日　日英首脳、相互アクセス（円滑化）協定に署名。 ▶1月12日　防衛省、馬毛島基地の建設工事に着手。 ▶1月14日　日米首脳、共同声明で、両国間の安保協力の強化・拡大を再確認。 ▶1月16日　航空自衛隊とインド空軍、共同訓練「ビーア・ガーディアン」を日本で初実施（～26日）。 ▶1月26日　米軍、グアム島に新たな海兵隊基地「キャンプ・ブラズ」開設。	▶1月11日　日米「２＋２」**(第7章2)**。米軍海兵沿岸連隊の沖縄での創設を共同発表に明記。 ▶1月18日　沖縄県、米海兵隊に下地島空港（宮古島市）の飛行訓練への使用自粛を強く要請。米軍は、訓練を取りやめると発表。 ▶1月27日　空自那覇基地でのセクハラ被害を訴えた現役女性自衛官、国を相手に損害賠償を求める訴訟を東京地裁に提訴。
2月	▶2月1日　ベラルーシ国防省、核搭載可能な短距離弾道ミサイル「イスカンデル」を配備したと発表。 ▶2月4日　メドベージェフ露前大統領、ウクライナがクリミアを攻撃すれば核含む「あらゆる手段」で報復を行うと警告。 ▶2月4日　米国防長官、米軍戦闘機が米本土上空を飛行していた中国の気球を撃墜したと発表。 ▶2月21日　露大統領、年次教書演説で新STARTの履行停止表明**(第3章9)**。	▶2月2日　米国防長官、フィリピンで米軍使用可能基地を新たに4か所設置と発表。 ▶2月8日　自衛隊、グアムなどで行われた日米豪共同訓練「コープ・ノース」に参加（～24日）。 ▶2月9日　マルコス比大統領、岸田首相と東京で会談。自衛隊とフィリピン国軍の共同訓練強化で一致。 ▶2月14日　浜田防衛相、2023年度予算でトマホークの所要数をすべて取得する方針を表明。 ▶2月22日　外務・防衛当局幹部による日中安保対話が4年ぶりに開催。	▶2月5日　沖縄防衛局、オスプレイのクラッチ不具合問題で沖縄県に情報提供。沖縄配備機も部品交換の対象か否か説明なし。 ▶2月9日　F-22暫定配備後の米軍嘉手納基地、騒音回数が増加。周辺自治体が沖縄防衛局を訪れ抗議。 ▶2月15日　沖縄県環境保全課、県内5地点の土壌調査結果を公表。普天間第二小学校の表土から高濃度のPFOS検出。 ▶2月16日　陸上自衛隊と米海兵隊の大規模な離島奪還訓練「アイアン・フィスト」が、沖縄、熊本、大分、鹿児島で実施（～3月12日）。日本で初実施。
3月	▶3月3日　露国防省、潜水艦からの巡航ミサイル「カリブル」発射演習を日本海で実施、成功と発表。		▶3月5日　石垣島で陸自ミサイル基地配備反対の市民集会。約200人参加。

朝鮮半島	イラン・中東	原　発	その他
▶1月1日　北朝鮮、弾道ミサイル1発を発射。 ▶1月2日　韓国の尹錫悦大統領、米国と核戦力の「共同計画」や「共同演習」について米国政府と協議と主張。バイデン大統領は否定。 ▶1月2日　韓国軍、合同参謀本部傘下に「核・WMD対応本部」を創設。 ▶1月3日　韓国の金恩慧大統領補佐官、米韓共同核演習を否定したバイデン大統領の発言を否定。 ▶1月31日　米韓空軍が黄海上空で軍事訓練。米軍の戦略爆撃機B-1Bが参加。	▶1月23日　米国とイスラエル、合同軍事演習「ジュニバー・オーク」を実施（〜27日） ▶1月28日　イラン中部イスファハンの軍需工場へ無人機による攻撃。イランはイスラエルの犯行と断定、報復を宣言。 ▶1月31日　米商務省、ロシアによるウクライナ攻撃に使用された無人機を製造したとして新たにイランの7企業・団体に輸出規制を課したと発表。	▶1月9日　日米両政府、次世代原発での協力強化を柱とした合意文書発表。 ▶1月12日　IAEA、ウクライナの全ての原発に査察官を常駐させると発表。 ▶1月17日　東電旧経営陣が強制起訴された刑事裁判で東京高裁が無罪判決。 ▶1月19日　東電、柏崎刈羽3号機の原発審査書類に149か所の誤りがあったことを認める。 ▶1月26日　IAEA、ザポロジエ原発周辺で大きな爆発があったとの声明発表。 ▶1月30日　40年超運転めざす高浜原発4号機、中性子急減で原子炉自動停止。	▶1月25日　米・独政府、それぞれ主力戦車「エーブラムス」、「レオパルト2」をウクライナに供与すると発表。
▶2月3日　韓国空軍、黄海上空で米空軍との合同訓練を実施。 ▶2月18日　北朝鮮がICBM火星15の発射訓練。 ▶2月19日　米韓、日米がそれぞれ米国の戦略爆撃機B-1Bを動員した共同訓練実施。 ▶2月19日　国連事務総長が北朝鮮に「挑発的行動」の即時中止等を要請。 ▶2月20日　国連安保理、北朝鮮のICBM発射で緊急会合開催。 ▶2月22日　日米韓3か国が日本海でミサイル防衛共同訓練。 ▶2月22日　米国防総省、北朝鮮の核兵器使用を想定した机上演習を韓国軍と実施と発表。	▶2月5日　イランのハメネイ最高指導者、反政府デモ参加者を含む数万人の受刑者の恩赦を実施。 ▶2月16日　イランのライシ大統領、中国の習近平国家主席とイラン核合意復活に向け、制裁の全面解除を求める共同声明。 ▶2月28日　IAEA、イランの核施設で濃縮度84%の高濃縮ウランが見つかったと報告。	▶2月8日　原子力規制委、原発の60年超運転を可能にする安全規制の制度案了承を見送り。1人が反対。 ▶2月9日　テロ対策施設の設置遅れで運転停止の玄海原発4号機が運転再開。 ▶2月10日　政府、原子力の最大限活用を盛り込んだGXの基本方針及びGX推進法案を閣議決定。 ▶2月13日　原子力規制委、原子炉等規制法から原発運転期間の規制を削除する法改正を多数決で了承。 ▶2月15日　原子力規制委、女川原発2号機の保安規定変更を認可。 ▶2月28日　GX脱炭素電源法案を閣議決定。国会に上程。	▶2月17日　ミュンヘン安全保障会議開催（〜19日）。ウクライナ大統領、軍事支援拡大を要請。 ▶2月20日　バイデン米大統領、キーウ訪問。 ▶2月23日　国連総会緊急特別会合ウクライナ決議(第1章9)。 ▶2月24日　中国、「ウクライナ危機の政治的解決に関する中国の立場」と題する12項目の声明を発表。 ▶2月24日　NATO事務総長、中国はウクライナ戦争の仲裁役として信頼できないと表明。
▶3月6日　米韓、日米がそれぞれ核兵器搭載可能な戦略爆撃機B-52H参加の共同空中訓練を実施。	▶3月4日　イラン大統領、IAEA事務局長と共同声明を発表(第5章3)。		

	核兵器・軍縮	日米安保・憲法	沖　縄
３月	▶3月7日　TPNW参加を求める109万超の署名を被団協が外務省に提出。 ▶3月9日　露国防省、ウクライナ攻撃に「キンジャル」を再度使用と表明。 ▶3月21日　中露首脳共同声明(**第3章10**)。核兵器の海外配備に反対。 ▶3月24日　露前大統領、ウクライナ軍がクリミア半島を攻撃すれば核兵器使用の根拠との見解。 ▶3月25日　露大統領、ベラルーシに戦術核を配備する計画を発表。 ▶3月28日　米NSC戦略広報調整官、新STARTに基づく露への戦略核兵器の情報提供停止を発表。 ▶3月31日　国連安保理、露の戦術核配備計画発表を受け緊急公開会合開催。	▶3月16日　陸自、日米の特殊部隊が1月から2月まで米国で共同訓練と発表。 ▶3月16日　東京で日英伊防衛相会談。次期戦闘機の共同開発について確認。 ▶3月17日　自衛隊と米軍、B-1B戦略爆撃機2機が参加した共同訓練を日本海で実施(〜 19日)。 ▶3月23日　米原子力空母ニミッツを中核とする空母打撃群と海自、太平洋や東シナ海で共同訓練(〜 26日)。 ▶3月30日　空自、日本海などで米空軍のB-52H戦略爆撃機2機と共同訓練。 ▶3月31日　日中両政府、自衛隊と中国軍の間のホットラインを開設。	▶3月6日　玉城沖縄知事訪米。米政府や議員らと面談(〜 11日)。 ▶3月16日　防衛省、石垣駐屯地を開設(**第7章4**)。 ▶3月17日　沖縄県庁で武力攻撃からの避難を想定した初の図上訓練。先島諸島の自治体、消防や警察などが参加。 ▶3月18日　米海兵隊輸送機MV22オスプレイ1機、那覇軍港に陸揚げ。
４月	▶4月4日　「核兵器のない世界」に向けた国際賢人会議第2回会合(〜 5日、東京)。 ▶4月7日　中仏、共同声明で核不拡散、核軍縮、核エネルギーの平和利用を再確認。 ▶4月17日　米国防総省、台湾に対する対艦ミサイル400発の売却契約を発表。 ▶4月24日　SIPRI、2022年の世界の軍事費が最高額更新と発表(**第1章5**)。	▶4月3日　比大統領府、米軍がフィリピン国内で使用できる4か所の拠点を公表。 ▶4月5日　日本の国家安全保障会議、同志国に防衛装備を無償供与する新制度(OSA)決定(**第7章13**)。 ▶4月11日　防衛省、国産長距離ミサイル開発計画発表。 ▶4月13日　空自と米軍の戦闘機、日本海上空でB-52H護衛の共同訓練(〜 14日)。 ▶4月21日　空自の輸送機、スーダン在留邦人の国外退避のため、ジブチの自衛隊基地へ出発(28日任務終了)。 ▶4月28日　日本政府、有事の際、防衛相が海上保安庁を指揮下に置く手順を定めた「統制要領」を決定。	▶4月3日　防衛省、北朝鮮の「瀬取り」監視でカナダ軍が4月上旬から嘉手納基地に哨戒機派遣と発表。 ▶4月6日　陸自ヘリコプターが伊良部島沖で墜落。 ▶4月6日　沖縄県、辺野古沖南西海域でジュゴンのふん発見と発表。 ▶4月18日　防衛省、南西航空方面隊の緊急発進、2022年度は515回で前年比21％減と発表。 ▶4月20日　日米政府、米軍那覇軍港の浦添市沖への移設計画で合意。 ▶4月22日　浜田防衛相、北朝鮮の「軍事偵察衛星」打ち上げに備え、落下物破壊措置の準備を命令。
５月	▶5月19日　G７広島サミット(〜 21日)。核軍縮に関する「広島ビジョン」を発表(**第3章17**)。 ▶5月22日　韓国と欧州連合の首脳、安全保障上の協力強化に向け外相レベルの戦略対話開始で合意。 ▶5月25日　露・ベラルーシ外相、露戦術核のベラルーシ配備協定に調印。 ▶5月29日　露、NATOと通常兵器の上限を定めた欧州通常戦力条約を脱退。	▶5月9日　日仏2+2をオンラインで実施。日仏両軍の共同訓練などで合意。 ▶5月11日　政府、土地利用規制法に基づく「注視区域」「特別注視区域」に、石垣、宮古、与那国各島の自衛隊施設指定の方針を表明。 ▶5月21日　岸田首相、広島でゼレンスキー大統領と会談。自衛隊車両と非常用糧食の提供を表明。 ▶5月24日　米下院特別委員会、台湾海峡の平和に関する政策提言書を公表。	▶5月17日　米軍キャンプ・シュワブで山火事。自然鎮火したが米軍の実弾射撃訓練が原因。 ▶5月21日　「平和な琉球、沖縄を」南西諸島の防衛強化に反対で2000人規模の市民集会。

朝鮮半島	イラン・中東	原　発	その他
▶3月12日　北朝鮮、潜水艦「8・24英雄号」から戦略巡航ミサイル2発を発射。 ▶3月13日　米韓合同演習「フリーダム・シールド」実施（〜 23日）。 ▶3月16日　北朝鮮、ICBM火星17の発射訓練。 ▶3月18日　北朝鮮、「核反撃仮想総合戦術訓練」を実施（〜 19日）。 ▶3月20日　国連安保理、北朝鮮のICBM発射で緊急会合。 ▶3月20日　米韓合同上陸訓練「双竜訓練」開始（〜 4月3日）。 ▶3月21日　北朝鮮、核無人水中攻撃艇「ヘイル」の実験を実施（〜 23日）。 ▶3月22日　北朝鮮、戦略巡航ミサイル「ファサル1、2」を試射。	▶3月15日　中国、ロシア、イランの海軍、オマーン湾で合同軍事演習（〜 19日）。 ▶3月23日　シリア北東部の米軍基地がドローン攻撃を受け、米国人1名死亡。米軍はイラン革命防衛隊関連施設を空爆。 ▶3月27日　イランとサウジアラビア、北京で7年振りの外相会談。 ▶3月29日　イラン外相、モスクワでロシア外相と会談。 ▶3月30日　イスラエル、ダマスカス近郊を空爆（〜 31日）。イラン革命防衛隊軍事顧問2名を殺害。	▶3月24日　広島高裁、伊方原発3号機の運転差し止め求める仮処分申請で、差し止め認めず。 ▶3月24日　関電、1月に自動停止の高浜原発4号機、運転再開。 ▶3月29日　IAEA事務局長、ザポリジエ原発を訪問。状況は改善せずと懸念を表明。	▶3月14日　米軍、黒海上空で米軍無人機が露軍戦闘機と衝突し墜落と発表。露側は直接の接触はなかったと反論。 ▶3月16日　ポーランド大統領、ウクライナへの戦闘機供与を発表。 ▶3月17日　国際刑事裁判所、プーチン大統領らに逮捕状を発行（第1章10）。 ▶3月20日　英国防省高官、ウクライナに供与する戦車の砲弾に劣化ウラン弾が含まれると表明。 ▶3月21日　岸田首相、キーウ訪問。ゼレンスキー大統領と会談。
▶4月3日　日米韓、対潜水艦訓練実施（〜 4日）。 ▶4月4日　北朝鮮、「ヘイル2」の実験実施（〜 7日）。 ▶4月7日　日本、対北朝鮮独自制裁を2年間延長。 ▶4月7日　北朝鮮、南北共同連絡事務所を通じた韓国との定時連絡を停止。 ▶4月13日　北朝鮮、新型ICBM「火星18」の初試射。 ▶4月14日　米韓の空軍がB-52H参加の合同訓練。 ▶4月17日　日米韓、「ミサイル防衛訓練」を実施。 ▶4月17日　米韓合同軍事訓練（〜 28日） ▶4月26日　米韓首脳、「ワシントン宣言」発表（第4章4）。	▶4月4日　イスラエルのバラク元首相、イスラエルの核兵器保有を認めるツイート。 ▶4月12日　林外相、イラン外相と電話会談。核合意に関しイランの建設的対応への期待を伝える。	▶4月5日　原子力規制委、敦賀原発2号の安全審査を資料不備で中断。 ▶4月5日　IAEA、福島第一原発におけるALPS処理汚染水の安全性に関する報告書を公表。 ▶4月6日　経産省、自治体と対話の場として「原子力政策地域会議」と「地域支援チーム」を立ち上げ。 ▶4月15日　ドイツ、すべての原発の運転を停止して「脱原発」を実現。 ▶4月23日　川内原発1号機、発電および送電を再開。 ▶4月25日　原子力規制委、高浜原発3号機のトラブル頻発で「追加検査」実施へ。	▶4月4日　フィンランド、NATOに正式加盟。 ▶4月20日　NATO事務総長、ウクライナ訪問。同国のNATO加盟を後押しする姿勢を表明。
▶5月12日　ソウルでP3＋3日韓議員会議開催。 ▶5月25日　韓国、国産ロケットで衛星打ち上げ。 ▶5月25日　米韓、韓国北部で合同火力訓練を実施（〜 6月15日）。 ▶5月29日　北朝鮮、日本政府に人工衛星の発射予定期間を通告。防衛省は破壊措置命令を発令。 ▶5月30日　韓国軍、北方限界線付近で離島防衛訓練（〜 6月1日）。 ▶5月31日　北朝鮮、軍事衛星打ち上げに失敗。	▶5月3日　イラン大統領、ダマスカスでアサド大統領と会談。連携強化確認。 ▶5月7日　アラブ連盟、シリアの連盟復帰を発表。 ▶5月10日　トルコ、シリア、ロシア、イランがモスクワで4か国外相会談。 ▶5月25日　国営イラン通信、イスラエル攻撃が可能な新型弾道ミサイル発射試験に成功と報道。 ▶5月31日　IAEA、イランの濃縮度60%ウラン貯蔵量の増加を推定する報告書を公表。	▶5月12日　GX関連推進法案が成立。 ▶5月17日　原子力規制委、柏崎刈羽原発の運転禁止命令の継続を決定。 ▶5月21日　韓国の福島原発視察団来日（〜 26日）。 ▶5月22日　ロシア軍の砲撃によりザポリジエ原発の外部電源が一時喪失。 ▶5月23日　仙台地裁、女川原発2号機の運転差し止めの訴えを棄却。 ▶5月31日　原発の60年超運転を可能にするGX脱炭素電源法が成立。	▶5月8日　新型コロナ感染症、5類感染症に移行。 ▶5月29日　トルコ大統領選挙、現職のエルドアン氏が当選。 ▶5月30日　米国、初の「宇宙外交の戦略枠組み」を策定。

	核兵器・軍縮	日米安保・憲法	沖　縄
6月	▶6月2日　米大統領補佐官、新STARTに定められた核弾頭数の制限について、露が守る限り米も守ると表明。 ▶6月16日　露大統領、戦術核兵器のベラルーシへの搬入開始を言明。 ▶6月26日　広島県内の被爆者7団体、G7広島サミットについて「核兵器廃絶の展望が見えない」とする共同声明発表。 ▶6月30日　ポーランド首相、「核共有」への参加を求めていると明かす。	▶6月1日　岸田首相、東京でオースティン米国防長官と会談。 ▶6月7日　防衛産業強化法が成立(第7章14)。 ▶6月8日　海自、米仏海軍と沖縄東方海域で共同訓練(〜 10日)。 ▶6月13日　日本政府、初の「宇宙安全保障構想」を決定(第7章15)。 ▶6月16日　日米比が新たな協議枠組みを創設。東京で安保高官が初会合。 ▶6月27日　安保関連法は9条違反と訴える裁判で福岡高裁が訴えを退ける。	▶6月4日　市民グループ、「沖縄を戦場にするな！」など平和外交を訴え沖縄2紙など4紙に意見広告。 ▶6月7日　米空母2隻含む12隻の艦艇と那覇基地の空自戦闘機が参加して沖縄東方で日米共同訓練を実施(〜 10日)。 ▶6月23日　「慰霊の日」の沖縄全戦没者追悼式を4年ぶりに通常規模で開催。
7月	▶7月6日　ベラルーシ大統領、露がベラルーシに配備する戦術核兵器のいかなる使用についても拒否権を持つと主張。 ▶7月7日　米大統領、ウクライナにクラスター爆弾を提供することに同意。 ▶7月7日　米大統領、化学兵器禁止条約に基づく保有化学兵器の廃棄を完了したと発表。 ▶7月31日　第11回NPT再検討会議第1回準備委員会、ウィーンにて開催(〜8月11日)(第2章3)。	▶7月4日　日米共同訓練「ノーザン・エッジ23-2」を実施(〜 18日)。 ▶7月5日　横田基地内でのPFAS漏出を米軍が初めて認める。 ▶7月10日　神奈川県、米軍厚木基地で国の暫定目標値の18倍のPFASが検出されたと発表。 ▶7月14日　日米比外相がジャカルタで初会談。海洋安保協力の強化で一致。 ▶7月16日　自衛隊と中国軍の中堅幹部の交流事業実施(〜 24日)。 ▶7月21日　2022年6月にカリフォルニアで5人死亡のMV22オスプレイ墜落事故調査報告書を発表。 ▶7月22日　陸自、オーストラリア南部で13か国の多国間訓練に参加。 ▶7月26日　宮崎県新田原基地を中心に日仏空軍共同訓練(〜 29日)。	▶7月13日　玉城沖縄県知事、PFAS問題に関して来月から全市町村で水質と土壌の調査実施を表明。 ▶7月14日　浜田防衛相、記者会見で沖縄県北大東島を自衛隊移動式レーダーの配備先として検討していると表明。 ▶7月18日　嘉手納基地のため池に国の暫定指定値の千倍の濃度のPFAS汚染水を保管と沖縄タイムスが報じる。
8月	▶8月2日　被団協理事ら、英軍縮大使に核兵器廃絶を訴える。英大使は核兵器の必要性を主張。 ▶8月3日　100以上の医学誌、核保有国に迅速な核兵器廃絶を促す共同論説を発表。 ▶8月6日　被爆者団体、岸田首相と面会。TPNWへの署名・批准を求める。	▶8月7日　空自、伊空軍と石川県小松基地を拠点に初の共同訓練(〜 10日)。 ▶8月11日　日米豪印共同訓練「マラバール」、豪で実施(〜 20日)。 ▶8月18日　日米韓首脳、米キャンプデービッドで会談(第7章3)。 ▶8月22日　米軍無人偵察機MQ9、海自鹿屋航空基地滑走路をオーバーラン。 ▶8月23日　米軍基地を抱える「渉外知事会」、政府にPFAS調査の徹底などを要望。	▶8月4日　陸自宮古島駐屯地で初の公道行進訓練を実施。 ▶8月14日　沖縄県知事、嘉手納基地周辺の航空機騒音発生回数が上半期で10万回を超えたことを政府として重く受け止めるよう訴える。 ▶8月17日　沖縄県、辺野古のサンゴ移植めぐり農水相の是正指示の取り消しを求め福岡高裁那覇支部に提訴。

朝鮮半島	イラン・中東	原　発	その他
▶6月2日　国連安保理、北朝鮮の衛星打ち上げを受けて緊急会合。 ▶6月3日　日米韓防衛相、北朝鮮のミサイル情報をリアルタイムで情報共有するシステムの開始で合意。 ▶6月15日　北朝鮮、短距離弾道ミサイル2発発射。 ▶6月30日　朝鮮半島上空でB-52Hなどが参加の米韓共同訓練を実施。	▶6月6日　英仏独3国と米国、IAEA理事会でイランの核活動を非難する声明。 ▶6月6日　サウジアラビアの首都リヤドにあるイラン大使館が正式に再開。 ▶6月12日　イラン外務省報道官、数週間前にオマーンの提案を受け、米国と間接協議を行ったと言明。 ▶6月17日　サウジアラビア外相、テヘランでイラン外相と会談。 ▶6月20日　イラン外相がカタール、オマーン、クウェート、UAEの4か国を歴訪（〜 22日）。	▶6月8日　福島原発汚染水の海洋放出につき地元の相馬双葉漁協組合長、西村経産大臣と面会し、強い懸念を伝える。 ▶6月9日　原子力規制委、再稼働を前提とした審査で北海道電力泊原発の基準地震動を了承。 ▶6月12日　高浜原発3号機の使用済みMOX燃料を実証研究としてフランスで再処理すると発表。	▶6月1日　シンガポールにてアジア安全保障会議開催（〜 4日）。 ▶6月23日　ロシアの民間軍事会社ワグネルが反乱（〜 25日）。 ▶6月24日　各国の安保高官、コペンハーゲンにてウクライナ情勢を協議。
▶7月12日　北朝鮮、新型ICBM「火星18」を試射。 ▶7月13日　米韓、米軍の戦略爆撃機B-52H参加の合同訓練を実施。 ▶7月13日　国連安保理、北朝鮮の「火星18」発射で緊急会合開催。 ▶7月16日　日米韓、日本海でミサイル防衛訓練。 ▶7月18日　米韓、「核協議グループ」の初会合をソウルで開催。 ▶7月22日　北朝鮮、黄海に向けて戦略巡航ミサイル「ファサル」数発を発射。 ▶7月27日　北朝鮮、休戦協定70年の式典開催。ショイグ露国防相が参加。 ▶7月29日　米韓、済州島南部の海域で合同対潜水艦訓練を実施（〜 30日）。	▶7月3日　イスラエル、パレスチナ西岸地区ジェニンで大規模軍事作戦（〜 5日）。住民12名殺害。 ▶7月4日　第23回上海協力機構首脳会議（オンライン開催）で、イランが正式加盟。 ▶7月7日　来日中のグロッシIAEA事務局長、イラン核合意再建への動きが完全に止まっていると会見で発言。 ▶7月17日　米国防総省、イランに対抗するため新たに駆逐艦と戦闘機を中東へ派遣することを発表。	▶7月4日　IAEA事務局長、岸田首相に福島第一汚染水放出の妥当性を認める包括報告書を手交。 ▶7月18日　定期検査中の九電川内原発2号機が発電再開。 ▶7月24日　IAEA、ザポロジエ原発で対人地雷を確認。「安全基準に矛盾」とロシアを批判。 ▶7月26日　高速炉の実験施設「常陽」（茨城県大洗町）運転再開の前提となる審査に合格。 ▶7月28日　国内最古の関電高浜原発1号機、12年ぶりに再稼働。 ▶7月31日　米ジョージア州で1979年のスリーマイル島原発事故後に建設した原発が初稼働。	▶7月10日　トルコのエルドアン大統領、スウェーデンのNATO加盟を容認。 ▶7月11日　リトアニアのビリニュスでNATO首脳会議（〜 12日）。岸田首相も出席。
▶8月21日　米韓軍事演習「ウルチ・フリーダムシールド」を過去最大規模で実施（〜 31日）。 ▶8月24日　北朝鮮、人工衛星の打ち上げに失敗。 ▶8月25日　国連安保理、北朝鮮の衛星打ち上げで緊急会合開催。 ▶8月27日　金正恩総書記が海軍への戦術核配備の方針を示す。	▶8月7日　林外相、訪日中のイラン外相に核合意再建へ建設的対応求める。 ▶8月7日　イスラエル、ダマスカス近郊を空爆、シリア兵等6名を殺害。 ▶8月10日　米国とイラン、囚人交換や韓国にあるイラン資産凍結解除で合意。 ▶8月11日　米紙、イランが核兵器級に近い濃縮ウランの蓄積ペースを大幅に減速させ、備蓄ウランの一部を希釈したと報道。	▶8月2日　中国電力、山口県上関町に原発使用済み核燃料の「中間」貯蔵施設を建設する調査を表明。 ▶8月8日　中国の原子力専門書、13原発から排出されたトリチウムが13地点で上限22兆ベクレル越えたと記載。 ▶8月9日　ALPS処理汚染水の放出計画につき中露が日本に質問状を提出。 ▶8月10日　ウクライナのザポロジエ原発4号機、原子炉内での水漏れにより再び「冷温停止」へ移行。	▶8月22日　南アフリカ・ヨハネスブルクでBRICS首脳会議。6か国の新規加盟を承認（〜 24日）。 ▶8月23日　軍事会社ワグネルの創設者プリゴジン氏が死亡。搭乗機の墜落で。

	核兵器・軍縮	日米安保・憲法	沖　縄
8月	▶8月29日　英ガーディアン紙、米核爆弾が15年ぶりに英空軍基地へ配備される可能性を示唆。	▶8月25日　米軍岩国基地周辺の自治体と山口県、防衛省中国四国防衛局に騒音などの対策強化を要望。 ▶8月28日　米国務省、米国製空対地ミサイルJASSM-ERの日本への売却承認。	▶8月24日　最高裁、辺野古の工事めぐる国土交通相の裁決に係る県の上告不受理を決定。
9月	▶9月1日　ロシア国営宇宙機関ボリソフ社長、ICBM「サルマート」を実戦配備と発表。 ▶9月5日　露外務省報道官、米核兵器のイギリス配備への動きを牽制。 ▶9月6日　米国防総省、ウクライナに劣化ウラン弾などを提供すると発表。 ▶9月19日　岸田首相、国連一般討論演説で核軍縮を議論する場の確保に30億円を投じると表明。 ▶9月28日　米国防総省、大量破壊兵器対抗戦略を発表(第3章5)。 ▶9月29日　韓国大統領、日本から在日韓国人の被爆者ら42人を初めて招待。	▶9月4日　浜松市長、浜田防衛相に対し、浜松基地内におけるPFAS調査を求める。基地周辺で指針値の28倍の値を確認。 ▶9月14日　陸自と米陸軍の共同訓練「オリエント・シールド」開始(〜 23日)。 ▶9月16日　米軍オスプレイ1機、大分空港に緊急着陸。14日の4機に続いて。 ▶9月21日　米軍オスプレイ1機、奄美空港に緊急着陸。 ▶9月25日　空自浜松基地の周辺地下水で指針値の3倍超のPFAS検出。	▶9月4日　最高裁、辺野古埋立てを巡り設計変更不承認の沖縄県に対する国の是正指示は適法と判断。県の敗訴確定。 ▶9月14日　米軍MV22オスプレイ2機、新石垣空港に緊急着陸。 ▶9月18日　玉城知事、国連人権委員会で過重な基地負担など訴える演説。 ▶9月27日　玉城知事、期限までに辺野古設計変更の承認を行うことは困難との回答を国交相に送付。 ▶9月28日　国交相、期限までの辺野古設計変更の承認がなかったとして、承認を指示する文書を沖縄県に送付。
10月	▶10月5日　露大統領、原子力推進長距離巡航ミサイル「ブレベストニク」の発射実験成功と発表。 ▶10月12日　米議会、超党派の報告書で核戦力強化を提言。 ▶10月16日　NATO、定例核演習「ステッドファストヌーン」開始(〜 26日)。 ▶10月17日　ロシア下院、ロシアのCTBT批准撤回を議決(第3章12)。 ▶10月18日　CTBTO事務局長、ロシアのCTBT批准撤回を非難(第2章7)。 ▶10月18日　米、ネバダ州の核実験場で高性能爆発実験を実施。 ▶10月19日　米国防総省、中国の核弾頭数が2030年に1000発超に達するとの報告書発表(第3章16)。 ▶10月25日　露大統領府、ICBM「ヤルス」、SLBM「シネバ」の発射成功と発表。 ▶10月27日　米国防総省、新型核爆弾「B61-13」の開発計画を発表(第3章6)。	▶10月13日　岸田首相、ハマスとイスラエルの軍事衝突を受け、自衛隊機をアフリカ東部ジブチに派遣すると発表。 ▶10月14日　イスラエルから韓国人を退避させるために運航した韓国軍の輸送機に同乗した日本人51人ら、韓国に到着。 ▶10月14日　陸自と米海兵隊の共同訓練「レゾリュート・ドラゴン23」を日本各地で実施(〜 25日)。 ▶10月16日　コットン米戦略軍司令官、北朝鮮や中国との有事に備え、日米韓3か国の作戦計画の検討を表明。 ▶10月21日　イスラエルから退避した日本人や韓国人ら計83人を乗せた空自輸送機が羽田空港に到着。	▶10月5日　国交省、辺野古設計変更に関し、国が承認できる代執行訴訟を福岡高裁に提訴。 ▶10月10日　木原防衛相、米軍無人機「MQ9」の米軍嘉手納基地への移駐と移駐後の国内利用無期限延長を表明。 ▶10月18日　沖縄県、辺野古設計変更を承認しないのは公益を侵害との国側主張に対し答弁書を福岡高裁に提出。 ▶10月19日　日米共同訓練「レゾリュート・ドラゴン23」で陸自オスプレイが新石垣空港に初着陸。 ▶10月30日　辺野古設計変更の代執行訴訟の第1回口頭弁論。即日結審。 ▶10月30日　嘉手納町議会、嘉手納基地へのMQ9配備計画の見直しを求める決議・意見書を採択。

朝鮮半島	イラン・中東	原 発	その他
▶8月29日　日米韓3か国、済州島周辺の公海上でミサイル防衛訓練。 ▶8月30日　北朝鮮、戦術核運用部隊の訓練で短距離弾道ミサイル2発発射。 ▶8月31日　米韓、空軍等の訓練を実施(〜 1日)。	▶8月17日　イラン外相、サウジ訪問。サウジの外相、皇太子と個別に会談。 ▶8月21日　イラン陸軍代表団、モスクワを訪問、軍事協力強化で合意。 ▶8月28日　イスラエル、シリアのアレッポ空港を空爆。	▶8月24日　東電、福島第1原発汚染水の放流を開始。これを受け中国は日本の水産物の輸入を全面停止。 ▶8月31日　野村農林水産相(当時)、「汚染水」発言を撤回し、謝罪。	
▶9月2日　北朝鮮、戦術核攻撃想定発射訓練で巡航ミサイル2発を発射。 ▶9月6日　北朝鮮の戦術核攻撃潜水艦「金君玉英雄」進水。 ▶9月12日　金正恩総書記が訪露(〜 18日)。プーチン大統領と会談。 ▶9月25日　米韓海軍、日本海で合同海上訓練(〜 27日)。 ▶9月26日　北朝鮮最高人民会議で核抑止を明記する憲法修正案採択(第4章6)。 ▶9月29日　IAEA総会、北朝鮮の核開発を非難し、完全な非核化を求める決議を採択。	▶9月3日　トルコ外相、イランを訪問し、ライシ大統領、アブドラヒアン外相と会談。貿易促進等で合意。 ▶9月4日　IAEA、イランが60%濃縮ウラン121.6kgを貯蔵と推定する報告書。 ▶9月16日　IAEA事務局長、査察官の一部受け入れ取り消しのイランの通知に批判声明(第5章5)。 ▶9月19日　イラン大統領が国連総会で米国に核合意復活への「善意と決意」を要請。 ▶9月20日　岸田首相、ニューヨークでライシ大統領と会談。核合意復活への建設的対応を要請。	▶9月8日　150人の福島県民ら、福島第1原発ALPS処理汚染水放出の差し止め求め、国と東電を福島地裁に提訴。 ▶9月15日　関電高浜原発2号機の原子炉を起動し、12年ぶりに再稼働。 ▶9月27日　対馬市長、高レベル放射性廃棄物の最終処分場への調査に応募しないと表明。	▶9月4日　ジャカルタでASEAN関連首脳会議(〜 7日)。 ▶9月9日　ニューデリーでG20首脳会議(〜 10日)
▶10月9日　日米韓、北朝鮮の海上遮断を想定した共同訓練実施(〜 10日)。 ▶10月18日　ラブロフ露外相、北朝鮮訪問(〜 19日)。 ▶10月22日　日米韓、朝鮮半島周辺で初の共同空中軍事訓練。B-52Hを護衛。 ▶10月25日　米韓、合同実弾演習実施(〜 27日)。 ▶10月26日　日米韓外相、共同声明で朝露の武器取引を非難。 ▶10月30日　米韓豪、大規模航空演習「警戒防御24」を実施(〜 11月3日)。 ▶10月31日　日米韓、3か国の高官級「サイバー協議体」の設置で合意。	▶10月7日　パレスチナ抵抗組織ハマス、イスラエルに対する大規模越境攻撃。イランは攻撃を支持。 ▶10月18日　イラン核合意における核・ミサイル開発関連制裁解除日。先だって英仏独は制裁継続を表明。 ▶10月27日　国連総会緊急特別会合、イスラエルとハマスに対し「人道的休戦」求める決議案を採択(ハイライト4)。	▶10月3日　福島県伊達市のイノシシから680ベクレルの放射性セシウム検出と福島県が発表。 ▶10月5日　福島第1原発ALPS処理汚染水の第2回目の海洋放出を開始(〜 23日)。 ▶10月10日　関電、使用済み燃料対策ロードマップを福井県に提示。 ▶10月13日　福島第1原発2号機のデブリ取り出しにロボットアームの挿入口の蓋を開放。 ▶10月16日　日本原電、東海第2原発で建設中の防潮堤の基礎部分に不備があり6月から工事中断と発表。 ▶10月16日　ロシアが日本産水産物の輸入全面停止を表明。 ▶10月26日　鹿児島県議会、川内原発40年超運転の賛否を問う住民投票条例案を反対39、賛成11で否決。	▶10月29日　北京で多国間安全保障会議「香山フォーラム」開催(〜 31日)。

	核兵器・軍縮	日米安保・憲法	沖　縄
11月	▶11月2日　CTBT批准撤回に関する法律に露大統領が署名(**第3章12**)。 ▶11月5日　露国防省、戦略原潜からSLBM「ブラバ」を発射する実験が成功と発表。 ▶11月6日　米中外交当局、大量破壊兵器の不拡散を巡る高官級協議開催(ワシントン)。 ▶11月8日　ロシアのショイグ国防相、モスクワで中国中央軍事委員会の張又侠副主席と会談 ▶11月9日　露政府、核兵器や原子力潜水艦の廃棄・解体を日本が支援する協定(1993 〜)の履行停止を発表。 ▶11月15日　サンフランシスコ郊外で米中首脳会談。 ▶11月27日　ニューヨークにて第2回TPNW締約国会議(〜 12月1日)(**第2章9**)。	▶11月4日　フィリピン議会で岸田首相が日本の首相として初演説。日米比の安保協力を訴える。 ▶11月8日　日米韓「宇宙安保対話」を初開催。課長級の会合として発足。 ▶11月26日　PFAS汚染水、横田基地で140万リットル保管されていることが判明。 ▶11月29日　横田基地所属のCV22オスプレイ、鹿児島県の屋久島沖で墜落。乗員8人全員死亡。 ▶11月29日　宮崎県弁護士会、敵基地攻撃能力の保有は憲法9条違反とする会長声明を首相や衆参両院議長、主要政党に送付。	▶11月13日　北谷町議会、米無人機MQ9の嘉手納配備計画に抗議、見直し求め決議・意見書を採択。 ▶11月15日　在沖米海兵隊の第12海兵沿岸連隊が発足。 ▶11月17日　玉城知事、軍転協とともに政府に基地負担軽減と辺野古新基地建設を進めないよう要請。 ▶11月23日　沖縄を再び戦場にさせない県民の会、那覇市で県民大平和集会開催。1万人強が参集。
12月	▶12月5日　国連総会、日本提出の核兵器廃絶決議案採択(**第2章2**)。 ▶12月8日　長崎で第3回国際賢人会議(〜 9日)。 ▶12月12日　第18回アジア不拡散協議(〜 13日)。 ▶12月25日　ベラルーシ大統領、同国への露戦術核移転が10月に完了と発表。	▶12月5日　空自築城基地で在日米軍再編に伴う日米共同訓練(〜 15日)。 ▶12月6日　米軍、屋久島沖事故の初期調査から機体の不具合が原因としてオスプレイ全機の飛行停止を発表。 ▶12月8日　空自新田原基地で自衛隊と在日米軍による大規模な共同訓練(〜 20日)。 ▶12月14日　米議会が2024年国防権限法採択。日本における米軍の指揮系統見直しの検討を国防総省に求める。 ▶12月19日　日米韓防衛相、共同プレス声明で複数年の3か国共同訓練計画を策定と公表。 ▶12月22日　日本政府が「防衛装備移転三原則」を改定(**第7章18**)。地対空ミサイル「パトリオット」の米国への輸出を決定。 ▶12月22日　岸田内閣、ジブチの自衛隊が、中東・アフリカ地域での有事の際に日本人の保護や輸送を行えるよう任務を追加。	▶12月7日　沖縄県議会、屋久島沖でのオスプレイ墜落事故につき抗議決議と意見書を採択。 ▶12月19日　米軍、パラシュート降下訓練を嘉手納基地で強行。 ▶12月20日　福岡高裁那覇支部、辺野古新基地建設めぐる「代執行訴訟」で国の主張を認める判決。 ▶12月25日　玉城知事、25日までに設計変更承認を命じた福岡高裁判決に従わず、承認しないと表明。 ▶12月26日　政府、土地利用規制法の対象となる候補地として沖縄県内の米軍施設17か所も含む184か所を提示。 ▶12月27日　沖縄県、地元が反対する中で強行された嘉手納基地での米軍パラシュート降下訓練めぐり外務・防衛両省に抗議。 ▶12月28日　斉藤国交相、沖縄県に代わって辺野古新基地建設埋立て変更申請の承認を代執行。

朝鮮半島	イラン・中東	原　発	その他
	▶11月5日　イスラエルのエリヤフ遺産相、ガザへの原爆投下も選択肢と発言し停職処分。	▶11月2日　福島第1原発ALPS処理汚染水の第3回目の海洋放出を開始（～20日）	
▶11月14日　サンフランシスコで日米韓外相会談。 ▶11月15日　米韓が黄海上で共同軍事訓練。 ▶11月21日　北朝鮮、軍事偵察衛星打ち上げに成功。 ▶11月22日　韓国、南北軍事分野合意のうち、飛行禁止区域の設定に関する項目の効力停止を決定。 ▶11月22日　米国の攻撃型原潜「サンタ・フェ」が韓国済州島に入港。 ▶11月23日　北朝鮮、南北軍事分野合意の事実上の破棄を宣言。 ▶11月26日　日米韓、済州島東南の海上で合同海軍訓練。 ▶11月27日　国連安保理、北朝鮮の偵察衛星打ち上げを巡り緊急会合。	▶11月11日　アラブ連盟とイスラム協力機構、ガザ情勢協議のためリヤドで合同首脳会議。 ▶11月13日　ニューヨークにて第4回中東非核非大量破壊兵器地帯会議開催（～17日）（第5章7）。 ▶11月15日　IAEA、イランが60％濃縮ウランを推定128.3kg貯蔵しているとする報告書を発表。 ▶11月15日　国連安保理、ガザにおける戦闘の人道的休止を求める決議採択。 ▶11月22日　IAEA事務局長、定例理事会で核開発を進めるイランに対し、「深刻な懸念」を表明。 ▶11月23日　カタール外務省、イスラエルとハマスが戦闘を一時休止と発表（12月1日攻撃再開）。		
▶12月1日　韓国軍、米バンデンバーグ宇宙軍基地から初の軍事偵察衛星打ち上げ（韓国時間は2日）。 ▶12月4日　韓国、済州島沖で開発中の固体燃料ロケットの打ち上げ実験に成功。 ▶12月15日　ワシントンで米韓核協議グループ会合開催。 ▶12月17日　米国の攻撃型原潜「ミズーリ」が韓国釜山に入港。 ▶12月18日　北朝鮮、日本海に向け固体燃料式のICBM「火星18号」を発射。 ▶12月19日　日米韓、北朝鮮のミサイル発射に関する情報の即時共有を開始したと発表。 ▶12月20日　日米韓が済州島東方の上空で合同空中訓練。 ▶12月26日　朝鮮労働党第8期中央委員会第9回総会拡大会議（～30日）。対韓国政策を見直し（第4章7）。	▶12月7日　イランのライシ大統領、モスクワを訪問しプーチン大統領と会談。 ▶12月12日　国連総会緊急特別会合、ガザでの人道目的の即時停戦を求める2回目の決議案を採択。 ▶12月15日　中国の王毅外相、北京でサウジ、イランの高官と3者会談。 ▶12月22日　国連安保理、ガザに対する人道支援の拡大と監視に関する安保理決議第2720号を採択。 ▶12月25日　イラン革命防衛隊のムサビ准将、シリアの首都ダマスカス郊外でミサイル攻撃を受け、死亡。 ▶12月26日　IAEA事務局長、イランが6月から実施していた高濃縮ウランの生産量削減を撤回し、11月末以降、増産に転じたと加盟国に報告。 ▶12月28日　米英仏独4か国、イランが高濃縮ウラン増産の即時停止を求める共同声明。 ▶12月29日　南アフリカ、イスラエルのガザ攻撃はジェノサイド条約違反としてICJに提訴（ハイライト5）。	▶12月2日　ウクライナのザポロジエ原発、外部からの電力供給が一時喪失。 ▶12月3日　国連気候変動会議にあわせ米国中心の「世界の原発を2050年までに3倍に増やす」宣言に日本も賛同。 ▶12月22日　定期検査で配管に傷の高浜原発3号機、運転再開。 ▶12月22日　政府、福島第1原発の事故処理費用の1兆9000億円増額を決定。総額は23兆4000億円へ。 ▶12月23日　共同通信の山口県上関町住民意識調査、上関町での使用済み核燃料中間貯蔵施設に「反対」59％。 ▶12月27日　原子力規制委、柏崎刈羽原発の運転禁止命令解除を決定。	▶12月4日　国連総会、宇宙空間の脅威削減に関する決議を採択（第1章7）。 ▶12月4日　国連総会、情報通信技術に関する決議案を採択（第6章13）。 ▶12月22日　国連総会がLAWSに関する決議案を初採択（第6章10）。

ガザ 人間の危機

1. パレスチナ問題に関する年表（1917年〜2023年）

第一次世界大戦後に始まる委任統治制度は、住民の自決権尊重を建前としていたが、英国委任統治下パレスチナは例外扱いで、ヨーロッパが迫害し続けてきたユダヤ人の「ホームランド」建設の地とされた。100年にわたる歴史的不正を正そうとする力と、パレスチナ人の存在もろとも無かったことにしようとする力とが劇的に可視化されたのが、2023年10月7日以降の展開と言えよう。

1917年	11月2日	バルフォア英外相、シオニズム支持の書簡発表（バルフォア宣言）。
1923年	9月29日	英国のパレスチナ委任統治開始。
1933年	1月30日	ヒトラー内閣成立。
1936年	4月19日	アラブ大蜂起勃発。
1942年	1月20日	ドイツ、ユダヤ人絶滅計画に向けたヴァンゼー会議開催。
1947年	11月29日	国連パレスチナ分割決議。
1948年	5月14日	イスラエル独立宣言。第一次中東戦争（〜1949年7月20日）。
1956年	10月29日	第二次中東戦争（〜11月7日）。
1964年	5月28日	パレスチナ解放機構（PLO）設立。
1967年	6月5日	第三次中東戦争（〜6月10日）。
1973年	10月6日	第四次中東戦争（〜10月25日）。
1974年	11月22日	PLO、国連オブザーバー資格取得。
1982年	6月6日	イスラエル軍、レバノン侵攻。
1987年	12月8日	第一次インティファーダ勃発。
1993年	9月13日	暫定自治原則宣言（オスロ合意）。
1995年	11月4日	ラビン・イスラエル首相暗殺。
2000年	9月28日	第二次インティファーダ勃発。
2006年	1月25日	パレスチナ立法評議会選挙。ハマスが圧勝。
2007年	6月15日	ガザ地区でハマスの統治開始。
2008年	12月27日	イスラエル軍、ガザに大規模攻撃（〜2009年1月18日）。
2012年	11月14日	イスラエル軍、ガザに大規模攻撃（〜11月21日）。
2014年	7月8日	イスラエル軍、ガザに大規模攻撃（〜8月26日）。
2017年	12月7日	米トランプ政権、エルサレムをイスラエルの首都として承認。
2018年	3月30日	ガザで帰還大行進開始（〜2019年12月）。
2020年	9月15日	UAE・バーレーンとイスラエル、「アブラハム合意」署名。
2021年	5月6日	東エルサレム含む西岸、ガザ、イスラエル領内で抵抗運動激化（統一インティファーダ）（〜5月21日）。
2022年	12月29日	極右政党との連立で第6次ネタニヤフ政権成立。
2023年	1月3日	イスラエルのベングヴィール国家治安相、アルアクサー・モスクの聖域訪問。
	2月12日	イスラエル、西岸地区における9つの無認可入植地の承認と既存入植地における住宅建設計画を発表。
	2月20日	国連安全保理、イスラエル入植地拡大に「深い懸念と失望」を表明する議長声明を全会一致で採択。
	2月22日	イスラエル軍、西岸地区ナブルスに侵攻、11人を殺害。
	2月26日	西岸地区ナブルス南郊フワーラ村を入植者約1000人が襲撃・放火。
	3月26日	ネタニヤフ首相、ガラント国防相を更迭（4月11日に撤回）。
	4月5日	イスラエル警察、ラマダン中のアルアクサー・モスクに突入、礼拝者ら400人以上を逮捕。
	5月9日	イスラエル、ガザのイスラム聖戦幹部を狙い空爆。聖戦側とイスラエル側のミサイル・空爆の応酬でパレスチナ人33人が犠牲（〜13日）。
	5月15日	国連、ナクバ（イスラエル建国に伴うパレスチナ人追放）を記念する特別会合を初開催。
	6月26日	イスラエル政府、入植地における5700戸の住宅建設を承認。
	7月2日	イスラエル軍、西岸地区ジェニンに侵攻、二日間で12人を殺害。
	7月24日	イスラエル国会、司法制度改革関連法案を可決。
	9月20日	サウジアラビアのムハンマド皇太子、イスラエルとの国交正常化合意に「日々近づいている」と発言。
	10月7日	ハマス等、ガザの抵抗勢力がイスラエルに対して大規模越境攻撃。
	10月8日	米国、空母打撃群を東地中海に派遣すると発表。
	10月14日	イスラエル軍、ガザ北部住民に中南部への退避をビラ投下により勧告。
	10月17日	ガザ市のアハリー・アラブ病院が砲撃され、多数の死傷者。
	10月18日	バイデン米大統領、イスラエルのテルアビブでネタニヤフ首相と会談。
	10月27日	国連総会、「人道的休戦」を求める決議。121か国が賛成。日本は棄権。
	11月11日	アラブ連盟とイスラム協力機構、リヤドで合同の臨時首脳会議開催。イスラエルのガザ攻撃を「戦争犯罪」と非難する共同声明を発表。
	11月16日	レバノンの武装組織ヒズボラ、イスラエルの8か所に対しミサイルを発射したと表明。
	11月24日	カタールとエジプトの仲介による「戦闘の一時休止と人質交換」の開始（〜12月1日）。
	12月5日	米国、西岸地区の急進派入植者数10人に対しビザ発給禁止措置。
	12月9日	米国、イスラエルに砲弾など約1億650万ドル相当の武器売却承認。
	12月12日	国連総会、「即時の人道の停戦」求める決議。日本等153か国が賛成。
	12月14日	イスラエル軍、西岸地区ジェニンに侵攻、11人を殺害。
	12月23日	国連安保理、人道支援拡大を求める決議。
	12月29日	南アフリカ、イスラエルのガザ攻撃がジェノサイドにあたるとして国際司法裁判所に提訴。

2. 2023年10月7日以降の被害状況

　ここに掲げた数字を確認するまでもなく2023年10月7日以降のガザの人道状況は尋常ではない。1948年の「ナクバ」(イスラエル建国に伴うパレスチナ人の故郷喪失)では約70万人のパレスチナ人が追放され、1万5千人が殺害された。その数の2倍を上回る人々が今回、家を奪われ、また、殺害された。ガザ住民の8割は1948年に難民として現イスラエル領から逃れてきた人々であることを思い起こす必要がある。76年前に民族浄化を黙認した国際社会は、今回もイスラエルの犯罪を客観的に認識し、適切な処置を取ることをできずにいる。

❖パレスチナ側の被害データ・ファクトシート❖

2023年12月31日現在

- ●イスラエルの攻撃による死者：2万1822人(うち、子ども約9000人、国連職員144人、ジャーナリスト75人、医療従事者311人を含む)

　※2023年1月から12月末までの死者数は2万1912人

- ○ヨルダン川西岸地区でのイスラエルの攻撃による犠牲者：319人(うち、子どもが111人)

　※2023年1月から12月末までの死者数は492人

- ●行方不明者：約7000人
- ●負傷者：5万6451人
- ●域内避難民：約190万人
- ○2023年中にヨルダン川西岸地区で家屋破壊等により住居から追放された人数：2296人
- ●破壊された家屋：6万5000戸以上
- ○2023年中に西岸地区でイスラエルに破壊された家屋：1177戸
- ●部分的に破壊された家屋：29万戸以上

　※ガザの60%の家屋が破壊ないし部分的に破壊された。

- ●破壊された教育施設：370か所
- ●稼働停止した病院の数：36か所中23か所
- ●被害を受けた救急車の数：104台
- ●被害を受けた教会/モスク：3/115
- ○入植者によるパレスチナ人に対する暴力事件：370件(12月30日時点)

　※2023年中の件数は1225件(同上)

- ◎イスラエルに拘禁されているパレスチナ人：約7800人(11月30日時点)
- ◎イスラエルに行政拘禁されているパレスチナ人：2870人(同上)

(●はガザ地区、○は東エルサレムを含む西岸地区、◎はガザ・西岸両方に関するデータ)

❖イスラエル側の被害データ・ファクトシート❖

2023年12月31日現在

- ◆10月7日の攻撃による死者：1139人(イスラエル軍・警察373人。外国人71人、子ども36人)
- ◆10月8日以降のガザ攻撃でのイスラエル軍の死者：146人
- ◆10月7日にガザに連行された人質：約250人(12月末時点で約130人)

パレスチナ中央統計局HP、イスラエル外務省HP、国連人道問題調整事務所HP等をもとに作成。

3. 2023年10月7日のハマスとイスラエルの声明

10月7日のイスラエルに対する「アル・アクサーの洪水」と名付けられた大規模越境攻撃の立案と実行は、ガザ地区を統治するハマス（イスラーム抵抗運動）の武装部門であるカッサーム旅団が主導したとされている。そのカッサーム旅団トップが作戦開始当日に録画映像を通じて発表したのが、この演説である。紙幅の都合で後半部分は訳出していないが、抵抗運動への決起を西岸・エルサレム・イスラエル領内のパレスチナ人に呼びかけ、さらにアラブ・イスラーム諸国の人々に向けても連帯の行動を呼びかける内容となっている。作戦の直接の契機となったと考えられる、サウジアラビアとイスラエルの関係正常化に向けた動きについては、おそらく戦略的に言及することが避けられている。

ネタニヤフ首相の演説は、急遽必要に迫られ作文されたものではあるが、その分、ガザの徹底した破壊、民族浄化への衝動が、ストレートに表現されている。

❖イッズッディーン・カッサーム旅団司令官ムハンマド・ダイフによる「アル・アクサーの洪水作戦」開始演説（抜粋）❖

（前略）　　　　　　　　　　　　　　　　　　　　　　2023年10月7日

シオニスト政体は、我々の祖国を占領し、我々の民衆を追放し、我々の町や村を破壊し、我々の人びとに対して何百もの虐殺を行った。あらゆる国際規範や法律、人権条約に違反して、子どもや女性、高齢者を殺害し、罪のない人々が中にいる家屋を取り壊した。

我々は、以前から占領軍指導者らに、犯罪を続けないよう警告し、世界の指導者たちに対し、パレスチナの人々や被拘禁者、彼らの聖地や故郷に対する占領軍の犯罪に終止符を打つよう働きかけ、また、占領軍に国際法や決議を遵守させるための圧力をかけるよう訴えた。占領軍指導者らは、我々の要求を聞き入れず、世界の指導者たちも行動しなかった。

それどころか、占領者はその犯罪を激化させ、とりわけ占領下のエルサレムと、最初のキブラ（訳注：イスラームの礼拝の方向）であり第三の聖地であるアル・アクサー・モスクにおいて、すべてのレッドラインを越えた。占領軍による聖地への侵入はますます頻繁となり、彼等はモスクの神聖さを軍靴で踏みにじり、繰り返し女性や子供、老人を攻撃し、人々がモスクに立ち入ることを禁じた。占領軍は、ユダヤ教徒グループがアル・アクサー・モスクに日常的に侵入し、宗教的儀式や祈祷を行い、祭服を着て角笛を吹くなどしてモスクを冒涜することを許した。彼らは、預言者ムハンマドが「夜の旅」を行い昇天をしたアル・アクサー・モスクを破壊し、神殿と称するものを建設する意向を隠そうとさえしていない。（略）

その一方で、占領軍は何千人ものパレスチナ人の捕虜を刑務所に収容している。彼らは最も凶悪なかたちの抑圧、拷問、屈辱にさらされている。何百人ものパレスチナ人捕虜が20年以上投獄され、何十人もの男女の捕虜が癌やその他の病気に苦しみ、多くの捕虜が医療上の怠慢や意図的な緩慢死政策の結果として死亡している。しかし、人道的な捕虜交換を求める私たちの要求は、占領軍によっ

て拒否された。

　占領軍は毎日、ヨルダン川西岸全域の我々の都市、村、町を襲撃し、大混乱を引き起こし、安全な人々の家を襲撃している。彼らは殺し、負傷させ、破壊し、逮捕している。占領軍によるこれらの犯罪で、何百人ものパレスチナ市民が死傷している。さらに、何千ドナム（訳注：1ドナムは1000平方メートル）もの土地が奪われ、人々は自分たちの家や土地から根こそぎにされ、その場所に入植地が建設されている。彼らが作物や家畜に乱暴し、放火し、略奪し、破壊しているとき、そして、占領軍が我々の愛するガザ地区に犯罪的な封鎖政策を強要し続けている最中に、入植者の家畜は保護されている。

　我々の民衆に対するこれらの継続的な犯罪、占領軍の蛮行と国際法・諸決議の否定を鑑み、また、欧米諸国の（訳注：イスラエルに対する）支持と世界の沈黙を考慮し、敵が説明責任を伴わずに好き放題できる時期は終わったことを理解させるべく、我々は、占領軍によるこれらすべての犯罪に終止符を打つことを神の助けの下で決定した。我々は、神の助けと力により「アル・アクサーの洪水作戦」の最初の攻撃として、20分以内に5000発以上のロケット弾を敵の所在地、空港、軍事基地に向けて発射したことを発表する。(略)

出典：パレスチナ研究機構『パレスチナ研究ジャーナル』137号（原文アラビア語）
https://www.palestine-studies.org/ar/node/1654998
アクセス日：2024年4月26日

❖ベンヤミン・ネタニヤフ首相の声明（抜粋）❖

2023年10月7日

親愛なるイスラエル国民の皆さん、

　安息日で祝日である今朝、ハマスがイスラエル領内に侵入し、子どもや高齢者を含む罪のない市民を殺害した。ハマスが残忍で邪悪な戦争を始めた。(略)

　ハマスが配置され、潜伏し、活動しているすべての場所、あの邪悪な街を、我々は瓦礫に変えてしまうであろう。

　ガザの住民に言う：今すぐ立ち去れ。なぜなら、我々はガザのあらゆる場所において力づくで行動するであろうから。(略)

　我々の愛する国防軍の兵士、警察官、治安部隊員の皆さん、あなた方はユダヤ民族の英雄、ヨシュア、ユダ・マカバイ、1948年の英雄たち、そしてイスラエルのすべての戦争の英雄たちの流れを汲んでいることを忘れないでほしい。あなた方は今、我々全員の故郷と未来のために戦っている。我々は皆、あなた方とともにいる。我々は皆、あなた方を愛している。我々は皆、あなた方に敬意を表する。(略)

　本日、私はバイデン米大統領や他の世界の指導者たちと、イスラエルの自由な行動を確保するため、軍事行動の継続について話をした。バイデン大統領の力強く明確な言葉に感謝する。フランス大統領、英国首相をはじめとする多くの指導者のイスラエルに対する惜しみない支援に感謝する。(略)

出典：イスラエル外務省HP（英語サイト）
https://www.gov.il/en/pages/statement-by-pm-netanyahu-7-oct-2023
アクセス日：2024年4月29日

4. ガザ情勢に関する国連総会決議

以下の二つの決議は10月と12月に開催された第10回国連総会緊急特別会合で採択されたもの（各国の投票行動は第1章2（38－41頁））。緊急特別会合は、国連安保理が「国際の平和と安全」のために行動を取れない場合に総会が必要な勧告を行うとした1950年の「平和のための結集」決議に基づくものである。

第10回緊急特別会合は、1997年に東エルサレムの入植地建設問題に関してカタールが開催を要請したことに始まり、以降、閉会することなく、休会と再開を繰り返している。10月の会合は、安保理で「人道的休戦」を求める決議が米国の拒否権により否決されたことを受けてヨルダンとモーリタニアが再開を要請した。事態がさらに悪化した12月にも同様に「人道的停戦」を求める安保理決議が否決され、エジプトとモーリタニアが会合の再開を要請した。

なお、安保理は11月15日と12月23日に関連決議を採択しているが、休戦も停戦も要請していない。

❖民間人の保護および法的・人道的義務の遵守❖

2023年10月27日 第10回国連総会緊急特別会合

総会は、

国連憲章の目的と原則に導かれ、

パレスチナ問題に関する関係決議を想起し、（略）

1. 敵対行為の停止につながる、即時かつ持続的な人道的休戦を求める。

2. すべての当事者に対し、国際人道法および国際人権法を含む国際法上の義務を即時かつ完全に遵守するよう要求する。特に民間人および民間施設の保護に関して、また、人道要員、戦闘能力を失った者、人道援助関連の施設・資産の保護に関して、また、必要不可欠な援助物資・サービスが、必要としているガザ地区のすべての民間人に届くための人道的アクセスを可能とし、促進することを求める。

3. また、ガザ地区全域の民間人に対し、必要不可欠な物資とサービスを直ちに、継続的に、十分かつ妨げられることなく提供することを要求する。それらは、水、食糧、医薬品、燃料、電気を含むが、これに限定されない。とりわけ、民間人は生存に不可欠なものを奪われてはならないということを確保することが国際人道法の下での責務であることを強調する。

4. 国連パレスチナ難民救済事業機関（UNRWA）と他の国連人道機関、それらの実施パートナーである赤十字国際委員会や、人道主義の原則を堅持し、ガザ地区の民間人に緊急援助を提供している他のすべての人道支援団体のために、即時かつ完全で持続的な、安全かつ妨げのない人道的アクセスを求める。また、人道回廊の設立や、他の、民間人への人道支援提供を促進するためのイ

ニシアチブを奨励し、それらの努力を歓迎する。

5．また、パレスチナの民間人、国連職員、人道支援・医療従事者はガザ渓谷以北のガザ地区全域から退去し、ガザ南部に移住せよとの、占領国イスラエルによる命令を撤回するよう求める。そして、民間人は国際人道法の下で保護されており、どこであっても人道支援を受けるべきであることを想起し、再確認するとともに、民間人、とりわけ子どもの安全と健康、彼らの保護と安全な移動を確保するために適切な措置をとる必要があることを再確認する。

6．パレスチナの民間人を強制移住させるいかなる試みも断固として拒否する。

7．違法に拘束されているすべての民間人の即時かつ無条件の解放を求め、国際法に則り、彼らの安全と安寧、人間らしい扱いを要求する。

8．また、病院や他の医療施設、それらの輸送手段や機器、学校、礼拝所、国連施設を含む全ての民間施設や人道支援施設、さらには、この地域の武力紛争の中で活動している人道支援従事者や医療従事者、ジャーナリスト、報道関係者および関連要員について、国際人道法に合致した尊重と保護を求める。

9．武力紛争が、避難民や難民などである女性と子どもに対して、また障害者や高齢者など特定の脆弱性を有する可能性のあるその他の民間人に対して、特に深刻な影響を与えることを強調する。

10．また、国際法および関連する国連決議に従い、パレスチナの民間人の保護を確保するためのメカニズムを早急に確立する必要性を強調する。

11．さらに、国連施設とすべての人道支援施設の保護を確保し、援助輸送団の妨げのない移動を確保するための人道的通報メカニズムの重要性を強調する。
（略）

出典：国連文書　A/RES/ES-10/21（原文英語）

❖民間人の保護および法的・人道的義務の遵守❖

2023年12月12日 第10回国連総会緊急特別会合

総会は、

国際連合憲章の目的と原則に導かれ、

パレスチナ問題に関する総会決議を想起し、

関連するすべての安全保障理事会決議を想起し、

国際連合憲章第99条に基づき事務総長から安全保障理事会議長に宛てた2023年12月6日付書簡に留意し、

総会議長あての国際連合パレスチナ難民救済事業機関総長からの2023年12月7日付書簡にも留意し、（略）

1. 即時の人道的停戦を要求する。

2. すべての当事者に対し、特に民間人の保護に関して、国際人道法を含む国際法上の義務を順守するよう改めて要求する。

3. 人道的アクセスを確保するとともに、すべての人質の即時かつ無条件の解

放を要求する。（略）

出典：国連文書　A/RES/ES-10/22（原文英語）

5. 南アフリカによる国際司法裁判所（ICJ）への提訴

　12月29日、南アフリカは、イスラエルのガザ攻撃がジェノサイド条約違反に当たるとして国際司法裁判所（ICJ）に提訴し、その中で軍事行動の即時停止を含む暫定措置命令の発出を要請した。ICJは暫定措置命令を強制的に執行する権限を持たないが、国連憲章において加盟国はICJの裁判に従うことを約束するとされている。その意味では、イスラエルに対する「不処罰の伝統」に風穴を開ける可能性をもつ重要な動きと言える。

❖手続き開始の申請❖

2023年12月29日　オランダ・ハーグ

（前略）

1．本申請は、2023年10月7日にイスラエルで発生した同時多発テロを受け、イスラエル政府および軍が、明確な国家、人種、民族集団であるパレスチナ人に対し、脅迫に用いられ、採用され、容認され、実行された行為、そして実行されつつある行為に関するものである。南アフリカは、ハマスおよび他のパレスチナ武装集団によるイスラエルの民間人および他国民を直接標的としたり、人質にすることを含む、あらゆる当事者によるすべての国際法違反を明確に非難する。しかし、法律、道徳のいずれの観点から見ても、国家の領土に対する武力攻撃は、それがどれだけ深刻なもの——たとえば残虐な犯罪を伴う攻撃——であれ、ジェノサイド罪の防止及び処罰に関する1948年条約（以下、「ジェノサイド条約」または「条約」）違反を正当化したり、擁護をしたりすることはできない。南アフリカが訴えているイスラエルによる行為および不作為は、パレスチナの民族的、人種的、民族的集団の相当部分、すなわちガザ地区のパレスチナ人集団（以下、「ガザのパレスチナ人」）の一部を破壊することを意図しているため、ジェノサイド的な性格を有している。問題の行為には、ガザのパレスチナ人を殺害すること、身体的・精神的に重大な被害を与えること、身体的破壊をもたらすような生活条件を与えることが含まれる。これらの行為はすべてイスラエルに起因するものである。イスラエルは、ジェノサイド条約に明白に違反して、ジェノサイドの防止に失敗し、ジェノサイドを行っている。また、イスラエルの上級官僚や他の人々が直接的かつ公然とジェノサイドを煽動するのを予防したり処罰したりせずにいるなど、ジェノサイド条約にもとづく他の基本的義務にも違反しただけでなく、現在も違反し続けている。（略）

111．南アフリカ共和国は、本申請を改定したり、補足ないし修正する権利を留保しつつ、関連する証拠および法的論拠を（訳注：国際司法）裁判所に提出することを条件として、裁判所に対し、以下の事項を決定し、宣言するよう謹

んで要請する。

(1) 南アフリカ共和国およびイスラエル国はそれぞれ、パレスチナ人集団の構成員との関係において、ジェノサイド罪の防止および処罰に関する条約に基づく義務に従って行動し、ジェノサイドを防止するためにその権限内においてあらゆる合理的な措置を講じる義務があること。

(2) イスラエル国は、

　(a) ジェノサイド条約に基づく義務、特に、第2条と併せて解釈したときの第1条、および第3条(a)、第3条(b)、第3条(c)、第3条(d)、第3条(e)、第4条、第5条、6条に規定される義務に違反しただけでなく、現在も違反し続けている。

　(b) パレスチナ人の殺害またはその継続、あるいは、パレスチナ人に身体上ないし精神上の重大な危害を与える行為またはその継続、あるいは、その集団に対して全面的ないし部分的に身体的破壊をもたらすような生活条件の意図的な強要またはその継続を可能とするような行為と措置を含む、上述の義務に違反する行為と措置を直ちに中止しなければならない。そして、ジェノサイド条約に基づく義務、とりわけ、第1条、第3条（a）、第3条（b）、第3条（c）、第3条（d）、第3条（e）、第4条、第5条及び第6条に規定する義務を完全に尊重しなければならない。

　(c) 第1条、第3条(a)、第3条(b)、第3条(c)、第3条(d)及び第3条(e)に反して、ジェノサイドを行い、ジェノサイドを共同謀議し、ジェノサイドを直接かつ公然と扇動し、ジェノサイドを企て、及びジェノサイドに加担した者が、第1条、第4条、第5条及び第6条の要請に従って、権限のある国内又は国際法廷により処罰されることを確保しなければならない。

　(d) (e) (f)（略）

144. 上述の事実にもとづき、南アフリカは、ジェノサイド罪の防止および処罰に関する条約の締約国として、本案に関する裁判所の決定がなされるまでの間、極めて緊急の問題として、以下に掲げる、ジェノサイド条約によって保護される集団としてのパレスチナ人に関する暫定的措置を示すよう、謹んで裁判所に要請する。これらの措置は、南アフリカとイスラエルとの紛争の主題となっている諸権利に直接関連するものである。

(1) イスラエル国は、ガザにおける、およびガザに対する軍事行動を直ちに停止する。

(2) イスラエル国は、イスラエル国によって指揮され、支援され、または影響を受ける可能性のある軍隊または非正規の武装部隊も、また、イスラエル国の支配、指揮または影響を受ける可能性のある組織および人物も、上記(1)に言及された軍事作戦を助長するいかなる措置もとらないようにする。

(3) 南アフリカ共和国及びイスラエル国は、それぞれ、パレスチナ人民との関係において、ジェノサイド罪の防止及び処罰に関する条約に基づく義務に従い、ジェノサイドを防止するため、その権限に属するすべての合理的な措置をとる。

(4) イスラエル国は、ジェノサイド罪の防止及び処罰に関する条約により保護される集団としてのパレスチナ人民との関係において、ジェノサイド罪

の予防及び処罰に関する条約に基づく義務に従い、同条約の第2条の範囲内の一切の行為、特に、次の行為の遂行をやめるものとする。

(a) その集団の構成員を殺害すること。

(b) 当該集団の構成員に身体上又は精神上の重大な損害を与えること。

(c) 集団に、その全部又は一部の身体的破壊をもたらすために意図された生活条件を故意に与えること。

(d) 集団内での出生を防止することを目的とする措置を課すこと。

(5) イスラエル国は、パレスチナ人に関し、上記(4)(c)に従い、以下の事項を中止する。また、関連する命令の取消しなど、それらを防止するための制限及び／または禁止を含む、あらゆる措置をその権限の及ぶ範囲においてとるものとする。

(a) 住居からの追放および強制移住。

(b) 以下のものを剥奪すること。

(i) 十分な食糧および水へのアクセス。

(ii) 適切な燃料、避難所、衣服、衛生設備へのアクセスを含む人道支援へのアクセス。

(iii) 医薬品および援助。

(c) ガザにおけるパレスチナ人の生活の破壊。

(6) イスラエル国は、パレスチナ人との関係において、自国の軍隊並びに自国の指示、支援その他の影響を受ける非正規の武装部隊若しくは個人、あるいは自国の支配、指示若しくは影響を受ける組織及び個人が、上記(4)及び(5)に掲げる行為、あるいは、ジェノサイドを直接かつ公然と扇動する行為、ジェノサイドの実行の共同謀議、ジェノサイドの未遂、若しくはジェノサイドへの加担に従事せず、かつ、そのような行為に従事する限りにおいて、ジェノサイド罪の防止及び処罰に関する条約の第1条、第2条、第3条及び第4条に従ってその処罰のための措置が執られることが確保されなければならない。(略)

出典: 国際司法裁判所HP(原文英語)
https://www.icj-cij.org/sites/default/files/case-related/192/192-
20231228-app-01-00-en.pdf
アクセス日:2024年4月29日

第1章
平和・軍縮全般

1. 核兵器・核軍縮年表（1945年〜2023年）

 1945年に米国が最初の核実験を行い広島・長崎に原爆を投下して以来の、核兵器と核軍縮に関する主なできごとを年表にした。人類は、78年もの間核兵器の恐怖から抜け出すことができないでいる。

❖核兵器・核軍縮に関する主なできごと（1945〜2023）❖

1945年	7月16日	米国が世界最初の核実験（アラモゴード）
	8月6日	広島に原爆投下
	8月9日	長崎に原爆投下
1949年	8月29日	ソ連が最初の核実験
1951年	5月8日	米国が最初のブースト型爆弾
1952年	10月3日	英国が最初の核実験
	10月31日	米国が最初の水爆実験
1953年	8月12日	ソ連が最初のブースト型実験
	12月8日	アイゼンハワー米大統領の国連演説「アトムズ・フォア・ピース」
1954年	1月21日	世界最初の原子力潜水艦ノーチラス号進水
	3月1日	米国のビキニ環礁水爆実験。第五福竜丸被爆
1955年	7月9日	ラッセル・アインシュタイン宣言
	11月22日	ソ連が最初の水爆実験
1957年	7月29日	IAEA（国際原子力機関）憲章発効
	10月4日	ソ連、世界初の人工衛星（スプートニク1号）打ち上げ
1959年	6月9日	米、最初のポラリス弾道ミサイル原潜進水
	12月1日	南極条約署名
1960年	2月13日	フランスが最初の核実験
1961年	6月23日	南極条約発効
1962年	10月	キューバ危機
1963年	8月5日	部分的核実験禁止条約署名
	10月10日	部分的核実験禁止条約発効
1964年	10月16日	中国が最初の核実験
1967年	1月27日	宇宙条約署名（10月10日発効）
	2月14日	ラテン・アメリカおよびカリブ地域における核兵器禁止条約署名
1968年	7月1日	核不拡散条約（NPT）署名
1969年	4月25日	ラテン・アメリカおよびカリブ地域における核兵器禁止条約発効
1970年	3月5日	核不拡散条約（NPT）発効
1971年	2月11日	海底核兵器禁止条約署名
1972年	4月10日	生物兵器禁止条約（BWC）署名
	5月15日	「核抜き本土並み」で沖縄返還
	5月26日	米ソ、戦略核兵器制限交渉（SALTI）諸条約署名
	5月26日	米ソ、対弾道弾ミサイルシステム制限条約（ABM条約）署名
1974年	5月18日	インドが地下核実験
	7月3日	米ソ、ABM条約議定書に署名
		米ソ、地下核実験制限条約署名
1976年	5月28日	米ソ、平和目的核爆発条約署名
1977年	9月21日	核供給国グループ（NSG）設立
	10月3日	SALTI失効
1978年	5月23日	第1回国連軍縮特別総会（〜6月30日）

1979年	3月28日	米、スリーマイル島の原子力発電所事故
	6月18日	米ソ、SALTII条約署名
	12月5日	月協定署名
1980年	3月3日	核物質の防護に関する条約署名
1982年	6月7日	第2回国連軍縮特別総会（〜7月10日）
1983年	3月23日	レーガン米大統領、戦略防衛構想（SDI）発表
1985年	8月6日	南太平洋非核地帯条約署名
1986年	4月26日	チェルノブイリ原発事故
	10月11日	米ソ、レイキャビク首脳会議（〜12日）
	12月11日	南太平洋非核兵器地帯条約発効
1987年	4月	ミサイル技術管理レジーム（MTCR）発足
	12月8日	米ソ、中距離核戦力（INF）全廃条約署名（1988年6月1日発効）
1990年	7月31日	米ソ、第1次戦略兵器削減条約（STARTI）署名
	10月24日	ソ連、最後の地下核実験実施
1991年	1月17日	米など、湾岸戦争開始
	11月26日	英、最後の地下核実験実施
1992年	1月20日	朝鮮半島非核化共同宣言署名
	5月23日	リスボン議定書署名
	9月23日	米、最後の地下核実験実施
1993年	1月3日	米ロ、STARTII条約署名
	1月13日	化学兵器禁止条約（CWC）署名
	3月24日	南アフリカ政府、保有核兵器の廃棄を公表
1994年	7月25日	第1回ASEAN地域フォーラム（ARF）開催
	10月21日	米朝枠組み合意
	12月5日	STARTI発効 リスボン議定書発効
	12月15日	最初の国連総会日本決議が採択
1995年	4月11日	非核兵器国の安全保証に関する安保理決議採択
	4月17日	NPT再検討・延長会議開催（〜5月12日）
	5月11日	NPT無期限延長を決定
	9月5日	フランス、核実験を再開
	12月15日	東南アジア非核地帯条約署名
1996年	1月17日	フランス、最後の地下核実験実施
	4月11日	アフリカ非核兵器地帯条約署名
	7月8日	核兵器の使用に関する国際司法裁判所（ICJ）勧告的意見
	7月29日	中国、最後の地下核実験実施
	8月14日	キャンベラ委員会、報告書発表
	9月24日	包括的核実験禁止条約（CTBT）署名開放
1997年	3月21日	米ロ、STARTIIIの枠組みに合意
	3月27日	東南アジア非核兵器地帯条約発効

1997年	5月14日	IAEAモデル追加諸議定書採択
	7月2日	米国が初の未臨界核実験
	9月26日	START II 条約議定書署名 ABM関係協定署名
	12月3日	対人地雷禁止条約署名
1998年	4月6日	英仏、核兵器国で初めてCTBT批准
	5月11日	インドが地下核実験を実施(〜13日)
	5月28日	パキスタンが地下核実験を実施(〜30日)
	6月9日	新アジェンダ連合(NAC)声明
1999年	7月25日	東京フォーラム報告書発表
2000年	4月24日	第6回NPT再検討会議開催(〜5月19日)
	6月13日	南北朝鮮首脳会談
2001年	9月11日	米同時多発テロ
	10月8日	米英、アフガニスタン空爆開始
	12月13日	米、ABM条約脱退通告
2002年	5月24日	モスクワ条約(SORT)署名
	6月13日	ABM条約失効
	8月14日	イランの核開発疑惑が浮上
	9月17日	日朝平壌宣言
	12月17日	米、ミサイル防衛初期配備決定を発表
2003年	1月10日	北朝鮮、NPTからの脱退を宣言
	3月20日	米、イラク戦争開始
	6月1日	モスクワ条約(SORT)発効
2004年	10月1日	米、MD初期配備
2005年	4月26日	非核地帯加盟国会議初開催(〜28日)
	5月2日	第7回NPT再検討会議開催(〜27日)
	9月19日	6か国協議、初の共同声明を発表
2006年	9月8日	中央アジア非核兵器地帯条約署名
	10月9日	北朝鮮が初の地下核実験
2007年	1月4日	米4高官、「核兵器のない世界」投稿
	1月11日	中国が衛星破壊実験を実施
2008年	2月20日	米国が自国の衛星を撃墜
	9月6日	NSG総会、ガイドライン修正案採択
	10月10日	米印、核協力協定に署名
	12月3日	クラスター弾禁止条約署名(〜4日)
2009年	3月21日	中央アジア非核兵器地帯条約発効
	4月5日	オバマ大統領、プラハ演説
	5月25日	北朝鮮、2度目の地下核実験
	7月15日	アフリカ非核兵器地帯条約発効
	12月6日	米印核協力協定が発効
2010年	4月6日	米、核態勢見直し(NPR)発表
	4月8日	米露、新START条約に署名(プラハ)
	4月12日	核保安サミット(ワシントン)(〜13日)
	5月3日	第8回NPT再検討会議開催(〜28日)
	8月1日	クラスター弾禁止条約発効
	11月18日	米国、初のZマシン新型核実験
2011年	2月5日	米露、新START条約発効
	3月11日	東日本大震災、東京電力福島第1原発事故発生
2012年	3月26日	第2回核保安サミット(ソウル)(〜27日)
	5月20日	NATO首脳会議、「防衛・抑止態勢見直し」策定(〜21日)
	9月17日	モンゴル非核地位に関する共同宣言にP5署名
	12月12日	北朝鮮、人工衛星「光明星3号」2号機の軌道投入成功
2013年	2月12日	北朝鮮、3度目の地下核実験
	3月4日	核兵器の人道上の影響に関する国際会議開催(オスロ)(〜5日)

2013年	7月26日	国連軍縮諮問委員会、北東アジア非核兵器地帯設立の検討を勧告
	10月21日	4回目の「核兵器の不使用」共同声明に日本が初めて賛同
2014年	2月13日	第2回核兵器の人道上の影響に関する国際会議(ナヤリット)(〜14日)
	3月24日	第3回核保安サミット(ハーグ)(〜25日)
	12月8日	第3回核兵器の人道上の影響に関する国際会議(ウイーン)(〜9日)
2015年	4月27日	第9回NPT再検討会議開催(〜5月22日)
	7月14日	イラン核合意(JCPOA)成立
2016年	1月6日	北朝鮮、4度目の地下核実験
	3月31日	第4回核保安サミット(ワシントンDC)(〜4月1日)
	9月9日	北朝鮮、5度目の地下核実験
	12月26日	国連総会、核兵器禁止条約交渉の17年開始を決議
2017年	7月7日	核兵器禁止条約採択
	9月3日	北朝鮮、6度目の地下核実験
2018年	2月2日	米国「核態勢の見直し(NPR)」発表
	4月27日	朝鮮半島の平和と繁栄、統一のための南北板門店宣言
	5月8日	米国、JCPOA離脱を宣言
	6月12日	シンガポールで初の米朝首脳会談開催、共同声明
	9月19日	9月平壌共同宣言、板門店宣言履行のための軍事分野合意書
2019年	2月2日	米国、INF全廃条約離脱を表明。(8月2日に失効)
	2月27日	ハノイで2度目の米朝首脳会談(〜28日)
	11月24日	ローマ教皇が長崎・広島を訪問
2020年	2月4日	米国防総省、SLBMへの低威力核弾頭W76-2の実戦配備を発表
	3月27日	COVID-19の流行により第10回NPT再検討会議の延期決定
2021年	1月22日	核兵器禁止条約発効
	2月3日	米露、新STARTを2026年2月5日まで5年間延長で合意
	3月16日	英国、統合政策見直しを公表。核弾頭の上限目標を260発に引き上げ
	9月15日	米英豪、新たな安全保障枠組みAUKUS創設
2022年	2月24日	ロシア、ウクライナ侵攻を開始
	6月21日	核兵器禁止条約第1回締約国会議開催(ウィーン)(〜23日)
	8月1日	第10回NPT再検討会議開催(〜26日)
	10月27日	米国、「核態勢見直し(NPR)」発表
2023年	2月21日	ロシア、新START履行停止を宣言
	10月7日	ハマス、イスラエルを奇襲。イスラエルはガザへ大規模な反撃。
	11月2日	露、CTBTの批准撤回。
	11月27日	核兵器禁止条約第2回締約国会議開催(ニューヨーク)(〜12月1日)

2. 国連総会決議（2023年）：各国の投票行動

第78回国連総会は、軍縮及び安全保障に関連して65の決議をあげた。そのうちの主要な49決議とロシアのウクライナ侵略、及びパレスチナでのイスラエルによる虐殺行為に関わる緊急特別会合での3決議を加えて6分野に分け、核兵器保有9か国、ジュネーブ軍縮会議（CD）加盟の米核兵器依存国、新アジェンダ連合、NPDI参加国など51か国の投票行動を表にした（40, 41頁）。以下に決議の名称、共同提案国（追加の共同提案国含む）を記す。

A：核兵器およびその他の大量破壊兵器

1.「中東地域における非核兵器地帯の設立」■提案国：エジプト。

2.「非核兵器国に対して核兵器の使用または使用の威嚇をしないことを確約する効果的な国際協定の締結」（消極的安全保証）■提案国：10か国を代表してパキスタン。■追加の提案国：アルジェリア、カザフスタンなど13か国。

3.「核軍縮」■提案国：5か国を代表してミャンマー。■追加の提案国：キューバ、インドネシアなど10か国。

4.「核兵器禁止条約」■提案国：36か国を代表してオーストリア。■追加の提案国：ミャンマー、トルクメニスタンなど43か国。**（第9章3に条約文）**

5.「核兵器のない世界へ—核軍縮に関する誓約の履行を加速する」（NAC決議）■共同提案国：NAC6か国など12か国を代表してメキシコ。■追加の提案国：タイなど9か国。

6.「核兵器のない世界に向けた共通のロードマップ構築のための取組み」（日本決議）■提案国：米国、オーストラリアなど26か国を代表して日本。■追加の提案国：ノルウエー、韓国など24か国。**（第2章2に決議文（抜粋））**

7.「核兵器の威嚇または使用の合法性に関する国際司法裁判所（ICJ）の勧告的意見のフォローアップ」（マレーシア決議）■提案国：エジプト、フィリピンなど20か国を代表してマレーシア。

8.「核軍縮に関する2013年国連会ハイレベル会合のフォローアップ」■提案国：非同盟諸国を代表してインドネシア。

9.「1995年、2000年、及び2010年NPT再検討会議で合意された核軍縮義務のフォローアップ」■提案国：イラン。**（第2章4-6に合意文書（抜粋））**

10.「核兵器の人道上の結末」■提案国：NAC6か国など46か国を代表してオーストリア。■追加の提案国：アフガニスタンなど48か国。

11.「核兵器のない世界のための倫理的至上命題」■提案国：メキシコ、エジプト、オーストリアなど23か国を代表して南アフリカ。■追加の提案国：コロンビアなど24か国。

12.「核兵器使用の禁止に関する条約」■提案国：イラン、ベトナムなど9か国を代表してインド。■追加の提案国：アフガニスタンなど10か国。

13.「核兵器の危険性の低減」■提案国：ボリビアなど10か国を代表してインド。■追加の提案国：インドネシア、ミャンマーなど12か国。

14.「中東における核拡散の危険性」■提案国：アラブ連盟21か国を代表してエジプト。

15.「包括的核実験禁止条約（CTBT）」■提案国：米英仏日を含む54か国を代表してオーストラリア、メキシコ、ニュージーランド。■追加の提案国：アルゼンチン、マレーシアなど36か国。

16.「兵器用核分裂性物質の生産禁止条約（FMCT）」■提案国：カナダ、ドイツ、オランダの3か国を代表してカナダ。

17.「核兵器の遺産への対応：核兵器の使用または実験の影響を受けた加盟国への被害者支援と環境修復を提供する」■提案国：オーストリアなど9か国を代表してカザフスタン、キリバス。■追加の提案国：タジキスタン、メキシコなど33か国。

18.「核軍縮の検証」■提案国：米国、英国、ブラジルなど37か国を代表してノルウェー。■追加の提案国：韓国、タイなど16か国。

19.「南半球と隣接地域の非核兵器地帯」■提案国：ブラジル、チリ、メキシコなど15か国を代表してニュージーランド。■追加の提案国：アルゼンチン、コロンビアなど20か国。

20.「化学兵器の開発、生産、貯蔵の禁止及び廃棄に関する条約の履行」■提案国：ポーランド。

21.「東南アジア非核兵器地帯条約」■提案国：ASEANを代表してインドネシア、及びメキシコ。■追加の提案国：モンゴルなど7か国。

22.「アフリカ非核兵器地帯条約」■提案国：ポルトガルなど5か国とアフリカ諸国を代表してナイジェリア。■追加の提案国：インドネシアなど11か国。

23.「細菌（生物）及び毒素兵器の禁止及び廃棄に関する条約」■提案国：ハンガリー。

24.「テロリストの大量破壊兵器取得防止措置」■提案国：米国、フランス、ドイツなど49か国を代表してインド。■追加の提案国：英国、ミャンマーなど42か国。

25.「放射性廃棄物の投棄の禁止」■提案国：アフリカ諸国を代表してナイジェリア。■追加の提案国：モルジブ

B：宇宙

26.「宇宙における兵器先行配備の禁止」■提案国：中国、北朝鮮など11か国を代表してロシア。■追加の提案国：アルゼンチン、インドネシアなど28か国。

27.「宇宙における軍備競争防止へのさらなる実際的措置」■提案国：中国、ベラルーシ、イランなど9か国を代表してロシア。■追加の提案国：北朝鮮、ボリビアなど15か国。

28.「責任ある行動の規範、規則、及び原則を通して宇宙空間の脅威を削減する」■提案国：日米独仏など46か国を代表して英国。■追加の提案国：トルコなど3か国。

29.「宇宙における軍備競争の防止」■提案国：中国、ロシア、エジプトなど14か国を代表してエジプト、スリランカ。■追加の提案国：インドネシア、タイなど22か国。

30.「宇宙空間行動における透明性及び信頼構築措置」■提案国：ベラルーシ、キューバなど7か国を代表してロシアと中国。■追加の提案国：ナイジェリア、ミャンマーなど13か国。

31.「宇宙の平和利用における国際協力」■提案国：国連宇宙平和利用委員会議長のアラブ首長国連邦。

C：通常兵器

32.「対人地雷の使用、貯蔵、生産及び移転の禁止及び廃棄に関する条約の履行」■提案国：英仏やオーストリアなど39か国を代表してドイツ、コロンビア、カンボジア。■追加の提案国：ベルギー、ハンガリーなど15か国。(第6章5に解説)

33.「クラスター弾に関する条約の履行」■提案国：オーストリア、ベルギーなど15か国を代表してイラク。(第6章6に解説)

34.「武器貿易条約(ATT)」■提案国：日本、英国、フランスなど52か国を代表してルーマニア。■追加の提案国：アルゼンチン、マレーシアなど31か国。(第6章3に解説)

35.「地域及び準地域的通常兵器軍備管理」■提案国：パキスタン、シリア。■追加の提案国：バングラデッシュ。

36.「特定通常兵器使用禁止制限条約」■提案国：ポーランド。(第6章7に解説)

37.「小軽火器のあらゆる面における不正取引」■提案国：英国、中国、ドイツなど49カ国を代表してコロンビア、日本、南アフリカ。■追加の提案国：アルゼンチン、トルコなど37か国。

38.「小軽火器の不正取引の阻止と回収のための諸国支援」■提案国：ドイツ,オランダなど29か国を代表してナイジェリア。■追加の提案国：英仏、トルコなど29か国。

D：新技術と国際安全保障

39.「自律型致死兵器システム(LAWs)」■提案国：ドイツ、オランダなど28か国を代表してオースト

リア。■追加の提案国：デンマークなど16か国。(第6章10に抜粋)

40.「国際安全保障における情報通信技術での責任ある国家の行動計画」■提案国：日米英独など52か国を代表してフランス。■追加の提案国：チリ、トルコなど15か国。(第6章13に抜粋)

41.「国際安全保障面の情報と情報通信の発展」■提案国：中国、キューバ、韓国など16か国を代表してロシア。■追加の提案国：カンボジアなど8か国。

42.「国際安全保障と軍縮における科学技術の役割」■提案国：ドイツ、イスラエルなど15か国を代表してインド。■追加の提案国：日本、イタリアなど28か国。

E：その他：軍縮と安全保障

43.「軍縮及び不拡散における多国間主義の促進」■提案国：非同盟諸国を代表してインドネシア。

44.「地中海地域における安全保障と協力体制の強化」■提案国：キプロス、エジプト、ギリシャなど12か国を代表してアルジェリア。■追加の提案国：バーレーン、リビアなど12か国。

45.「軍縮と開発の関係」■提案国：非同盟諸国を代表してインドネシア。

46.「軍縮並びに軍備管理合意の起草及び履行における環境規範の遵守」■提案国：非同盟諸国を代表してインドネシア。

47.「第4回国連軍縮特別総会を招集する」■提案国：非同盟諸国を代表してインドネシア。

48.「地域軍縮」■提案国：イラク、パキスタン。■追加の提案国：バングラデシュ、トルコなど7か国。

49.「地域及び準地域的信頼醸成措置」■提案国：パキスタン、シリア。■追加の提案国：バングラデシュ。

F　ウクライナ、パレスチナ緊急特別会合

50.「ウクライナにおける包括的、公正そして永続的な平和の基礎となる国連憲章の諸原則」■提案国：ウクライナ、日米英独仏など57か国。■追加の提案国：チリ、シンガポールなど18か国。

51.「民間人の保護と法的及び人道的義務の遵守」■提案国：パレスチナ、エジプト、インドネシアなど40か国を代表してヨルダン、モーリタニア。■追加の提案国：中国、ウガンダなど7か国。(ハイライト4に抜粋)

52.「民間人の保護と法的及び人道的義務の遵守」■提案国：パレスチナ、ヨルダン、サウジアラビアなど21か国を代表してエジプト、モーリタニア。■追加の提案国：ロシア、北朝鮮など84か国。

決議の原文や各国の投票結果等は、国連の文書検索システムから決議番号で検索(原文英語)。
https://digitallibrary.un.org/

各国の投票結果

< ○：賛成 ×：反対 △：棄権 －：欠席 >

国家の分類
●**核兵器保有の9か国**：NPT上の5核兵器国、及びNPT外の核兵器保有の4か国。
●**新アジェンダ連合**：98年に外相声明「核兵器のない世界へ：新しいアジェンダの必要性」を発し、その後も活動を継続している6か国。
●**不拡散・軍縮イニシアチブ（NPDI）**：2010年9月、日豪主導で結成された国家グループ。表で国名が白抜きの12か国。

					米国	ロシア	英国	フランス	中国	インド	パキスタン	イスラエル	北朝鮮
						核兵器国							

A 核兵器およびその他の大量破壊兵器

		決議番号	賛成・反対・棄権	米国	ロシア	英国	フランス	中国	インド	パキスタン	イスラエル	北朝鮮
1	中東地域における非核兵器地帯の設立	A/RES/78/17	179-1-3	△	△	○	○	○	○	○	×	○
2	消極的安全保証	A/RES/78/18	123-0-62	△	△	△	△	○	○	○	△	○
3	核軍縮	A/RES/78/53	121-44-17	×	×	×	×	○	△	△	×	○
4	核兵器禁止条約	A/RES/78/35	123-43-17	×	×	×	×	×	×	×	×	○
5	核軍縮の誓約履行の加速（NAC決議）	A/RES/78/42	133-26-25	×	×	×	×	○	△	△	×	○
6	核なき世界に向けた共同のロードマップ構築（日本決議）	A/RES/78/40	148-7-29	○	×	○	○	△	△	△	×	○
7	ICJ勧告的意見のフォローアップ（マレーシア決議）	A/RES/78/33	135-35-15	×	×	×	×	○	○	○	×	○
8	核軍縮に関する2013年国連総会ハイレベル会合のフォローアップ	A/RES/78/27	140-35-10	×	×	×	×	○	○	○	×	○
9	NPT再検討会議で合意された核軍縮義務のフォローアップ	A/RES/78/30	116-45-19	×	×	×	×	○	△	△	×	－
10	核兵器の人道上の結末	A/RES/78/34	141-11-33	×	×	△	△	○	○	○	×	○
11	核兵器のない世界のための倫理的至上命題	A/RES/78/41	135-38-12	×	×	△	△	○	○	○	×	○
12	核兵器使用の禁止に関する条約	A/RES/78/55	120-50-14	×	×	×	×	○	○	○	×	○
13	核兵器の危険性の低減	A/RES/78/44	122-49-13	×	×	×	×	○	○	○	×	○
14	中東における核拡散の危険性	A/RES/78/63	151-6-27	×	○	△	△	○	○	○	×	○
15	包括的核実験禁止条約（CTBT）	A/RES/78/66	181-1-4	○	○	○	○	○	△	△	○	×
16	兵器用核分裂性物質の生産禁止条約（FMCT）	A/RES/78/28	160-5-20	○	○	○	○	△	×	×	×	○
17	核実験被害者支援と環境修復	A/DEC/78/240	161-4-6	△	△	△	○	○	○	○	△	○
18	核軍縮の検証	A/DEC/78/239	167-0-4	○	○	○	○	○	○	○	○	－
19	南半球と隣接地域の非核兵器地帯	A/DEC/78/50	147-5-29	×	×	△	△	×	○	○	×	○
20	化学兵器の禁止及び廃棄に関する条約の履行	A/RES/78/29	159-7-16	○	△	○	○	○	○	○	○	×

無投票 (21) 東南アジア非核兵器地帯条約（A/RES/78/39）　(22) アフリカ非核兵器地帯条約（A/RES/78/14）　(23) 細菌(生物)及び毒素兵器の禁止（A/RES/78/49）

B 宇宙

		決議番号	賛成・反対・棄権	米国	ロシア	英国	フランス	中国	インド	パキスタン	イスラエル	北朝鮮
26	宇宙兵器先行配備の禁止	A/RES/78/21	127-51-6	×	○	×	×	○	○	○	×	○
27	宇宙空間における軍備競争防止へさらなる実践的措置	A/RES/78/238	110-49-8	×	○	×	×	○	○	○	×	○
28	規範、規則、及び原則を通して宇宙空間の脅威を削減する	A/DEC/78/20	166-9-4	○	×	○	○	△	△	△	△	×

無投票 (29) 宇宙における軍備競争の防止（A/RES/78/19）　(30) 宇宙空間行動における透明性及び信頼構築措置（A/RES/78/52）　(31) 宇

C 通常兵器

		決議番号	賛成・反対・棄権	米国	ロシア	英国	フランス	中国	インド	パキスタン	イスラエル	北朝鮮
32	対人地雷禁止及び廃棄に関する条約の履行	A/RES/78/45	170-1-16	△	△	○	○	△	△	△	△	△
33	クラスター弾に関する条約の履行	A/RES/78/32	148-1-36	△	△	○	○	×	△	△	△	－
34	武器貿易条約（ATT）	A/RES/78/48	159-0-23	○	△	○	○	△	△	△	△	△
35	地域及び準地域の通常兵器軍備管理	A/RES/78/37	186-1-0	○	○	○	○	○	○	×	○	○

無投票 (36) 特定通常兵器使用禁止制限条約（A/RES/78/64）　(37) 小軽火器のあらゆる面における不正取引（A/RES/78/46）　(38) 小軽火

D 新技術と国際安全保障

		決議番号	賛成・反対・棄権	米国	ロシア	英国	フランス	中国	インド	パキスタン	イスラエル	北朝鮮
39	自律型致死兵器システム（LAWs）	A/RES/78/241	152-4-11	○	○	○	○	△	△	×	○	△
40	情報通信技術での責任ある国家の行動計画	A/RES/78/16	161-9-11	○	×	○	○	×	△	△	○	×
41	国際安全保障面における情報通信分野の発展	A/RES/78/237	104-53-7	×	○	×	×	○	○	○	×	○

無投票 (42) 国際安全保障と軍縮における科学技術の役割（A/RES/78/22）

E その他：軍縮と安全保障

		決議番号	賛成・反対・棄権	米国	ロシア	英国	フランス	中国	インド	パキスタン	イスラエル	北朝鮮
43	軍縮及び不拡散における多国間主義の促進	A/RES/78/26	130-5-50	×	○	×	×	○	○	○	×	○
44	地中海地域における安全保障と協力体制の強化	A/RES/78/65	178-0-4	△	○	○	○	○	○	○	△	○

無投票 (45) 軍縮と開発の関係（A/RES/78/23）　(46) 軍縮並びに軍備管理合意の起草及び履行における環境規範の遵守（A/RES/78/25）RES/78/38）

F ウクライナ、パレスチナ緊急特別会合

		決議番号	賛成・反対・棄権	米国	ロシア	英国	フランス	中国	インド	パキスタン	イスラエル	北朝鮮
50	ウクライナにおける平和の基礎となる国連憲章の原則	A/RES/ES-11/6	141-7-32	○	×	○	○	△	△	△	△	○
51	民間人の保護と法的及び人道的義務の遵守	A/RES/ES-10/21	120-14-45	×	○	△	△	○	○	○	×	○
52	民間人の保護と法的及び人道的義務の遵守	A/RES/ES-10/22	153-10-23	×	○	△	△	○	○	○	×	○

オーストラリア	日本	韓国	ベルギー	ブルガリア	カナダ	フィンランド	ドイツ	ハンガリー	イタリア	オランダ	ノルウェー	ポーランド	ルーマニア	スロバキア	スペイン	トルコ	ブラジル	エジプト	アイルランド	メキシコ	ニュージーランド	南アフリカ	アルジェリア	ケニア	ナイジェリア	アルゼンチン	チリ	キューバ	インドネシア	イラン	カザフスタン	マレーシア	モンゴル	フィリピン	アラブ首長国連邦	ベトナム	オーストリア	ベラルーシ	スウェーデン	スイス	ウクライナ
			CD加盟の米核兵器依存の非保有国														新アジェンダ連合						アフリカ			南北アメリカ		アジア										ヨーロッパ			
○	○	△	○	○	○	○	○	○	○	○	○	○	○	○	○	○	○	○	○	○	○	○	○	○	○	○	○	○	○	○	○	○	○	○	○	○	○	○	○	○	○
△	△	△	△	△	△	△	△	△	△	△	△	△	△	△	△	△	△	△	△	△	△	△	△	△	△	△	△	△	△	△	△	△	△	△	△	△	△	△	△	△	△
×	△	×	×	×	×	×	×	×	×	×	×	×	×	×	×	×	○	○	△	○	△	○	○	○	○	○	○	○	○	○	○	○	○	○	○	○	△	×	×	×	×
×	×	×	×	×	×	×	×	×	×	×	×	×	×	×	×	×	○	○	×	○	×	○	○	○	○	○	○	○	○	○	○	○	○	○	○	○	×	×	×	×	×
×	×	△	×	×	×	×	×	×	×	×	×	×	×	×	×	×	○	○	△	○	△	○	○	○	○	○	○	○	○	○	○	○	○	○	○	○	△	×	×	×	×
×	○	×	×	×	×	×	×	×	×	×	×	×	×	×	×	×	○	○	×	○	×	○	○	○	○	○	○	○	○	○	○	○	○	○	○	○	×	×	×	×	×
△	○	△	○	△	×	△	△	△	△	△	△	△	△	△	△	○	○	○	△	○	△	○	○	○	○	○	○	○	○	○	○	○	○	○	○	○	△	△	△	△	△

器の禁止及び廃棄に関する条約（A/RES/78/67）　(24) テロリストの大量破壊兵器取得防止措置（A/RES/78/43）　(25) 放射性廃棄物の投棄

| × | × | × | × | × | × | × | × | × | × | × | × | × | × | × | × | × | × | × | × | × | × | × | × | × | × | × | × | × | × | × | × | × | × | × | × | × | × | × | × | × | × |
| × | × | × | × | × | × | × | × | × | × | × | × | × | × | × | × | × | × | × | × | × | × | × | × | × | × | × | × | × | × | × | × | × | × | × | × | × | × | × | × | × | × |

宙の平和利用における国際協力（A/RES/78/72）

| ○ | ○ | △ | ○ | ○ | ○ | ○ | ○ | ○ | ○ | ○ | ○ | ○ | ○ | ○ | ○ | ○ | ○ | ○ | ○ | ○ | ○ | ○ | ○ | ○ | ○ | ○ | ○ | ○ | ○ | △ | ○ | ○ | ○ | ○ | ○ | ○ | ○ | ○ | ○ | ○ | ○ |
| ○ | ○ | ○ | ○ | ○ | ○ | ○ | ○ | ○ | ○ | ○ | ○ | ○ | ○ | ○ | ○ | ○ | ○ | ○ | ○ | ○ | ○ | ○ | ○ | ○ | ○ | ○ | ○ | ○ | ○ | ○ | ○ | ○ | ○ | ○ | ○ | ○ | ○ | ○ | ○ | ○ | ○ |

器の不正取引の阻止と回収のための諸国支援（A/RES/78/54）

○	○	○	○	○	○	○	○	○	○	○	○	○	○	○	○	○	○	○	○	○	○	○	○	○	○	○	○	○	○	×	○	○	○	○	○	○	○	×	○	×	○
○	○	○	○	○	○	○	○	○	○	○	○	○	○	○	○	○	○	○	○	○	○	○	○	○	○	○	○	○	○	×	○	○	○	○	○	○	○	×	○	×	○
×	×	×	×	×	×	×	×	×	×	×	×	×	×	×	×	×	○	○	×	○	×	○	○	○	○	○	○	○	○	○	○	○	○	○	○	○	×	×	×	×	×

| △ | △ | △ | △ | △ | △ | △ | △ | △ | △ | △ | △ | △ | △ | △ | △ | △ | ○ | ○ | △ | ○ | △ | ○ | ○ | ○ | ○ | ○ | ○ | ○ | ○ | ○ | ○ | ○ | ○ | ○ | ○ | ○ | △ | △ | △ | △ | △ |
| ○ | ○ | ○ | ○ | ○ | ○ | ○ | ○ | ○ | ○ | ○ | ○ | ○ | ○ | ○ | ○ | ○ | ○ | ○ | ○ | ○ | ○ | ○ | ○ | ○ | ○ | ○ | ○ | ○ | ○ | ○ | ○ | ○ | ○ | ○ | ○ | − | ○ | ○ | ○ | ○ | ○ |

(47) 第4回国連軍縮特別総会を招集する（A/RES/78/24）　(48) 地域軍縮（A/RES/78/36）　(49) 地域及び準地域的信頼醸成措置（A/

| ○ | ○ | ○ | ○ | ○ | ○ | ○ | ○ | △ | ○ | ○ | ○ | ○ | ○ | ○ | ○ | ○ | ○ | ○ | ○ | ○ | ○ | ○ | ○ | △ | ○ | ○ | △ | ○ | △ | ○ | ○ | ○ | ○ | ○ | ○ | △ | ○ | × | ○ | ○ | ○ |

41

3. 平和のための新アジェンダ

　2023年7月20日、アントニオ・グテーレス国連事務総長は「平和のための新アジェンダ」と題する文書を発表した。2024年9月に開催予定の「未来サミット」の準備として平和と安全に関する行動志向の提言を示したものである。同アジェンダは、信頼、連帯、普遍性という基本原則を中心に組み立てられ、5つの優先分野において12の具体的な行動勧告を提示している。以下では行動勧告、核兵器廃絶、結論の箇所を訳出する。

❖私たち共通の課題　政策ブリーフ9──平和のための新アジェンダ（抜粋）❖

2023年7月

（前略）

行動勧告

　平和のためのより効果的な多国間行動が実現するよう、加盟国の検討に供するために以下の勧告を提示する。

グローバルレベルでの予防：戦略的リスクと地政学的分断への取り組み

行動1：核兵器を廃絶せよ

行動2：分断の時代における予防外交を推進せよ

紛争と暴力の予防と平和の維持

行動3：予防と平和維持のパラダイムを各国内でシフトせよ

行動4：暴力と不安の根底にある原因に取り組むため、「持続可能な開発のための2030年アジェンダ」の実施を加速せよ

行動5：平和と安全保障におけるジェンダー化された権力の力学を変容させよ

行動6：気候・平和・安全保障間の相互連関に取り組め

行動7：武器による人的損失を低減せよ

平和作戦の強化と平和執行の取り組み

行動8：平和作戦とパートナーシップを強化せよ

行動9：平和執行に取り組め

行動10：アフリカ連合およびサブリージョン平和支援作戦への支援

平和への新たなアプローチと紛争の潜在的領域

行動11：新興領域の兵器化を予防し、責任あるイノベーションを促進せよ

国際的ガバナンスの強化

行動12：より強力な集団的安全保障機構を構築せよ

グローバルレベルでの予防：戦略的リスクと地政学的分断への取り組み

　両極化する政治・経済・デジタル領域のリスクが深刻となり、また、核による人類絶滅や第3次世界大戦がもはや考えられないことではなくなった世界的分断の時代において、我々は世界的な予防努力を強化しなければならない。国際連合はそうした努力の中心であるべきだ。すなわち、核兵器の廃絶、主要な

大国間の紛争の予防、および、最も貧しく最も脆弱な国々に影響しうる戦略的競争の否定的インパクトの管理である。加盟国による紛争の平和的管理を支援すること、競争の対立へのエスカレートを回避することにより、国際連合は世界的な予防努力の卓越した中枢となるのである。

行動1：核兵器を廃絶せよ

　核兵器不拡散条約が採択されてから55年が経過したものの、核軍縮・軍備管理体制は浸食しつつあり、核不拡散は挑戦に晒され、核兵器の質的競争が進行している。核兵器使用に対する障壁を加盟国は緊急に強化しなければならない。核戦争に勝者はなく決して戦ってはならないと再確認した、2022年1月の安全保障理事会常任理事国による声明は、歓迎すべき一歩であった。しかしながら、人類の生存が危機に瀕しているとき、リスクの削減だけでは不十分である。核不拡散体制は、増大する数多の脅威に対して強化される必要がある。核不拡散と軍縮はコインの裏表であり、一方の進展には他方の進展が必要である。国連軍縮アジェンダにおいて私が述べたように、核兵器が人類にもたらす存亡の危機は、その完全な廃絶に向けて取り組むよう我々を動機付けなければならないのである。

勧告

・核なき世界の追求に緊急に改めてコミットし、核兵器の拡散と使用に反対する国際規範の侵食を逆転させよ。

・核兵器の完全廃絶までの間、核兵器保有国はその不使用を確約せよ。ミスや誤算を避けるための行動を起こせ。透明性と信頼醸成のための措置を発展させよ。現在行われている核軍縮の誓約の実行を加速させよ。国家安全保障戦略における核兵器の役割を低減せよ。戦略的安定に関する対話に参加し、核備蓄量のさらなる削減のための次のステップを作り上げよ。

・核兵器を最も多く保有する国々は、戦略核兵器のさらなる制限と削減について交渉する責任がある。

・安全保障理事会は、その権限に合致する限りにおいて、核兵器のいかなる使用または使用の威嚇に対して国際の平和と安全を回復するための懲罰的措置を科すことを、確約せよ。

・技術開発との同一歩調を保証するため、最も高い核保障措置の基準を遵守することを通じて、核不拡散体制を強化せよ。そして、核不拡散義務の不履行に対する説明責任を確実にせよ。非国家主体による大量破壊兵器の取得を防止するための措置を強化せよ。（略）

結論

　この文書で概要を示した私のビジョンは、希望と楽観主義のそれである。現時点での甚大な困難にもかかわらず、加盟国がこの挑戦に立ち上がることを私は期待している。誕生してから78年の間、国際連合は幾度となく、その終焉が

間近に迫っているとか、ますます無用になりつつあるという見解を聞かされてきた。

しかしながら、失敗や欠点を克服しつつ、国連は耐えてきただけでなく、多国間システムの中枢であり続けてきた。

我々はしかしながら、目の前にある問題の大きさをはっきりと認識しなければならない。危機に瀕しているのは、国連の未来ではなく、われわれの国家と人類の未来なのだ。核兵器、気候変動、疾病または戦争、あるいはテクノロジーの暴走に起因するものであれ、世界的な荒廃の可能性は目に見えて高まっている。不信の増大は国際関係に浸透しつつあるが、加盟国は協働の新たな方法を見出す必要がある。

加盟国はこれらを解決する中心である。

加盟国は、平和と安全保障の変容のために必要とされる変革を実現するための、第一義的な責任と他のどのアクターよりも多くの能力とを有している。

しかし、加盟国は単独で行動してはならない。われわれが直面する脅威の規模は、国家レベルでは社会全体のアプローチを、国際レベルでは人類全体のアプローチを要求している。これが、ネットワーク化された多国間主義という私のビジョンを支えるものである。すなわち、いかなる国家も、たとえ最強の国家であれ、他からの助けなしには現在の脅威に立ち向かうことはできないというプラグマティックな判断である。

国際連合は、この新たな多国間主義に向う中心であり、また、中心であり続けねばならない。競合する物語が存在する分断した世界において、すべての国が信頼できる機構を少なくとも1つ保持することは、すべての国に課せられた責務である。事務局の役割は、国際連合憲章の厳格な遵守において、すべての加盟国に奉仕することである。提示する事実と提供する分析において、事務局は信頼を獲得・維持するよう努めねばならない。それこそがコンセンサスに達するための最も強固な基盤である。

国際連合創立75周年記念宣言および「私たちの共通の課題」についての私の報告は、加盟国が共通の未来だと考えている議論に参加する待望の機会を創り出した。

未来サミットは、加盟国が直面する中心的な課題—破滅への道から繁栄への道へとわれわれを向かわせるのに必要な協力的枠組みをいかに強化するか—について、具体的な回答を出さなければならない。

この点に関する私のビジョンは明快である。これらの枠組みは、信頼・連帯・普遍性に基づく多国間解決への、鍛え直された誓約を基礎としたものでなければならない。行動を起こすべき時は、分断と亀裂がわれわれを飲み込んでしまった時ではなく、まさに今である。

出典：国連HP（原文英語）
https://www.un.org/sites/un2.un.org/files/our-common-agenda-policy-brief-new-agenda-for-peace-en.pdf
アクセス日：2024年2月7日

4. 国際司法裁判所の1996年勧告的意見

　　1996年7月8日, 国際司法裁判所(ICJ)は、国連総会の諮問に対して、「自衛の極端な状況」においての判断はできないと留保しつつ、それ以外の状況においては、核兵器による威嚇や使用は「武力紛争に適用される国際法との諸規則に一般に違反する」との画期的な「勧告的意見」を発表した。以下の105節E項で、反対の7票のうち3票は留保付きであることへの反対であり、「一般に違法」の立場は10対4であった。また、NPT第6条の解釈として、核軍縮交渉は「完結させる義務」がある(105節F項)というのも勧告の重要な内容である。

❖核兵器の威嚇または使用の合法性に関する
国際司法裁判所の勧告的意見(抜粋)❖

1996年7月8日

(前略)

99. 　このような状況のもとで、核不拡散条約第6条の「誠実に核軍縮交渉をおこなう義務」という認識がきわめて重要であると、本法廷は考える。この条項は以下のように述べている。　「各締約国は、核軍備競争の早期の停止及び核軍備の縮小に関する効果的な措置につき、並びに厳格かつ効果的な国際管理の下における全面的かつ完全な軍備縮小に関する条約について、誠実に交渉を行うことを約束する。」

　この義務の法的重要性は、単なる行為の義務という重要性をこえたものである。すなわちここで問題となる義務とは、あらゆる分野における核軍縮という正確な結果を、誠実な交渉の追求という特定の行為をとることによって達成する義務である。

(略)

105. 　これらの理由により、裁判所は、

(1)勧告的意見の要請に従うことを決定する。(13票対1票)

(2)総会の諮問に次の方法で答える。

　A　核兵器の威嚇または使用のいかなる特別の権限も、慣習国際法上も条約国際法上も存在しない。(全会一致)

　B　核兵器それ自体の威嚇または使用のいかなる包括的または普遍的禁止も、慣習国際法上も条約国際法上も、存在しない。(11票対3票)

　C　国連憲章2条4項に違反し、かつ、その51条のすべての要請を満たしていない、核兵器による武力の威嚇または武力の行使は、違法である。(全会一致)

　D　核兵器の威嚇または使用は、武力紛争に適用される国際法の要請とくに国際人道法の原則および規制の要請、ならびに、核兵器を明示的にとり扱う条約および他の約束の特別の義務と、両立するものでなければならない。(全会一致)

　E **上述の要請から、核兵器の威嚇または使用は、武力紛争に適用される国際法の諸規則、そしてとくに人道法の原則および規制に、一般に違反するであろう。しかしながら、国際法の現状および裁判所の有する事実の諸要素を勘案して、裁判所は、核兵器の威嚇または使用が、国家の存亡そのものがかかった自衛の極端な状況のもとで、合法であるか違法であるかをはっきりと結論しえない。**(7票対7票、裁判所長のキャスティング・ボート)

　F　**厳格かつ効果的な国際管理の下において、すべての側面での核軍縮に導く交渉を誠実におこないかつ完結させる義務が存在する。**(全会一致)

　(強調は訳者)

出典：国際司法裁判所HP（原文英語）
https://www.icj-cij.org/public/files/case-related/95/095-19960708-ADV-01-00-EN.pdf
アクセス日：2024年3月6日

5. 主要国の軍事費

2022年における主要国の軍事費を表で示す。世界の軍事費は、総額2兆2400億米ドル（約233兆円）に上る。米中2か国だけで世界の52％になる。2022年からロシアのウクライナ侵略が続くことで、ロシアは前年比1.3倍、ウクライナに至っては7.5倍となった。日本も軍事費は増えているが、ドル換算すると円安の関係で見かけ上減少している。1988年からの国別軍事費の経年推移を図示した。

❖主要20か国の軍事費（2022年）❖

順位	国名	軍事費 (10億米ドル)	比率 (%)	順位	国名	軍事費 (10億米ドル)	比率 (%)
1	米国	877	39	12	イタリア	33.5	1.5
2	中国	292	13	13	オーストラリア	32.3	1.4
3	ロシア	86.4	3.9	14	カナダ	26.9	1.2
4	インド	81.4	3.6	15	イスラエル	23.4	1.0
5	サウジアラビア	75.0	3.3	16	スペイン	20.3	0.9
6	英国	68.5	3.1	17	ブラジル	20.2	0.9
7	ドイツ	55.8	2.5	18	ポーランド	16.6	0.7
8	フランス	53.6	2.4	19	オランダ	15.6	0.7
9	韓国	46.4	2.1	20	カタール	15.4	0.7
10	日本	46.0	2.1		世界総額	2240	-
11	ウクライナ	44.0	2.0				

●国別軍事費の経年推移

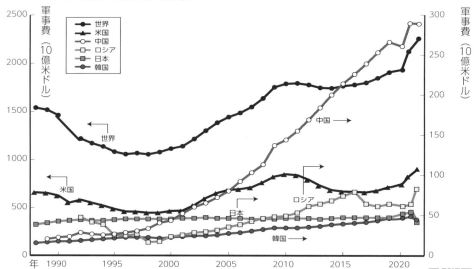

出典：ストックホルム国際平和研究所（SIPRI）のデータを基にピースデポが作成（原文英語）。
https://www.sipri.org/databases/milex
アクセス日：2024年1月29日

6. 世界の非核兵器地帯

非核兵器地帯とは、地域内の国家間で結ばれた条約により、核兵器の開発、製造、取得などが禁止された地域をさす。重要なことは、地帯内の国家に対する核兵器の使用や威嚇もまた禁止されるという点である。非核兵器地帯を広げることは、軍事力による「核の傘」ではなく、軍事力によらない「非核の傘」で私たちの安全と平和を守ろうという努力の一つである。中東、南アジア、北東アジア、北極など各地で、新たな非核兵器地帯を生み出す努力が続けられている。

南極条約であらゆる軍事利用が禁止されている南極大陸を含め、南半球の陸地のほとんどは非核兵器地帯である。南半球の非核兵器地帯は一部北半球にも延びているが、中央アジア非核兵器地帯は、唯一北半球にのみ位置している。

❖非核兵器地帯：世界に広がる非核の傘❖

条約の詳細は次ページ以下を参照。

1 南極条約

2 ラテン・アメリカおよびカリブ地域における核兵器禁止条約（トラテロルコ条約）

3 南太平洋非核地帯条約（ラロトンガ条約）

4 東南アジア非核兵器地帯条約（バンコク条約）

5 アフリカ非核兵器地帯条約（ペリンダバ条約）

6 中央アジア非核兵器地帯条約（セメイ条約）

7 モンゴル非核兵器地帯地位※

※国連等で使われる用語は「非核兵器地位」（nuclear-weapon-free status）であるが、他の非核兵器地帯の持つ国際的要件（とりわけ消極的安全保証）を持つ権利を有しているとの主張を込めてこう呼ぶ。

北東アジア非核兵器地帯
ー NGO提案 ー

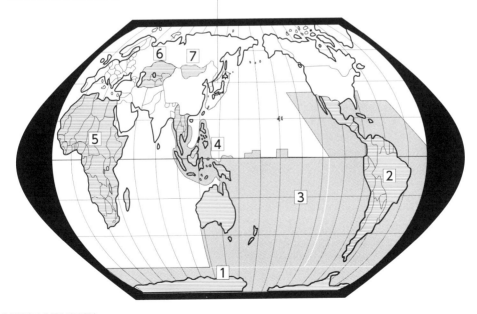

2023年12月31日現在
作成：ピースデポ

●非核兵器地帯のデータ

中央アジア非核兵器地帯条約（セメイ条約）

- **締結署名**：2006年9月8日
- **発効**：2009年3月21日
- **地帯の範囲**：下記5か国の領土、全ての水域（港湾、湖、河川）、及びこれらの上空。
- **地帯内に位置する国・地域**：カザフスタン、キルギス、タジキスタン、トルクメニスタン、ウズベキスタン
- **加盟国**：上記地帯内に位置する5か国。
- **核保有国の対応**：2014年5月6日、5核兵器国すべてが、「核兵器あるいは他の核爆発装置の使用もしくは使用の威嚇を行わないこと」を定めた議定書に署名。2023年12月現在、仏、英、露、中が批准している。

モンゴル非核兵器地帯地位

- **1998年12月4日**：国連総会決議で一国の非核兵器地位を認知。
- **2000年2月3日**：国内法制定。
- **2012年9月17日**：5核兵器国、国連本部でモンゴルの非核兵器地位に関する共同宣言に署名。

北東アジア非核兵器地帯—NGO提案—

- 1990年代半ば以来、様々な非政府提案が登場。有力な案として、韓国・北朝鮮・日本が非核兵器地帯を形成し、米・中・露が核攻撃をしない消極的な安全保証を与える「スリー・プラス・スリー」案がある。
- 2004年、モデル「北東アジア非核兵器地帯条約」をピースデポが発表。2008年に改訂版。
- 2008年、民主党核軍縮促進議員連盟が条約案を記者発表。
- 2011年、モートン・ハルペリン元米大統領顧問が、地帯設立を含む包括的協定案を提案。
- 2012年、核軍縮・不拡散議員連盟（PNND）日本に発足した北東アジア非核兵器地帯促進ワーキングチームが、条約骨子案を作成。
- 2014年、長崎・広島両市長が、地帯を支持する自治体首長543名の署名を国連事務総長に直接提出。
- 2015年、長崎大学核兵器廃絶研究センターが、「北東アジア非核化への包括的枠組み協定」を提案。
- 2021年、世界連邦運動が北東アジア非核兵器地帯設立のためのC3+3国際市民連合を設立。
- 2022年、P3+3：北東アジア非核兵器地帯条約を推進する国際議員連盟が発足。
- 2023年、モデル「北東アジア非核兵器地帯条約」改訂版をピースデポが発表。

アフリカ非核兵器地帯条約（ペリンダバ条約）

- **締結署名**：1996年4月11日 ●**発効**：2009年7月15日
- **地帯の範囲**

  アフリカ大陸、OAU*のメンバーである島しょ国、およびOAUの決議によってアフリカの一部とみなされた島々の領土および領海。（地図は、付属書Iに基づいて作成した。小島は示されていない。）

  【注】インド洋にあるチャゴス諸島に関しては、領有権問題があり、付属書にただし書きが加えられている。この中に米軍基地の島ディエゴ・ガルシアが含まれている。

  * 2002年7月、OAUはアフリカ連合（AU）に移行。
- **地帯内に位置する国・地域**

  アルジェリア、アンゴラ、ベナン、ボツワナ、ブルキナ・ファソ、ブルンジ、カメルーン、カーボ・ベルデ、中央アフリカ、チャド、コモロ、コンゴ共和国、コンゴ民主共和国、コートジボアール、ジブチ、エジプト、赤道ギニア、エリトリア、エチオピア、ガボン、ガンビア、ガーナ、ギニア、ギニア・ビサウ、ケニア、レソト、リベリア、リビア、マダガスカル、マラウイ、マリ、モーリタニア、モーリシャス、モロッコ、モザンビーク、ナミビア、ニジェール、ナイジェリア、ルワンダ、サントメ・プリンシペ、サハラ・アラブ民主共和国、セネガル、セイシェル、シエラ・レオネ、ソマリア、南アフリカ、南スーダン、スーダン、エスワティニ、タンザニア、トーゴー、チュニジア、ウガンダ、ザンビア、ジンバブエ（一部国名の変更を除き、条約添付資料にもとづいた。）
- **加盟国**

  51か国が署名、以下の43か国**が批准：アルジェリア、アンゴラ、ベナン、ボツワナ、ブルキナファソ、ブルンジ、カメルーン、カーボベルデ、チャド、コモロ、コンゴ共和国、コートジボアール、コンゴ民主共和国、赤道ギニア、エスワティニ、エチオピア、ガボン、ガンビア、ガーナ、ギニア、ギニアビサウ、ケニア、レソト、リビア、マダガスカル、マラウイ、マリ、モーリタニア、モーリシャス、モロッコ、モザンビーク、ナミビア、ニジェール、ナイジェリア、ルワンダ、セネガル、セーシェル、南アフリカ、タンザニア、トーゴー、チュニジア、ザンビア、ジンバブエ。

  ** 国連非加盟のサハラ・アラブ民主共和国を含むと44か国。
- **核保有国の対応**

  議定書1では、条約締約国に対して、および地帯内で、核兵器を使用または使用の威嚇をしないことを定め、議定書2は、地帯内での核実験の禁止を定め、5核兵器国すべてに参加を求めている。中、仏、英、露は、署名・批准、米は署名済み。

南極条約

- **締結署名**：1959年12月1日
- **発効**：1961年6月23日
- **地帯の範囲**　南緯60度以南の地域・ただし公海については他の国際法の権利を侵害しない。
- **地帯内に位置する国・地域**

  なし。南極での領土権は凍結されている（第4条）。
- **加盟国**　5つの核兵器国を含む54か国。

東南アジア非核兵器地帯条約 （バンコク条約）

- **締結署名**：1995年12月15日
- **発効**：1997年3月27日
- **地帯の範囲**

　　東南アジアのすべての国家の領土とその大陸棚、排他的経済水域よりなる区域。（図は200カイリ排他的経済水域を含めて作成した。）

- **地域内に位置する国・地域**

　　ブルネイ、カンボジア、東チモール、インドネシア、ラオス、マレーシア、ミャンマー、フィリピン、シンガポール、タイ、ベトナム

【注】中国、台湾、ベトナム、フィリピン、マレーシア、ブルネイが領有権を主張する南沙諸島の多くも地帯内にある）

- **加盟国**

　　上記「地帯内に位置する国・地域」のうち東チモールを除く10か国。

- **核保有国の対応**

　　5つの核兵器国に対して「条約締約国に対して、および地帯内で核兵器の使用または使用の威嚇をしないこと」を定めた議定書（第2条）への参加を求めている。

　　2023年現在、中露は議定書署名に意欲を示しているが、5核兵器国間の包括的合意には至っていない。

南太平洋非核地帯条約 （ラロトンガ条約）

- **締結署名**：1985年8月6日
- **発効**：1986年12月11日
- **地帯の範囲**

　　条約の付属書Iに細かく緯度、経度で規定されている。付属書にはそれにしたがって地図が添付されている。49頁の図はその地図を再現した。インド洋に面した非核地帯は、オーストラリアの領海で区切られている。インド洋に浮かぶオーストラリア領の島々も非核地帯に属するが、図には示していない。

- **地帯内に位置する国・地域**

　　オーストラリア、フィジー、キリバス、ナウル、ニュージーランド（NZ）、パプア・ニューギニア、ソロモン諸島、トンガ、ツバル、バヌアツ、サモア、クック諸島（NZと自由連合）、ニウエ（NZと自由連合）

【注】その他に植民地下の仏領ポリネシア、米領サモア、ニューカレドニア（仏）などがある。条約は太平洋諸島フォーラム（2000年10月、『南太平洋フォーラム』より名称変更）参加国に加盟が開かれている。したがって、地帯外であるが、マーシャル諸島共和国、ミクロネシア連邦にも加盟の資格がある。

- **加盟国**

　　上記「地帯内に位置する国・地域」の13か国。

- **核保有国の対応**

　　条約締約国に対する核爆発装置の使用または使用の威嚇の禁止、非核地帯内における核爆発装置の実験の禁止を定めた議定書2、3がある。1986年にソ連が、1987年に中国が議定書に署名。1996年、米英仏もフランスの核実験終了を契機に署名した。米国以外のすべての核兵器国が批准している。

- **その他**

　　2020年12月15日、ラロトンガ条約第1回締約国閣僚級会議がオンラインで開催された。同会議は声明を出し、米国が2010年に表明した同条約議定書の批准を一刻も早く実施することなどを求めた。

ラテン・アメリカおよびカリブ地域における核兵器禁止条約※ （トラテロルコ条約）

- **締結署名**：1967年2月14日
- **発効**：1969年4月25日
- **地帯の範囲**

　　北緯35度西経75度の点から真南へ北緯30度西経75度の点まで、そこから真東へ北緯30度西経50度の点まで、そこから斜航線に沿って北緯5度西経20度の点まで、そこから真南へ南緯60度西経20度の点まで、そこから真西へ南緯60度西経115度の点まで、そこから真北へ緯度零度西経115度の点まで、そこから斜航線に沿って北緯35度西経150度の点まで、そこから真東へ北緯35度西経75度の点までの境界。ただし米国領土・領海は除く。（49頁の図は、この領域を示している。）

- **地帯内に位置する国・地域**

　　アンティグア・バーブーダ、アルゼンチン、バハマ、バルバドス、ベリーズ、ボリビア、ブラジル、チリ、コロンビア、コスタリカ、キューバ、ドミニカ、ドミニカ共和国、エクアドル、エル・サルバドル、グレナダ、グァテマラ、ガイアナ、ハイチ、ホンジュラス、ジャマイカ、メキシコ、ニカラグア、パナマ、パラグアイ、ペルー、セント・ルシア、セントクリストファー・ネイビス、セントビンセント・グレナディーン、スリナム、トリニダッド・トバゴ、ウルグアイ、ベネズエラ

【注】その他にプエルトリコ（米自治領）やフォークランド諸島（英植民地）など植民地下の島々がある。

- **加盟国**

　　上記「地帯内に位置する国・地域」の33か国。

- **核保有国の対応**

　　5核兵器国すべてが、条約締約国に対して核兵器を使用しないこと、または使用するとの威嚇を行わないことを定めた付属議定書2に署名、批准している。

※1990年に現在の名称に変更された。

7. 宇宙空間での脅威削減に関する国連総会決議

2021年12月24日に採択された国連総会決議（A/RES/76/231）は、宇宙空間における脅威削減を目的とするオープンエンド作業部会の招集を決定し、それを受けて、作業部会が2022年と2023年にそれぞれ2回ずつ、計4回開かれた。以下は2025年に2回、2026年に2回、前回と同目的の新しい作業部会の開催を決定した国連総会決議である。

❖78/20 責任ある行動の規範・規則・原則を通じて 宇宙空間の脅威を削減する（抜粋）❖

2023年12月4日

総会は、（略）

1. すべての国が、月その他の天体を含む宇宙空間の探査及び利用における活動を、国際連合憲章を含む国際法に則って行わねばならないことを再確認し、加盟国がその宇宙政策をその義務に適合させることの確保を強く促し、また、宇宙空間の探査及び利用を規定する国際条約の締約国に未だなっていない国に対し、自国の国内法に従い、これらの条約の批准又は加盟検討を奨励する。

2. 総会決議76/231によって設置され、責任ある行動の規範・規則・原則を通じて行われる宇宙における脅威削減に関するオープンエンド作業部会において、2022年と2023年になされた審議を歓迎する。この審議は、総会に提出された作業文書およびプレゼンテーションとともに、宇宙空間の安全および宇宙空間における軍拡競争防止に対する重要な貢献である。

3. オープンエンド作業部会の参加者がその作業に建設的な貢献をしたことに感謝の意を表明する。

4. 2022-2023年オープンエンド作業部会および決議77/250によって設置された政府専門家会合を含む他の関連機関の作業、ならびに国際法の原則を含む既に存在する国際法の枠組みの基礎の上に、概念をさらに精緻化し、責任ある行動の規範・規則・原則の策定を通じた宇宙空間における軍拡競争の防止に関する勧告を行うため、ジュネーブにおける新たなオープンエンド作業部会の招集を決定する。責任ある行動の規範・規則・原則は、以下の分野のものを含むが、それに限定されない。

(a) 宇宙システムに対する意図的な損傷および破壊

(b) 宇宙物体の安全な運用に対する脅威

(c) 誤解及び誤算のリスクを増大させる可能性のあるランデブー運用及び近接運用

(d) 文民に対する重要な宇宙サービス及び人道活動を支援するサービスの保護

(e) 意図せざるエスカレーションと紛争のリスクを低減しうる、その他の活動と措置

そして、責任ある行動に関する規範・規則・原則の実行をいかに監視・検証し得

るか（能力の強化、宇宙の状況認識に関する協力、宇宙安全保障の事項に関する国家間の調整・協議メカニズムの設置可能性を通じてのものを含む）、および、法的拘束力のある文書作成の交渉にそれらがいかに貢献するか（宇宙空間における軍拡競争の防止に関するものを含む）を審議する。

5. また、オープンエンド作業部会は第81回総会に報告書を提出すべきこと、その最終結論と勧告をコンセンサスにより採択すべきことを決定する。

6. さらにオープンエンド作業部会は2025年に組織問題を討議する2日間の会合を1回、実質問題を討議する5日間の会合を2回、2026年には実質問題を討議する5日間の会合を2回開催すべきこと、また、オープンエンド作業部会の権限内の問題に関する意見交換のため、議長は利害関係者との会期間の諮問会合を開催できることを決定する。

7. 国連総会の作業にオブザーバーとして参加するための継続的な招待を受けている政府間組織およびその他の団体、ならびに1996年7月25日の社会経済理事会決議1996/31により経済社会理事会との協議資格を有する非政府組織の代表は、発言および文書の提出を含め、オープンエンド作業部会の公式および非公式の会議にオブザーバーとして参加できることを再確認する。

8. オープンエンド作業部会の議長に対し以下を要請する。会場での発言および文書提出という形式を含む、オープンエンド作業部会への参加をするであろう、他の関係する非政府組織、市民社会の団体、学術機関および民間部門の代表者リストをを作成する。代表者リストは、透明性および衡平な地理的代表という原則を考慮し、ジェンダーバランスを十分に配慮した上で作成する。そして、異議がなければ合意とするという原則に基づいて、さらなる検討のためにリスト案を加盟国に提出する。また、オープンエンド作業部会が参加者に関する最終決定をするのために、オープンエンド作業部会にリストに対する注意を喚起する。

9. 国連事務総長に対し、オープンエンド作業部会とその議長に必要なあらゆる支援を提供し、その報告書をジュネーブ軍縮会議および国連軍縮委員会に伝達するよう要請する。

10.「宇宙空間における軍拡競争の防止」と題する項目下にある第79回総会の暫定的な議題に「責任ある行動の規範・規則・原則を通じて宇宙空間の脅威を削減する」と題する小項目を追加することを決定する。

出典：国連文書　A/RES/78/20（原文英語）

8. ロシア・ウクライナ戦争関連年表（1922年〜2023年）

ロシアは、「特別軍事作戦」としてウクライナ侵攻を開始した原因はNATOの東方拡大にあると言明している。実際、2004年までにロシアはベラルーシ、ウクライナを挟んでNATO加盟国にほぼ包囲され、2008年にはウクライナの将来的なNATO加盟が約束された。なお、2019年に就任したウクライナのゼレンスキー大統領は、当初ロシアとの対話路線をとっていたものの、成果を出せず、2021年に欧米を後ろ盾とした対露圧力路線に転換した。

1922年	12月30日	ソビエト連邦成立（当時はロシア・ベロルシア・ウクライナ・ザカフカースの4共和国から構成）
1949年	4月4日	北大西洋条約機構（NATO）発足
1954年	1月25日	ソ連共産党、ロシア領クリミアのウクライナ移譲を決定
1955年	5月14日	ワルシャワ条約機構発足（〜1991年）
1970年	3月5日	核不拡散条約（NPT）発効
1989年	12月2日	米ソ首脳マルタ会談（〜3日）、冷戦終結を宣言
1991年	12月5日	ウクライナ独立宣言
	12月8日	ソ連の3共和国（ロシア・ウクライナ・ベラルーシ）、ソ連消滅を宣言
1994年	12月5日	核不拡散条約へのウクライナの加盟に関するブダペスト覚書署名、発効
1999年	3月12日	チェコ、ハンガリー、ポーランドがNATOに加盟
2000年	5月7日	ロシア連邦大統領にプーチン就任
2004年	3月29日	バルト3国、ブルガリアなど東欧7か国、NATOに加盟
2004年	12月26日	ウクライナ大統領にユーシェンコ就任（オレンジ革命）
2008年	4月2日	NATO首脳会議（〜3日）、ウクライナとジョージアの将来のNATO加盟を約束
2010年	2月20日	ウクライナ大統領にヤヌコーヴィチ就任
2014年	2月22日	ヤヌコーヴィチ政権崩壊（マイダン革命）
	3月18日	ロシア、ウクライナ領クリミアを併合
	3月21日	ウクライナ東部のドネツクおよびルガンスクが独立宣言
	6月7日	ウクライナ大統領にポロシェンコ就任
	9月5日	仏・独の調停によりウクライナとロシアがウクライナ東部で停戦合意（ミンスク議定書）
2015年	2月11日	ウクライナ東部で再度の停戦合意（ミンスク議定書2）
2019年	5月20日	ウクライナ大統領にゼレンスキー就任
2022年	2月21日	ロシア、ドネツク人民共和国およびルガンスク人民共和国を国家承認
	2月24日	ロシア、「特別軍事作戦」としてウクライナに侵攻、チョルノービリ原発制圧
	2月28日	国際刑事裁判所、ウクライナにおける戦争犯罪・人道に対する罪の調査開始を表明
	3月2日	国連総会緊急特別会合でロシア非難決議、賛成141、反対5、棄権35
	3月23日	ゼレンスキー、日本の国会で演説
	4月26日	国連安保理での拒否権行使の説明を求める国連総会決議を採択
	6月29日	NATO首脳会議、スウェーデンとフィンランドの加盟手続き開始を決定
	9月21日	ロシア、軍への部分的動員令を発令
	9月30日	ロシア、南部4州（ルガンスク、ドネック、サポリージャ、ヘルソン）併合宣言
	10月7日	ノーベル平和賞がロシアとウクライナの各人権活動団体、ベラルーシの人権活動家に授与される
	10月8日	ロシア本土とクリミア半島を結ぶクリミア大橋が破壊される
	10月12日	国連総会緊急特別会合でロシア非難決議、賛成143、反対5、棄権35
	12月21日	ゼレンスキーが訪米、バイデン米政権はウクライナ追加支援策を発表
2023年	2月20日	バイデン、キーウ訪問
	2月23日	侵攻1年を機に国連総会緊急特別会合の決議、完全撤退要求に賛成141か国
	2月24日	中国、ウクライナ危機の政治的解決に関する12項目の声明を発表
	3月17日	国際刑事裁判所、プーチンらに逮捕状発行
	3月20日	英国防担当相、ウクライナに供与する戦車の砲弾に劣化ウラン弾が含まれると発表
	3月21日	岸田首相、キーウ訪問
	4月4日	フィンランド、NATOに正式加盟
	4月20日	NATO事務総長ウクライナ訪問、同国のNATO加盟を後押し
	5月21日	G7広島サミットにゼレンスキーが参加
	6月6日	ウクライナ南部のカホフカ水力発電所のダム、攻撃により決壊
	6月23日	ロシアの民間軍事会社ワグネルが反乱（〜25日）
	7月7日	米政府、ウクライナにクラスター爆弾供与を発表
	7月12日	リトアニアで「NATOウクライナ理事会」が初開催
	8月23日	ワグネル創設者のプリゴジン氏の搭乗機が墜落、同氏は死亡
	8月31日	ロシア、併合したウクライナ南部4州で地方選挙実施
	9月3日	ゼレンスキー、レズニコフ国防相更迭
	9月20日	ゼレンスキー、国連総会および安保理特別会合で支持を訴える
	9月20日	プーチン、訪露した王毅外相に対し、対話と交渉を通じてウクライナ問題を解決したいと表明
	10月5日	ゼレンスキー、「欧州政治共同体」サミットで支援継続を訴える
	12月6日	ゼレンスキー、オンラインG7首脳会合で支援継続を訴える
	12月11日	ゼレンスキー訪米、バイデンは支援継続を表明
	12月14日	プーチン、「目標を達成すれば平和が訪れる」と述べる

9. ウクライナ侵攻1周年の国連緊急特別会合における決議

　ロシアのウクライナ侵攻から1年が過ぎるのを機に同問題を扱う第11回国連緊急特別会合は6回目の決議を採択した。ロシア軍の完全撤退を求める決議案に141か国が賛成し、反対は7か国にとどまった。決議案は、ウクライナの他、NATO諸国や日本など57か国によって提案された。

❖ES-11/6 ウクライナにおける包括的、公正そして永続的な平和の基礎となる国連憲章の諸原則（抜粋）❖

2023年2月23日

総会は、

国際連合憲章に記された目的及び原則を想起し、

また、国際連合憲章第2条に基づくすべての国の義務として、国際関係において、いかなる国の領土保全または政治的独立に対する武力威嚇・行使、または国際連合の目的と合致しないその他の方法を停止し、そして、平和的手段によって国際紛争を解決しなければならないことを想起し、(略)

1. 国際連合憲章の原則に沿って、ウクライナにおいて包括的、公正そして永続的な平和をできるだけ早く達成する必要性を強調する。

2. 国家の主権平等および領土保全の原則を含め、国際連合憲章に合致した、ウクライナにおける包括的、公正そして永続的な平和を促進するための事務総長および加盟国の努力を歓迎し、強い支持を表明する。

3. 憲章に合致した、ウクライナにおける包括的、公正そして永続的な平和を達成するための外交努力に対する支援の強化を、加盟国および国際機関に求める。

4. 領海にまで拡がる国際的に承認された国境内部における、主権、独立、統一および領土保全へのウクライナのコミットメントを再確認する。

5. 国際的に承認された国境内部のウクライナ領土からロシア連邦はすべての軍事力を即時・完全・無条件に撤退させるべきとの要求を反復し、敵対行為の停止を求める。(略)

7. 武力紛争の当事者が、国際人道法の下で、文民および民用物を損なわないよう常に配慮し、必要とする人々に対して安全で妨害のない人道的アクセスを確保し、文民の生存に不可欠な物を攻撃し、破壊し、除去し、使えなくしてはならない義務を完全に遵守することを求める。

8. また、ウクライナの重要なインフラストラクチャーに対する攻撃、および、住居・学校・病院を含む民用物に対するいかなる意図的な攻撃をも、直ちに停止することを求める。

9. ウクライナの領土で行われた国際法上の最も深刻な犯罪について、国内または国際レベルでの適切かつ公正で独立した捜査および訴追を通じて説明責任を確保し、すべての被害者のための正義と将来の犯罪の防止を確保する必要性を強調する。(略)

出典：国連文書　A/RES/ES-11/6（原文英語）

10. 国際刑事裁判所がプーチン氏らに逮捕状を発行

国際刑事裁判所（ICC）は、2022年2月28日、ウクライナ情勢に対する捜査開始を表明した。捜査はウクライナ政府から委託され、2013年11月21日から現在に至るウクライナ領土における戦争犯罪と人道に対する罪とを捜査対象とした。ICCは当初、目撃者の身の安全や捜査の安全な実施などを保証するために逮捕状の非公開を考慮したものの、これ以上の犯罪を阻止するために公開を決めた。以下ではICCが発行した公的文書である逮捕状を訳出する。

❖ウクライナ情勢：ICC判事、ウラジーミル・ウラジーミロヴィチ・プーチンとマリア・アレクセーエフナ・ルボワ＝ベロワに対する逮捕状を発行（抜粋）❖

2023年3月17日

本日2023年3月17日、国際刑事裁判所（「ICC」または「裁判所」）の第2予審審判部は、ウクライナ情勢に関連して、2個人に対する逮捕状を発行した。すなわち、ウラジーミル・ウラジーミロビッチ・プーチン氏およびマリア・アレクセーエフナ・ルボワ＝ベロワ氏に対してである。

ウラジーミル・ウラジーミロビッチ・プーチン氏──1952年10月7日生まれ、ロシア連邦大統領──は、住民（子ども）の不法な強制退去およびウクライナの占領地域からロシア連邦への住民（子ども）の不法な移送という戦争犯罪に責任があるとされる（ローマ規程第8条(2)(a)(vii)および第8条(2)(b)(viii)に基づく）。犯罪は、伝えられるところによれば、少なくとも2022年2月24日以後、ウクライナの占領地域で行われた。前述の犯罪について、プーチン氏が個人の刑事責任を負うと信じるに足る合理的な理由がある。すなわち、(i)直接に、他の者と共謀して、および／または他の者を通じて犯罪を行ったこと（ローマ規程第25条(3)(a)）、および、(ii)犯罪行為を行ったか、またはそのような行為が見込まれた者、および、上記の責任により生じる彼の実効的な権限および支配の下にあった者、すなわち手下の文民・軍人に対する適切な管理に失敗したこと（ローマ規程第28条(b)）についてである。（略）

第2予審審判部は、2023年2月22日の検察側の申請書に基づき、ウクライナの子どもたちへの侵害となる、住民の不法な強制退去という戦争犯罪、およびウクライナの占領地域からロシア連邦への住民の不法な移送という戦争犯罪について各被疑者が責任を負うと信じるに足る合理的な理由があると考えた（略）。

上記の逮捕状は、検察が2023年2月22日に提出した申請書に従って発行された。

出典：国際刑事裁判所HP（原文英語）
https://www.icc-cpi.int/news/situation-ukraine-icc-judges-issue-arrest-warrants-against-vladimir-vladimirovich-putin-and
アクセス日：2024年2月7日

第2章
核軍縮・不拡散：
国連など多国間協議

1. 解題

分断と対立のNPT、着実な前進をみせるTPNW

中村桂子（長崎大学核兵器廃絶研究センター准教授）

核軍縮にさらなる逆風が吹き荒れる中、2023年中には、核不拡散条約（NPT）と核兵器禁止条約（TPNW）のそれぞれに関して、今後の行方を占う重要な会議が開催された。

NPT：「負の連鎖反応」が露わに

NPTに関しては、7月31日から8月11日にかけ、オーストリアの首都ウィーンで第1回準備委員会が開催された（本章3）。2026年の次回再検討会議に向けた新しいサイクルが動きだしたことになる。

この会議に期待されたのは、「立て直し」への機運醸成であった。2015年に続き、2022年の再検討会議は合意文書の作成に失敗した。もし2026年も決裂となれば、NPT体制に対する国際社会の信頼は大きく揺らぎ、核兵器をめぐる国際秩序のさらなる崩壊を招きうる。会議を通して各国からは強い危機感が表明された。

しかし結論から言えば、米露、米中をはじめとする核兵器国間の溝、そして核兵器国と非核兵器国との溝は埋められるどころか、むしろ鮮明化した。それを象徴していたのが、会議最終日に起こった議長総括文書をめぐる騒動であった。ヴィーナネン議長が「両論併記」の形でまとめた「事実概要」案に対し、ロシア、イラン、シリア、中国が異を唱えた。ザポロジエ原発、NATO核共有、イラン核合意、オーストラリアへの原潜供与が計画されているAUKUS（米英豪安全保障

枠組み）、福島ALPS処理汚染水問題などの記述が西側諸国の視点に偏っていると強く不満を述べたのである。

過去の準備委員会でも事実概要が合意されたことはなく、議長の責任でまとめた作業文書として公式記録に残すという形が慣例化していた。しかし今回、ロシアらは矛を収めず、事務報告書案に記載された「文書一覧」から事実概要を外すよう要求した。事務報告書案まで採択できないという最悪の事態を避けるべく、議長は事実概要を取り下げるという苦渋の決断をした。議長個人の名の下に作られた総括文書が、一部の国の反対によって「存在を消される」という未曽有の結末となったのである。

2週間の会議があらわにしたのは、一方が自国や同盟国の安全保障を掲げて軍拡を正当化することが、他方のさらなる不信と軍拡を誘発する「負の連鎖反応」であった。「核共有」をめぐる議論はその典型例といえる。ロシアによるベラルーシへの戦術核配備に厳しい批判を展開した欧米諸国に対し、ロシアは、NPTの議論を政治的に利用し、軍拡を続けるNATO核同盟こそが脅威に他ならないと激しく糾弾した。それを受けた反論、そして再反論と、双方が己の立場を正当化する主張を繰り返したのである。

こうした応酬を前に、非核兵器国からは、ともに核兵器依存を続ける国々が、自らの政策を「責任ある核保有」と正当化する一方

で、相手の同様の行動は「無責任」と非難することの欺瞞性を指摘する声が上がった。新アジェンダ連合(ブラジル、エジプト、アイルランド、ニュージーランド、南アフリカ、メキシコ)はその筆頭であった。

実行に歩を進めるTPNW

分断と対立に終始したNPT準備委員会と対照的に、TPNW第2回締約国会議は、条約履行に向けた着実な一歩を刻んだと言える。会議は、メキシコを議長国に、2023年11月27日から12月1日にニューヨーク国連本部で開催された。59の締約国、35のオブザーバー国、国際機関、市民社会の代表らが出席した。期待された日本の参加は実現しなかったが、同じく「核の傘」の下にあるNATO加盟国のドイツ、ノルウェー、ベルギー、それからオーストラリアが前回に引き続きオブザーバー参加した。

2022年6月の第1回締約国会議以降、条約締約国と市民社会は、会期間活動を通じて、条約の実施と普遍化に向けたロードマップである「ウィーン行動計画」(**本章10**)の実行に取り組んできた。15名の専門家による「科学諮問グループ」が立ち上がり、新たな知見を基に核兵器の非人道性やリスクを検討した。条約の主要テーマ(①核保有国加入時の廃棄プロセスとその検証、②核被害者援助・環境修復、③条約の普遍化)を扱う3つの非公式作業部会も会合を重ねてきた。ジェンダー問題やNPTとの整合性問題も議論された。

締約国会議では、これら会期間活動の報告を基に、条約の実施に向けたさらなる方途が議論された。成果として、核抑止からの脱却を訴える力強い「政治宣言」(**本章9**)と、5項目の「決定事項」が採択された。

5項目の「決定事項」に、「安全保障上の懸念」に関する新しい協議プロセスを開始するとした項目が盛り込まれたことに注目したい。各国は今後、核抑止依存の安全保障政策の問題点やリスクの議論を突き詰め、さらなる科学的エビデンスを基に、核依存国の論理に立ち向かっていくことになる。2025年3月の次回締約国会議に報告書が提出される。

「決定事項」には、核被害者援助と環境修復に関する国際信託基金の設立促進も盛り込まれた。今後、被害国だけでなく、条約外の国々も含めた国際的な協力体制の構築に向けた動きが活発になるとみられる。関連して、2023年秋の国連総会第1委員会で、日本を含むすべての「核の傘」国が被害者援助と環境修復への国際協力及び議論参加を奨励する国連決議案に賛成票を投じたことも注目される。

普遍化に逆行するCTBT

あらゆる空間における核爆発実験を禁止する包括的核実験禁止条約(CTBT)は、44の発効要件国の一部について批准が済んでおらず、条約成立から四半世紀以上が経っても未だ発効していない。この状況に追いうちをかけるように、2023年11月2日、ロシアはプーチン大統領の署名をもって、2000年に行っていたCTBTの批准を撤回した(**第3章12、本章7**)。未批准の米国との均衡を保つ必要があるとのロシアの主張は、まさに上述の「負の連鎖」の一例である。

CTBT発効と並び、核兵器廃絶への重要なステップである核兵器用核分裂性物質生産禁止条約(FMCT)の交渉開始に向けても足踏みが続いている。このテーマを重要視する日本政府は、2023年9月にFMCTハイレベル記念行事をフィリピン、オーストラリアと共催するなど、条約交渉開始への国際的な支持拡大に注力している。(なかむら　けいこ)

2. 第78回国連総会(2023年)日本決議

日本が主導する核軍縮に関するいわゆる国連総会「日本決議」は、1994年以来、毎年の国連総会で採択されてきた。2023年の決議には、前年に引き続きTPNWに言及があったが、核軍縮義務の不履行への批判が不十分であるなど、TPNW支持国からの批判は継続した。この決議への投票結果は第1章2(38-41頁)にある。

❖78/40　核兵器のない世界に向けた共通のロードマップ構築のための諸措置(抜粋)❖

2023年12月6日

総会は、

核兵器のない世界の実現は国際社会の共通目標であることを再確認し、

広島と長崎に核兵器が使われてから78年が経過したことを想起し、

核不拡散条約（NPT）が国際的な核不拡散体制の礎石であり、核軍縮追求のための基盤であり、核エネルギー平和利用の恩恵を促進する上での重要な要素であることを再確認するとともに、NPT第6条を含むあらゆる面で条約を完全かつ着実に履行し、条約の普遍性をいっそう高めることに対する決意を再認識し、

NPT締約国が、1995年再検討・延長会議の決定及び決議、核軍縮に繋がる保有核兵器の全面的廃棄を達成するとの核兵器国による明確な約束をはじめとする2000年再検討会議の成果文書、そして2010年再検討会議で採択された結論及び今後の行動に関する勧告を含むすべての既存の誓約が有効であることを再確認したこと、また、上記の誓約をすべての締約国が完全かつ効果的に履行することが条約の一体性及び信頼性のために不可欠であると再確認したことに留意し、

2023年7月24日から28日にかけて開催されたNPT再検討プロセスのさらなる強化に関する作業部会及び2023年7月31日から8月11日にかけて開催された第11回NPT再検討会議第1回準備委員会における議論、ならびに議長による事実概要案及び「2026年NPT再検討会議第2回準備委員会で重点的に議論されうる分野に関する考察」に留意し、議長がこのような文書を起草する慣行を歓迎し、これらの議論や文書が第2回準備委員会に向けた有益な基礎となることを強調し、

ウクライナの主権と領土の一体性に対する現在進行中の行動ならびに地域と国際の安全保障に影響を及ぼす無責任な核のレトリックを含む国際安全保障環境の悪化により、冷戦のピーク時以降のいかなる時よりも現在において核兵器使用の脅威が高まっていることに深い懸念を表明し、また、最先端核兵器や新型運搬手段の開発、安全保障政策における核兵器の継続的な役割、それらの活動に関する不均等な透明性の水準といった、一部の核兵器国による核戦力の量的拡大と質的向上に対する非核兵器国の懸念に留意し、

米露間の新戦略兵器削減条約（新START）のロシアによる停止と称する措

置に深い遺憾の意を表明し、ロシアが同条約の完全履行に復帰することの緊急性と重要性を強調し、2026年の条約失効以前に新STARTの後継枠組みについて誠実な交渉を行うよう求め、

核軍拡競争を防止し、核兵器の究極的な廃絶に向けた方途の準備に寄与する効果的な措置に関して、誠実に軍備管理対話を開始し、積極的に関与する核兵器国の特別な責任を再確認し、二国間及び多国間で、核リスク低減に向けた対話及び具体的な行動を追求するよう核兵器国に求め、（略）

1994年のウクライナのNPT加入に際して締結された安全の保証に関する覚書に基づく誓約を含め、すべての核兵器国が、単独で、あるいは多国間で、NPT締約国である非核兵器国に供与する安全の保証に関連し、既存のあらゆる義務や誓約を完全に遵守することの重要性を再確認し、

適切な場合には、関係地域の国家間の自由合意の取り決めに基づき、かつ全会一致で採択された1999年の軍縮委員会のガイドラインに従って、さらなる非核兵器地帯を設置することを奨励し、

南極条約、ラテンアメリカ及びカリブ核兵器禁止条約（トラテロルコ条約）、南太平洋非核地帯条約（ラロトンガ条約）、東南アジア非核兵器地帯条約（バンコク条約）、アフリカ非核兵器地帯条約（ペリンダバ条約）、中央アジア非核兵器地帯条約（セミパラチンスク条約）並びにモンゴルの一国非核地位が、核軍縮・不拡散の目的の達成に向けて果たし続けている貢献を認識し、

1995年NPT再検討・延長会議における決定及び中東決議並びに2000年及び2010年NPT再検討会議の最終文書の重要性を認識し、地域の国家間で任意に達成される取り決めに基づき、かつ、1995年中東決議に従って、中東における核兵器及び他のあらゆる大量破壊兵器並びにそれらの運搬手段が存在しない地帯の設置への支持を再確認し、また、関連する取り組みに留意し、

すべての国家、特に核兵器国が、国際の安定、平和、安全保障を促進する形で、また、すべてにとって安全保障が損なわれず、増大するという原則に基づき、核兵器の全面的廃棄に向けたさらなる具体的な取り組み及び効果的な措置を講じることの重要性を強調し、

核兵器が存在する限り核リスクが持続することを認識し、核兵器の完全廃棄こそ核兵器に関連したあらゆるリスクを排除する唯一の方法であることを再確認し、

核リスクの低減は核軍縮を代替するものでも、前提となるものでもなく、この分野における努力は第6条の義務及び関連する核軍縮コミットメントの履行の前進に貢献し、補完するものであるべきことを再確認し、

核兵器のもたらす壊滅的な人道上の結末に対する深い懸念をあらためて表明し、こうした認識が核軍縮に向けた我々のアプローチや努力の下支えであり続けるべきことを再確認し、これに関して各国指導者や若者らによる広島・長崎への訪問を歓迎し、

核兵器禁止条約が2017年7月7日に採択されたことを認識し、2017年9月20日に国連事務総長によって署名開放され、2021年1月22日に発効し、2022年6月21

日〜23日に第1回締約国会議が開催されたことに留意し、（略）

　男性と女性の平等で完全かつ効果的な参加とリーダーシップを確保すること、ならびに核軍縮・不拡散に関する意思決定プロセスのあらゆる側面においてジェンダーの観点をいっそう取り入れることの重要性も再確認し、

　説明責任の強化とともに、核軍縮の透明性、検証可能性、不可逆性を確保するためのさらなる作業が必要であることに留意し、NPT再検討プロセスのさらなる強化に関する作業部会での議論、ならびに関連する近代化計画に関する情報の公開を含め、核政策、ドクトリン、予算に関するいくつかの核兵器国による透明性及び報告に関する措置を歓迎し、

1. すべての国、とりわけ核兵器国に対し、核兵器の完全廃棄までの間、核兵器が二度と使用されないことを確実にするようあらゆる努力を払い、また、核戦争の回避はすべての国の共通の利益であるとの認識に基づき、核兵器使用に関するいかなる扇動的なレトリックも自制するよう要請する。

2. 核兵器の完全廃棄までの間、核兵器国に対し、自国が行ったあらゆる既存の安全の保証を尊重し、各国が行った声明と合致する形でNPT締約国である非核兵器国に対し核兵器の使用や使用の威嚇をしないよう求める。

3. すべての国、とりわけ核兵器国に対し、自国のNPT義務の履行に関連して、不可逆性、検証可能性、透明性の原則を適用すること、2010年行動計画の行動21に従い、それぞれの国家安全保障を害さない形で、自国の核保有核兵器及び能力に関する具体的なデータに関連する情報や、核兵器あるいは他の核爆発装置に使用可能な核分裂性物質の生産状況など、自国の核政策、ドクトリン、核リスク低減装置を含む核軍縮関連の国家施策に関する情報を提供することで透明性措置を強化すべく速やかに努力すべきこと（略）を求める。

4. 現在いくつかの国の行動により危うくなっている、世界の核兵器備蓄の全体的な減少傾向を維持することは、核兵器のない世界に近づく上で死活的に重要であることを強調し、配備・非配備や場所を問わず、一方的、二国間、地域間、多国間措置を通じたものを含め、あらゆる種類の核兵器を削減し、究極的には廃棄するためのさらなる努力を講じるよう核兵器国に求める。

5. ジュネーブ軍縮会議に、（略）核兵器ならびに他の核爆発装置用の核分裂性物質の生産を禁止する非差別的、多国間で国際的にかつ効果的に検証可能な条約の交渉を即時に開始し、早期に締結することを求める。（略）

6. 民生用プルトニウムの管理における透明性が維持されるべきこと、また、民生用プログラムを装った軍事用プルトニウムの生産あるいは生産のための支援に関するいかなる試みもNPTの目的を損なわせるものであることを強調する。（略）

7. 包括的核実験禁止条約（CTBT）に未だ署名ないし批准していないすべての国、とりわけ付属文書2に掲げられた残る8か国に対し、あらゆる便宜を図って、署名・批准を行うこと、また、CTBT発効までの間、核兵器の爆

発実験及び他のすべての核爆発、ならびにこの条約の目的を損なわせるようないかなる行為も自制すること、また、核爆発実験に関するモラトリアムを宣言あるいは維持すること、そして、同様にCTBT機関準備委員会の条約発効準備業務を支援することを要請する。

8. すべての国、とりわけ核兵器国に対し、誤算、誤認、ミスコミュニケーションあるいは事故によって生じる核兵器使用に関連したリスクを軽減し、効果的なリスク削減措置のさらなる特定、研究、履行を誓約するよう求める。（略）

9. すべての国に対し、核軍縮を支援するため、また、NPT第6条の目的を達成するための効果的な措置として、多国間軍縮検証と能力構築を発展させるイニシアティブへの支援を強化するとともに、その分野における核兵器国と非核兵器国の間のパートナーシップの重要性を考慮し、すべての国の幅広い参加を奨励し、核軍縮検証に関する概念的、実践的作業を前進させるよう求める。また、2023年5月に核軍縮検証問題のさらなる検討のための政府専門家会合が最終報告書を全会一致採択したことを歓迎する。

10. NPTの一体性と保障措置制度の権威を維持するために、不拡散義務を遵守し、すべての不履行問題に対処することの重要性を強調する。

11. 関連する国連安保理決議に従い、朝鮮民主主義人民共和国（DPRK）のすべての核兵器及び既存の核計画、ならびに他のすべての大量破壊兵器と弾道ミサイル計画における完全で、検証可能かつ不可逆的な廃棄を達成するとの誓約と、あらゆる関連安保理決議を完全に履行するとのすべての締約国の義務を再確認するとともに、核兵器使用のしきいを引き下げる核政策を盛り込んだ改正法に関するDPRKの2022年9月8日の発表に対する深い懸念に留意し、DPRKにNPT及び国際原子力機関（IAEA）保障措置の完全履行に早期に復帰することを要請し、DPRKがNPTに基づく核兵器国の地位を得ることはできず、それを得ることは今後も決してないことを確認する。

12. すべての国に対し、核兵器のない世界の実現を支援し、NPTの目的を前進させるための有効かつ効果的な手段である核軍縮・不拡散教育に関する努力を強化するよう求める。（略）

13. （略）

共同提案国： 日本、オーストラリア、ベルギー、ボスニア・ヘルツェゴヴィナ、ブルガリア、カナダ、コートジボワール、クロアチア、チェコ、フィンランド、ジョージア、ドイツ、ハンガリー、アイスランド、イタリア、レソト、リトアニア、ルクセンブルク、マラウイ、マーシャル諸島、ミクロネシア、オランダ、スロベニア、スペイン、スウェーデン、米国、アルバニア、アンドラ、コンゴ、キプロス、デンマーク、ドミニカ、ガンビア、ギリシャ、リベリア、マダガスカル、モルジブ、モンテネグロ、北マケドニア、ノルウェー、パラオ、パナマ、パプアニューギニア、パラグアイ、韓国、モルドバ、シンガポール、スロバキア、トルコ、ツバル

出典：国連文書　A/RES/78/40（原文英語）

3. 第11回NPT再検討会議第1回準備委員会：議長による考察

第1回NPT準備委員会の議長を務めたフィンランドのヤルモ・ビーナネン軍備管理・不拡散担当大使が、今後の再検討サイクルにおける議論に資するために、自身の責任でまとめた文書である。当初は「議長による勧告（Recommendations）」という題が付けられていたが、一部の国の反対を受けて「議長による考察（Reflections）」にトーンダウンした。

❖2026年NPT再検討会議第2回準備委員会で重点的に議論されうる分野に関する第1回準備委員会議長による考察（抜粋）❖

2023年8月11日

1. 核不拡散条約（NPT）再検討会議が連続して全会一致合意を失敗したことは、NPTの完全履行に悪影響を及ぼしてきている。国際の平和と安全の維持におけるNPTの不可欠な役割、また、その高まる持続可能な開発への貢献は、すべての締約国が2026年の成功を最優先課題とすべきことを示唆している。これまで幾度となく指摘されてきたように、次回の再検討会議が成功裏に終わるためには、条約の履行を促進する方途についての新しい考え方が必要になるであろう。

2. よって本考察は、第10回NPT再検討会議の決定2により設置された作業部会において多くの締約国が表明した、再検討サイクルを通した継続性について改善が必要であるとの見解と軌を一にするものである。これは、2026年再検討会議に向けた第1回準備委員会の議長の責任において、第2回準備委員会の議長の作業を支援する試みである。以下の各項目においては、2026年再検討会議の成功に向け、準備委員会の3つのクラスター（科目群）にまたがる論点のうち、さらなる集中的な議論が有益であると私が考えるものについて詳述する。私は、建設的かつ集中的な議論が、隔たりを埋め、共通の土台を見出すのに役立つと信じている。以下に提示する問題は網羅的なものではない。本文書は、締約国の立場や、再検討サイクルに関連して締約国が行う決定を害するものでもない。

3. 現在の安全保障環境、ならびに第1回準備委員会における締約国間の議論に鑑み、本考察が、条約の完全履行とその目標（核兵器の不拡散及びその不使用、そして最終的な廃絶、ならびに核エネルギー及び科学・技術の平和利用に関する奪い得ない権利）の達成に寄与することを期待している。

軍縮に関する誓約の履行に対する説明責任と、そのために取られた措置の透明性

4. 軍縮に関する誓約の履行に対する説明責任の必要性は、1995年再検討・延長会議での決定1及び2の採択における下支えであった。その後の再検討会議は、透明性及び報告の重要性についての議論を深め、この点に関する誓約に合意した。

5. 締約国は、軍縮に関する誓約、とりわけ2000年及び2010年に採択された誓約の履行に対する説明責任を強化する上で、これまでの取り組みを基盤とすることに強い関心を表明した。より強化された報告を通じた透明性の向上は、この問題を前進させる手段として強調されてきた。よって私は、第2回準備委員会において、以下に関してさらなる集中的な議論を行うことを推奨する。

（a）核兵器国による強化された標準報告とその内容

（b）核兵器国による国別報告書に関するプレゼンテーションや双方向の議論を通じたものを含め、強化された再検討プロセスにおける報告をさらに制度化する方法

安全保障ドクトリンにおける核兵器の役割の低減

6. 軍事及び安全保障の概念における核兵器の役割の低減は、2000年再検討会議での作業を踏まえ、2010年再検討会議で取り上げられた。

7. 2023年には、安全保障ドクトリンにおける核兵器の役割の低減について、実質的な議論がなされた。そこで私は、第2回準備委員会において、以下の点に関して集中的な議論を行うことを推奨する。

（a）核兵器国の軍事ドクトリンにおける核兵器の役割と、その役割を低減し撤廃するための措置

（b）軍縮・軍備管理プロセスにおいてあらゆる種類の核兵器及び運搬システムを含めること

消極的安全保証、非核兵器地帯の文脈におけるものも含む

8. 2010年再検討会議で採択された行動計画には、非核兵器地帯の文脈を含む安全の保証に関するいくつかの項目が含まれている。これらの項目は、2000年再検討会議及び1995年再検討・延長会議での合意に基づくものである。

9. 核兵器国による安全の保証の供与について、多くの非核兵器国から声が上がっている。そこで私は、第2回準備委員会において、以下に関する集中的な議論を行うことを推奨する。

（a）核兵器国による非核兵器国に対する法的拘束力を伴う、効果的かつ普遍的、無条件で非差別的、取消不能な消極的安全保証の供与に向けて、どのように前進を図るか

（b）非核兵器地帯を設置した条約の議定書、ならびに核兵器国による安全の保証の供与に関するその他の取り決めの現況

いかなる核兵器の使用も防止するための措置

10. 2010年行動計画の行動5は、特に核兵器の偶発的使用のリスクについて取り上げている。核兵器使用のリスクを低減するための措置は第10回再検討

会議でも議論された。

11. 私は、核兵器使用のリスクに対する懸念が依然として高いこと、また、意図的、あるいは誤算、ミスコミュニケーション、誤認、事故によるものを含め、いかなる核兵器の使用も防止する措置に関してさらなる議論が行われることに大きな関心が寄せられていることに留意してきた。そこで私は、第2回準備委員会において、以下の点に関して集中的な議論を行うことを推奨する。

（a）新興技術や破壊的技術の影響を含め、核兵器使用のリスクに影響を与える要素

（b）非核兵器国との協力を含め、核兵器国が取るべき核兵器使用の防止に向けた措置

（c）核兵器使用の防止と核軍縮の達成との関連性

核兵器の人道上の影響、被害者援助及び環境修復のための措置を含む

12. 2010年再検討会議は、いかなる核兵器の使用ももたらす壊滅的な人道上の影響に対して深い懸念を表明した。

13. それ以降、多くの締約国が、核兵器の爆発がもたらす壊滅的な結末、ならびに核兵器の使用及び実験が被害者や環境に与える影響について、知識と理解を深めることに関心を示してきた。私は、第2回準備委員会において、以下の点に関して集中的な議論を行うことを推奨する。

（a）電離放射線への被ばくがもたらす影響に関するジェンダーの観点からの分析など、核兵器爆発の人道上の影響に関する新たな研究から得られた知見

（b）被害者への援助と環境修復に向けた、核兵器爆発の影響を受けた国への援助の提供

保障措置（略）
輸出管理（略）
非核兵器地帯

16. 地域の関係諸国の自由意思を基礎として設立された非核兵器地帯は、世界ならびに地域の平和と安全を強化し、核軍縮・不拡散を推進する上で重要な貢献をなすものである。締約国は、非核兵器地帯及び関連議定書の効果を最大化するためには、すべての核兵器国の協力と、それらが関連する議定書への尊重と支持が必要であることを以前から認識している。

17. この点に関して、私は、第2回準備委員会において、以下に関して集中的な議論を行うことを推奨する。

（a）非核兵器地帯の関連議定書に関して、核兵器国による留保及び解釈宣言の見直し及び、あるいは撤回を促進する方法

（b）非核兵器地帯間の協力を強化する方法

持続可能な開発目標及び気候変動に関する2015年パリ協定の達成に向けた原子力科学技術の平和利用

18. 多くの締約国が、持続可能な開発目標（SDGs）及び気候変動に関する2015年パリ協定の達成における原子力科学技術の役割を強調した。私は、第2回準備委員会において、以下に関してさらなる集中的な議論を行うことを推奨する。（略）

武力紛争時の原子力の安全と核セキュリティ

19. 多くの締約国が、武力紛争地域を含むあらゆる状況における、平和目的の原子力施設及び核物質に関する原子力安全ならびに核セキュリティの重要性を強調した。また、ウクライナの原子力施設及び核物質、特にザポロジェ原子力発電所（ZNPP）の安全とセキュリティに対する懸念を表明した。私は、第2回準備委員会おいて、以下に関してさらなる集中的な議論を行うことを推奨する。

（a）武力紛争の期間における原子力の安全とセキュリティを確実にするためのIAEAの7本の不可欠の柱、及びザポロジェ原子力発電所における核の安全とセキュリティを確実にするのに資する具体的な5つの原則、の遵守を強化する方法

（b）この点に関するIAEAの活動をいっそう支援する方法

再検討プロセスのさらなる強化

20. 締約国は、第10回再検討会議において、再検討プロセスのさらなる強化に関する作業部会が設置されたことを歓迎した。締約国は、作業部会の議論が建設的に行われたと述べ、作業文書34に盛り込まれた勧告案への広範な支持と、この点に関してさらなる作業を行っていくことを表明した。このような関心に鑑み、また透明性と説明責任に関する私の以前の勧告を考慮して、私は、第2回準備委員会が、クラスター3の特定問題の下、作業文書34ならびに他の提案を基に、2026年再検討会議における提言の提出を目指して、再検討プロセスの有効性、効率性、調整及び継続性を改善するための措置に関して集中的な議論を行うことを推奨する。

出典：国連文書　NPT/CONF.2026/PC.I/WP.38（原文英語）

4. 1995年NPT再検討・延長会議における決定と決議

1995年5月11日、NPT再検討・延長会議において、①再検討プロセスの強化、②核不拡散・核軍縮のための原則と目標、③NPTの無期限延長、という3つの決定と、米英露が共同提案をした中東決議が採択された。3つの決定と中東決議がセットとなってNPTの無期限延長という困難な合意が実現したのであり、NPT加盟国にとってこれらは極めて重要な政治的誓約である。

❖会議によって採択された決定と決議（抜粋）❖

NPT/CONF.1995/32 (PartI) 付属文書
1995年5月11日

決定1　条約の再検討プロセスの強化

1　核不拡散条約（以下NPT）締約国会議は、条約第8条3の履行を検討し、前文の目的の実現及び条約の規定の遵守を確保するため、条約の運用の再検討プロセスを強化することに合意した。

2　会議に参加した条約締約国は、条約第8条3に従い、再検討会議が引き続き5年ごとに開催されるべきこと、及び、それゆえ次回の再検討会議は2000年に開催されるべきことを決定した。

3　会議は、1997年から始めて再検討会議に先立つ3年間、毎年、通常、実質10日間の準備委員会の会合を開催することを決定した。必要であれば、再検討会議が開かれる年に第4回の準備会合を開くことができる。

4　準備委員会の会合の目的は、条約の完全履行と普遍性を促進するための原則、目標及び方法を検討し、かつ再検討会議に対してそれらに関する勧告を行うことにある。その中には1995年5月11日に採択された、核不拡散と核軍縮のための原則と目標に関する決定に定められているものが含まれる。これらの準備委員会の会合は、また次回の再検討会議のための手続き的な準備も行うべきである。

5　また、会議では、3つの主要委員会からなる現在の構造を継続し、2つ以上の委員会で議論される問題の重複の問題は、一般委員会で解決されるべきであり、各委員会の作業を調整して、特定の問題に関して報告書を作成する実質的責任を1つの委員会でだけ負うようにすべきであるとの結論が出された。

6　また、条約に関連する特定の問題については、それぞれの主要委員会の中に補助機関を設置し、その問題に焦点を当てた検討を行うことができることに合意された。このような補助機関の設置は、各検討会議の準備委員会が、検討会議の特定の目的に関連して推奨することになる。

7　さらに同会議は、レビュー会議は過去を振り返るだけでなく、前方も見据えるべきであることに合意した。再検討会議は、条約に基づく締約国の約束の履行を含め、再検討している期間の結果を評価し、将来的にさらなる進展を求めるべき分野とその手段を特定すべきである。また、再検討会議は、条約の実施を強化し、その普遍性を達成するために何ができるかを具体的に検討する必要がある。

決定2　核不拡散と核軍縮のための原則と目標

NPT締約国会議は、NPTの前文と諸規定を再確認し、

冷戦の終結、その結果としての国際的な緊張の緩和、及び国家間の信頼関係の強化を歓迎し、

核不拡散、核軍縮及び原子力の平和的利用における国際協力を積極的に追求し、かつ、その進捗状況、達成点及び不十分な点を条約の第8条3に規定される再検討プロセス（その強化を歓迎する）において定期的に評価するため、一連の原則と目標を希望し、

核兵器の完全な廃棄と厳重かつ効果的な国際管理の下における全面的かつ完全な軍備縮小に関する条約という究極的な目標を再確認し、

会議は、条約の既定の完全な実現と効果的な実施に向けて引き続き断固として取り組む必要性を確認し、よって次の原則と目標を採択する。

普遍性

1　NPTへの普遍的な加盟は、緊急の優先事項である。条約の締約国となっていないすべての国、とりわけ保障措置の下に置かれていない核施設を稼働させている非締約国は、可能な限り早期に条約に加入するよう要請される。この目標を達成するため、すべての締約国があらゆる努力を行うべきである。

不拡散

2　核兵器の拡散は、核戦争の危険を大いに増大させることになろう。NPTは、核兵器の拡散を防止する上で極めて重要な役割を担っている。条約の締約国による原子力の平和的利用を害することなく、核兵器その他の核爆発装置の拡散を防止するため、条約をあらゆる側面において履行するあらゆる努力がなされるべきである。

核軍縮

3　核軍縮は、冷戦の終結の後に実現した国際的な緊張の緩和と国家間の信頼関係の強化によって大いに促進される。したがって、NPTに規定される核軍縮に関する約束は、断固として履行されるべきである。この点に関して、核兵器国は、第6条に規定される、核軍縮に関する効果的な措置につき誠実に交渉を行う、という誓約を再確認する。

4　以下に述べる行動計画を含め、第6条の完全な実現と効果的な履行に当たっては、次のような措置の達成が重要である。

(a)ジュネーブ軍縮会議は、普遍的で国際的かつ効果的に検証可能な包括的核実験禁止条約(以下、CTBT)に関する交渉を1996年までに完了すること。CTBTの発効までの間、核兵器国は最大限自制すべきである。

(b)ジュネーブ軍縮会議の特別コーデイネーターの声明およびそこに含まれるマンデートに従い、非差別的で普遍的に適用される、核兵器その他の核爆発装置のための核分裂性物質の生産禁止に関する条約の交渉を直ちに開始し、早期に完了させること。

(c)核兵器国は、核兵器の廃絶を究極的な目標として、世界的に核兵器を削減するため、体系的かつ漸進的な努力を断固として追求し、また、すべての国が、厳重かつ効果的な国際管理の下における全面的かつ完全な軍備縮小を断固として追求すること。

非核兵器地帯

5　当該地域の諸国間で自由に締結される取り決めを基礎として、国際的に承認された非核兵器地帯を創設することは、世界と地域の平和と安全を強化する、という確信を再確認する。

6　とりわけ中東のような緊張状況にある地域において非核兵器地帯を発展させること、及び非大量破壊兵器地帯を設置することは、おのおのの地域の特性を考慮しつつ、優先事項として奨励すべきである。2000年の再検討会議の時期までに、さらに別の非核兵器地帯が設置されるならば歓迎されるであろう。

7　すべての核兵器国による協力、及び、それらの国による関連議定書の尊重と支持が、かかる非核兵器地帯と関連議定書の最大限の実効性を確保するために必要である。

安全の保証

8　1995年4月11日に国際連合安全保障理事会決議984（1995）、並びに消極的安全保証及び積極的安全保証の双方に関する核兵器国による宣言に注目し、核兵器の使用または核兵器の使用の威嚇に対して、NPT締約国である非核兵器国を保証するために一層の措置が検討されるべきである。そのような措置は国際的に法的拘束力を有する文書の形をとることがありうる。（略）

決定3. NPTの延長

　NPT締約国会議は、

　条約の第8条3及び第10条2に従って、1995年4月17日から5月12日までニューヨークにおいて開催され、

　条約の運用を検討し、条約の完全な遵守、条約の延長、及び条約への普遍的な加盟の必要性が存在しており、それらが国際の平和と安全、及び核兵器の完全な廃棄と厳重かつ効果的な国際管理の下における全面的かつ完全な軍備縮小に関する条約という究極的な目標の達成のために不可欠であることを確認し、

　条約第8条3及び強化された方式におけるその継続した実施の必要性を再確認し、かつ、この目的のために、同じく会議によって採択された、条約の再検討プロセスの強化に関する決定、及び核不拡散と核軍縮のための原則と目標に関する決定を強調し、

　条約第10条2に従い、会議が定足数に達していることを確認し、

　条約第10条2に従って、条約の無期限延長を支持する締約国が過半数存在するので、条約は無期限に効力を有するものと決定する。

中東に関する決議

　NPT締約国会議は、NPTの目的及び諸条項を強調し、

　条約第7条にしたがい、非核兵器地帯の設立が国際的な不拡散体制の強化に貢献することを認識し、

　安全保障理事会が、1992年1月31日付の声明において、核及び他のすべての大量破壊兵器の拡散が国際の平和と安全に対する脅威であると確認したことを想起し、

　また中東非核兵器地帯の設立を支持する全会一致採択の総会決議（最新は1994年12月15日付49/71）を想起し、

　中東におけるIAEA保障措置の適用に関する、IAEA総会採択の関連決議（最新は1994年9月23日付GC（XXXVIII）/RES/21）を想起し、また、核拡散が、とりわけ緊張した地域においてもたらす危険に留意し、

　安保理決議687（1991）、特にその14節に留意し、

　安保理決議984（1995）及び1995年5月11日に会議が採択した「核不拡散と核軍縮のための原則と目標」決定の第8節に留意し、

　1995年5月11日に会議が採択した他の諸決定に留意し、

1　中東和平プロセスの目的及び目標を支持するとともに、この点における努力が、他の努力とともに、とりわけ中東非核・非大量破壊兵器地帯に貢献することを認識する。

2　会議の主委員会Ⅲが、「条約未加盟国に対し、加盟によって核兵器あるいは核爆発装置を取得せず、すべての核活動にIAEA保障措置を受け入れるという国際的に法的拘束力のある誓約を受諾するよう求める」ことを会議に勧告したことを満足をもって留意する。

3　中東において保障措置下に置かれていない核施設が引き続き存在していることに懸念をもって留意するとともに、これに関連し、保証措置下に置かれていない核施設を運転しているNPT未加盟国に対し包括的なIAEA保障措置の受諾を要求した主委員会Ⅲ報告の第6項第3節に盛り込まれた勧告を強調する。

4　NPTの普遍的加盟を早期に実現する重要性を強調し、未だそれを行っていないすべての中東諸国に対し、例外なく、可能な限り早期にNPTに加盟し、自国の核施設を包括的なIAEA保障措置の下に置くよう求める。

5　中東におけるすべての加盟国に対し、とりわけ中東に効果的に検証可能な大量破壊兵器、すなわち核・化学・生物兵器、ならびにそれらの運搬システムが存在しない地帯を設立するために前進を図るべく、適切な場において実際的措置を講じるよう、また、この目的の達成を妨げるようないかなる措置をとることも控えるよう求める。

6　すべてのNPT加盟国、とりわけ核兵器国に対し、協力を拡大し、地域諸国による中東非核・非大量破壊兵器及び非運搬システム地帯の早期設立に向けた最大限の努力を行うことを求める。

訳文：決定1〜3は、藤田久一・浅田正彦編（1997）『軍縮条約・資料集』（第3版）有信堂を基にピースデポが一部修正。
出典：国連文書　NPT/CONF.1995/32(Part I)（原文英語）

5. 2000年NPT再検討会議で合意した13+2項目

　　　2000年NPT再検討会議において、新アジェンダ連合をはじめとした核軍縮に熱心な国々と核兵器国との激しい交渉の末、包括的な最終文書が採択された。この中には、「核兵器国は保有核兵器の完全廃棄を達成するという明確な約束をおこなう」（第15節第6項）という画期的な誓約の文言など「13＋2」項目の措置が盛り込まれた。以下に「13＋2」項目を訳出する。

❖2000年NPT再検討会議最終文書第1部「1995NPT再検討・延長会議における決定と決議を考慮した、条約運用の再検討」（抜粋）❖

2000年5月19日

最終文書第1部の内容
（条文ごとに、過去5年間の評価と将来の課題とが混在して記載されている。）
■「1995年NPT再検討・延長会議における決定と決議を考慮した、条約運用の再検討」
●第1、2条および前文第1節から3節―（全11節）
●第3条および前文第4、5節。とりわけ第4条および前文第6、7節との関係で。―（全56節）
●第4条および前文第6、7節
●第5条―（全1節）
●第6条および前文第8〜12節―（全15節）
（核軍縮を論じた部分。第1〜14節が過去5年間の評価。最後の第15節が将来の核軍縮措置を**13項目**あげている。以下に、第15節全体を訳出する。）
●第7条および非核兵器国の安全保証―（全16節）
（このうち、第2節**(消極的安全保証)**と第6節**(非核地帯)**の2つを訳出する。第16節「地域的課題」の中に、「中東問題」として10項目、「南アジア問題その他」（北朝鮮を含む）として16項目が含まれる。）

●第9条―（全10節）
■「強化されたNPT再検討過程の有効性の改善」―（全9節）

第6条および前文第8～12節（抜粋）

第15節

　会議は、核不拡散条約（NPT）第6条、および、1995年の決定「核不拡散と核軍縮のための原則と目標」第3節と第4節（c）の履行のための体系的かつ漸進的な努力に向けた、以下の実際的な諸措置について合意する。

1. 包括的核実験禁止条約（CTBT）の早期発効を達成するために、遅滞なく、無条件に、憲法上の過程にしたがって、署名し批准することの重要性と緊急性。

2. CTBTが発効するまでの、核兵器の爆発実験またはその他のあらゆる核爆発の一時停止。

3. ジュネーブ軍縮会議（CD）において、1995年の専門コーディネーターの声明とそこに含まれる任務に従って、核兵器用およびその他の核爆発装置用の核分裂性物質の生産を禁止する、差別的でなく、多国間の、国際的かつ効果的に検証可能な、条約のための交渉を、核軍縮および核不拡散という両方の目的を考慮して、行うことの必要性。CDは、5年以内に妥結する見通しをもって、このような条約の交渉を即時に開始することを含んだ作業プログラムに合意することが求められる。

4. CDにおいて核軍縮を扱う任務をもった適切な下部機関が設置されることの必要性。CDは、このような機関の即時設置を含んだ作業プログラムに合意することが求められる。

5. 核軍縮、核およびその他の軍備管理と削減措置に適用されるべき、不可逆性の原則。

6. すべての締約国が第6条の下で誓約している核軍縮につながるよう、核兵器国は保有核兵器の完全廃棄を達成するという明確な約束をおこなうこと。

7. 戦略的安定の基礎として、また、戦略的攻撃兵器のさらなる削減の基盤として、条約の規定に従いつつABM条約を維持し強化しながら、STARTⅡを早期に発効させ完全に履行し、STARTⅢを可能な限り早期に妥結すること。

8. アメリカ合衆国、ロシア連邦および国際原子力機関（IAEA）の三者構想の完成と履行。

9. 国際的安定を促進するような方法で、また、すべてにとって安全保障が減じないとの原則に則って、すべての核兵器国が核軍縮へつがなる諸措置をとること：

　- 核兵器国による、保有核兵器の一方的な削減のさらなる努力。

　- 核兵器能力について、また、第6条にもとづく合意事項の履行について、核軍縮のさらなる前進を支えるための自発的な信頼醸成措置として、核兵器国が透明性を増大させること。

　- 一方的な発議にもとづいて、また、核軍備削減と軍縮過程の重要な一部として、非戦略核兵器をさらに削減すること。

　- 核兵器システムの作戦上の地位をさらに低めるような具体的な合意された諸措置。

　- 核兵器が使用される危険を最小限に押さえるとともに、核兵器の完全廃棄の過程を促進するために、安全保障政策における核兵器の役割を縮小すること。

　- すべての核兵器国を、適切な早い時期において、核兵器の完全廃棄につながる過程に組みこむこと。

10. すべての核兵器国が、もはや軍事目的に必要でないと各核兵器国が認めた核分裂性物質を、そのような物質が永久に軍事プログラムの外に置かれることを保証するために、実際に可能な早期において、IAEAまたは関連する国際的検証の下に置くという制度。および、そのような物質を平和目的に移譲するという制度。

11. 軍縮過程における国の努力の究極的な目標は、効果的な国際的管理の下で全面かつ完全な軍縮であることの再確認。

12. 強化されたNPT再検討過程の枠組みの中で、すべての締約国が、第6条、および、1995年の決定「核不拡散と核軍縮のための原則と目標」の第4節(c)の履行について、1996年7月8日の国際司法裁判所(ICJ)の勧告的意見を想起しつつ、定期報告をおこなうこと。

13. 核兵器のない世界を達成し維持するための核軍縮協定の遵守を保証するために必要な、検証能力のさらなる開発。

第7条および非核兵器国の安全の保証（抜粋）

第2節

　本（編集部注：再検討）会議は、核兵器の完全廃棄が、核兵器の使用または威嚇を防止する唯一の絶対的な保証であることを再確認する。会議は、5核兵器国による、NPT締約国である非核兵器国への法的拘束力を持った安全の保証が、核不拡散体制を強化することに同意する。会議は、準備委員会に対して、この問題についての勧告を2005年再検討会議に提出することを要請する。

第6節

　本（編集部注：再検討）会議は、さらなる非核地帯条約を締結しようとして1995年以来とられてきた措置を歓迎しまた支持し、地域の関係諸国間で自由意思によって達成された制度に基づいて、国際的に認知された非核地帯を設立することが、世界の、また地域の平和と安全を強化し、核不拡散体制を強化し、核軍縮の目的の実現に貢献するとの確信を再確認する。

出典： 国連文書　NPT/CONF.2000/28（原文英語）

6. 2010年NPT再検討会議で合意した行動勧告

　　2010年NPT再検討会議は、2009年4月のオバマ大統領のプラハ演説を契機とする核軍縮に向けた機運の高まりの中で開催された。その結果、会議では64項目の行動計画を含む最終文書が採択された。行動計画には、NPT文書として初めて、核兵器使用がもたらす人道上の壊滅的被害、および核兵器禁止条約への言及があった。

❖2010年NPT再検討会議最終文書第1巻 第1部 結論ならびに今後の行動に向けた勧告（抜粋）❖

Ⅰ.核軍縮

2010年5月28日採択

　会議は、本条約第6条ならびに1995年の「核不拡散と核軍縮に向けた原則と目標」決定第3及び4(c)項の完全で、効果的、かつ速やかな履行を目指し、2000年再検討会議の最終文書で合意された実際的措置を基礎として、核兵器の完全廃棄への具体的措置を含む核軍縮に関する以下の行動計画に合意する。

A.原則と目的

i.　会議は、条約の目的にしたがい、すべてにとって安全な世界を追求し、核兵器のない世界の平和と安全を達成することを決意する。

ii.　会議は、すべての加盟国が第6条の下で誓約している核軍縮につながるよう、保有核兵器の完全廃棄を達成するという核兵器国の明確な約束を再確認する。

iii. 会議は、2000年NPT再検討会議の最終文書で合意された実際的措置が引き続き有効であることを再確認する。

iv. 会議は、核兵器国による核軍縮につながる重要措置が、国際の安定、平和、安全を促進し、また、すべてにとって強化され、減じない安全という原則に基づくべきであることを再確認する。

v. 会議は、核兵器のいかなる使用も壊滅的な人道的結果をもたらすことに深い懸念を表明し、すべての加盟国がいかなる時も、国際人道法を含め、適用可能な国際法を遵守する必要性を再確認する。

vi. 会議は、NPTの普遍性の死活的重要性を確認するとともに、条約の非加盟国に対し、即時かつ無条件に非核兵器国として条約に加盟し、すべての核兵器の完全廃棄を達成することを誓約するよう求める。また、加盟国に対し条約の普遍的加盟を促進し、条約の普遍化の見通しに否定的影響を与えうるいかなる行動もとらないよう求める。

会議は以下を決定する。

*行動1：すべての加盟国は、NPT及び核兵器のない世界という目的に完全に合致した政策を追求することを誓約する。

*行動2：すべての加盟国は、条約義務の履行に関して、不可逆性、検証可能性、透明性の原則を適用することを誓約する。

B.核兵器の軍縮

i. 会議は、国際の安定、平和、安全を促進する形で、また、すべてにとって安全が減じず、強化されるという原則に基づき、核兵器国が2000年NPT再検討会議の最終文書で合意された核軍縮につながる措置を履行することが早急に必要であることを再確認する。

ii. 会議は、核兵器国があらゆる種類の核兵器を削減、廃棄する必要性を強調するとともに、とりわけ最大の核保有国に対し、これに関する努力を率先して行うよう奨励する。

iii. 会議は、具体的な軍縮努力の実行をすべての核兵器国に求める。また会議は、核兵器のない世界を実現、維持する上で必要な枠組みを確立すべく、すべての加盟国が特別な努力を払うことの必要性を強調する。会議は、国連事務総長による核軍縮のための5項目提案、とりわけ同提案が強固な検証システムに裏打ちされた、核兵器禁止条約についての交渉、あるいは相互に補強しあう別々の条約の枠組みに関する合意、の検討を提案したことに留意する。

iv. 会議は、核兵器国が核兵器の開発及び質的改良を抑制すること及び、高性能新型兵器の開発を終了させることに対し、非核兵器国が抱く正統な関心を認識する。

会議は以下を決定する。

*行動3：保有核兵器の完全廃棄を達成するとの核兵器国による明確な約束の履行において、核兵器国は、一方的、二国間、地域的、また多国間の措置を通じ、配備・非配備を含むあらゆる種類の核兵器を削減し、究極的に廃棄するため、いっそうの努力を行うことを誓約する。

*行動4：ロシア連邦及びアメリカ合衆国は、戦略兵器削減条約の早期発効ならびに完全履行を追求することを誓約する。両国は、保有核兵器のいっそうの削減を達成するための爾後の措置について議論を継続するよう奨励される。

*行動5：核兵器国は、国際の安定と平和や、減じられることなく強化された安全を促進する形で、2000年NPT再検討会議の最終文書に盛り込まれた核軍縮につながる措置について、確固たる前進を加速させることを誓約する。この実現に向け、核兵器国はとりわけ以下をめざし速やかに取り組むことが求められる。

a.行動3で確認されたように、あらゆる種類の核兵器の世界的備蓄の総体的削減に速やかに向かう。

b. 全面的な核軍縮プロセスの不可欠な一部として、種類や場所を問わずあらゆる核兵器の問題に対処する。

c. あらゆる軍事及び安全保障上の概念、ドクトリン、政策における核兵器の役割と重要性をいっそう低減させる。

d. 核兵器の使用を防止し、究極的にその廃棄につながり、核戦争の危険を低下させ、核兵器の不拡散と軍縮に貢献しうる政策を検討する。

e. 国際の安定と安全を促進するような形で、核兵器システムの作戦態勢をいっそう緩和することに対する非核兵器国の正統な関心を考慮する。

f. 核兵器の偶発的使用の危険性を低下させる。

g. 透明性をいっそう高め、相互の信頼を向上させる。

　核兵器国は、上記の履行状況について、2014年の準備委員会に報告するよう求められる。2015年の再検討会議は、第6条の完全履行に向けた次なる措置を検討する。

*行動6:すべての加盟国は、ジュネーブ軍縮会議が、合意された包括的かつバランスのとれた作業計画の文脈において核軍縮を扱う下部機関を、即時に設置すべきであることに合意する。

C.安全の保証

i.〜ii.(略)

NPTの枠内における諸努力を毀損することなく、会議は以下を決定する。

*行動7:すべての加盟国は、合意された包括的かつバランスのとれた作業計画の文脈において、ジュネーブ軍縮会議(CD)が核兵器の使用あるいは使用の威嚇から非核兵器国の安全を保証するための効果的な国際取り決めに関する協議を即時開始すべきであることに合意する。また、制限を排し、法的拘束力のある国際条約を除外することなく、この問題のあらゆる側面を扱う勧告をより良いものにすることをめざした実質的な議論を行うことに合意する。再検討会議は、国連事務総長に対しCDの作業を支援するためのハイレベル会議を2010年9月に開催するよう求める。

*行動8:すべての核兵器国は、安全の保証に関する既存の誓約を完全に尊重することを誓約する。条約加盟国である非核兵器国に安全の保証を供与していない核兵器国は、そうした行動をとるよう奨励される。

*行動9:地域の関係諸国間の自由意志で合意された取り決めに基づき、また、国連軍縮委員会の1999年指針にしたがい、適切な地域に非核兵器地帯を追加して設立することが奨励される。(略)

D.核実験

i. 会議は、すべての核爆発実験ならびに他の核爆発の中止が、核兵器の開発と質的改良を抑制し、高性能新型核兵器の開発を終了させることにより、あらゆる側面において核軍縮と不拡散の有効な措置となることを認識する。

ii. 会議は、国際的な核軍縮・不拡散体制の中心要素である包括的核実験禁止条約(CTBT)の早期発効の死活的重要性を再確認するとともに、CTBTの発効までの間、それぞれの核爆発実験モラトリアムを堅持するという核兵器国の決定を再確認する。

会議は以下を決定する。

*行動10:すべての核兵器国は、核兵器国による肯定的な決定がCTBTの批准に向けた有益な効果を生むであろうこと、また(略)、CTBTを批准することを約束する。

*行動11:CTBTの発効までの間、すべての加盟国は、核爆発実験あるいは他の核爆発、兵器に関する新技術の利用及びCTBTの目標と目的を損ういかなる行動をも慎むことを誓約する。また、

核兵器爆発実験に関するすべての既存のモラトリアムは継続されるべきである。

*行動12：すべてのCTBT批准国は、CTBT発効促進会議ならびに2009年9月の同会議で全会一致で採択された措置の貢献を認識するとともに、CTBT早期発効への進展を2011年の会議において報告することを誓約する。

*行動13：すべてのCTBT批准国は、国家、地域、世界レベルでCTBTの発効ならびに履行を促進することを約束する。

*行動14（略）

E.核分裂性物質

i. 会議は、核兵器あるいは他の核爆発装置のための核分裂性物質の生産を禁止する、差別的でなく、多国間の、国際的かつ効果的に検証可能な条約を交渉し、妥結することが早急に必要であることを再確認する。

会議は以下を決定する。

*行動15：すべての加盟国は、合意された、包括的かつバランスのとれた作業計画の文脈において、1995年の専門コーディネーターの声明とそこに含まれる任務にしたがい、核兵器用及びその他の核爆発装置用の核分裂性物質の生産を禁止する条約の交渉をCDが即時に開始すべきであることに合意する。また、これに関して、再検討会議は、CDの作業を支援するためのハイレベル会議を2010年9月に開催するよう国連事務総長に求める。

*行動16〜18（略）

F.核軍縮を支える他の措置

i.会議は、核軍縮ならびに核兵器のない世界の平和と安全の達成には、公開と協調が不可欠であることを認識し、透明性向上と効果的な検証を通じた信頼を強化することの重要性を強調する。

会議は以下を決定する。

*行動19：すべての加盟国は、信頼の増進、透明性の向上、核軍縮に関する効果的な検証能力の開発をめざした各国政府、国連、他の国際及び地域機構、そして市民社会による協力関係を支援してゆくことの重要性について合意する。

*行動20：加盟国は、強化された条約再検討プロセスの枠組みにおいて、本行動計画ならびに第6条、1995年の決定「核不拡散と核軍縮のための原則と目標」の4(c)項及び2000年再検討会議の最終文書で合意された実際的措置の履行について、1996年7月8日の国際司法裁判所（ICJ）の勧告的意見を想起しつつ、定期報告を提出しなければならない。

*行動21〜22（略）

II.核不拡散

会議は、「核不拡散と核軍縮のための原則と目標」と題された1995年の再検討・延長会議の決定を想起し、再確認する。会議は、同原則の第1節ならびに条約第3条に関連する要素、とりわけ9-13節及び17-19節、そして第7条に関連した部分、とりわけ5-7節に留意する。（略）

*行動23（略）

*行動24：会議は、第3条の規定にしたがい、加盟国のすべての平和的核活動におけるあらゆる原料物質または特殊核分裂性物質にIAEA包括的保障措置を適用するよう求めた過去の再検討会議の決定を支持する。

*行動25:会議は、18の条約加盟国が包括的保障措置協定を未だ発効させていないことに留意し、可能な限り早期に、さらなる遅滞なく、そうした行動を取るよう当該諸国に強く求める。

*行動26(略)

*行動27:会議は、IAEA憲章や各加盟国の法的義務に完全に合致した形で、保障措置義務に関するすべての不遵守問題を解決することの重要性を強調する。これに関して、会議は、IAEAとの協力を拡大するよう加盟国に求める。

*行動28～29(略)

*行動30:会議は、IAEAの諸資源確保の可能性を考慮しつつ、自発的申し出に基づく関連保障措置協定の下、可能な限りもっとも経済的かつ実際的な方法で、核兵器国の平和的核施設への保障措置の適用拡大を求める。また、核兵器の完全廃棄が達成された際には、包括的保障措置及び追加議定書が普遍的に適用されるべきことを強調する。

*行動31～34(略)

*行動35:会議は、すべての加盟国に対し、自国の核関連輸出を、直接的にも間接的にも核兵器あるいは他の核爆発装置の開発を支援しておらず、また、当該輸出が条約第1、2、3条及び1995年再検討・延長会議で採択された決定「核不拡散と軍縮に関する原則と目標」に特に明記された条約の目標と目的に完全に合致したものとするよう強く求める。

*行動36～37(略)

*行動38:会議は、すべての加盟国に対し、条約の目的を履行すべく行動するなかで、平和目的の核物質、装置、技術情報に対する完全なアクセスという、すべての国家、とりわけ発展途上国の正統な権利を守るよう求める。

*行動39～46(略)

III.原子力の平和利用

　会議は、NPTが、核エネルギーの平和利用を可能にする信頼と協力の枠組みをもたらすことによって、平和利用の発展を促進していることを再確認する。会議は、すべての加盟国に対し、条約の全条項に合致する形で行動し、以下を行うよう求める。

*行動47:核エネルギーの平和利用や燃料サイクル政策に関する各国の政策や国際協力合意及び取り決めを侵害することなく、核エネルギーの平和利用の分野における各国の選択や決定を尊重する。

*行動48:核エネルギーの平和利用に向けた機器、物質、科学的・技術的情報の最大限の交換を促進し、それに参加する加盟国の権利を再確認することを約束する。

*行動49(略)

*行動50:発展途上国の需要を特に考慮しつつ、条約加盟国である非核兵器国を優先的に扱う。

*行動51:条約第1条、2条、3条、4条に従い、核技術の移転や加盟国間での国際協力を促進するとともに、これに関して条約に相反するいかなる制約も排除する。

*行動52～57(略)

*行動58:IAEAまたは地域機構の支援の下、差別的でなく透明性のある方法で、核燃料供給の保証のためのメカニズムを構築する可能性や、条約上の権利に影響を与えず、国家の燃料サイクル政策を阻害しない核燃料サイクルのバックエンド計画を含む、これらの問題をめぐる技術的、法的、財政的諸問題に取り組む。

*行動59～61(略)

*行動62:安全、保安、環境保護に関する国際基準にしたがって放射性物質を輸送する。また、信頼を醸成するとともに、輸送上の安全、保安、緊急時対応に関する懸念に対処すべく、輸送国と沿岸国間

の意思疎通を継続する。

*行動63（略）

*行動64：会議は、すべての加盟国に対し、2009年9月18日のIAEA総会で全会一致採択された「運転中あるいは建設中の核施設に対する軍事攻撃あるいは攻撃の威嚇の禁止」に関する決定に従うことを求める。

IV.中東、とりわけ1995年中東決議の履行

1. 会議は、1995年再検討・延長会議における中東に関する決議の重要性を再認識し、その目的と目標が2000年NPT再検討会議で再確認されたことを想起する。会議は、これら目標と目的が達成されるまで決議が有効であり続けることを強調する。（略）

2. （略）

3. 会議は、2010年再検討会議において、1995年の中東決議の完全な履行に向けた5つの核兵器国の誓約が再確認されたことに留意する。

4. （略）

5. 会議は、イスラエルによる条約加盟ならびに同国のすべての核施設をIAEAの包括的保障措置の下に置くことの重要性が2000年再検討会議で再確認されたことを想起する。（略）会議は、条約の普遍性を早期に達成すべく、中東における条約未加盟国に対し非核兵器国として条約に加盟するように求める。

6. （略）

7. 会議は、1995年決議の完全履行につながるプロセスの重要性を強調する。会議はこの目的に向けた以下の実際的措置を支持する。

   (a)国連事務総長ならびに1995年中東決議の共同提案国は、地域国家との協議に基づき、中東の全国家の参加の下、中東非核・非大量破壊兵器地帯の設立に関する会議を2012年に開催する。これは、地域国家の自由意志による取り決めに基づくものであり、また、核兵器国の全面的支援及び関与を得るものである。2012年会議は、1995年中東決議を委任された議題とする。

   (b)地域国家との協議に基づき、国連事務総長並びに1995年中東決議の共同提案国はファシリテーター(調停人)を任命する。（略）

   (c)国連事務総長ならびに1995年中東決議の共同提案国は、地域国家との協議に基づき、2012年会議の主催国を指名する。

   (d)～(e)（略）

8～9 （略）

他の地域的問題

1. 会議は、朝鮮民主主義人民共和国(DPRK)に対して、2005年9月の共同声明にしたがい、あらゆる核兵器ならびに現存する核計画の完全かつ検証可能な廃棄を含む、6か国協議に基づく誓約を履行するように強く求める。また、DPRKに対し、NPTとIAEA保障措置協定の遵守に早期に復帰するよう強く求める。会議はまた、DPRK及びすべての加盟国に対し、関連するすべての核不拡散・核軍縮義務を完全に履行するよう求める。 （略）

出典：国連文書　NPT/CONF.2010/50（原文英語）

7. ロシアのCTBT批准撤回に対するCTBTO事務局長の声明

2023年11月2日、ロシアのプーチン大統領はCTBTの批准撤回に関する法案に署名した。同法案は10月17日にロシア下院が、同月25日に上院が可決していた**(第3章12)**。2023年2月の年次教書演説で、プーチン大統領は、米国が新たな核実験を行えばロシアも実験に踏み切ると核実験再開の可能性に言及しており、CTBT発効が一層遠のく状況となっている。以下は、ロシア下院がプーチン大統領の意を受けて、批准撤回を議決したときのCTBT機関準備委員会（CTBTO）事務局長の声明である。

❖包括的核実験禁止条約機関準備委員会・事務局長ロバート・フロイド博士の声明❖

2023年10月18日、ウィーン

本日、ロシア連邦下院が、包括的核実験禁止条約（CTBT）の批准を撤回する法案を可決するという決定を下したことは、誠に残念であり、極めて遺憾である。

この決定は、CTBTの発効をめざす、新たな、グローバルな決意に反するものである。

核実験に終止符を打つとの使命は、ほぼ普遍的と言える支持を得ている。過去2年間で、新たに9か国がCTBTに署名または批准し、署名国数は187、批准国数は178となった。私はこの力強い機運が持続すると確信している。

ロシア連邦は、批准撤回はCTBTからの脱退を意味するものではなく、自国領土内のすべてのCTBTO監視施設の運用や、全締約国とのデータ共有を含め、引き続き条約にコミットしていると表明している。ロシア連邦はこれからもCTBTO準備委員会の参加国であり、他のすべての署名国と同等の義務ならびに権利を有するとも述べている。

私は引き続き国際社会とともに、すべての条約未批准国、とりわけ発効要件国に対し、遅滞なく批准するよう求める。

こうしたグローバル社会の方向性が変わることはない。我々は、核実験のない世界の実現という使命に引き続き深くコミットする。

出典：包括的核実験禁止条約機関HP（原文英語）
https://www.ctbto.org/sites/default/files/2023-10/Statement%20by%20the%20Executive%20Secretary%20Robert%20Floyd%2018%20October%202023.pdf
アクセス日：2024年4月8日

8. 包括的核実験禁止条約の署名、批准状況

包括的核実験禁止条約（CTBT）は1996年9月に成立したが、いまだに発効していない。発効のためには，原子力技術をもつ44か国（発効要件国）すべての批准が必要とされる（第14条）。批准を撤回したロシアを含め、9か国が未批准である。

❖発効要件国44か国の署名・批准状況❖

2023年12月31日現在

地図番号	署名年月日	批准年月日
東南アジア、太平洋及び極東		
32：日本	96.9.24	97.7.8
33：オーストラリア	96.9.24	98.7.9

地図番号	署名年月日	批准年月日
34：韓国	96.9.24	99.9.24
35：中国	96.9.24	未批准
36：インドネシア	96.9.24	12.2.6

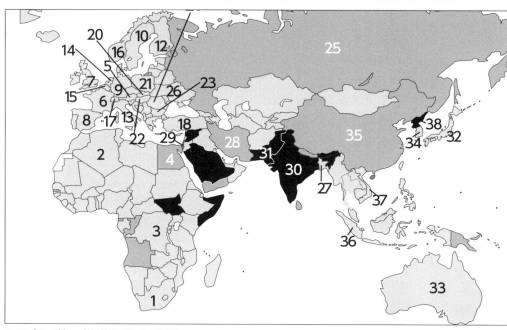

●署名国数・批准国数の推移

2023年12月31日現在

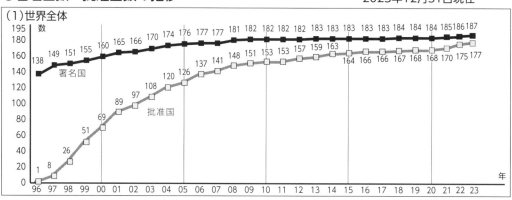

（1）世界全体

署名国: 138 149 151 155 160 165 166 170 174 176 177 177 181 182 182 182 182 183 183 183 183 183 184 184 184 185 186 187

批准国: 1 8 26 51 69 89 97 108 120 126 137 141 148 151 153 153 157 159 163 164 166 166 167 168 168 170 175 177

年: 96 97 98 99 00 01 02 03 04 05 06 07 08 09 10 11 12 13 14 15 16 17 18 19 20 21 22 23

図表ともにCTBTO（包括的核実験禁止条約機関）のHPをもとにピースデポ作成（原文英語）。
https://www.ctbto.org/our-mission/states-signatories
アクセス日：2024年3月27日

地図番号	署名年月日	批准年月日
37：ベトナム	96.9.24	06.3.10
38：北朝鮮	未署名	未批准

中東及び南アジア

地図番号	署名年月日	批准年月日
27：バングラデシュ	96.10.24	00.3.8
28：イラン	96.9.24	未批准
29：イスラエル	96.9.25	未批准
30：インド	未署名	未批准
31：パキスタン	未署名	未批准

北アメリカ及び西欧

地図番号	署名年月日	批准年月日
5：オーストリア	96.9.24	98.3.13
6：フランス	96.9.24	98.4.6
7：イギリス	96.9.24	98.4.6

地図番号	署名年月日	批准年月日
8：スペイン	96.9.24	98.7.31
9：ドイツ	96.9.24	98.8.20
10：スウェーデン	96.9.24	98.12.2
11：カナダ	96.9.24	98.12.18
12：フィンランド	96.9.24	99.1.15
13：イタリア	96.9.24	99.2.1
14：オランダ	96.9.24	99.3.23
15：ベルギー	96.9.24	99.6.29
16：ノルウェー	96.9.24	99.7.15
17：スイス	96.9.24	99.10.1
18：トルコ	96.9.24	00.2.16
19：米国	96.9.24	未批准

ラテン・アメリカ及びカリブ

地図番号	署名年月日	批准年月日
39：ペルー	96.9.25	97.11.12
40：ブラジル	96.9.24	98.7.24
41：アルゼンチン	96.9.24	98.12.4
42：メキシコ	96.9.24	99.10.5
43：チリ	96.9.24	00.7.12
44：コロンビア	96.9.24	08.1.29

東欧

地図番号	署名年月日	批准年月日
20：スロバキア	96.9.30	98.3.3
21：ポーランド	96.9.24	99.5.25
22：ハンガリー	96.9.25	99.7.13
23：ブルガリア	96.9.24	99.9.29
24：ルーマニア	96.9.24	99.10.5
25：ロシア	96.9.24	00.6.30＊

＊23年11月2日、批准を撤回。

地図番号	署名年月日	批准年月日
26：ウクライナ	96.9.27	01.2.23

アフリカ地域

地図番号	署名年月日	批准年月日
1：南アフリカ	96.9.24	99.3.30
2：アルジェリア	96.10.15	03.7.11
3：コンゴ民主共和国	96.10.4	04.9.28
4：エジプト	96.10.14	未批准

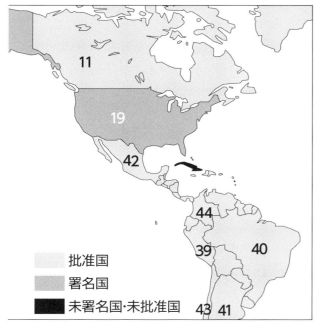

批准国
署名国
未署名国・未批准国

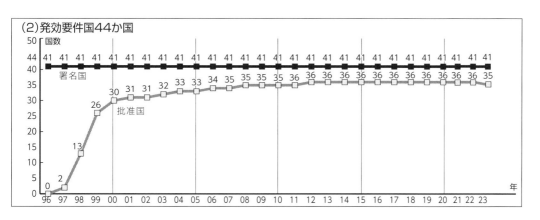

（2）発効要件国44か国

9. 核兵器禁止条約：第2回締約国会議政治宣言

2回目となる核兵器禁止条約（TPNW）締約国会議は、2023年11月27日から12月1日にかけてニューヨーク国連本部でメキシコを議長国に開催された。会議は核抑止の正当性を否定する力強い政治宣言を採択して終了した。その抜粋訳を掲載する。

❖核兵器禁止条約第2回締約国会議宣言「核兵器の禁止を支持し、核兵器の壊滅的な結末を回避する我らのコミットメント」（改定案）（抜粋）❖

2023年12月1日

1〜7（略）

8. 核のリスクは、軍事態勢とドクトリンにおいて核兵器を依然として重視し、その強調度をますます高めていること、核兵器の質的近代化と量的増加が進行していること、そして緊張が高まることによって、とりわけ悪化している。この危険な転換点で人類が世界的な核の破局に近づく兆候が示されるなか、我らは何もせず傍観していることはできない。

9. 我らは、核兵器の壊滅的な人道上の結末に対する深い懸念を再確認する。それは適切に対処することができず、国境を越え、人間の生存と福祉に重大な影響をもたらし、生命に対する権利の尊重とは相容れえないものである。核兵器は壊滅的な破壊と言葉にできない苦しみおよび死をもたらす。核兵器の使用は、環境、社会経済的および持続可能な開発、グローバル経済、食料安全保障、核兵器の女性および少女への不均衡な影響を含む現在および将来世代の健康に対して長期にわたる損害を与えうる。

10. 核兵器の壊滅的な人道上の結末と核兵器に関するリスクは、核軍縮の道徳的および倫理的要請と、核兵器のない世界の達成および維持の緊急性の根拠となるものである。これらは、とりわけ、この条約の創設を促し、その実施を導いている原動力である。これらの考慮は、核兵器の人的コストと生命および環境を守る必要性を強調しながら、全ての軍縮政策の中心に据えられなければならない。

11. 過去の核兵器の使用および実験は、制御することが不可能な破壊力と無差別な性質によって引き起こされる受け入れがたい人道上および環境上の結末と現在も続く負の遺産の存在を明確に示している。したがって、我らは、TPNWの積極的義務を含め、核兵器の使用および実験による危害に対処することへの支持を再確認する。

12. 新たな科学的研究は、核兵器の壊滅的な人道上の結末とそれに関連するリスクの多面的かつ連鎖的な影響を強調している。この増大し、説得力のある科学的証拠は、その全体がまだ理解されていない影響に関する科学的な情報を含め、さらに広げられるべきであると同時に、この科学的証拠はすでに、国際的なレベルにおける緊急の政策的対応を必要とするものであ

る。

13. 核兵器が存在し続けることと軍縮に有意義な進展がないことは、全ての国の安全を損ない、国際的な緊張を悪化させ、核の破局のリスクを高め、人類全体に実存的脅威をもたらしている。核兵器の使用に対抗する唯一の保証は、その完全な廃絶と、核兵器が再び開発されることはないという法的拘束力のある保証である。

14. 我らは引き続き、核兵器を使用するとの威嚇とますます声高になる核のレトリックとを深く憂慮し、断固として非難する。我らは、核兵器のいかなる使用も使用の威嚇も、国際連合憲章を含む国際法の違反であることを強調し、さらに核兵器のいかなる使用も国際人道法に反することを強調する。そのような威嚇は、軍縮・不拡散レジームおよび国際の平和と安全を損なうものでしかない。我らは、いかなるそして全ての核兵器による威嚇を、それが明示的であるか暗黙的であるかに関わらず、またどのような状況であるかに関わらず、明確に非難する。

15. 我らは、核兵器に関しては、核のレトリックを正常化しようとする試みといわゆる「責任ある」振る舞いという考えを拒否する。大量破壊をもたらすという威嚇は、人類全体の正当な安全保障上の利益に反するものである。これは危険で、誤った、受け入れられない安全保障へのアプローチである。核の威嚇は容認されるべきではない。

16. 我らは、核兵器の使用および核兵器の使用の威嚇は認められないという明確な認識が広がっていることを称賛する。しかし、G20のメンバーによって合意されたものなど、これらの宣言は、声明を超えて、有意義かつ目に見える行動に結びつくものでなければならない。

17. 平和と安全を実現するどころか、核兵器は、強制、脅し、緊張の激化につながる政策の道具として使われている。核抑止を正当な安全保障ドクトリンとして改めて提唱し、主張し、正当化しようとする試みは、国家安全保障における核兵器の価値に誤った評価を与え、危険なことに核兵器の水平的および垂直的拡散のリスクを高めている。

18. 我らは、軍事および安全保障上の概念やドクトリン、政策における核兵器の重要性が高まっていることを遺憾に思う。我らが前回集ったときよりも多くの国が、拡大核抑止による安心供与（extended nuclear security assurances）や核配備の取り決めのもとにある。核軍縮・不拡散レジームを損なういかなる傾向も懸念される。我らは、非核武装国の領域における核兵器のいかなる配置も憂慮する。TPNWは、核兵器の移譲や管理の受領も、核兵器の配置や設置、配備を許可したりすることも明確に禁じている。我らは、そのような核の取り決めを持つ全ての国に対し、それらに終止符を打ち、この条約に参加するよう強く求める。

19. 軍事および安全保障上の概念、ドクトリン、政策において、核抑止が永続し実施されることは、不拡散を損ない、それに反しているだけではなく、核軍縮に向けた前進も妨害している。

20〜34（略）

35. 我ら、TPNW締約国は、核リスクの高まりと核抑止の危険な永続化を傍観者として見過ごすことはしない。我らは、この条約の普遍化と効果的な実施、そしてウィーン行動計画の実現に断固として尽力する。我らは、現在および将来の世代のため、核兵器のない世界を達成するために不断に取り組んでいく。我らは、いかなる状況においても、核兵器が再び使用され、実験され、あるいは使用すると威嚇されることが決してないよう確保することを約束し、改めて尽力する。そして、我らは、核兵器が完全に廃絶されるまで休むことはない。

訳文：核兵器をなくす 日本キャンペーンHP（2023年12月2日）から引用。
核兵器廃絶日本NGO連絡会翻訳チームによる全文訳は以下参照。
https://nuclearabolitionjpn.com/archives/547
出典：国連文書　TPNW/MSP/2023/CRP.4/Rev.1（原文英語）
アクセス日：2024年4月23日

10. 核兵器禁止条約：第1回締約国会議行動計画

TPNW第1回締約国会議は、政治宣言を踏まえて、TPNWの「目的と目標を効果的かつ時宜を得て実施することを促進するため」の50の行動を盛り込んだ行動計画を採択した。この計画は、具体的な手順と行動を定め、締約国の役割と責任について述べているが、それらを抜粋して掲載する。

❖ウィーン行動計画（抜粋）❖

2022年6月23日

1. この行動計画は、2022年6月21日から23日にかけてオーストリアのウィーンで開催された核兵器禁止条約第1回締約国会合（1MSP）において、締約国により採択されたものである。

2. この行動計画の目的は、1MSP以降、TPNWとその目的と目標を効果的かつ時宜を得て実施することを促進することにある。この計画は、具体的な手順と行動を定め、役割と責任について詳しく述べている。これらの行動は、締約国やその他の関係者が条約の実質的な実施に当たって指針となるよう設計され、締約国がその義務を果たし、締約国やその他の関係者間の協力精神のもとに条約の目的と目標を推進することを支援する。

3. TPNWの実施と普遍化は、核兵器のない世界を実現し、核兵器が人々や環境にもたらす害悪に対処するために不可欠である。

4. 以下の行動により、締約国は条約の実施を導くための枠組みを確立し、条約のさまざまな条項にわたる協力と実施のさらなる分野を発展させるためのプロセスを開始する。ウィーン行動計画は、条約の実施と普遍化を支援するため、締約国が、会期間、主として第2回締約国会議の準備のためにとる行動のみならず、それ以降に行う行動についても詳述している。

I. 普遍性（第12条）

5. TPNW の第12条は、締約国に対し、「全ての国によるこの条約への普遍的な参加を目標として、この条約の締約国でない国に対し、この条約に署名し、これを批准し、受諾し、承認し、又はこれに加入するよう奨励する」ことを求めている。（略）

この目的のために、締約国は、次のことを決定する。

行動1：普遍化の努力を締約国の優先事項とする。これらの努力は、署名と批准の数を増やすことに焦点を当てるべきである。また、核兵器固有の危険性と壊滅的な人道上の結末に対する懸念や、軍縮と国際平和と安全に対する条約の効果的貢献といった、条約の規範、価値、基本的な主張の促進に積極的に関与する。（略）

II. 核兵器の全廃に向けて（第4条）

7. TPNWの第4条は、この法的文書を軍縮条約として、またより広範な軍縮法の構造の一部として確立する基本的な原則の1つである。軍縮の目標を達成するために、TPNWは特定の交渉と検証を任務とする権限のある国際的な当局（competent international authority or authorities）を指定することを想定している。（略）

III. 被害者援助および環境修復、国際的な協力および援助（第6条、第7条）

9. TPNWの積極的義務は、条約の人道的目標の中心をなすものである。これらの義務は、過去の核兵器の使用や実験による被害と、その結果もたらされる汚染による現在および将来の被害への対処を目的としている。第6条および第7条は、他の人道的軍縮条約における同様の規定を参考にしているが、この種の規定は核兵器の条約では初めてのものである。これらの条項は、核兵器による人的および環境的影響に対処し、影響を受ける締約国に対し、条約の実施を促進するための技術的、物質的、財政的支援を提供することを目的としている。（略）

IV. TPNW を効果的に実施するための科学的・技術的助言の制度化（略）
V. TPNW と核軍縮・不拡散体制との関係

11. TPNWは独立した法的拘束力のある制度であるが、豊かで多様な軍縮と不拡散の仕組みの上に立ち、それに貢献し補完するものである。特定の軍縮条約、特にNPTとの補完性を強調するために、締約国は、次のことを決意する。

行動35：NPT準備会合および再検討会議、ならびに関連する多国間の核軍縮関連イニシアティブおよびグループを含む適切な機会において、既存の軍縮および不拡散体制とTPNWの補完性を強調する。

行動36：会期間にTPNWとNPT の間で可能な具体的協力分野をさらに検討し明確にするための非公式ファシリテーターを任命し、その努力に対する支援を提供する。

行動37：IAEAおよびCTBTOなどの他の国際機関と協力し、核保障措置や検証の分野を含む協力を強化する。このような協力は、TPNW、NPT、およびCTBTの間の補完性を強化すべきである。

行動38：TPNWと非核兵器地帯条約を含む既存の軍縮と不拡散体制との間の補完性を強調するため、政府間のみならず市民社会、学術界、国会議員、および青年組織を含む一般市民の意識を高める働きかけの取り組みに引き続き協力する。

VI. その他条約の目的を達成するために不可欠な事項

条約の実施における利害関係者間の包括性と協力の原則（略）

条約実施支援の追加的側面（略）

透明性と情報交換（略）

TPNWのジェンダー規定の実施

13. 締約国は、条約の実施を進めるにあたり、条約のジェンダー関連規定を振り返り、それらを運用するための具体的な実施行動を検討する必要がある。この目的のために、締約国は、次のことを決意する。

行動47：TPNWのジェンダー対応性を強調し、TPNW関連のすべての国家政策、プログラム、プロジェクトにおいてジェンダーへの配慮がなされるよう勧告する。（略）

訳文：核兵器廃絶日本NGO連絡会HP「速報版暫定日本語仮訳」（2022年7月22日修正）から引用（一部編集部で修正）
https://nuclearabolitionjpn.com/wp-content/uploads/2022/07/draft-vienna-action-plan_provisional-japanese-translation_22jul2022rev4.pdf
出典：国連文書　TPNW/MSP/2022/6 Annex II（原文英語）
アクセス日：2024年4月8日I

11. 核兵器禁止条約への各国の姿勢と署名、批准状況

2017年7月7日、122か国の賛成で核兵器禁止条約（TPNW）が採択された。条約が発効するためには50か国の批准が必要であるが、20年10月24日、ホンジュラスの批准により50か国に達し、21年1月22日に発効した。23年末現在、署名93か国、批准69か国である。

❖核兵器禁止条約への各国の署名、批准状況❖

2023年12月31日現在

国名	条約採択時の投票行動*	署名日	批准日	国名	条約採択時の投票行動*	署名日	批准日
アフガニスタン	Y			中国	欠		
アルバニア	欠			コロンビア	Y	18年8月3日	
アルジェリア	Y	17年9月20日		コモロ連合	欠	17年9月20日	21年2月19日
アンドラ	欠			コンゴ	Y	17年9月20日	22年5月17日
アンゴラ	Y	18年9月27日		クック諸島			18年9月4日**
アンティグア・バーブーダ	Y	18年9月26日	19年11月25日	コスタリカ	Y	17年9月20日	18年7月5日
アルゼンチン	Y			コートジボワール	Y	17年9月20日	22年3月23日
アルメニア	欠			クロアチア	欠		
オーストラリア	欠			キューバ	Y	17年9月20日	18年1月30日
オーストリア	Y	17年9月20日	18年5月8日	キプロス	Y		
アゼルバイジャン	Y			チェコ	欠		
バハマ	Y	23年9月19日		朝鮮民主主義人民共和国	欠		
バーレーン	Y			コンゴ民主共和国	Y	17年9月20日	22年9月22日
バングラデシュ	Y	17年9月20日	19年9月26日	デンマーク	欠		
バルバドス	欠	22年9月22日		ジブチ	Y	23年1月9日	
ベラルーシ	欠			ドミニカ国	欠	19年9月26日	19年10月18日
ベルギー	欠			ドミニカ共和国	Y	18年6月7日	22年9月22日
ベリーズ	Y	20年2月6日	20年5月19日	エクアドル	Y	17年9月20日	19年9月25日
ベニン	Y	18年9月26日	20年12月11日	エジプト	Y		
ブータン	Y			エルサルバドル	Y	17年9月20日	19年1月30日
ボリビア	Y	18年4月16日	19年8月6日	赤道ギニア	Y	22年9月22日	
ボスニア・ヘルツェゴヴィナ	欠			エリトリア	Y		
ボツワナ共和国	Y	19年9月26日	20年7月15日	エストニア	欠		
ブラジル	Y	17年9月20日		エチオピア	Y		
ブルネイ	Y	18年9月26日		フィジー	Y	17年9月20日	20年7月7日
ブルガリア	欠			フィンランド	欠		
ブルキナファソ	Y	22年9月22日		フランス	欠		
ブルンジ	Y			ガボン	Y		
カーボベルデ	Y	17年9月20日	22年6月20日	ガンビア	Y	17年9月20日	18年9月26日
カンボジア	Y	19年1月9日	21年1月22日	ジョージア	欠		
カメルーン	欠			ドイツ	欠		
カナダ	欠			ガーナ	Y	17年9月20日	
中央アフリカ	欠	17年9月20日		ギリシャ	欠		
チャド	Y			グレナダ	Y	19年9月26日	22年6月20日
チリ	Y	17年9月20日	21年9月23日	グアテマラ	Y	17年9月20日	22年6月13日
				ギニア	欠		

国名	条約採択時の投票行動*	署名日	批准日
ギニアビサウ	Y	18年9月26日	21年12月15日
ガイアナ	Y	17年9月20日	17年9月20日
ハイチ	Y	22年9月22日	
バチカン（ホーリーシー）	Y	17年9月20日	17年9月20日
ホンジュラス	Y	17年9月20日	20年10月24日
ハンガリー	欠		
アイスランド	欠		
インド	欠		
インドネシア	Y	17年9月20日	
イラン	Y		
イラク	Y		
アイルランド	Y	17年9月20日	20年8月6日
イスラエル	欠		
イタリア	欠		
ジャマイカ	Y	17年12月8日	20年10月23日
日本	欠		
ヨルダン	Y		
カザフスタン	Y	18年3月2日	19年8月29日
ケニア	Y		
キリバス	Y	17年9月20日	19年9月26日
クウェート	Y		
キルギスタン	欠		
ラオス	Y	17年9月21日	19年9月26日
ラトビア	欠		
レバノン	Y		
レソト王国	Y	19年9月26日	20年6月6日
リベリア	Y		
リビア	欠	17年9月20日	
リヒテンシュタイン	Y	17年9月20日	
リトアニア	欠		
ルクセンブルク	欠		
マダガスカル	Y	17年9月20日	
マラウイ	Y	17年9月20日	22年6月29日
マレーシア	Y	17年9月20日	20年9月30日
モルディブ	欠	19年9月26日	19年9月26日
マリ	Y		
マルタ	Y	20年8月25日	20年9月21日
マーシャル諸島	Y		
モーリタニア	Y		
モーリシャス	Y		
メキシコ	Y	17年9月20日	18年1月16日
ミクロネシア連邦	欠		
モナコ	欠		
モンゴル	Y		21年12月10日**
モンテネグロ	欠		
モロッコ	Y		
モザンビーク	Y	20年8月18日	
ミャンマー	Y	18年9月26日	
ナミビア	Y	17年12月8日	20年3月20日
ナウル	欠	19年11月22日	20年10月23日
ネパール	Y	17年9月20日	
オランダ	N		
ニュージーランド	Y	17年9月20日	18年7月31日
ニカラグア	欠	17年9月20日	18年7月19日
ニジェール	欠	20年12月9日	
ナイジェリア	Y	17年9月20日	20年8月6日
ニウエ			20年8月6日**
ノルウェー	欠		
オマーン	Y		
パキスタン	欠		
パラオ	Y	17年9月20日	18年5月3日
パナマ	Y	17年9月20日	19年4月11日
パプアニューギニア	Y		
パラグアイ	Y	17年9月20日	20年1月23日
ペルー	Y	17年9月20日	21年12月23日

国名	条約採択時の投票行動*	署名日	批准日
フィリピン	Y	17年9月20日	21年2月18日
ポーランド	欠		
ポルトガル	欠		
カタール	Y		
大韓民国	欠		
モルドバ共和国	Y		
ルーマニア	欠		
ロシア	欠		
ルワンダ	欠		
セントクリストファー・ネイビス	Y	19年9月26日	20年8月9日
セントルシア	Y	18年9月27日	19年1月23日
セントビンセント及びグレナディーン諸島	Y	17年12月8日	19年7月31日
サモア	Y	17年9月20日	18年9月26日
サンマリノ	Y	17年9月20日	18年9月26日
サントメ・プリンシペ	Y	17年9月20日	
サウジアラビア	Y		
セネガル	Y		
セルビア	欠		
セーシェル	Y	18年9月26日	21年7月9日
シエラレオネ	Y	22年9月22日	
シンガポール	A		
スロバキア	欠		
スロベニア	欠		
ソロモン諸島	Y		
ソマリア	欠		
南アフリカ	Y	17年9月20日	19年2月25日
南スーダン	欠		
スペイン	欠		
スリランカ			23年9月19日**
パレスチナ	Y	17年9月20日	18年3月22日
スーダン	Y	20年7月22日	
スリナム	Y		
スワジランド	欠		
スウェーデン	Y		
スイス	Y		
シリア	欠		
タジキスタン	欠		
タイ	Y	17年9月20日	17年9月20日
マケドニア旧ユーゴスラビア	欠		
東ティモール	Y	18年9月26日	22年6月20日
トーゴ	Y	17年9月20日	
トンガ	Y		
トリニダード・トバゴ	Y	19年9月26日	19年9月26日
チュニジア	Y		
トルコ	欠		
トルクメニスタン	欠		
ツバル	欠	17年9月20日	20年10月12日
ウガンダ	Y		
ウクライナ	欠		
アラブ首長国連邦	Y		
イギリス	欠		
タンザニア	Y	19年9月26日	
アメリカ合衆国	欠		
ウルグアイ	Y	17年9月20日	18年7月25日
ウズベキスタン	欠		
バヌアツ	Y	17年9月20日	18年9月26日
ベネズエラ	Y	17年9月20日	18年3月27日
ベトナム	Y	17年9月22日	18年5月17日
イエメン	Y		
ザンビア	欠	19年9月26日	
ジンバブエ	Y	20年12月4日	
		署名国数計 93	批准国数計 69

* 条約採択会議：2017年7月7日　賛成 (Y)：122、反対 (N)：1、棄権 (A)：1、欠席 (欠)：71
** 加入＝accession
出典：国連軍縮局HP（英語サイト）
https://treaties.unoda.org/t/tpnw/participants
アクセス日：2024年3月28日

12. 日本の核兵器禁止条約に対する姿勢：閣議決定答弁

政府は、今井雅人衆議院議員（立憲民主党）の「核兵器禁止条約への日本の参加に関する質問主意書」（2021年1月18日提出）に対する答弁書において、核兵器禁止条約に署名しない理由について、同条約の考え方が、日本の安全保障に万全を期するには核を含む米国の抑止力に依存することが必要という日本政府の立場と異なるためという公式見解を改めて示した。また、政府は同条約締約国会議へのオブザーバー参加に慎重な姿勢を示した。

以下に示した日本政府の立場は、今も基本的に変わっていない。

岸田首相は、「核兵器禁止条約は出口」という議論を繰り返し述べている。第2回締約国会議の直前の2023年11月20日の衆議院本会議において「オブザーバー参加」を求められたとき、岸田首相は次のように答弁して「オブザーバー参加」を否定した。

「核兵器禁止条約は、核兵器のない世界への出口とも言える重要な条約ですが、同条約には核兵器国は一か国も参加しておらず、いまだその出口に至る道筋は立っていないのが現状です。我が国は、唯一の戦争被爆国として、核兵器国を関与させるよう努力していかなければなりません。」

❖ 衆議院議員今井雅人君提出核兵器禁止条約への日本の参加に関する質問に対する答弁書（抜粋）❖

2021年1月29日

（前略）我が国は、核兵器禁止条約が掲げる核兵器廃絶という目標は共有している。一方、同条約は、その交渉に当たりいずれの核兵器国等の参加も得られず、また、現実の国際社会における安全保障の観点を踏まえて作成されたものとはいえないことから、核兵器国のみならず、核の脅威にさらされている非核兵器国からも支持を得られていない。現実の国際社会においては、いまだ核戦力を含む大規模な軍事力が存在しており、そのような厳しい安全保障環境の下で我が国として安全保障に万全を期するためには、核を含む米国の抑止力に依存することが必要である。我が国としては、核兵器のない世界の実現に向けて、核兵器の非人道性と安全保障の二つの観点を考慮しながら、現実的かつ実践的な核軍縮のための措置を着実に積み上げていくことが重要であると考えている。

こうした我が国の立場に照らし、同条約に署名する考えはなく、また、御指摘の「締結国会議にオブザーバーとして参加すること」については、慎重に見極める必要があると考えている。

我が国としては、核軍縮の進展のため、我が国が平成六年以降毎年国連総会に提出し、採択されている核兵器廃絶決議に係る取組や我が国と核軍縮・不拡散に対する志を共有する国が構成する「軍縮・不拡散イニシアティブ」における取組等を引き続き行ってまいりたい。

出典：衆議院HP
https://www.shugiin.go.jp/internet/itdb_shitsumon.nsf/html/shitsumon/b204001.htm
アクセス日：2024年4月8日

第3章
核軍縮・不拡散:
主要国（日本を含む）

1. 解題

浸食が進む核軍縮の礎

渡辺洋介（ピースデポ研究員）

新START条約とCTBTをめぐる米露の動き

2023年は、新戦略兵器削減条約（新START条約）や包括的核実験禁止条約（CTBT）など、「核軍縮の礎」とも呼べる制度の浸食が進んだ1年であった。その一例が、ロシアのプーチン大統領による新START条約の履行停止宣言（2023年2月21日）である**（本章9）**。その理由として、プーチンは、米国などNATO諸国はウクライナを支援することでロシアに戦略的敗北を与えようとしており、そうした敵対関係がある中で、米国がロシアの核関連施設を査察することは容認できないと説明した。

ロシアのこうした措置に対して、米国は3月28日に年2回交換する条約で定められた戦略兵器に関するデータの提供を停止し、6月1日にはその対象を拡大した。

こうした中で、6月2日、ジェイク・サリバン米大統領補佐官（国家安全保障担当）は講演で、米国は新START失効後の軍備管理枠組みを構築するため「今すぐロシアと話し合う用意がある」と述べた。これに対し、ロシアのリャブコフ外務次官は6月21日、米国と西側諸国が攻撃的な反ロシア政策を根本的に見直さない限り、軍備管理に関する交渉はできないというロシアの立場を改めて表明した。

10月5日、プーチン大統領は、米国がCTBT未批准なのに対し、ロシアは署名も批准もしていると述べ、議会による批准撤回も可能だと発言した。これを受けて、ロシア下院は10月17日に**（本章12）**、続いて上院も10月25日にCTBT批准撤回法案をそれぞれ全会一致で可決した。11月2日、プーチン大統領が同法案に署名し、同法は成立した。

批准撤回は核実験再開に向けた布石との見方もあるが、ロシアは米国が核実験を実施しない限り、核実験再開の意図はないと繰り返し表明している。一方で米国は、11月2日、核爆発実験モラトリアムを継続すると改めて表明した。この誓約が守られる限り、ロシアが核実験を再開する可能性は低いと思われる。

オーカス首脳会議

2023年3月13日、米英豪首脳は米サンディエゴで会談し、オーストラリアの原子力潜水艦（原潜）取得計画に関し、協力を拡大することで合意した。2030年代に米国が「バージニア級」原潜を3隻、オーストラリアに売却し、その後、3か国が新型原潜「オーカス」を共同開発する。バイデン米大統領は、原潜について、核兵器は搭載せず、非核保有国たるオーストラリアの非核政策を危うくするものではないと強調した。米国が原潜の原

子力推進技術を外国に提供するのは1958年に英国に提供して以来、史上2度目のことだ。

原潜の原子炉には核兵器に転用できる高濃縮ウランが使用されるため、これが核拡散につながるとの懸念が持たれている。3か国は原潜提供は国際原子力機関（IAEA）と緊密に意思疎通したうえで行う予定であり、核不拡散条約（NPT）には違反しないと主張している。

オーカスは、12月の国防長官会議で原潜計画を超えて、国防技術の高度化に協力する第2の柱を確立した。

核軍縮に関するG7首脳広島ビジョン

2023年5月19日、「核軍縮に関するG7首脳広島ビジョン」（広島ビジョン）が発表された（**本章17**）。広島ビジョンは、核のない世界を「究極の目標」と位置づけているものの、核兵器が防衛目的のための役割を果たし、侵略を抑止し、戦争と威圧を防ぐものであると宣言し、核兵器の役割を肯定的に評価した。また、核兵器禁止条約について言及がなく、強い批判の声が上がった。

また、2022年11月のG20バリ首脳宣言が「核兵器の使用またはその威嚇は許されない」（**本章17**）と一般的に核兵器の使用と威嚇に反対の立場を示したのに対し、広島ビジョンは、その対象をロシアのウクライナ侵略のみに限定し、核の使用と脅しに反対する国際的合意を後退させた。

ロシア核兵器のベラルーシ配備

プーチン大統領は2023年3月25日のテレビインタビューで、ロシアがベラルーシに戦術核兵器を配備すること及び核兵器の貯蔵施設をベラルーシに建設することで、ベラルーシのルカシェンコ大統領と合意したことを明らかにした。その4日前に発表された中露首脳共同声明で兵器器の海外配備

に反対という立場をとっていたにも関わらずである（**本章10**）。ロシア、ベラルーシ両首脳の合意は、その後実行に移された。5月25日、両国の国防相は戦術核のベラルーシ配備に関する合意文書に署名した。つづいて6月16日、プーチン大統領はすでに最初の核弾頭がベラルーシに配備されたと述べた（**本章11**）。戦術核のベラルーシへの移転は、ルカシェンコによると10月に完了したという。

プーチンは、米国は何十年も前から戦術核を同盟国の領土に配備してきた事実を根拠に、ベラルーシへの核配備もNPTに違反しないと主張している。彼の主張通り、米国はドイツなどNATO5か国に米核兵器を配備しているが、この行為もロシアの行為も核不拡散という国際的な原則に反する行為であることを指摘しなければならない。

進む中国の核軍拡

米国防総省は2023年10月19日、「中国軍事力報告書2023」を発表した（**本章16**）。報告書は、中国が保有する核弾頭はすでに500発を超えたと推定し、2030年には1000発を超えるという見通しを示した。なお、2022年の同報告書は2035年に1500発を保有すると予測していた。ただ、国防総省が過去に出した核弾頭総数の中長期予測は当たっておらず、この予測が正しいかどうかは見極める必要がある。

一方、中国国防省報道官は10月25日、報告書は中国の国防政策と軍事戦略を歪曲し、中国の軍事的脅威を誇張していると批判した。

マスメディアは中国の核軍拡に焦点を当てることが多いが、中国が1000発に増やしたとしても、ロシアや米国の軍用核弾頭数の約4分の1にすぎない（**本章18**）。（わたなべ　ようすけ）

2. オバマ米大統領のプラハ演説

　2009年4月5日、米オバマ大統領は、プラハで演説し、「核兵器を使用した唯一の核保有国として、米国には行動する道義的責任がある」と述べ、米大統領として初めて「核兵器のない世界の平和と安全を追求することを誓約したい」と宣言した。

❖プラハにおけるバラク・オバマ大統領の演説（抜粋）❖

2009年4月5日、プラハ

（前略）

　20世紀に我々が自由をめざし闘ったように、21世紀において我々は、恐怖から解き放たれて生きるというすべての人々の権利をめざし共に闘わなければならない。核保有国として、核兵器を使用した唯一の核保有国として、米国には行動する道義的責任がある。我々だけではこの努力を成功に導くことはできない。しかし我々は先導できる。スタートを切ることができる。

　そこで本日、私ははっきりと、信念を持って、アメリカは核兵器のない世界の平和と安全を追求することを誓約したい。私はナイーブな人間ではない。この目標は直ちに達成できるものではない、おそらく私の生きている間には。忍耐と粘り強さが必要である。しかし我々は今、世界は変わらないと我々にささやく声に惑わされてはならない。我々は　主張し続けなければならない、「そう、我々にはできる」と。

　では、進むべき道筋について説明しよう。第一に、米国は核兵器のない世界に向けた具体的措置を講じる。冷戦思考に終止符を打つべく、我が国の国家安全保障戦略における核兵器の役割を低下させ、他の国家にも同調するよう要請する。誤解のないよう言っておきたいが、核兵器が存在する限り、米国はいかなる敵をも抑止できる安全、安心で効果的な核兵器保有を継続する。また、チェコ共和国を含め、我々の同盟国に対する防衛を保証する。だが我々は米国の保有核兵器を削減する作業を開始する。（略）

　核実験のグローバルな禁止を実現するために、私の政権は速やかに、かつ果敢に、包括的核実験禁止条約（CTBT）の批准を追求する。（略）

　第二に、我々は協力の礎である核不拡散条約（NPT）をともに強化してゆく。

　核兵器を持つ国は軍縮に向かって進み、核兵器を持たない国はそれらを取得せず、すべての国は平和的核エネルギーへのアクセスを有する。この基本的取引は確固たるものである。NPTを強化するために、我々はいくつかの原則を受け入れなければならない。国際査察を強化するためには、我々にはさらなる資源と権限が必要である。正当な理由なくルールを破り、条約からの脱退を試みる国家は現実的かつただちに報いを受けなければならない。（略）

　しかし間違いのないように言っておきたい。我々は道がどこに向かっているかを知っている。国家あるいは人々が、相違点をもって自らが定義されると考えるならば、溝はさらに深まってゆく。我々が平和の追求を断念すれば、それは永遠に我々の手の届かないところに留まる。恐怖ではなく希望を選ぶ道を我々は知っている。協力の求めを非難し軽んじることは簡単だが、それは臆病者のすることだ。戦争はそのようにして始まる。そこで人類の前進は止まる。（略）

出典: 米ホワイトハウスHP（原文英語）
https://obamawhitehouse.archives.gov/the-press-office/remarks-president-barack-obama-prague-delivered
アクセス日：2024年2月16日

3. 米国の未臨界核実験

　米国は、1997年以来、地下核実験を行うことなく、備蓄核兵器の信頼性と安全性を維持するために、核爆発を伴わない未臨界核実験を実施してきた。最近では、新型弾頭の設計に資する役割も担っている。未臨界核実験においては、核爆発において実現する高温、高圧のもとでの分裂性核物質プルトニウムの挙動を、核分裂連鎖反応が起きない未臨界状態で研究する。実験は放射能汚染を生じるものであるため、ネバダ実験場(旧ネバダ核実験場)U1aの地下トンネルで行われてきた。ピースデポの梅林宏道が米情報公開法で2024年3月に入手した情報によると、米国の国家核安全保障管理局(NNSA)は、最近になって未臨界実験の定義を拡大した。その結果、2007年2月〜5月に行われた「サーモス」シリーズ実験が未臨界実験とみなされるようになった。結果として、2023年末までの米国の未臨界実験の実施回数は33回となった。以下の表は、その全てのリストである。(梅林宏道)

❖米国の未臨界核実験❖

2023年12月31日現在

第1回	97年7月2日「リバウンド」(ロスアラモス国立研究所)
第2回	97年9月18日「ホログ」(ローレンス・リバモア国立研究所)
第3回	98年3月25日「ステージコーチ」(ロスアラモス)
第4回	98年9月26日「バグパイプ」(リバモア)
第5回	98年12月11日「シマロン」(ロスアラモス)
第6回	99年2月9日「クラリネット」(リバモア)
第7回	99年9月30日「オーボエⅠ」(リバモア)
第8回	99年11月9日「オーボエⅡ」(リバモア)
第9回	00年2月3日「オーボエⅢ」(リバモア)
第10回	00年3月22日「サラブレッド」(ロスアラモス)
第11回	00年4月6日「オーボエ4」(リバモア)
第12回	00年8月18日「オーボエ5」(リバモア)
第13回	00年12月14日「オーボエ6」(リバモア)
第14回	01年9月26日「オーボエ8」(リバモア) ※
第15回	01年12月13日「オーボエ7」(リバモア)
第16回	02年2月14日「ビト」(ロスアラモス、米英共同実験)
第17回	02年6月7日「オーボエ9」(リバモア)
第18回	02年8月29日「マリオ」(ロスアラモス)
第19回	02年9月26日「ロッコ」(ロスアラモス)
第20回	03年9月19日「ピアノ」(リバモア)
第21回	04年5月25日「アーマンド」(ロスアラモス)
第22回	06年2月23日「クラカタウ」(ロスアラモス、米英共同実験)
第23回	06年8月30日「ユニコーン」(ロスアラモス)
第24回	(07年2〜5月)「サーモス」(ロスアラモス)
第25回	(10年9月15日)「バッカス」(ロスアラモス、米英共同実験)
第26回	(10年12月1日)「バローロA」(ロスアラモス)
第27回	(11年2月2日)「バローロB」(ロスアラモス)
第28回	12年12月5日「ポルックス」
第29回	17年12月13日「ベガ」
第30回	19年2月13日「エディザ」(リバモア)
第31回	(20年11月3日)「ナイトシェードA」(ロスアラモス)
第32回	(21年6月22日)「ナイトシェードB」(ロスアラモス)
第33回	(21年9月16日)「ナイトシェードC」(ロスアラモス)

※オーボエ8とオーボエ7は逆の順序で実施された。
　末尾の( )はそれぞれの実験を担当した国立研究所の名前。( )付きの実施日は、米国の国家核安全保障管理局(NNSA)からの自発的な発表でなく、メディア等の取材、照会でわかったもの。

4.米軍のICBM発射実験

米国は北朝鮮のミサイル発射を常に非難しているが、自国は大陸間弾道ミサイル（ICBM）ミニットマンⅢの発射実験を毎年数回行っている。2023年は4月19日、9月6日、11月1日に実験が実施された。以下は米空軍が9月6日の実験について報告したものである。

❖ミニットマン Ⅲ の試験発射、米核戦力の安全で効果的な抑止力の準備態勢の模範を示す（抜粋）❖

2023 年 9 月 6 日
米空軍グローバル・ストライク軍広報部
ルイジアナ州バークスデール空軍基地

空軍グローバル・ストライク軍の航空兵と第30宇宙打ち上げデルタ部隊の航空州兵の合同チームは、9月6日午前1時26分（太平洋時間）、カリフォルニア州バンデンバーグ宇宙軍基地から、3つの試験用再突入体を搭載した不発状態のミニットマンⅢ大陸間弾道ミサイル（ICBM）を発射した。

この試験発射は、21世紀の脅威を抑止し、同盟国を安心させるために、米国の核抑止力が安全であり、確実であり、信頼でき、効果的であることを実証することを目的とした通常の定期的な活動の一環である。このような実験は過去に 300 回以上行われており、今回の実験は現在の世界情勢に起因するものではない。（略）

ICBMの再突入体は、マーシャル諸島のクェゼリン環礁まで約4,200マイル（編集部注：約6,800km）飛行した。これらの試験発射は、ICBM兵器システムの精度と信頼性を検証し、安全で確実かつ効果的な核抑止力を継続的に確保するための貴重なデータを提供する。（略）

試験発射を支援する任務部隊には、第20空軍全域から航空兵が選抜され、ワイオミング州F.E.ウォーレン空軍基地の第90ミサイル航空団が整備支援を行った。空軍グローバル・ストライク軍内のミサイル基地では、軍部隊メンバーが1日24時間、1年中警戒態勢をとり、国のICBM警戒部隊を監督している。（略）

空軍グローバル・ストライク軍は、ルイジアナ州シュリーブポート・ボージャーシティ地域のバークスデール空軍基地に司令部を置く主要部隊である。この部隊は、国の3つの大陸間弾道ミサイル航空団、B-52、B-1、B-2航空団を含む空軍の全爆撃機部隊、長距離攻撃爆撃機プログラム、空軍核指揮・統制・通信システム、および核事業体内の諸組織に対する作戦・保守支援を管轄している。約33,700人の専門家が、米国本土および世界各地に配備されている、2つの番号つき空軍、9つの航空団、地理的に分離された2つの航空中隊と1つの分遣隊に配属されている。

出典：米空軍グローバル・ストライク軍HP（原文英語）
https://www.afgsc.af.mil/News/Article-Display/Article/3516126/
minuteman-iii-test-launch-showcases-readiness-of-us-nuclear-forces-safe-
effecti/
アクセス日：2024年1月28日

5.米国の大量破壊兵器対抗戦略

　2023年9月28日、米国防総省は「大量破壊兵器対抗戦略2023」を発表した。同戦略は、2022年に発表された米国の「国家防衛戦略」で示された方針に沿って、中国、ロシア、北朝鮮、イランを、米国にとって脅威となり得る大量破壊兵器保有国とした。今回は2002年、2014年に続いて、3回目の発表となる。

❖大量破壊兵器対抗戦略2023（抜粋）❖

（前略）
鍵となる国々
刻々と深刻化する挑戦としての中国。中国は、米国にとって最も全面的かつ緊急に対処すべき挑戦である。（略）中国はミサイル運搬システムを含め、核戦力の拡大と近代化プログラムを積極的に推進している。中国は、2030年までに少なくとも1,000発、2035年までに1,500発の核弾頭を配備する意向のようだ。中国は長い間、核兵器の「先行不使用」（NFU）宣言政策を維持しており、人民解放軍は確実な第二撃能力を追求することで、先行不使用政策を実行している。しかし、中国はより大規模で能力の高い核戦力を配備しており、同国の核近代化の範囲と規模に関する透明性の欠如は、中国の将来の意図に疑問を投げかけるものである。特に、中国がNFUの誓約に反した行動をとる条件については曖昧である。（略）

差し迫った脅威としてのロシア。ロシアは、短期的には最も差し迫った核、生物、化学兵器の脅威をもたらし、中長期的にも大量破壊兵器の能力を保持し続けるだろう。ロシア政府は、NATOの結束を弱め、必要であれば武力によって「旧ソ連邦」近隣諸国を支配する政治・経済・軍事戦略を追求している。陸、海、空の領域で効果を生み出すために、ロシアは大規模で多様な非戦略核兵器を増やし、かつ近代化している。（略）

持続する脅威としての北朝鮮。北朝鮮は、核兵器の保有と弾道ミサイル戦力を優先している。北朝鮮は2022年、自称核大国としての地位を改めて主張し、核使用の条件を定め、非核化を拒否する法律を制定した。同法は、同国が核攻撃が差し迫っていると認識した場合、金正恩体制、国民、国家の存立が脅かされた場合、あるいは、攻撃的な戦争の選択肢として、北朝鮮が核兵器を使用することを明示している。（略）北朝鮮は、移動可能な短距離、中距離、大陸間の核戦力を開発、配備している。これは米国本土、地域の同盟国やパートナー国を危険にさらすものである。

持続する脅威としてのイラン。イランは現時点では核兵器開発計画を進めていないが、核爆発装置に十分な核分裂性物質を2週間以内に生産する能力を有すると評価されている。（略）

出典：米国防総省HP（原文英語）
https://media.defense.gov/2023/Sep/28/2003310413/-1/-1/1/2023_
STRATEGY_FOR_COUNTERING_WEAPONS_OF_MASS_DESTRUCTION.PDF
アクセス日：2024年1月28日

6.米国の新型核爆弾B61-13の開発に関するファクトシート

米国は、議会の承認と予算措置を待って、B61-13と命名された新たな自由落下型核爆弾を開発することとなった。なお、エネルギー省国家核安全保障管理局（NNSA）が同核爆弾を製造する。

❖緊急プレスリリース
新型B61の開発に関するファクトシート（抜粋）❖

（前略）

2023年10月27日
米国防総省

より厳しい安全保障環境

・2022年の核態勢見直し（NPR）は、米国の競合国が核兵器への依存度を高めながら、核戦力の拡大、多様化、近代化を続けていると指摘した。

・NPRは、安全保障環境に対するバランスの取れたアプローチをとり、抑止力に資金を投入する一方で、軍備管理およびその他のリスク削減策を追求する約束を新たにした。

・安全保障環境の変化に伴い、抑止やその他の目的を達成する能力を確保するため、核戦力の調整を検討する必要がある。

さらなる柔軟性

・B61-13は、議会の承認と予算計上を待って、現在備蓄されているB61-7の一部を置き換える。

・B61-13はB61-7と同程度の威力があり、B61-12の威力より高い。B61-13には、B61-12が持つ最新の安全性、保安性、正確性といった特徴が含まれる。

・B61-13は大統領に、より堅固で広範囲の軍事目標に対する新たな選択肢を提供する。一方で国防総省は別途、核態勢見直しで示された通り、堅固で深く埋もれた目標の破壊に向けた包括的戦略を完成させ、実施する作業を継続する。

バランスのとれたアプローチ

・敵対国が攻撃からの聖域を確保することを米国が拒否し続けることができれば、抑止と保証は強化される。

・国防総省はB83-1やB61-7といった古いシステムを退役させる作業に取り組んではいるが、B61-13は、より堅固で広範囲の軍事目標に対する新たな選択肢を大統領に提供する。

・B61-13は、米国が保有する兵器全体の数を増やすことはない。生産されるB61-12の数は、B61-13の生産数と同じだけ減らされる。

・このイニシアチブは、数か月にわたる検討と熟慮の結果、出されたものである。B61-13の実戦配備は、現在の特定のできごとに対応するものではなく、安全保障環境の変化に対する継続的な評価を反映したものである。

出典：米国防総省HP（原文英語）
https://media.defense.gov/2023/Oct/27/2003329624/-1/-1/1/B61-13-FACT-SHEET.PDF
アクセス日：2024年1月29日

7.バイデン政権の核態勢見直し

バイデン政権の核態勢見直し（NPR）は、トランプ政権のNPRの骨格を維持し、同政権が導入した低威力核弾頭W76-2は維持され、ほとんどの核兵器近代化計画は継続することとなった。また、バイデンが導入を目指していた「唯一の目的」政策の採用は見送られた。

✣2022年核態勢見直し（抜粋）✣

2022年10月27日

I. 重要な国家安全保障上の利益を守り、核リスクを低減するための包括的かつバランスの取れたアプローチ

（前略）2022年核態勢見直し（NPR）は、米国の戦略における核兵器の役割を減らすという目標を推進するための責任ある措置を講じつつ、安全で確実かつ効果的な抑止力を確保するために、以下の決定を行った。（略）

▶ 同盟国やパートナー国を保証し、敵の意思決定の計算を複雑にさせながら、核兵器使用の非常に高いハードルを維持する戦略と断固たる政策を採用する。

▶ 核と非核の能力を活用し、特定の状況下で抑止力を作り出す統合的な抑止アプローチを採用する。（略）

▶ 拡大抑止と同盟国への保証の強化のための措置を講じる。

▶ 軍備管理、戦略的安定性、不拡散、誤算のリスク低減を通じて安全保障の強化を追求する。

▶ 全範囲にわたる核の三本柱の置き換えと核指揮統制通信（NC3）を含む他の核近代化プログラムを肯定する。（略）

II. 安全保障環境と抑止力の課題（略）

III. 米国戦略における核兵器の役割

（略）

核兵器の役割。NPRは、以下のような核兵器の役割を確認する。

▶戦略的な攻撃を抑止する。

▶同盟国やパートナー国を保証する。

▶抑止が失敗した場合、米国の目的を達成する。（略）

戦略的攻撃を抑止する。（略）

同盟国とパートナー国を保証する。（略）

抑止が失敗した場合、米国の目的を達成する。（略）

宣言的な政策。（略）核兵器が存在する限り、核兵器の根本的な役割は、米国、同盟国、パートナー国に対する核攻撃を抑止することである。米国は、米国、その同盟国やパートナー国の死活的利益を守るための極端な状況においてのみ、核兵器の使用を考慮する。

米国は、NPTに加盟し、核不拡散の義務を果たしている非核兵器国に対しては、核兵器を使用したり、使用するよう脅したりはしない。（略）

我々は、核兵器の先行不使用と唯一の目的政策の両方を含む、宣言政策の幅広い選択肢を徹底的に検討し、米国とその同盟国・パートナー国に戦略レベルの損害を与える可能性のある、競合相手が開発・配備中の一連の非核能力に照らし、それらのアプローチは受け入れがたいレ

ベルのリスクをもたらすと結論した。（略）

米国の防衛戦略における核兵器。（略）

IV. 敵に合わせた核抑止戦略

国別アプローチ。（略）北朝鮮が米国やその同盟国、パートナー国に対していかなるものであれ核攻撃を行うことは容認できるものではなく、その結果、北朝鮮政権は終焉を迎えることになる。金正恩政権が核兵器を使用して生き残るシナリオは存在しない。核兵器を使用しなくても、北朝鮮は東アジアで迅速な戦略的攻撃を行なうことができる。米国の核兵器は、そうした攻撃を抑止する役割を果たし続ける。（略）

エスカレーションと誤算のリスクを管理する。（略）

V. 地域核抑止力の強化 （略）

VI. 軍備管理、核不拡散、テロ対策

（略）

核軍備管理およびリスク軽減。（略）米国は、2026年に失効する新STARTに代わる新たな軍備管理の枠組みについて迅速に交渉する用意がある。ただし、交渉には善意で活動する自発的なパートナーが必要である。（略）

核不拡散。（略）／ **多国間軍備管理および軍縮。**（略）／ **核テロ対策。**（略）

VII. 米国の核戦力

（略）

2022年核態勢見直しプログラムに関する所見

陸上配備戦力

・2023〜2027年の将来年度防衛計画に記録されたセンチネルICBMの交換プログラムに全額資金を提供する。

・センチネルはミニットマンIII（MMIII）を1対1で置き換え、警戒態勢にある400基のICBMを維持する。（略）

海洋配備戦力

・2030年からオハイオ級艦隊を交代させる最低12隻を配備するコロンビア級SSBN計画に十分な資金を提供する。（略）

空中配備戦力

・B-52Hストラトフォートレス爆撃機群を2050年まで近代化し、全世界に届く核のスタンドオフ・プラットフォームとする。

・B-2Aスピリット・フリートに代わるB-21レイダー爆撃機に全額資金を提供する。空軍はB-21を最低100機取得する。

・空中発射巡航ミサイルに代わる長距離スタンドオフ兵器と関連するW80-4弾頭に全額資金を提供する。

・B83-1型自由落下爆弾を退役させる。（略）

補足および核非核両用航空能力

・W76-2低威力潜水艦発射弾道ミサイルのオプションを維持し、その抑止力の価値を定期的に

再評価する。

・核弾頭を搭載した海洋発射巡航ミサイル計画を中止する。(略)

核指揮統制通信(NC3)の強化。(略)

核事業のための技術革新。(略)

備蓄の認証。(略)

VIII. 弾力的で適応性のある核セキュリティ事業(略) / **IX. 結論**(略)

出典:米国防総省HP
https://media.defense.gov/2023/Jan/30/2003151847/-1/-1/1/2022-NUCLEAR-POSTURE-REVIEW-TRANSLATED-FOR-JAPAN.PDF
アクセス日:2024年2月16日
注:テキストは米国防総省の日本語訳を基に一部ピースデポで修正した。

8. 米国とロシアの新START条約

　　2010年に米露の間で結ばれ、2011年2月に発効した新「戦略兵器削減条約」(新START)は、発効後7年で達成すべき削減目標と、履行を相互に検証する制度を定めた、重要な核軍縮条約である。両国とも2018年に削減目標を達成した。2021年に5年延長された同条約は、2026年2月に失効を控えており、後継条約の交渉を早期に開始することが強く求められる。

❖米国とロシア連邦の戦略的攻撃兵器のさらなる削減と制限のための措置に関する条約(抜粋)❖

2010年4月8日署名、プラハ

前文

　　アメリカ合衆国およびロシア連邦(以下、「締約国」という)は、(略)

　　1968年7月1日の核不拡散条約第6条の下における義務の完遂と、人類に対する核兵器の脅威の除去という歴史的な目標の達成を誓約し、

　　核不拡散のために現在進められている世界的努力に対する強い支持を表明し、

　　保有核兵器の安全と保安を維持しつつ、核戦力の制限と削減のための段階的プロセスの継続を確かなものとし、同プロセスを新しく加速することを追求し、

　　安全保障の不可分性の原則に従い、戦略攻撃兵器の削減及び制限、並びに本条約が定める他の諸義務が両当事国の予測可能性、安定性、したがって安全保障を促進することを確信し、

　　戦略攻撃兵器と戦略防衛兵器は相互に関連していること、及び戦略核兵器の削減に伴いこの相互関係の重要性が増大すること、並びに現在の戦略防衛兵器が両当事国の戦略攻撃兵器の適合性及び有効性を損なうものではないことを認識し、

　　通常能力ICBM及びSLBMが戦略的安定性に及ぼす影響に留意し、

　　21世紀という節目において、大幅かつ検証可能な保有核兵器の削減が、世界の状況に対して及ぼす積極的な影響を考慮し、

　　本条約の下において、現実に適合し、簡素化され、1991年7月31日の戦略攻撃兵器の削減及び

制限に関するアメリカ合衆国とソビエト社会主義共和国連邦の間の条約（以下「START条約」という）に比して、より低コストな遵守検証メカニズムを創出することを願い、

START条約が、ベラルーシ共和国、カザフスタン共和国、ロシア連邦、ウクライナ、及びアメリカ合衆国によって履行されるとともに同条約がめざした削減水準が達成されたことを認識し、

1968年7月1日の核不拡散条約の下での非核兵器国としての、ベラルーシ共和国、カザフスタン共和国、及びウクライナによる核軍縮及び国際の平和の強化への貢献に深く感謝し、

2002年5月24日の戦略的攻撃能力の削減に関するアメリカ合衆国とロシア連邦の間の条約の履行を歓迎し、

以下のとおり合意する。（略）

第2条

1. 各締約国は、その大陸間弾道ミサイル（以下ICBM）及びICBM発射装置、潜水艦発射弾道ミサイル（以下SLBM）及びSLBM発射装置、重爆撃機、ICBM弾頭、SLBM弾頭、重爆撃機用核兵器を削減・制限し、本条約の発効から7年後及びその後、その総数が、本条約第3条に従って数えた場合に、以下を超えないようにする。

(a) 配備ICBM、配備SLBM、及び配備重爆撃機　700基／機

(b) 配備ICBM搭載の弾頭、配備SLBM搭載の弾頭、配備重爆撃機用に数えられた核弾頭1550発

(c) 配備及び非配備ICBM発射装置、配備及び非配備SLBM発射装置、及び配備及び非配備重爆撃機　800基／機

2. 各締約国はその戦略的核兵器の構成及び構造を自国で決定する権利をもつものとする。（略）

第14条

（略）

2. 本条約は、戦略攻撃兵器の削減と制限に関するその後の合意により早期にとって換えられないかぎり、10年間有効である。いずれか一方の締約国が本条約の延長を提起した場合、締約国は共同でこの問題を検討するものとする。締約国がこの条約を延長することを決定した場合、戦略攻撃兵器の削減と制限に関するその後の合意により早期にとって換えられないかぎり、本条約は5年以下の期間延長される。（略）

出典：米国務省HP（原文英語）
https://www.state.gov/wp-content/uploads/2019/02/11-205-Russian-Federation-Arms-Limitation-Treaty-and-Protocol.pdf
アクセス日：2024年2月16日

9. 新START条約履行停止を宣言するプーチン大統領の演説

　ロシアのプーチン大統領は連邦院（上院）での2月の演説で、新戦略兵器削減条約（新START条約）の履行停止を宣言した。ただ、リャブコフ外務次官は後日、配備できる核弾頭数の上限に関する新STARTの合意は自主的に守ると述べている。プーチンの演説はまた、核実験再開の準備についても言及した。以下では、こうした措置に踏み切った理由と背景を説明している箇所を訳出した。

❖連邦院での大統領演説(抜粋)❖

2023年2月21日 モスクワ

(前略) 2月初旬、北大西洋同盟(編集部注:NATO)はロシアに対し、彼らいわく、核防衛施設への査察受け入れを含む戦略兵器削減条約の履行に立ち返ることを事実上求める声明を発表した。私にはこれを何と呼べばいいのかすらわからない。これは一種の不条理劇場だ。

我々は、キエフ政権(編集部注:ウクライナ政府)がわが国の戦略航空基地を攻撃しようとしていることに、西側諸国が直接関与していることを知っている。この目的で使用される無人機は、NATOの専門家の支援を受けて装備され、アップデートされた。そして今、彼らはわが国の防衛施設も査察したいのか?現在のような対立状況では、それは正気の沙汰とは思えない。

この条約(編集部注:新START)に基づき、彼らが我々に全面的な査察をさせていないという事実に、特に注目していただきたい。我々が繰り返しさまざまな施設に査察を申し込んでも、返答がなかったり、形式的な口実で拒否されたりし、我々は相手側で何も検証できていない。

米国とNATOは、彼らの目標はロシアに戦略的敗北を与えることだと公然と発言していることを私は強調したい。そして、そのような発言の後、彼らは何事もなかったかのように、最新のものを含むわが国の防衛施設にやって来るつもりだろうか?1週間前、私は新たな陸上配備戦略システムを戦闘任務につかせる大統領令に署名した。彼らはそこにも首を突っ込むつもりなのだろうか?我々がそれを許すとでも思っているのだろうか?

NATOはこの集団的声明を発表したことで、戦略攻撃能力削減に関する条約(編集部注:新START)の締約国であると実質的に主張したも同然である。これには同意する。ぜひそうしていただきたい。それどころか、我々はこうした問題の枠組みを作ることは、ずっと前にやるべきだったと信じている。NATOの核保有国は米国だけではないことを思い起こしてほしい。英国とフランスも核兵器を保有している。彼らは核兵器を開発し、アップグレードしており、これらの核兵器は我々にも、ロシアにも向けられている。(略)

現在効力のある2010年条約には、不可分の安全保障そして戦略的攻撃兵器と戦略的防衛兵器の直接的な関連性について、決定的に重要な条項が含まれている。そのすべてが長い間忘れ去られている。米国はABM条約から脱退した。これは今や過去のことである。重要なのは、米露関係の悪化を招いたのは、完全に米国の責任であるということだ。

ソ連が崩壊した後、彼らは第二次世界大戦の結果を修正し、支配的な一国が統治する米国型の世界を構築し始めた。そのために、ヤルタ会談とポツダム会談の遺産を消し去ることを目的として、第二次世界大戦後に築かれた国際秩序の土台を粗雑に破壊し始めた。一歩一歩、彼らは既存の国際秩序を修正し、安全保障と軍備管理システムを解体し、世界中で一連の戦争を企て、実行した。

(略) しかし、米国が国際秩序を自国のニーズと利己的な利益だけに合うよ

うに作り変えようとしていることは容認できない。

　今、彼らはNATOを利用して我々にシグナルを発している。それは事実、ロシアは問答無用で新START条約を含む合意をすべて履行すべきだという最後通牒である。一方で彼らは、好きなように振る舞おうとしている。まるで戦略的攻撃兵器と、例えばウクライナ紛争やわが国に対する西側の敵対的行動との間に何の関連性もないかのように。まるで彼らが我々に戦略的敗北を与えようとしているという声高な主張がないかのように。（略）彼らは我々に戦略的敗北を与えたいのであり、また我々の核施設に行きたいのだ。

　この観点から、私は本日、ロシアが新START条約への参加を一時停止することを発表せざるを得ない。念のために言うが、我々は条約から脱退するのではなく、参加を一時停止するのだ。この問題を再び議論するまでには、フランスやイギリスといったNATO諸国がどのような責任をもっているのか、また彼らの戦略兵器、つまりNATO同盟の連合した攻撃能力をどのように説明するのかについて、我々は明確な考えを持たなければならない。

　（略）我々は、米国のある種の核兵器が耐用年数を迎えつつあるという事実を知っている。この点において、特に米国が革新的な核兵器を開発していることから、ワシントンの一部の政治家がすでに実物の核実験を考えていることを我々は確実に把握している。そういう趣旨の情報がある。

　このような状況を考えると、ロシア国防省とロスアトム社は、ロシアが核実験を行うための準備をすべて整えなければならない。われわれが最初に核実験を行うわけではないが、米国が核実験に踏み切れば、われわれもそうするだろう。世界の戦略的均衡が崩れるなどという危険な幻想を抱いてはならない。
（略）

出典：ロシア大統領府HP（英語サイト）
http://en.kremlin.ru/events/president/news/70565
アクセス日：2024年1月26日

10. 核兵器の国外配備に反対する中露首脳共同声明

　中国の習近平国家主席は2023年3月20日から22日にかけて国賓待遇でモスクワを訪問し、ロシアのプーチン大統領と会談した。会談後に出された中露首脳共同声明で、両国は核戦争の回避と核兵器の国外配備を控えるよう訴えた。ところが、その直後（3月25日）に放映されたロシア国営テレビのインタビューで、プーチン大統領は、ロシアの戦術核のベラルーシ配備で同国のルカシェンコ大統領と合意したことを明らかにした。

❖中華人民共和国とロシア連邦の新時代における全面的な戦略的調整パートナー関係の深化に関する共同声明（抜粋）❖

2023年3月21日

（前略）

　双方は、「核戦争の防止と軍拡競争の回避に関する核兵器国5か国指導者の共同声明」の意義を強調し、「核戦争に勝者はなく、決して戦われてはならない」ことを再確認した。

　双方は、5か国共同声明に署名したすべての国に対し、声明の理念を遵守し、核戦争のリスクを効果的に低減し、核兵器国間のいかなる武力衝突も回避するよう求める。核兵器国間の関係悪化を背景に、戦略的リスクを低減するための措置は、緊張を緩和し、より建設的な関係を構築し、安全保障分野における衝突を最小限に抑えるための全体的な努力に有機的に統合されるべきである。すべての核兵器国は、国外への核兵器の配備を控え、国外に配備された核兵器を引き揚げるべきである。

　双方は、核不拡散条約が国際的な核軍縮・核不拡散体制の礎石であることを再確認した。双方は条約へのコミットメントを再確認し、条約の維持・強化と世界の平和と安全の維持のために引き続き協力していく。（略）

出典：中国外務省HP（原文中国語）
http://spainembassy.fmprc.gov.cn/web/ziliao_674904/zt_674979/
dnzt_674981/xjpdelsjxgsfw/zxxx/202303/t20230322_11046188.shtml
アクセス日：2024年1月28日

11. ベラルーシへの戦術核配備に関するプーチン大統領の発言

プーチン大統領は2023年3月25日に放映されたインタビューで、ロシアの戦術核をベラルーシに配備することで同国のルカシェンコ大統領と合意したことを明らかにした。2か月後の5月25日、ロシアのショイグ国防相とベラルーシのフレニン国防相の間で戦術核のベラルーシ配備に関する合意文書が署名され、続いて6月16日、プーチン大統領はサンクトペテルブルグ国際経済フォーラムで、すでに核兵器がベラルーシに配備されたことを報告した。以下にその箇所を訳出する。

❖サンクトペテルブルグ国際経済フォーラムの全体会議（抜粋）❖

2023年6月16日

（前略）

ウラジーミル・プーチン： 私はその考えには同意できない。核兵器をそのように使用することは、理論的には確かに可能だ。ロシアにとって、領土保全、独立、主権に対する脅威、すなわちロシアという国家の存立に対する危機があれば、それは可能である。核兵器は、最も広い意味での我々の安全保障とロシア国家の存立を保証するために作られた。

　第一に、我々は核兵器を使用する必要はないと考えている。第二に、その使用を考えることは、その可能性を考えることでさえ、核兵器使用のしきいを低くする要素となる。これが私の第一のポイントだ。

　第二のポイントは、我々はNATO諸国よりも多くの核兵器を持っていると

いうことだ。彼らはそれを知っていて、核削減協議を始めるよう私たちを説得するのをやめない。（略）

　周知の通り、我々は連合国家のパートナーであるルカシェンコ大統領と、ベラルーシの領土に戦術核の一部を配備することについて協議してきた。それが実現した。最初の核弾頭がベラルーシに配備されたが、それは最初に過ぎない。まだまだ増えるだろう。夏の終わりまでに、今年の終わりまでに、私たちはこの作業を完了させるつもりである。

　これは抑止力の要素であり、我々に戦略的敗北を与えようと考える者は皆、この状況を心に留めておくべきである。（略）

出典：ロシア大統領府HP（英語サイト）
http://en.kremlin.ru/events/president/news/71445
アクセス日：2024年1月28日

12. ロシアによるCTBT批准撤回

　2023年10月5日、プーチン大統領は、米国が包括的核実験禁止条約（CTBT）未批准なのに対し、ロシアは署名も批准もしていると述べ、ロシア議会による批准撤回も可能だと発言した。これを受けて、ロシアの国家院（下院）議長は翌日、CTBT批准撤回法案の提出を検討すると表明。その後、下院は10月17日に、続いて連邦院（上院）も10月25日に同法案をそれぞれ全会一致で可決した。11月2日、プーチン大統領が同法案に署名し、同法は成立した。

❖国家院、包括的核実験禁止条約の批准撤回法案を採択（抜粋）❖

2023年10月18日

　国家院議員は、第2読会と第3読会において包括的核実験禁止条約（CTBT）の批准撤回法案を全会一致で採択した。国家院議長、国家院会派の指導者、および国家院のほぼすべての議員が法案の共同提出者であった。

　批准撤回の問題は、バルダイ会議でウラジーミル・プーチン・ロシア大統領によって提起されていた。

　「438人の国家院議員が法案に署名した。我々はめったに全会一致とはならないが、この点で、われわれの投票は、世界の安全保障を維持する責任に対する米国の粗暴な態度に対する返答となるだろう」と、前日の本会議でブャチェスラフ・ボロージン議長は強調した。

　「米国はこの文書を23年間批准していないことを考えてみよ。昨日、米国の高官たちは目を覚まし、国家院の議員たちのことを思い起こした。高官たちは無責任であり辞任すべきだ。シニシズムと二重基準、その結果、世界は紛争が絶えない。彼らは自分たちが覇権国で、一極世界の擁護者であると思い込んでいる」と国家院議長は述べた。（略）

　同議員（編集部注：レオニード・スルツキー国際問題委員会委員長）は、世界の安全保障を守り、核戦力の均衡を維持するために、ロシアはいかなる適切

な行動もとる用意があると断言した。「世界の安全保障に対する[米国の]軽率さと無責任さによって、同国が核実験をするのであれば、わが国の核実験施設でも実験をする準備はできている。われわれは、世界の安定を維持するために必要なことはすべて行う」と委員長は述べた。（略）

出典：ロシア議会下院HP（英語サイト）
http://duma.gov.ru/en/news/58109/
アクセス日：2024年1月28日

13. 核抑止に関するロシア政策の基本原則

「核抑止に関するロシア連邦国家政策の基本原則」には核抑止政策の原則や核兵器使用に移るための条件が記されている。この種の文書の全文公開はロシアの文書としては初めてである。本節では同文書のうち、核抑止の本質と核兵器使用に移行する条件を述べた部分を訳出する。

❖核抑止に関するロシア連邦国家政策の基本原則 （抜粋）❖

2020年6月2日

（前略）

II. 核抑止の本質

9. 核抑止は、ロシア連邦および（または）その同盟国に対して攻撃を加えた場合、報復を受けることが不可避であることを潜在的敵国が確実に理解することを目的としている。

10. 核抑止は、いかなる状況においても核兵器の使用によって潜在的敵国に受け入れ難い損害を確実に与えることができる戦闘準備を整えた部隊と手段が、ロシア連邦軍のなかに存在すること、また、ロシア連邦がそうした武器を使用する準備と決意を有することによって確保される。

11. 核抑止は、平時においても、直接的な侵略の脅威がある時においても、戦時においても、核兵器の実際の使用に至るときまで、確保される。

12. 主要な軍事的危険は、軍事政治的および戦略的状況の変化に応じて、ロシア連邦への軍事的脅威（侵略の脅威）に発展し得るが、それを相殺するために核抑止が行使されるような軍事的危険には以下のようなものがある。

(a) ロシア連邦やその同盟国に隣接する領土および隣接する水域における潜在的敵国による核兵器の運搬手段を保有する一般部隊群の軍備増強。

(b) ロシア連邦を潜在的敵国とみなす国による、ミサイル防衛のシステムと手段、短・中距離巡航および弾道ミサイル、高精度の通常兵器および極超音速兵器、無人攻撃飛行体、および指向性エネルギー兵器の配備。

(c) 宇宙空間におけるミサイル防衛および攻撃システムの開発と配備。

(d) ロシア連邦および（または）同盟国に対して使用され得る、核兵器、他の種類の大量破壊兵器、ならびにこうした兵器の運搬手段の国家による保有。

(e) 核兵器、その運搬手段、それらの製造のための技術および設備の野放図な拡散。

(f) 非核兵器国の領域への核兵器とその運搬手段の配備。

13. ロシア連邦は、ロシア連邦を潜在的敵国とみなし核兵器および（または）その他の種類の大量破壊兵器、または一般部隊の高度な戦闘力を有する個別国家および軍事連合（ブロック、同盟）に対して核抑止を行使する。

14. 核抑止を行使するにあたり、ロシア連邦は同国および（または）その同盟国に対して使用され得る攻撃兵器（巡航および弾道ミサイル、極超音速飛行体、無人攻撃飛行体）、指向性エネルギー兵器、ミサイル防衛装備、早期警戒システム、核兵器、および（または）その他の大量破壊兵器の、潜在的敵国による他国領域への配備を考慮する。

15. 核抑止の原則は以下のようなものである。

　(a)国際的な軍備管理義務の遵守。

　(b)核抑止を確かにするための活動の継続性。

　(c)核抑止の軍事的脅威への適応性。

　(d)核抑止の部隊と手段の使用の可能性について、その規模、時期、場所の潜在的敵国にとっての予測不能性。

　(e)核抑止の保証を担う連邦行政機関および組織の活動に対する政府統制の一元化。

　(f)核抑止部隊と手段の構造と構成の合理性、および与えられた任務の履行に十分な最小レベルにそれらを維持することの合理性。

　(g)選ばれた一部の核抑止部隊と手段を戦闘即応態勢に常時維持すること。

16. ロシア連邦の核抑止部隊は、陸、海、空の核戦力を含む。

III. ロシア連邦が核兵器使用に移るための条件

17. ロシア連邦は、ロシア連邦および（または）その同盟国に対して核兵器および他の大量破壊兵器が使用された場合への対応として、また、ロシア連邦に対する通常兵器による侵略により国家存亡の危機に瀕した場合において、核兵器を使用する権利を留保する。

18. 核兵器使用の決定はロシア連邦大統領によって行われる。

19. ロシア連邦による核兵器使用の可能性を特定する条件は以下のとおりである。

　(a) ロシア連邦および（または）その同盟国の領域を攻撃する弾道ミサイルの発射に関する信頼できる情報の受領。

　(b) 敵によるロシア連邦および（または）その同盟国に対する核兵器または他の大量破壊兵器の使用。

　(c) 破壊されると核戦力による反撃行動を損なうおそれのあるロシア連邦の非常に重要な国家または軍施設に対する敵による攻撃。

　(d)通常兵器によるロシア連邦に対する侵略行為であってロシア連邦が国家存亡の危機に瀕する場合。

20. ロシア連邦大統領は、必要に応じて、他国の軍、政治指導者および（または）国際機関に、ロシア連邦による核兵器使用の準備態勢、核兵器使用の決定、さらには使用した事実に関して通知することができる。（略）

出典：ロシア外務省HP（英語サイト）
https://www.mid.ru/en/web/guest/foreign_policy/international_safety/
disarmament/-/asset_publisher/rp0fiUBmANaH/content/id/4152094
アクセス日：2024年2月16日

14. マクロン大統領による核抑止戦略に関する演説

　2020年1月31日に英国が欧州連合（EU）から離脱したことにより、フランスはEUで唯一の核兵器国となった。こうした状況の下、同年2月7日、フランスのマクロン大統領は新たな核抑止政策を発表する演説を行なった。この演説でフランスは自国の核抑止力をEUのために提供することを提案するとともに、核兵器禁止条約には署名しないことを明言した。

❖防衛及び抑止戦略に関する共和国大統領の演説（抜粋）❖

2020年2月7日

（前略）

　核軍縮については、私はすべての国が我々とともにNPT第6条下のシンプルな課題を、周知の4つの点を中心に支持することを求める。

　第1に、2020年に50周年を迎えるなか、NPTというすべての基礎となる規範を掲げ、NPTの主要な役割を保護することである。NPTは世界で最も普遍的な条約である。すべての締約国に核エネルギーの平和利用の恩恵を与える一方で核戦争を防ぐことを可能にする唯一の条約である。

　第2は、ジュネーブ軍縮会議において、兵器用核分裂性物質生産禁止条約の交渉を開始すること、また包括的核実験禁止条約の擁護と普遍化である。我々はそのために尽力している。

　第3は、核軍縮の検証への取り組みの継続である。我々はドイツとともにこれをリードしている。なぜなら、完全な検証を伴わない軍縮合意は価値がないからである。

　第4に、戦略的リスクを軽減するための具体的な取り組みの開始である。なぜならば、一連のシンプルで常識的な措置により効果的に防ぐことができる地域紛争から大規模な戦争への無制限のエスカレーションは現在最も心配されるシナリオのひとつだからである。　（略）

　フランスはまた、自らの責任に関しては、核軍縮のプライオリティ、そして各国の保有核兵器と核戦略についての信頼醸成と透明性に関して、NPTで定義された5つの核兵器国が一堂に会する協議に参加する用意がある。こうした協議は、核兵器国間の安定性を強化し、紛争が起きた際に意図せず紛争がエスカレートするリスクを軽減することを目的とするべきである。　（略）

　私が示したドクトリンの基礎であるフランスの核戦略の基本的な目的は、戦争を防ぐことにある。

　我々の核戦力は特定の国に向けられてはいないし、フランスは核兵器が戦場で使用される武器とみなされることを常に拒絶してきた。私はこの場においてフランスが決して核戦争やいかなる形態の段階的反応にも関与しないことをもう一度断言する。

　さらに、我々の核戦力は、とりわけヨーロッパにおいて、それ自体が抑止効果を持っている。我々の核戦力はまさにその存在によりヨーロッパの安全保障を強化しており、その意味において真にヨーロッパ的次元を持っている。

　この点において、我々の意思決定の独立性は、ヨーロッパのパートナーとのゆるぎない団結と完全に両立するものである。ヨーロッパのパートナーの安全及び防衛に対する我々の誓約は、かつてないほど緊密な連帯の自然な表現である。はっきり言いたい。フランスの死活的利益には、今日ヨーロッパ的次元がある。

　この精神のもと、私はそうする用意のあるヨーロッパのパートナーと、我々の集団安全保障に

おいてフランスの核抑止力が果たす役割について、戦略的対話を進めていきたい。

この方向性に同意するヨーロッパのパートナーは、フランスの核抑止力部隊の演習に参加することができる。こうした戦略的対話や交流は、ヨーロッパ諸国に真の戦略的文化を育成することに当然にも貢献するだろう。

我々の核戦力はまた、英国及び米国の核戦力とともに、大西洋同盟（編集部注：NATO）の総合的な抑止力の強化に相当貢献している。フランスは、大西洋同盟の核計画のメカニズムには参加していないし、今後もしないだろう。しかし、フランスは、大西洋同盟の核文化を強固にすることを目的とした政治的レベルでの議論に引き続き貢献するだろう。（略）

私の責任は、とりわけNPTに記されている国際的な誓約を遵守する中で、フランスの安全を維持することである。（略）

フランスのような核兵器国にとり、一方的な核軍縮は我々や我々のパートナーを暴力や脅迫にさらし、その安全を他者に頼るようなものである。

私はこのような可能性は拒否する。甘い考えは捨てよう。保有兵器量が米国やロシアとの比較にまったくならないフランスがたとえ兵器を破棄したとしても、他の核保有国はその後に続かないだろう。

同様に、フランスは核兵器を禁止するいかなる条約にも署名しない。国家であろうが、フランス領内の公的あるいは私的な主体であろうが、フランスがこの条約によって新たな義務を課されることはない。

出典：フランス政府HP（英語サイト）
https://www.elysee.fr/en/emmanuel-macron/2020/02/07/speech-of-the-president-of-the-republic-on-the-defense-and-deterrence-strategy
アクセス日　2024年2月16日

15. 核兵器増強をうち出した英国の政策見直し

英国は、中長期的安保政策の統合見直し報告書「競争時代におけるグローバルな英国」で、保有核弾頭数の上限を260発に引き上げた。その後、英国は「統合見直し・更新2023」を発表したが、この方針に変更はなかった。「統合見直し」は、それ以前に英国がとってきた核軍縮の方針を転換するものでNPT第6条などに反する。本節では同報告書のうち、核抑止政策に関する部分を訳出する。

❖競争時代におけるグローバルな英国：安全保障、防衛、開発、外交政策の統合見直し（抜粋）❖

核抑止（略）　　　　　　　　　　　　　　　　　　　　　　　2021年3月16日

英国の最小限で確実性と信頼性のある核抑止力

我々の核兵器の基本的な目的は、平和を守り、強制されることを防ぎ、侵略を抑止することにある。最小限で信頼性があり独立した核抑止は、NATO防衛を任務とし、我々と同盟国の安全を保証するために必要不可欠なものであり続けている。2010年、政府は核弾頭の備蓄総数の上限を、2020年代半ばまでに225発以下から180発以下に引き下げる意向を表明した。しかし、技術上・ドクトリン上の脅威の拡大など、変わりゆく安全保障環境に鑑みて、上述の引き下げはも

はや不可能であり、英国は260発以下の核兵器備蓄総数へ移行する。

　我々の抑止力が、潜在的な敵による先制攻撃に対して脆弱でないよう確実にするため、我々は4隻の潜水艦を維持し、それによって、少なくとも1隻の潜水艦が連続航行抑止力（CASD）哨戒をできるようにする。哨戒を行う我々の潜水艦はミサイル発射の数日前に発射命令を受ける態勢にある。そして、1994年以来、我々のミサイルはどの国をも標的にしていない。我々は、あらゆる方向から来る国家保有のあらゆる核の脅威に対して、英国の核抑止が信頼でき、効果的であり続けることを保証するのに必要な最小限の破壊力を維持し続ける。（略）

英国の核兵器政策

　英国の核兵器は、作戦上独立しており、首相のみがその使用許可の権限を持つ。これによって政治統制が常に維持されることを確保する。我々は、NATO同盟国の防衛を含む、自衛のための極端な状況においてのみ核兵器の使用を考慮する。

　必要であれば、それを実行に移す我々の決意と能力に疑う余地はないが、一方で、我々が具体的にいつ、どのように、どの規模での核兵器の使用を考えているかについては、意図的にあいまいにし続ける。変化を続ける安全保障・技術環境に鑑み、我々は長年の意図的あいまい政策を今後も維持し、運用可能な核備蓄数、配備された弾頭数、配備されたミサイル数などの数字は公表しない。このあいまいさは、潜在的な侵略者の計算を複雑にし、先行攻撃の利を得ようとする敵の意図的な核使用のリスクを軽減させ、戦略的安定に寄与する。

　英国は、1968年の核不拡散条約（NPT）に加盟するどの非核兵器国に対しても、核兵器を使わず、または、使うと脅さない。この保証は、不拡散義務の重大な違反を犯している国には適用しない。しかし、化学・生物兵器などの大量破壊兵器や同等の影響を及ぼしうる新たな技術の将来の脅威が見直しを必要とする場合にそなえ、我々はこの保証を見直す権利を留保する。

NATO、米国およびフランスとの協力 （略）

我々の未来の能力

（前略）

　英国議会は、核抑止力を更新し、バンガード級潜水艦を4隻の新しいドレッドノート級潜水艦に置き換えることを可決した。このプログラムは予算の範囲内に収まっており、一番艦が2030年代初頭に就役する方向で進んでいる。

　ドレッドノート級の就役期間を通して効果的な抑止力の維持を確実にするために、我々は既存の核弾頭を新品に置き換える。我々は、これを供給するのに必要な、そして既存の核弾頭が退役するまでそれを維持するのに必要な高度な技術をもつチーム、施設、能力を構築するために核兵器機関（AWE）と協力する。米国との協力は相互防衛協定（MDA）と1963年のポラリス販売契約によって支えられており、英国は、自国の核弾頭とトライデント戦略兵器システムの互換性維持を確保するために米国と緊密に協力する。（略）

軍備管理、軍縮、不拡散：我々の国際条約への誓約 （略）

出典：英国政府HP（原文英語）
https://assets.publishing.service.gov.uk/media/60644e4bd3bf7f0c91eababd/Global_Britain_in_a_Competitive_Age_the_Integrated_Review_of_Security__Defence__Development_and_Foreign_Policy.pdf
アクセス日：2024年2月16日

16. 米国防総省の中国軍事力報告書2023

　2023年の報告書は、中国が保有する核弾頭はすでに500発を超えたと推定し、2030年には1000発を超えるという見通しを示した。なお、2022年の同報告書は2035年に1500発を保有すると予測している。一方、中国国防省の報道官は、報告書に対して強い不満を表明した。以下では核戦力に関する箇所を訳出する。

❖中華人民共和国に関わる軍事および安全保障上の展開2023（抜粋）❖

2023年10月19日
米国防総省

核能力

主な重要項目

（前略）

・2022年、中国は急速な核軍拡を続け、国防総省は、2023年5月現在、配備済みの中国の核弾頭数は500発を超えると推定している。

・国防総省は、中国が2030年までに配備済み核弾頭を1,000個以上保有し、その多くがより高い即応性レベルで配備され、2035年に人民解放軍の近代化を「基本的に完了」させるという目標に沿って同年まで戦力の増強を続けると見積もっている。これは2049年までに「世界一流」の軍隊を保有するという習近平の目標への道のりの重要な節目となる。

・新しい高速増殖炉と再処理施設の技術は平和目的であると公言しているにもかかわらず、中国はおそらくそれらを利用して核兵器計画のためのプルトニウムを生産するだろう。

・中国はおそらく、2022年に3か所の新たな固体推進燃料サイロ・フィールドの建設を完了した。このサイロ・フィールドは少なくとも300基の新たな大陸間弾道ミサイル（ICBM）サイロで構成され、少なくともいくつかのICBMをこれらのサイロに装填した。これらのサイロ・フィールドは、DF-31とDF-41クラスの双方のICBMを配備することができる。このプロジェクトと中国の液体燃料サイロ戦力の拡充は、警報即発射（LOW）態勢に移行することで、核戦力の平時の即応性を高めることを意図している。

・中国は、新型のDF-5Cサイロ配備液体燃料式ICBMを実戦配備することで、数メガトン級の核弾頭を運搬する能力をアップデートしている。中国は、現在の晋級弾道ミサイル搭載原子力潜水艦（SSBN）に、より長射程のJL-3潜水艦発射弾道ミサイル（SLBM）を配備して、中国の沿岸海域から米国本土を射程に収める能力を持たせている。また、晋級SSBNの追加生産を続けている。

戦略。　（略）

・核戦力に対する中国の現在のアプローチには「先行不使用」（ノー・ファースト・ユース）宣言政策が含まれる。その政策は、中国はいかなる時も、いかなる状況においても、決して核兵器を先に使用しないというものである。これ

には、中国はいかなる非核兵器国に対しても、また非核兵器地帯においても、無条件で核兵器の使用あるいは使用の威嚇を行わないことが含まれる。この政策にもかかわらず、中国の核戦略には、中国の核戦力や指揮統制の存続を脅かす非核攻撃、あるいは核攻撃の戦略的効果に近い非核攻撃に対して、核攻撃を検討することがおそらく含まれている。また、北京政府は台湾における通常兵器による戦闘での敗北が中国共産党体制の存続を著しく脅かした場合にも、抑止力を回復するために核兵器の使用をおそらく検討するだろう。（略）

即応態勢。（略）さらに、新世代のサイロ配備ICBMが部隊に投入され始めており、それはおそらく中国が開発中の「早期警戒反撃」（預警反撃）態勢（「警告即発射」にあたる人民解放軍の用語）の下で運用され、迅速な核兵器による反撃が可能になる。この即応態勢により、ロケット部隊の一部は即応態勢を強化した状態を維持する一方、他の部隊は発射装置、ミサイル、核弾頭を分離した平時の状態にしておくことができる。（略）

陸上配備プラットフォーム（略）／**サイロ配備システム**（略）／**道路移動システム**（略）／**海洋配備プラットフォーム**（略）／**空中配備プラットフォーム**（略）／**今後の展開**（略）

核実験。近年、中国は核弾頭の研究、開発、実験、生産能力を拡大し、核保有量を拡大する規模とペースを支えている。中国がロプノール核実験場を通年稼働させる準備を進めている可能性と、核実験活動に関する透明性の欠如は、米国、英国、フランスがそれぞれ核実験モラトリアムに基づいて順守している米国の「ゼロ・イールド」基準を中国が順守するかについて懸念を引き起こしている。（略）

進化する核態勢
（前略）**核備蓄の規模**（略）／　**極超音速兵器と部分軌道爆撃**（略）／　**低威力核兵器**（略）

警報即発射（LOW）。人民解放軍は「早期警戒反撃」（預警反撃）と呼ばれるLOW態勢をとっている。それにより、敵の第一撃が爆発する前のミサイル攻撃の警告が反撃につながる。人民解放軍ロケット軍の記述によれば、このプロセスには複数の有人指揮統制機関が関与しており、宇宙と地上のセンサーによって警告が発せられる。この態勢は米露のLOW態勢と大まかに類似している。（略）LOW態勢は、敵対国から来る第一撃の警告後に報復攻撃を行うことから、先行不使用政策と矛盾しないと中国は信じているようだ。（略）

出典：米国防総省HP（原文英語）
https://media.defense.gov/2023/Oct/19/2003323409/-1/-1/1/2023-
MILITARY-AND-SECURITY-DEVELOPMENTS-INVOLVING-THE-PEOPLES-
REPUBLIC-OF-CHINA.PDF
アクセス日：2024年1月28日

17. G7広島サミット：核軍縮に関する広島ビジョン

「広島ビジョン」は、核のない世界を「究極の目標」と位置づけてはいるものの、核兵器の役割を肯定的に評価するとともに、核兵器禁止条約に言及がなく、強い批判の声が上がった。さらに、2022年11月のG20バリ首脳宣言が一般的に核兵器の使用と威嚇に反対の立場を示したのに対して、広島ビジョンはその対象をロシアのウクライナ侵略のみに限定してしまった。比較のために、G20バリ首脳宣言の該当部分も以下に抜粋した。

❖核軍縮に関するG７首脳広島ビジョン（抜粋）❖

2023年5月19日、広島

（前略）我々は、ロシアを含む全てのG20首脳によるバリにおける声明を想起する。この関連で、我々は、ロシアのウクライナ侵略の文脈における、ロシアによる核兵器の使用の威嚇、ましてやロシアによる核兵器のいかなる使用も許されないとの我々の立場を改めて表明する。我々は、2022年1月3日に発出された核戦争の防止及び軍拡競争の回避に関する5核兵器国首脳の共同声明を想起し、核戦争に勝者はなく、また、核戦争は決して戦われてはならないことを確認する。我々は、ロシアに対し、同声明に記載された諸原則に関して、言葉と行動で改めてコミットするよう求める。我々の安全保障政策は、核兵器は、それが存在する限りにおいて、防衛目的のために役割を果たし、侵略を抑止し、並びに戦争及び威圧を防止すべきとの理解に基づいている。

（前略）我々は、新戦略兵器削減条約（新START）を損なわせるロシアの決定を深く遺憾に思うとともに、ロシアに対して、同条約の完全な履行に戻ることを可能とするよう求める。同時に、中国による透明性や有意義な対話を欠いた、加速している核戦力の増強は、世界及び地域の安定にとっての懸念となっている。（略）

我々は、長きにわたって遅延している、核兵器又は他の核爆発装置に用いるための核分裂性物質の生産を禁止する条約の即時交渉開始を求める。（略）

出典：外務省HP（日本語仮訳）
https://www.mofa.go.jp/mofaj/files/100506513.pdf
アクセス日：2024年1月28日

❖G20バリ首脳宣言❖

2022年11月15日−16日、インドネシア・バリ

（前略）核兵器の使用又はその威嚇は許されない。紛争の平和的解決、危機に対処する取組、外交・対話が極めて重要である。今日の時代は戦争の時代であってはならない。（略）

出典：外務省HP（日本語仮訳）
https://www.mofa.go.jp/mofaj/files/100422034.pdf
アクセス日：2024年1月28日

18. 地球上の核弾頭全データ

　2021年10月5日の米国務省ファクトシートによると、米国務省は核弾頭の保管状態を「活性状態」と「不活性状態」に大別している。前者はそのまま使用できる弾頭であり、後者は時間が経過すると劣化するトリチウムや電池などを除いて貯蔵している弾頭である。その結果、米国の核弾頭は次の4種類に分類できる。このような分類方法が、その他の国で通用するかは必ずしも明らかではないが、本書では同様な分類によってデータを整理した。

①**作戦配備の弾頭**　部隊に配備・貯蔵されている活性状態の弾頭。（ただし、オーバーホール中の原潜の核弾頭は作戦配備に含めない。）

②**兵站予備の弾頭**　ルーチン整備・検査のために確保されている活性状態にあるスペア弾頭。米国の戦略核兵器については一定の情報があり、推定できる。

③**中央貯蔵の弾頭**　活性、不活性を含め、使用の可能性を想定して貯蔵しているもの。**迅速対応戦力**もこれに含めた。迅速対応戦力とは、作戦配備から外した核弾頭の中でも情勢の変化によって復活させることを前提として活性状態で貯蔵するものである。中国の陸上配備の弾道ミサイルのように核弾頭を使用部隊に置かずに中央貯蔵する体制では、すべての弾頭がこれに分類される。フランスの空母艦載機用核兵器も同様である。

④**退役弾頭**　運搬手段から外され解体を前提に保管されている核弾頭。

　以下の図表の作成においては、②と③を合わせて「**作戦外貯蔵**」とする。

　NPT非加盟の核保有国であるインド、パキスタン、イスラエル、朝鮮民主主義人民共和国（北朝鮮）を含めると、地球上には今なお約12,500発の核弾頭があり、オーバーキル状態は変わらない。

出典： 長崎大学核兵器廃絶研究センター（RECNA）核弾頭データ追跡チームの市民データベース（2023年6月）を基本に一部修正した。（核弾頭データ追跡チーム・メンバー：梅林宏道、鈴木達治郎、冨塚明、中村桂子、湯浅一郎、渡辺洋介）
　それぞれの構成部分についての註記：
　1. 要約表
　　RECNAの「世界の核弾頭データ」をもとに簡略化した。
　　https://www.recna.nagasaki-u.ac.jp/recna/nuclear1/nuclear_list_202306?doing_wp_cron=1711371783.2170760631561279296875
　2. 要約地図
　　ピースデポ作成。
　3. 国別詳細
　　RECNAの「世界の核弾頭データ」およびH.クリステンセン、M.コーダ、E.ジョーンズ「ニュークリア・ノートブック」（『ブレテイン・オブ・ジ・アトミック・サイエンテイスツ』に連載）などを参照して作成。
　4. 核兵器依存国
　　各国の防衛白書や防衛政策文書を参照した。NATO、日本、韓国、カナダは米国との協議文書などによる。表「欧州配備の米核弾頭」は以下による。
　　https://fas.org/publication/new-nuclear-bomb-training-at-dutch-air-base/
　　上記URLのアクセス日：2024年3月25日

❖地球上の核弾頭❖

① 要約表

2023年6月

国名	軍用小計¹	作戦配備			作戦外貯蔵			退役・解体待ち等	全保有数
		ICBM（大陸間弾道ミサイル）	SLBM（潜水艦発射弾道ミサイル）	爆撃機など航空機搭載	ICBMなど地上配備	SLBMなど海洋配備	爆撃機など航空機搭載		
ロシア	4,490	1,674			2,815			1,400	5,890
		834	640	200	838	1,091	886		
米国	3,708	1,770			1,938			1,536	5,244
		400	970	400	400	950	588		
中国	410	0²			410			0	410
					318	72	20		
フランス	290	280			10			0	290
		0	240	40	0	0	10		
英国	225	120			105			0	225
		0	120	0	0	105	0		
パキスタン	170	0			170			0	170
					129	0	41		
インド	164	0			164			0	164
					88	28	48		
イスラエル	90	0			90			0	90
					50	(10)	30		
DPRK（北朝鮮）	40	0			40			0	40
					?	?	0		
合計	9,587	3,844			5,782			2,936	12,520

丸めのため合計にくい違いがある。

1: 作戦配備と作戦外貯蔵の合計。
2: 戦略原潜のパトロールが始まっていないと仮定して、作戦配備は0とした。

② 要約地図

2023年6月

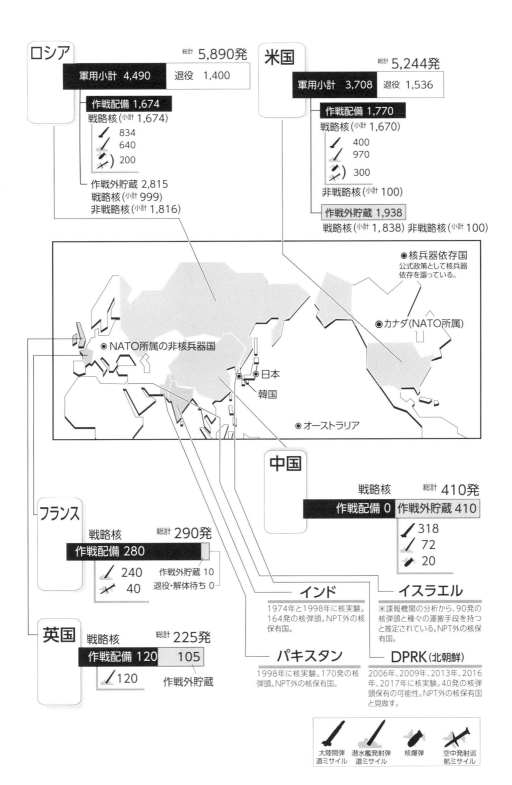

ロシア

総計 **5,890発**

軍用小計 4,490 　退役 1,400

作戦配備 1,674
戦略核(小計 1,674)
　834
　640
　200

作戦外貯蔵 2,815
戦略核(小計 999)
非戦略核(小計 1,816)

米国

総計 **5,244発**

軍用小計 3,708 　退役 1,536

作戦配備 1,770
戦略核(小計 1,670)
　400
　970
　300

非戦略核(小計 100)

作戦外貯蔵 1,938
戦略核(小計 1,838) 非戦略核(小計 100)

● 核兵器依存国
公式政策として核兵器
依存を謳っている。

● カナダ(NATO所属)

● NATO所属の非核兵器国

日本
韓国

● オーストラリア

中国

戦略核　　総計 **410発**

作戦配備 0 　作戦外貯蔵 410

　318
　72
　20

フランス

戦略核　総計 **290発**

作戦配備 280

　240　作戦外貯蔵 10
　40　退役・解体待ち 0

英国

戦略核　総計 **225発**

作戦配備 120　105

　120　作戦外貯蔵

インド
1974年と1998年に核実験。
164発の核弾頭。NPT外の核
保有国。

パキスタン
1998年に核実験。170発の核
弾頭。NPT外の核保有国。

イスラエル
米諜報機関の分析から、90発の
核弾頭と種々の運搬手段を持つ
と推定されている。NPT外の核保
有国。

DPRK(北朝鮮)
2006年、2009年、2013年、2016
年、2017年に核実験。40発の核弾
頭保有の可能性。NPT外の核保有国
と見做す。

大陸間弾　潜水艦発射弾　核爆弾　空中発射巡
道ミサイル　道ミサイル　　　　　　航ミサイル

3 国別詳細

2023年6月

米国（計 5,244）

兵器の名称	爆発力キロトン	核弾頭数
軍用小計（合計3,708[1]）		
作戦配備（小計1,770）		
[戦略核（小計1,670）]		
●大陸間弾道ミサイル（小計400）		
ミニットマンⅢ		
Mk-12A型(弾頭:W78)	335	200 [2]
Mk-21型(弾頭:W87)	300	200 [3]
●潜水艦発射弾道ミサイル[4]（小計970[5]）		
トライデントⅡ　D5		
Mk-4A型(弾頭:W76-1)	100	561 [6]
Mk-4A型(弾頭:W76-2)	8	25 [7]
Mk-5型(弾頭:W88)	455	384
●爆撃機搭載核兵器[8]（小計300）		
核爆弾　B61-7	10-360	}
B61-11[9]	400	100 [10]
B83-1	1,200未満	}
空中発射巡航ミサイル(弾頭:W80-1)	5-150	200 [11]
[非戦略核（小計100）]		
空軍航空機(100)		
核爆弾 B61-3/B61-4	0.3-170	100 [12]
作戦外貯蔵（小計1,938）		
大陸間弾道ミサイル		400 [13]
潜水艦発射弾道ミサイル		950 [14]
戦略爆撃機搭載核兵器		488 [15]
非戦略核 B61-3/B61-4		100 [16]
退役解体待ち（小計1,536[17]）		

1 米国政府が公的に発表した最新の備蓄核弾頭数は2020年9月30日現在のものであり、3,750発であった。それ以後、約40発微減したことになる。
2 2014年6月、単弾頭化が完了した。
3 単弾頭が200基。
4 オハイオ級戦略原潜12隻に搭載（原潜数は14隻だが、2隻は常時オーバーホール）。ミサイル数は、従来288基（24発射管×12隻）であるが、2017年末までに発射管を24本から20本へ削減して240基とし、さらに221基に削減した。
5 2021年9月の新STARTデータを参考に、221基の発射管に970発と推定。
6 W76-1は2008年10月から配備が始まった。
7 2019年2月22日、W76-1弾頭を8キロトンの低威力に改造する第1生産ユニットがパンテックス・プラントに完成した。2019会計年度末までに約25発が生産され、生産は終了した。
8 ストラトフォートレス(B-52H) 46機、スピリット(B-2A) 20機の計66機が核任務に就いている。警戒態勢は低い。
9 地中貫通型（1997年11月に導入）。貫通は6m。B61爆弾はB61-12、B61-13と新型が作られている（**本章6**（94頁）参照）。
10 B-2Aのみ搭載。
11 B-52Hのみ搭載。
12 100発がNATO軍用としてヨーロッパ5か国の6か所の空軍基地に配備（122頁の表「欧州配備の米核弾頭」参照）。近くB61-12に置き換えられる予定である。
13 ミニットマンⅢ単弾頭化で余剰となったW78弾頭。
14 オーバーホール中のオハイオ級原潜2隻への搭載分と、W76-1への置き換えが完了したW76-0数百発が含まれる。
15 空軍基地には置かれず、中央保管庫に貯蔵。
16 米国の中央保管庫に貯蔵。ヨーロッパ配備のものを含めると計200発ある。
17 他に解体弾頭から出た一次爆発用プルトニウム・ピット約20,000個と二次爆発部約4,000個を分離して貯蔵している。

フランス（計290）

兵器の名称	爆発力キロトン	核弾頭数
戦略核（小計 290）		
【作戦配備（小計280）】		
●潜水艦発射弾道ミサイル[1]（小計240）		
MSBS[2] M51.1[3](弾頭:TN75)	100	0
M51.2[4](弾頭:TNO)	100	240 [5]
●戦闘爆撃機搭載核兵器（小計40）		
ASMPA[6](弾頭:TNA)	可変-100	40 [7]
●空母艦載機用核兵器（小計0）		
ASMPA（弾頭:TNA）	可変-100	0 [8]
【作戦外貯蔵（小計10）】		
●航空機搭載		10 [9]

1 4隻の戦略原潜に搭載。うち少なくとも2隻が完全作戦体制にあり、そのうち1隻が抑止パトロールに就いている。原潜基地はブレスト近くのロング島にある。
2 フランス語で「艦対地戦略弾道ミサイル」の頭文字。
3 2010年1月27日、7月10日に発射テスト。2013年5月5日、発射テスト失敗。すでに退役したとみられる。
4 2016年7月1日に発射テスト。2017年2月に作戦配備を発表。2020年には4隻すべてのミサイルがM51.2となる。
5 4隻の戦略原潜のうち3隻に交替で配備。16発射管×3隻×4から6MIRV。
6 フランス語で「空対地中距離改良型ミサイル」の頭文字。このミサイルは射程500kmの巡航ミサイル。
7 約40機の戦闘爆撃機ラファールBF4が核任務を担う。航続距離1,850km。1機あたり1弾頭搭載。
8 唯一の原子力空母ドゴールに艦載可能な10機のラファールMF3が核任務を担う。航続距離200km。核弾頭搭載のASMPA約10発は平時は陸上基地に貯蔵し、空母艦載機には搭載していない。
9 上記の通り、陸上基地に貯蔵されている空母艦載機用ASMPAを約10発と推定。

ロシア（計5,890）

兵器の名称	爆発力 キロトン	核弾頭数
■ 軍用小計（合計 4,490）		
■ 作戦配備（小計1,674）		
[戦略核（小計 1,674）]		
● 大陸間弾道ミサイル（小計834）		
SS-18 M6（RS-20V サタン）	500/800	170 [1]
SS-19 M4（?）	150?	7 [2]
SS-25 シックル（RS-12M トーポリ）	800	0 [3]
SS-27M1（RS-12M2 トーポリM）	800	60 [4]
SS-27M1（RS-12M1 トーポリM）	800?	18 [5]
SS-27M2（RS-24 ヤルス）	100?	513 [6]
SS-27M2（RS-24 ヤルス）	100?	66 [7]
SS-29（RS-28 サルマート）[8]	500?	–
● 潜水艦発射弾道ミサイル（小計640）[9]		
SS-N-23M2/3（RSM-54 シネバ）	100	256 [10]
SS-N-32（RSM-56 ブラバ）	100	384 [11]
● 戦略爆撃機搭載核兵器（小計200）		
核爆弾		
空中発射巡航ミサイル（弾頭：AS23-B）	?	⎫ 200 [12]
（弾頭：AS-15A、AS-15B）	200	⎭
[非戦略核（小計 0）]		
■ 作戦外貯蔵（小計2,815）		
[戦略核（小計 999）]		
● 大陸間弾道ミサイル	363 [13]	
● 潜水艦発射弾道ミサイル	256 [14]	
● 戦略爆撃機搭載核爆弾	380 [15]	
[非戦略核（小計 1,816）[16]]		
● 地上配備（小計475）		
SH08 ガゼル（53T6）	10	68 [17]
SA-20（S-300）	低威力	⎫ 290 [18]
SA-21（S-400）	低威力	⎭
SSC-1B セパル（レダト）	350	4
SSC-5 ストゥージ		23
SS-26 ストーン（イスカンデル-M）[19]	10-100	⎫ 70
SSC-7 サウスポー（R-500/9M728）		⎬
SSC-8 スクリュードライバー（9M729）	10-100	20
ブレベストニク[20]	?	?
● 海洋配備（小計835）		
地上攻撃巡航ミサイル	1000	
海洋発射巡航ミサイル	200-500	⎫
地対空ミサイル、対潜核兵器、核魚雷、核爆雷		⎬ 835
ツィルコン[21]		⎪
ポセイドン[22]		⎭
● 航空機搭載（小計506）		
核爆弾	1000	⎫
空対艦ミサイル		⎬ 506 [23]
空中発射弾道ミサイル（キンジャル[24]を含む）		⎭
■ 退役解体待ち（小計 1,400）		

1 二段式。液体燃料。サイロ式。5MIRV×34基。2027年までに退役の見込み。

2 極超音速滑空体アバンガルド打ち上げ用。射程10,000km。二段式。液体燃料。サイロ式。アバンガルドの最高速度はマッハ20以上、射程6,000km。

3 射程10,500km。三段式。固体燃料。道路移動式。単弾頭。ヤルスへの置き換えが進み、退役した。

4 三段式。固体燃料。サイロ式。単弾頭。軌道を変更できる弾頭もある。

5 トーポリM（RS-12M2）の道路移動式。

6 三段式。固体燃料。移動式。3MIRV×171基。

7 サイロ式。2014年に配備。3MIRV×22基。

8 開発中。射程16,000km。二段式。液体燃料。サイロ式。多弾頭。最高速度はマッハ20以上。2023年2月のテストは失敗と報道。

9 搭載可能な原潜は11隻（デルタⅣ級5隻、ボレイ級6隻）。そのうち10隻が作戦配備。デルタⅣ級1隻がオーバーホール。

10 射程8,300km。三段式。液体燃料。デルタⅣ級戦略原潜4隻に搭載。弾頭数は16発射管×4隻×4MIRV。最新の発射テストは2020年12月6日。

11 射程8,300km。三段式。固体燃料。16発射管×6隻×4MIRV。ボレイ級原潜に搭載。最新の発射テストは2020年12月12日。

12 核兵器搭載可能な戦略爆撃機は68機（作戦配備は55機）。その内訳は、ベアH6（Tu-95MS6）とベアH16（Tu-95MS16）が55機、ブラックジャック（Tu-160）が13機。搭載できる核弾頭数は、ベアH6が6発、ベアH16が16発、ベアH16改が14発、ブラックジャックが12発。

13 新STARTに適合させるため配備弾頭数を削減した分など363発を作戦外貯蔵とした。

14 新STARTに適合させるため配備弾頭数を削減した分256発分を作戦外貯蔵とした。

15 核務機に搭載可能な総数580発のうち、平時は200発を作戦配備、380発を作戦外貯蔵とした。

16 ロシア政府は、非戦略核はすべて中央貯蔵されているとしている。このうち約1000発は発射台に「作戦割り当て」されており、即使用可能との指摘もある。

17 弾道弾迎撃ミサイル。

18 防衛用の対空ミサイル。

19 射程50-500km。移動式。核非核両用。カリーニングラード州に配備。

20 開発中の原子力推進地上発射核巡航ミサイル。最高速度は亜音速。射程25,000km以上。2019年8月の事故にも関わらず、開発は継続の模様。

21 核非核両用の極超音速巡航ミサイル。最高速度マッハ5-6。射程500km。2021年末までに水上艦から10回以上、潜水艦から2回の発射テスト。軍への引き渡しは2022年12月。原潜搭載は2025年の予定。

22 開発中の核弾頭搭載原子力推進魚雷。時速100-200km。射程10,000km。2022年7月、ポセイドン発射用原潜ベルゴロドが軍に引き渡し。ポセイドンの配備は2027年以降の予定。

23 バックファイヤー（Tu-22M3）、フェンサー（Su-24M）、フルバック（Su-34）、フォックスハウンド（MiG-31K）に搭載。

24 極超音速空中発射弾道ミサイル。核非核両用。最高速度マッハ5-10。射程3,000km（バックファイヤー搭載の場合。搭載航空機の片道飛行距離を含む）。2022年3月、ウクライナ戦争で使用された。2022年8月、カリーニングラード州に配備。

英国（計225）[1]

兵器の名称	爆発力キロトン	核弾頭数
戦略核（合計225）		
【作戦配備（小計120）】		
●潜水艦発射弾道ミサイル[2]		
トライデントⅡ　D5[3]	100	120[4]
【作戦外貯蔵（小計105）】		
●潜水艦発射弾道ミサイル	100	105

1 2010年5月26日、英政府は、備蓄弾頭数は将来225発をこえず、また作戦に供する弾頭数は160発以下と発表。2015年1月、議会で作戦配備は120発に削減したと報告。2020年代中頃までに総数を180発に減らすとしていた。ところが、2021年3月16日、英政府は、「競争時代におけるグローバルな英国－安全保障、防衛、開発および外交政策の統合見直し」を発表。従来の方針を覆し、弾頭数の上限を260発まで引き上げた。この経過を踏まえ、現在の推定保有核弾頭総数を英政府が上限とした225発に引き上げた。
2 バンガード級戦略原潜4隻に搭載。常時1隻が海洋パトロールする連続航行抑止（CASD）態勢をとっている。
3 射程10,000km以上。50基を保有。米国製トライデントII-D5に搭載する弾頭はW76と同じだが、米英両国で製造。
4 パトロール中の原潜は1隻40発の弾頭を搭載。その3隻分（120発）を作戦配備とする。

中国（計410）

兵器の名称	爆発力キロトン	核弾頭数
戦略核（小計410）		
【作戦配備（小計0）】[1]		
【作戦外貯蔵（小計410）】		
●大陸間弾道ミサイル／中距離弾道ミサイル[2]（小計318）		
東風-4(CSS-3)[3]	3,300	0
東風-5A[4](CSS-4M2)	4,000-5,000	6
東風-5B[5](CSS-4M3)	200-300	60
東風-17[6](CSS-22)	?	?
東風-21A/E[7](CSS-5M2,6)	200-300	24
東風-26(CSS-18)[8]	200-300	54
東風-31[9](CSS-10M1)	200-300	6
東風-31A[10](CSS-10 M2)	200-300	24
東風-31AG[11](CSS-10 M3)	200-300	60
東風-41[12](CSS-X-20)	200-300	84
●潜水艦発射弾道ミサイル（小計72）		
巨浪-2[13](CSS-NX-14)	200-300	0
巨浪-3[14](CSS-NX-20)	?	72
●爆撃機搭載兵器(小計20)		
核爆弾[15]		10
空中発射弾道ミサイル[16](CH-AS-X-13)		10

1 運搬手段は配備されているが、弾頭は別に貯蔵。潜水艦発射弾道ミサイルについても、常時潜水抑止パトロール体制が確認されていないので同じ扱いとした。
2 東風はドンフォンと読む。そのうち米大陸に届く大陸間弾道ミサイル(ICBM)は東風-5A、東風-5B、東風-31、東風-31Aの4種類。他は中距離弾道ミサイル(IRBM)。東風-5Bと開発中の東風-41以外は単弾頭。
3 二段式。液体燃料。道路移動式。東風31などに置き換えられ、すでに退役したと見られる。
4 射程12,000km以上。二段式。液体燃料。サイロ式。単弾頭。
5 射程13,000km以上。二段式。液体燃料。サイロ式。多弾頭。5MIRV×12基で60弾頭とした。
6 極超音速滑空体搭載ミサイル。射程1800-2500km。固体燃料。道路移動式。発射台の数は54基と見られる。通常弾頭用か核非核両用かは不明。
7 二段式。固体燃料。道路移動式。単弾頭。中国の中距離核ミサイルの主力。通常弾頭用もある。
8 2016年に初登場した核非核両用のミサイル。射程3000km以上。道路移動式。発射台162基のうち3分の1の54基に核任務があると推定。
9 射程7,200km。三段式。固体燃料。道路移動式。単弾頭。
10 射程11,200km。三段式。固体燃料。道路移動式とレール移動式がある。単弾頭だが、ミサイル防衛に備えておとりなどを伴うと考えられる。1旅団に12基配備され、2旅団が存在すると推定。
11 2017年の人民解放軍90周年パレードに改良型の移動式起立型発射台として初登場。
12 固体燃料。移動式およびサイロ式がある。3MIRVと推定。2020年に配備開始。現在3旅団に配備されているとみられる。
13 巨浪はジュランと読む。配備中のすべての巨浪-2が巨浪-3に置き換えられたと推定。
14 多弾頭の新型潜水艦発射弾道ミサイル。6隻の戦略原潜晋（ジン）級（094型）に搭載される。射程は9,000km以上。2018年に初の発射テスト。弾頭数は6隻×12発射管＝72発と推定。6隻すべて作戦配備と見られる。戦略抑止パトロールが始まっているか否かははっきりしない。
15 爆撃機轟(ホン)-6（NATO名:B-6）100-120機のうちの轟-6Kと轟-6Nの計20機が核任務を持つと推定。戦闘半径3,100km以上。
16 射程3,000km以下。二段式。固体燃料。轟-6Nに搭載。

インド（計164）

兵器の名称	爆発力キロトン	核弾頭数
戦略核 （小計164）		
【作戦配備 （小計0）】		
【作戦外貯蔵（小計164）】[1]		
●地上発射弾道ミサイル（小計88）		
プリトビ2[2]	12	30
プラハール[3]	?	?
アグニ1[4]	10-14	20
アグニ2[5]		18
アグニ3[6]		12
アグニ4[7]		4?
アグニ5[8]		4?
アグニP[9]	10-40	?
アグニ6[10]	10-14	?
●海洋発射弾道ミサイル（小計28?）		
ダナシュ[11]	12	4
サガリカ（K-15,B-05）[12]	12	24
K-4[13]	10-40	?
●航空機搭載爆弾（小計48）		
搭載機：ミラージュ2000H[14]（バジュラ）	12	32
搭載機：ジャガー1S/1B[15]（シャムシャー）	12	16
ラファール[16]	12	32?
●空中発射巡航ミサイル		
ニルバイ[17]	?	?

1 核弾頭はすべて中央貯蔵施設に置かれていると見られていたが、近年、即応性を高める諸措置が図られているとの指摘もある。すべて単弾頭。
2 射程250km。一段式。液体燃料。道路移動式。最新の発射テストは2023年1月10日。
3 開発中。射程150km。一段式。固体燃料。道路移動式。最新の発射テストは2018年9月20日。
4 射程700km以上。二段式。固体燃料。道路移動式。
5 射程2,000km以上。二段式。固体燃料。道路移動式。
6 射程3,200km以上。二段式。固体燃料。レール移動式。
7 開発中。射程3,500km以上。二段式。固体燃料。道路・レール移動式。最新の発射テストは2018年12月23日。
8 開発中。射程5,000km以上。三段式。固体燃料。道路移動式。最新の発射テストは2022年12月15日。
9 開発中。二段式。「P」は「Prime」。最新の発射テストは2021年12月18日。
10 開発中の大陸間弾道ミサイル(ICBM)。四段式。液体燃料。
11 射程400km。一段式。液体燃料。プリトビ2の海軍版。
12 射程700km。二段式。固体燃料。原潜アリハントと原潜アリガットにそれぞれ12発搭載可能。
13 開発中。射程3500km。二段式。固体燃料。原潜アリハントには4発、原潜アリガットには8発搭載可能。
14 第40航空団のうち1あるいは2飛行中隊が核任務を持つとみられる。
15 4飛行中隊（計76機）のうち2飛行中隊が核任務を持つとみられる。
16 フランスでは核任務を担っているラファールが2022年12月15日までに36機搬入された。
17 開発中のインド初の国産空中発射巡航ミサイル。射程700-1000km。2020年10月13日に最新の発射テストをしたが失敗。

パキスタン（計170）

兵器の名称	爆発力キロトン	核弾頭数
戦略核 （小計170）		
【作戦配備 （小計0）】		
【作戦外貯蔵 （小計170）】[1]		
●地上発射弾道ミサイル（小計117）		
アブダリ（ハトフ2）[2]	5-12	10
カズナビ（ハトフ3）[3]	5-12	16?
シャヒーン1（ハトフ4）[4]	5-12	16?
シャヒーン1A（ハトフ4）[5]	5-12	?
ガウリ（ハトフ5）[6]	10-40	24?
シャヒーン2（ハトフ6）[7]	10-40	18?
シャヒーン3[8]	10-40	9?
ナスル（ハトフ9）[9]	5-12	24?
アバビール[10]	?	?
●地上発射巡航ミサイル（小計12）		
バブール1/1A（ハトフ7）[11]	5-12	12?
バブール2/1B[12]	5-12	?
●潜水艦発射巡航ミサイル		
バブール3[13]	5-12	?
●航空機搭載爆弾（小計36）		
搭載機：ミラージュIII/V[14]	5-12	36
●空中発射巡航ミサイル（小計5）		
ラ・アド（ハトフ8）[15]		5?
ラ・アド2[16]		?

1 核弾頭は配備されずに貯蔵されているとみられる。
2 射程200km。一段式。固体燃料。道路移動式。最新の発射テストは2013年2月15日。
3 射程300km。一段式。固体燃料。道路移動式。最新の発射テストは2021年8月12日。
4 射程750km。一段式。固体燃料。道路移動式。最新の発射テストは2019年11月18日。
5 シャヒーン1の射程距離を900kmに伸ばしたもの。一段式。固体燃料。道路移動式。最新の発射テストは2021年11月25日。
6 射程1,200km。一段式。液体燃料。道路移動式。最新の発射テストは2018年10月8日。
7 射程2,000km。二段式。固体燃料。道路移動式。最新の発射テストは2019年5月23日。
8 射程2,750km。最新の発射テストは2022年4月9日。
9 射程60-70km。一段式。固体燃料。道路移動式。最新の発射テストは2019年1月24日と31日。
10 射程2,200km。三段式。固体燃料。道路移動式。2017年1月24日に初の発射テスト。南アジア初の多弾頭弾とみられる。
11 射程350km。道路移動式。最新の発射テストは2021年2月11日。
12 開発中。射程700km。バブール1を高度化した対地/対艦巡航ミサイル。最新の発射テストは2021年12月21日。
13 バブール2の潜水艦発射型。射程450km。最新のテストは2018年3月29日。
14 ミラージュIIIは空中発射巡航ミサイル「ラ・アド」「ラ・アド2」の発射テストで使用された。ミラージュVは自由落下爆弾用との見方がある。
15 射程350km。最新の発射テストは2016年1月19日。
16 ラ・アドの改良型。パキスタン政府によると射程600km。最新の発射テストは2020年2月18日。

イスラエル（計90）

兵器の名称	爆発力キロトン	核弾頭数
戦略核（小計90）		
【作戦配備（小計0）】		
【作戦外貯蔵」（小計90）[1]】		
●地上発射弾道ミサイル（小計50）		
ジェリコ2 [2]	?	25
ジェリコ3 [3]	?	25
●航空機搭載爆弾（小計30）		
搭載機：F15I、F16I [4]		30
●海洋発射巡航ミサイル（小計10）		(10)

DPRK（北朝鮮）（計40）

兵器の名称	爆発力キロトン	核弾頭数
●地上発射弾道ミサイル [1]	10～200 [2]	
スカッド（ファソン(火星)9、KN-04）[3]		?
ノドン（ファソン7）[4]		
ムスダン（ファソン10、KN-07）[5]		
ファソン12（KN-17）[6]		
ファソン13（KN-08、KN-14）[7]		
テポドン2 改良型 [8]		
プッククソン2（北極星）(KN-15)[9]		
ファソン14 (KN-20)[10]		
ファソン15 (KN-22)[11]		
ファソン16 (KN-27)[12]		
ファソン17 (KN-28)[13]		
ファソン18 [14]		
KN-23 [15]		
KN-24 [16]		
●地上発射巡航ミサイル		
ファサル（矢）1、2 [17]		?
●潜水艦発射弾道ミサイル [18]		
プッククソン1 (KN-11)[19]		?
プッククソン3 (KN-26)[20]		
プッククソン4 [21]		
プッククソン5 [22]		
プッククソン6 [23]		
●潜水艦発射巡航ミサイル [24]		
●核無人水中攻撃艇		
ヘイル1 [25]		
ヘイル2 [26]		

イスラエル 脚注

1　1979年9月22日、南アフリカ近海の南インド洋はるか上空で秘密裏に核実験が行われたとの説がある。核弾頭と運搬手段は分離して保管しているとみられる。

2　射程1,500km以上。二段式。固体燃料。道路移動式。

3　射程4,000km。三段式。固体燃料。道路・線路移動式。2008年1月に初の発射テストを実施。2013年7月12日、2019年12月6日、2020年1月31日にも発射テストをした可能性が指摘されている。

4　イスラエルが保有する米国製F16I（ファイティング・ファルコン）、同F15I（ストライク・イーグル、イスラエル名ラアム）の一部が核任務を持つと推定される。

DPRK（北朝鮮）脚注

1　軽量化された核弾頭や立証されたミサイル再突入体の存在の確証はない。

2　過去6回の核実験をしている。1回目（2006年10月9日）の推定値は1キロトン以下。2回目（09年5月25日）は数キロトン程度、3回目（13年2月12日）は、2回目の3倍程度。そして4回目（16年1月6日）は3回目と同程度。5回目（16年9月9日）は10-15キロトン程度とみられる。6回目（17年9月3日）は、熱核融合弾頭とみられ、140-250キロトンとの見つもりもある。

3　射程1,000km。一段式。液体燃料。道路移動式。

4　射程1,200km以上。一段式。液体燃料。道路移動式。発射台100基以下。

5　射程3,000km以上。一段式。液体燃料。道路移動式。発射台50基以下。

6　射程4,500km以上。一段式。液体燃料。道路移動式。最新の発射テストは2022年1月30日。

7　射程13,000km以上。三段式。液体燃料。道路移動式。開発計画は中断されたとみられる。

8　衛星打ち上げ用ロケット(SLV)。三段式。液体燃料。固定式。大陸間弾道ミサイル(ICBM)として利用したときの射程は12,000km以上だが、北朝鮮の近年の長距離ミサイル技術の発展に鑑みて、テポドン2はすでに北朝鮮のICBM計画からは外れていると見られる。

9　潜水艦発射弾道ミサイル(SLBM)プッククソン1の陸上版。二段式。固体燃料。道路移動式。

10　ICBM。射程10,000km以上。二段式。液体燃料。道路移動式。2017年7月4日に最初の発射テスト。

11　ICBM。射程12,000km以上。二段式。液体燃料。道路移動式。最新の発射テストは2023年2月18日。

12　ICBM。液体燃料。道路移動式。2020年10月の軍事パレードに登場。

13　ICBM。射程14,000km以上。道路移動式。2020年10月の軍事パレードに初登場。

14　ICBM。三段式。初の固体燃料。道路移動式。2023年4月13日に最初の発射テスト。

15　開発中。射程690kmの戦術誘導兵器。一段式。固体燃料。道路移動式。2019年5月4日に初の発射テスト。ミサイル防衛を突破するため、低高度を「準弾道軌道」で飛行する。

16　開発中。射程410kmの戦術誘導兵器。一段式。固体燃料。道路移動式。2019年8月10日に初の発射テスト。KN-23と同様に「準弾道軌道」で飛行する。

17　戦術巡航ミサイル。2023年2月24日、3月22日に発射テスト。楕円と8の字型の軌道を描きながら飛行。

18　現在、北朝鮮でSLBMを発射できるのはゴレ(鯨)級(シンポ級)弾道ミサイル実験潜水艦1隻のみ。

19　開発中。射程1,000km以上。二段式。固体燃料。2016年8月24日の発射テストでは約500km飛行。

20　開発中。射程1,900-2,500km。二段式。固体燃料。2019年10月2日に潜水した艀（はしけ）から初の発射テスト。

21　射程3,500-5,400km。二段式。固体燃料。2020年10月10日の軍事パレードで初登場。

22　二段式。固体燃料。2021年1月14日の軍事パレードで初登場。これまで発射テストは行われていない。

23　二段式。固体燃料。2022年4月の軍事パレードで初登場。

24　2023年3月12日に潜水艦からの発射訓練が行われた。

25　核魚雷。2023年3月21-23日および3月25-27日の2回にわたり発射テストが行われた。

26　ヘイル1の改良型。2023年4月4-7日に発射テスト。

④ 核兵器依存国の政策

日本

◆「国家安全保障戦略」（22年12月16日）

2022年に改訂された安保関連3文書の1つである「国家安全保障戦略」に以下の記述がある。

「我が国の防衛力を抜本的に強化しつつ、米国との安全保障面における協力を深化すること等により、核を含むあらゆる能力によって裏打ちされた米国による拡大抑止の提供を含む日米同盟の抑止力と対処力を一層強化する。」

◆「国家防衛戦略」（22年12月16日）

2022年に「防衛計画の大綱」から改称された「国家防衛戦略」に以下の記述がある。

「核兵器の脅威に対しては、核抑止力を中心とする米国の拡大抑止が不可欠であり、第一から第三までの防衛目標を達成するための我が国自身の努力と、米国の拡大抑止等が相まって、あらゆる事態から我が国を守り抜く。」「核抑止力を中心とした米国の拡大抑止が信頼でき、強靭なものであり続けることを確保するため、日米間の協議を閣僚レベルのものも含めて一層活発化・深化させる。」

◆「日米安全保障協議委員会共同発表」（23年1月11日）

米国都ワシントンで実施された上記日米「2+2」協議委員会の共同発表は、以下のように確認した。

「米国は、核を含むあらゆる種類の米国の能力を用いた、日米安全保障条約第5条の下での、日本の防衛に対する米国の揺るぎないコミットメントを再表明した。閣僚は、米国の日本に対する拡大抑止、及び、最近公表された米国の「核態勢の見直し」について突っ込んだ議論を行い、日本の能力によって強化される米国の拡大抑止が信頼でき、強靭なものであり続けることを確保することの決定的な重要性を再確認した。」

NATO非核兵器国

◆戦略概念（22年6月29日）

最新のNATO戦略文書は、2022年6月にマドリードで開かれたNATOサミットにおいて採択されたもので、2010年11月以来12年ぶりに改訂された。

第29節

「同盟の戦略的核戦力、とりわけ米国の戦略核戦力は、同盟の安全を保証する最高のものである。英国及びフランスの独立した戦略核戦力は、それぞれ独自の抑止力を持ち、同盟全体の安全保障に大きく貢献している。」

また、同節は欧州配備の米核兵器について「NATOの核抑止態勢は、欧州に前方展開された米国の核兵器およびそれに関係する同盟国の貢献にも依存している。NATOの核抑止任務に対する各国の核非核両用航空機の貢献は、この取り組みの中心であり続けている」と述べている。詳細は122頁の表を参照。

オーストラリア

◆「国防：防衛戦略の見直し2023」（23年4月24日）

最新の上記政府文書の4.10節に以下の記述がある。

「現在の戦略的状況において、核エスカレーションのリスクは現実的なものであると考えなければならない。核エスカレーションのリスクに対する我々の最善の防御策は、米国の拡大核抑止であり、軍備管理の新たな道を追求することである。」

カナダ

◆「北米航空宇宙防衛司令部（NORAD）」協定

カナダと米国が1958年5月12日に署名。2006年5月12日に改定された。改定されたNORADの役割は縮小されたが、米国の核抑止力の一部としての役割は続く。カナダはその抑止力の恩恵にあずかる。新協定の前文に次の認識が書かれている。

「軍備削減協定にもかかわらず、今なお保有核兵器は大量であり、北米大陸を攻撃できる戦略弾道ミサイル、巡航ミサイル、あるいは長距離爆撃機によって運搬できることを認識し、…」

韓国

◆「ワシントン宣言」（23年4月26日）

米国都ワシントンで発表されたワシントン宣言に以下の記述がある（**第4章4**（128頁）参照）。

「韓国は米国の拡大抑止のコミットメントを全面的に信頼しており、米国の核抑止力への永続的な依存の重要性、必要性、および利益を認識している。」「両大統領は、拡大抑止を強化し、核戦略計画について議論し、DPRKによる不拡散体制への脅威に対処するため、新たな核協議グループの設立を発表した。」

◆「第55回米韓安保協議会議共同コミュニケ」（23年11月13日）

1968年以来、毎年確認されてきた上記会議の最新版は以下のように述べている。

「オースティン国防長官は、米国の核兵器、通常戦力、ミサイル防衛能力、及び先端非核能力を含むあらゆる軍事能力を使用して、韓国に対し拡大抑止を提供する米国の確固たるコミットメントを再確認した。」

●欧州配備の米核爆弾　　　　　　　　　　　　　　　　　2023年12月現在

国名	基地名	配備搭載機	搭載機所属国	核爆弾の数
ベルギー	クライネ・ブローゲル	F-16	ベルギー	15
ドイツ	ビュヒェル	PA-200※	ドイツ	15
イタリア	アビアノ	F-16	アメリカ	20
	ゲディ	PA-200※	イタリア	15
オランダ	フォルケル	F-16	オランダ	15
トルコ	インジルリク	なし※※	なし	20
合計				100

※ PA-200は、米独伊共同開発の戦闘爆撃機で、「トルネード」と通称される。
※※ 常駐する核兵器搭載機は存在しない。
出典：全米科学者連盟（FAS）HP（原文英語）
https://fas.org/publication/new-nuclear-bomb-training-at-dutch-air-base/
アクセス日：2024年3月25日

19. 日本の核基本政策

　　1968年1月30日、佐藤榮作首相は、第58回衆議院本会議での、大平正芳議員（自民）からの質問に対する答弁において、日本の核政策について4本の柱を掲げた。1. 非核三原則、2. 核軍縮への努力、3. 米国の「核の傘」への依存、4. 核エネルギーの平和利用。以後、現在まで、この4項目が日本の核基本政策として続いている。

❖佐藤榮作首相による答弁（抜粋）❖

1968年1月30日　第58回衆議院本会議

（前略）御承知のように、わが国の核政策につきましては、大体四本の柱、かように申してもいいかと思います。

　第一は、核兵器の開発、これは行なわない。また核兵器の持ち込み、これも許さない。また、これを保持しない。いわゆる非核三原則＊でございます。（略）（＊1967年12月11日の衆議員予算委員会における佐藤首相答弁に発する。）

　第二は、核兵器による悲惨な体験を持つ日本国民は、核兵器の廃棄、絶滅を念願しております。しかし、現実問題としてはそれがすぐ実現できないために、当面は実行可能なところから、核軍縮の点にわれわれは力を注ぐつもりでございます。したがいまして、国際的な規制あるいは管理などについていろいろ意見を述べておる次第でございます。このこともなかなか容易なことではありませんから、粘り強く取り組んでいかねばならないのであります。

　第三に、平和憲法のたてまえもありますが、私どもは、通常兵器による侵略に対しては自主防衛の力を堅持する。国際的な核の脅威に対しましては、わが国の安全保障については、引き続いて日米安全保障条約に基づくアメリカの核抑止力に依存する。これが第三の決定であります。

　第四に、核エネルギーの平和利用は、最重点国策として全力をあげてこれに取り組む、そして世界の科学技術の進歩に寄与し、みずからその実益を享受しつつ、国民の自信と国の威信を高め、平和への発言権を強める、以上の四つを私は核政策の基本にしておるのであります。（略）

出典：衆議院HP
https://kokkai.ndl.go.jp/#/detailPDF?minId=105805254X00319680130&page=11&spkNum=9&current=1
アクセス日：2024年2月16日

核軍縮・不拡散：
朝鮮半島

1. 解題

朝鮮戦争休戦から70年：
対立は深まり、市民は戦争終結を要求

前川大（朝鮮半島非核化監視プロジェクト・メンバー）

2023年は休戦協定から70年目の年だった。日本では大手メディアが全く関心を示さず、従って一般にあまり知られることはなかったが、米国や韓国、日本では、市民社会からは朝鮮戦争の終結を求める声が上がっていた。しかし、米国と韓国、朝鮮民主主義人民共和国（DPRK）の各政府は、核兵器への信奉を強めてさらなる軍拡を図り、対立する米・韓とDPRK、双方の敵対姿勢も一層強まった。

「拡大抑止」強化と日米韓の軍事協力の深化

米国のジョー・バイデン大統領と韓国の尹 錫 悦大統領は、2023年5月にワシントンで行われた米朝首脳会談で「核協議グループ（NCG）」の創設や、米軍の戦略兵器の朝鮮半島への展開を発表するなど、核兵器による「抑止力」を強化することで地域の平和と安定に貢献すると宣言した（**ワシントン宣言、本章4**）。そしてその言葉通り、米国は7月に戦略原潜を42年ぶりに韓国に寄港させたり、核搭載可能なB-52戦略爆撃機を韓国の空軍基地に初着陸させるなど米軍の戦略兵器の「可視性」を高め、NCGの会合も年内に2回開催した。

また米韓は、信頼醸成のための措置として2018年の米朝首脳会談以降控えていた野外での大規模な合同軍事演習を2022年に復活させていたが、2023年はその規模や量を拡大した（**本章3**）。その中には核攻撃を想定した訓練やDPRK指導部を暗殺する「斬首作戦」も含まれる。

核兵器を含む軍事力でDPRKへの圧力を強める米韓の試みに、日本が参画しているということも見逃せない。日米韓3か国による共同軍事演習は、2017年以降、ミサイル防衛訓練や対潜水艦訓練などが断続的に行われてきたが、米国のキャンプデービッドで8月に行われた日米韓首脳会談（**第7章3**）で3国は日米韓の軍事的連携強化を確認し、3か国による共同訓練の定例化に言及。そして12月に、3か国共同軍事演習の複数年計画を策定したと発表した。またキャンプデービッド会談後に、それまでは日米、米韓がそれぞれ別々に行っていた米軍のB-52戦略爆撃機参加の訓練を3か国共同で2度行うなど、3か国の軍事的連携は深化している。

核兵器への信奉を一層強めるDPRK

2019年12月に米国のDPRKに対する敵視政策は終わることがないと判断して以来、自立的な経済発展とそれを担保するための軍事力強化を加速させているDPRKは、2023年も「国家経済5か年計画」（2021年）の国防計画達成に向けて勤んだ。2022年の年末に開催された朝鮮労働党第8期中央委員会第6回拡大総会（**本章5**）で金正恩総書記

が示した方針に従い、大陸間弾道ミサイル（ICBM）の発射実験や訓練を行い、初の偵察衛星打ち上げにも成功。「核無人水中攻撃艇『ヘイル』」等新兵器の開発も行っている。

また核による「抑止力」を強化する動きとして、DPRKは核戦力の強化を憲法に規定する憲法改定（**本章6**）を行った。その時の演説で金正恩はDPRKが歴史的に経験している米国の核の脅威や、直近の日米韓の軍事的な動きなどを挙げて、DPRKの核武装と2022年9月の核戦力の法制化は「完全」に正しかったと主張している。

2023年は、DPRKとロシアとの関係が特に注目された。9月にロシアのボストーチヌイ宇宙基地で行われた朝露首脳会談では、詳細は不明だが安全保障問題を含む二国間の協力について議論が行われ、有意義な合意が得られたと伝えられている。その翌月にはロシア外相が訪朝するなど、ロシアとの協力関係は今後強化されていくものと見られる。

その他、2023年年末の拡大総会で示された南北統一政策の見直し（**本章7**）や、偵察衛星打ち上げ後の韓国との応酬で南北軍事分野協定（**本章14**）が事実上破棄されたことも、今後の不安要素である。

朝鮮戦争の終結を求める市民の動き

米韓とDPRK、双方の政府が「抑止力」と称して互いに核の脅しで牽制し合い、敵対関係を強める一方で、市民レベルでは朝鮮戦争の終結を求める声が広がっていることに触れておきたい。休戦協定から70年の記念日の7月27日前後に、米国や韓国などで朝鮮戦争終結を求める市民主催のイベントが各地で開催された。韓国でイベントを主催した「朝鮮半島終戦平和キャンペーン」は朝鮮半島での核戦争勃発を危惧し、平和と非核化のために朝鮮戦争の終結を求める宣言を発表した（**休戦70年朝鮮半島**平和宣言、**第8章6**）。また同キャンペーンが2020年から展開してきた「朝鮮半島平和宣言」の署名運動は20万人を超える署名を集め、2023年10月に国連と米国や韓国など朝鮮戦争の当事国政府に提出された。米国でも「Women Cross DMZ（非武装地帯を超える女性たち）」など約30の団体が主催する「Korea Peace Action（朝鮮半島平和行動）」が開催され、朝鮮戦争終結などを求めた。

朝鮮戦争終結を求める動きは議会レベルでも広がりつつある。米国では3月にブラッド・シャーマン議員らが「朝鮮半島平和法」案を議会下院に再提出した。日本と韓国でも国会議員レベルで北東アジア非核兵器地帯条約（**本章15**、**第1章6**）の実現に向けた動きが再び活発化している。

「どのようにDPRKを非核化させるか」ではなくて、朝鮮半島の平和をどのように実現するか

米国でのイベントを主催したWomen Cross DMZのヒュン・リー氏はラジオ番組のインタビューで「どのようにDPRKを非核化させるか」というDPRKに対する米国のアプローチを問題視し、「どうすれば実際に平和を実現し、核戦争の危険を防ぐことができるのか」というアプローチに転換すべきだと指摘し、その解決策は朝鮮戦争の終結だと主張している。

2018年の米朝首脳会談で金正恩国務委員長が朝鮮半島の非核化に同意（**本章12**）したのは、DPRKの安全を米国のドナルド・トランプ大統領（当時）が約束したからだった。米韓と日本の各政府は、「どのようにDPRKを非核化させるか」という発想から、朝鮮半島とその周辺に住む全ての人にとっての平和をどう築くかという発想へ転換すべきだろう。その場合、相手を威嚇するための軍事力は邪魔になるはずだ。（まえかわはじめ）

2. 2018-23年の朝鮮半島に関する年表

　米韓・DPRK双方の軍事力強化の動きは、2023年、さらに強まった。DPRKは大陸間弾道ミサイル（ICBM）の発射を繰り返し、偵察衛星打ち上げにも成功。核戦力強化の方針を憲法に明記した。対する米韓は軍事訓練を拡大・増強させたほか、核協議グループ（NCG）を設立するなどして核抑止体制を強化した。また日米韓による初の共同空軍演習が行われたことも特筆すべきだろう。

　なお、米韓の合同軍事演習については全軍的な大規模演習だけを記した。その他の2023年の主な演習・訓練については本章3を参照。

❖朝鮮半島をめぐる主な出来事（2018年−2023年）❖

2018年

1月1日	金正恩委員長、核抑止力完成を宣言。南北間の会談の可能性に言及。
4月20日	DPRK、党中央委総会で核実験とICBM発射実験の中止、核実験場解体を決定。
4月27日	南北首脳会談開催（板門店宣言）。
6月12日	シンガポールで史上初の米朝首脳会談。共同声明で朝鮮半島の平和と非核化に合意。
6月18日	米国、米韓合同軍事演習中止を発表。定例の軍事演習は延期か規模縮小で実施。
9月19日	南北首脳会談で「9月平壌共同宣言」と「軍事分野合意書」に署名。

2019年

2月27日	第2回の米朝首脳会談、ハノイで開催（〜28日）。合意文書なし。
6月30日	第3回米朝首脳会談、板門店で電撃的に開催。実務者会談の開催を約束。
12月28日	朝鮮労働党中央委総会開催（〜31日）。金正恩、制裁下の「正面突破戦」を宣言。

2020年

6月16日	DPRK、開城の南北連絡事務所を爆破。脱北者団体ビラ散布に対する対抗措置。

2021年

1月5日	第8回朝鮮労働党大会。国家経済5か年計画を策定。金正恩、総書記に就任（〜12日）。
4月30日	バイデン新政権の対DPRK政策発表、「調節された現実的アプローチ」。
5月21日	米韓首脳会談。共同声明で米朝間・南北間の2018年の合意を尊重すると表明。

2022年

1月20日	朝鮮労働党中央委政治局会議で核・ICBM発射実験の再開検討を指示。
3月24日	DPRK、ICBM「火星17」の発射実験を実施と発表。
5月21日	米韓首脳会談（ソウル）。共同声明で、米韓合同軍事演習拡大の議論開始などで合意。
8月15日	尹錫悦、光復節式典演説で「大胆な構想」を発表。
8月22日	米韓合同軍事演習「ウルチ・フリーダム・シールド」を実施（〜9月1日）。
9月8日	DPRK、「核戦力政策に関する法令」を公布。
10月31日	米韓両空軍、合同空中訓練「ビジラント・ストーム」実施（〜11月5日）。
11月18日	北朝鮮、ICBM「火星17」の発射実験に成功。
12月26日	朝鮮労働党第8期中央委員会第6回拡大総会（〜31日）。戦術核の量産方針などを表明（**本章5**）。

2023年

2月18日	DPRKがICBM「火星15」の発射訓練。

3月1日	米国ブラッド・シャーマン議員らが「朝鮮半島平和法」案を議会下院に再提出。
3月13日	米韓軍と「朝鮮国連軍」による大規模合同軍事演習「フリーダムシールド」(〜23日)。
3月13日	さまざまな米韓合同野戦演習「ウォリアーシールドFTX」(〜4月3日)。
3月16日	DPRK、平壌の順安付近から日本海に向けICBM「火星17」の発射訓練。
3月18日	DPRK、「戦争抑止・核反撃総合戦術訓練」を実施(〜19日)。
3月21日	DPRK、「核無人水中攻撃艇『ヘイル』」の実験を実施(〜23日)。
4月4日	DPRK国防科学院が水中戦略兵器システムの試験を実施(〜7日)。
4月13日	DPRK、固体燃料式の新型ICBM「火星18」の初めての試射を実施。
4月26日	米韓首脳会談。「核協議グループ(NCG)」設立等を盛り込んだワシントン宣言発出 (**本章4**)。
5月31日	DPRK、軍事偵察衛星の打ち上げに失敗。
7月12日	DPRK、固体燃料式のICBM「火星18」を試射。
7月18日	米国の戦略原潜「ケンタッキー」が釜山に寄港(〜21日)。
7月18日	第1回米韓NCGをソウルで開催。
7月27日	朝鮮戦争休戦協定70周年。市民団体が戦争終結求めるイベント開催。
8月21日	米韓合同軍事演習、「ウルチ・フリーダムシールド」を実施(〜31日)。
8月24日	DPRK、軍事偵察衛星の打ち上げに失敗。
8月27日	金正恩、海軍創設記念日の祝賀演説で海軍への戦術核配備方針を示す。
9月6日	DPRKの戦術核ミサイル発射潜水艦「金君玉英雄」が進水。
9月12日	金正恩、ロシアを訪問(〜17日)。ボストーチヌイ宇宙基地で朝露首脳会談。
9月15日	米韓、仁川上陸作戦戦勝行事で上陸作戦を再現。
9月26日	DPRK最高人民会議(〜27日)、憲法を改定し核兵器明記 (**本章6**)。
10月17日	核兵器搭載可能な米軍の戦略爆撃機B-52Hが韓国の清州空軍基地に初着陸。
10月22日	初の日米韓共同空軍演習。米国の戦略爆撃機B-52を自衛隊、米軍、韓国軍の戦闘機が護衛。
11月1日	米国、ICBMミニットマンIIIの試射、異常で洋上爆破。7年ぶりに韓国が視察の下で実施。
11月11日	DPRK、新型中距離弾道ミサイル用固体燃料エンジンの燃焼実験。14日にも実施。
11月13日	米韓国防相、ソウルで第55回安保協議(SCM)を開催。「米韓同盟防衛ビジョン」に署名し、対DPRK抑止戦略文書を10年ぶりに改定。
11月14日	朝鮮戦争休戦70年を機に朝鮮国連軍参加17か国の国防相会議を韓国国防相がソウルで主催。
11月21日	DPRK、宇宙ロケット千里馬1号で軍事偵察衛星・万里鏡1号の打ち上げに成功。
11月22日	韓国、南北軍事分野合意の飛行禁止区域の設定に関する項目の効力停止を決定。
11月23日	DPRK、南北軍事分野合意で中止の軍事的措置の「即時復活」を宣言。事実上の合意破棄。
12月1日	韓国軍、初の独自軍事偵察衛星打ち上げに成功。米国民間企業のロケットに搭載、米国バンデンバーグ宇宙軍基地から打ち上げ。
12月2日	DPRKの国家航空宇宙技術総局に「偵察衛星運用室」を設立、運用を開始。
12月15日	第2回NCGをワシントンDCで開催。韓国は会合で翌年半ばまでの核戦略指針完成と翌年の合同軍事演習でのDPRKへの核報復攻撃想定の初の訓練実施で一致と発表。
12月18日	DPRK、米韓などの軍事的言動への対抗措置でICBM「火星18号」の発射訓練を実施。
12月19日	日米韓、DPRKのミサイル発射情報の即時共有開始。合同訓練の複数年計画策定完了を発表。
12月26日	朝鮮労働党第8期中央委員会第9回拡大総会。金正恩は国家経済5か年計画達成に向けた成果を評価。国防力のさらなる強化と対韓政策の見直しを指示(〜30日)(**本章7**)。

3. 年表：急増した米韓、日米韓軍事演習

　　2023年、米韓は合同軍事演習を質量ともに増強した。日本を加えた3か国による軍事演習も顕著になっている。公表されている情報を基にして、2023年の米韓、日米韓の共同演習を表にまとめた。これによると米韓演習は34回、日米韓演習は9回（表では下線）確認することができる。韓国メディアのミンプラスによると、朝鮮半島周辺で行われた米韓合同軍事演習は42回、日米韓の共同演習は10回であった。

❖米韓、日米韓の主な共同軍事演習（2023年）❖

訓練期間	内容	場所
1月2日〜15日	韓国の先端技術部隊、アーミータイガー示範旅団と、米軍の装甲車部隊、ストライカー旅団による初の合同訓練。	キョンギドパジュシ 京畿道坡州市の ムゴルリ 武建里訓練場
2月1日	米韓空軍合同演習。戦略爆撃機B-1B（米）、F-35A（韓）などが参加。	黄海上空
2月3日	米韓空軍合同演習。F-35（米韓）、F-22（米）、F-16（米）などが参加。	黄海上空
2月初旬〜3月初旬	米韓合同特殊作戦訓練「チークナイフ」。米軍特殊作戦部隊の地上標的精密攻撃機AC−130Jが初参加。秘密裏に実施していた演習を初めて公に。	朝鮮半島周辺
2月5日〜10日	「ビバリーパック23-1」。F-16（米）、KF-16（韓）などが参加。	クンサン 群山空軍基地
2月19日	米韓空軍合同演習。B-1B（米）、F-35A（韓）などが参加。同日、日米も日本海上空でB-1B（米）参加の共同演習。	朝鮮半島及び その周辺の上空
2月22日	<u>日米韓3か国のイージス艦によるミサイル防衛（MD）共同演習</u>。艦船あたご（日）、バリー（米）、セジョン・デワン「世宗大王」（韓）が参加。	日本海
2月22日	北朝鮮による核兵器使用を想定した米韓合同机上演習（DSC TTX）。	米国防総省
3月3日	米韓空軍合同演習。B-1B（米）、F15（韓）などが参加。	黄海及び朝鮮半島 上空
3月6日	米韓空軍合同演習。戦略爆撃機B-52H（米）、F-15（韓）などが参加。同日、日米も日本海上空でB-52H（米）参加の共同演習。	黄海
3月13日〜23日	「フリーダムシールド23」。韓国軍と朝鮮国連軍による指揮所訓練。上陸訓練、野外機動訓練も実施。	朝鮮半島周辺
3月13日〜4月3日	米韓合同軍事演習「ウォリアーシールドFTX」。2018年まで実施の「フォールイーグル」を超える規模。上陸訓練「双竜訓練」など複数の野外訓練から成る。	朝鮮半島周辺
4月3日〜4日	<u>日米韓3か国による対潜水艦訓練</u>。	チェジュ 済州島南方の公海
4月5日	米韓空軍合同演習。B-52H（米）、F-35B（米）、F-35A（韓）などが参加。	朝鮮半島周辺
4月14日	米韓空軍合同演習。B-52H（米）、F-35（韓）などが参加。同日、日米も日本海上空でB-52H（米）参加の共同演習。	朝鮮半島上空
4月17日	<u>日米韓MD共同演習</u>。護衛艦あたご（日）、ミサイル駆逐艦ベンフォールド（米）、イージス駆逐艦・栗谷李珥ユルゴク・イ・イ（韓）の3艦が参加。	日本海
4月17日〜28日	過去最大規模の総合的な米韓空軍合同飛行訓練。ステルス戦闘機など110機、1400人が参加。	クァンジュ 光 州基地
4月24日〜27日	米韓海軍、特殊作戦反撃合同海上訓練を実施。ミサイル駆逐艦ジョン・フィン（米）、世宗大王（韓）の2艦が参加。	黄海
5月25日〜6月15日	陸上戦を想定した過去最大規模の米韓合同火力訓練。5月25日、6月2日、7日、12日、15日に行われた。	キョンギドポチョン 京畿道抱川
5月31日	韓国主催で、拡散防止構想（PSI）の多国間訓練を実施。日米豪加などが参加。	済州島周辺海域
6月16日	米韓特殊作戦共同演習のため米ミサイル原潜ミシガンが入港。	釜山

6月30日	米韓空軍合同演習。B-52H(米)、F-16(米)、F-15E(米)、F-35A(韓)、KF-16(韓)が参加。同日、日米も沖縄周辺でB-52H(米)参加の共同演習。	朝鮮半島上空
7月13日	米韓空軍合同訓練。B-52H(米)、F-16(米)、F-15(韓)が参加。	朝鮮半島上空
7月16日	日米韓MD共同演習。護衛艦まや(日)、ジョン・フィン(米)、栗谷李珥(韓)の3艦が参加。	日本海
7月29日〜30日	米韓合同対潜演習。ロサンゼルス級攻撃原潜アナポリス(米)、栗谷李珥(韓)、潜水艦・李舜臣(韓)が参加。	済州島南部海域
8月15日〜18日	韓国軍、米韓合同軍、在韓米軍、朝鮮国連軍の司令部が、危機管理演習(CMX)。ウルチ・フリーダム・シールドの準備。	韓国各地
8月21日〜31日	「ウルチ・フリーダム・シールド23」。約30の個別の演習からなる過去最大規模の演習。原子力空母、原子力潜水艦、B-1B、B-52Hなどが参加。豪、加など朝鮮国連軍構成国も参加。	朝鮮半島周辺
8月29日	日米韓MD共同演習。護衛艦はぐろ(日)、ベンフォールド(米)、栗谷李珥(韓)の3艦が参加。	済州島周辺公海
8月30日	米韓空軍合同演習。B-1B(米)をF-16(米)と韓国産戦闘攻撃機FA-50(韓)がエスコート。	黄海上空
8月31日〜9月1日	米韓空軍合同演習。FA-50(韓)が自国製誘導弾KGGBを使い精密攻撃演習。F-35A(韓)など約30機の米韓航空機が参加。	黄海上空
9月14日	米韓加3か国海軍合同軍事演習。強襲揚陸艦アメリカ(米)、誘導ミサイルフリゲート艦ソウル(韓)、フリゲート艦バンクーバー(加)の3艦が参加。	黄海
9月25日	米韓、「対テロ」で合同訓練。	京畿道抱川のロドリゲス射撃場
9月25日〜27日	米韓海軍合同演習。対潜作戦や海洋射撃の訓練。巡洋艦ロバート・スモールズ(米)、イージス駆逐艦シャウテジョヨンプ(米)、栗谷李珥(韓)、駆逐艦・大祚栄(韓)、韓国の潜水艦2隻など米韓9隻が参加。	日本海
10月8日	日米韓司令官会談(第7艦隊司令官カール・トーマス海軍中将、韓国海軍作戦司令官・金明秀・海軍中将、日本自衛艦隊司令官・齋藤総海将)。	米空母ロナルド・レーガン艦上
10月9日〜13日	米韓合同空輸演習「ハーク・ガーディアン23」。	金海空軍基地
10月9日〜10日	日米韓、7年ぶりの海上封鎖訓練。空母ロナルド・レーガン(米)、栗谷李珥(韓)、ヘリコプター搭載護衛艦(ヘリ空母)ひゅうが(日)などが参加。	済州島東南海域
10月16日〜11月22日	韓国統合参謀本部主催の大規模野外演習に米軍も一部参加。米韓特殊作戦合同演習を陸、海、空で実施(〜10月20日)、米ネイビーシールズ、韓国海軍特殊作戦船団、韓国陸軍特殊作戦軍、在韓米特殊作戦軍から部隊が参加。	韓国各地
10月22日	初の日米韓共同空中演習。B-52H(米)をF-2・2機(日)、F-16・2機(米)、F-15K・2機(韓)でエスコート。	朝鮮半島南方の日韓の防空識別圏が重なる空域
10月22日	隔年開催の対潜米韓合同演習「サイレント・シャーク」。ロサンゼルス級原潜トピカ(米)、潜水艦・鄭地(韓)などが参加。	米領グアム沖
10月25日〜27日	定例の対火力戦野外機動米韓合同演習。パレスチナの抵抗勢力ハマスのイスラエル襲撃を受けて北朝鮮からの「ハマス式奇襲砲撃」を想定して実施。	鉄原訓練場
10月30日〜11月3日	米韓豪・大規模航空演習「ビジラント・ディフェンス24」。米韓のF-35を含む戦闘機130機以上が参加。	烏山空軍基地
11月13日〜15日	米韓海軍合同演習。対潜、海上封鎖、特殊作戦部隊阻止の訓練。	日本海
11月15日	米韓空軍合同演習。B-52(米)、F-35B(米)、F-35A(韓)などが参加。	黄海上空
11月26日	日米韓共同海上演習。護衛艦きりさめ(日)、原子力空母カール・ビンソン(米)、世宗大王(韓)などが参加。	済州島東南海域
12月20日	2回目の日米韓共同空中演習。B-1B 2機(米)を、F-2(日)、F-16(在韓米軍)、F-15K(韓)がエスコート。	済州島東の日韓の防空識別圏が重なる空域

4. 米韓首脳共同声明（ワシントン宣言）

　ワシントンで行われた米韓首脳会談で、ジョー・バイデン大統領は韓国への「拡大抑止」の提供を改めて誓約し、尹錫悦大統領は韓国が核不拡散条約（NPT）を遵守することを再確認した。そして両首脳は米韓の「核協議グループ（NCG）」の創設や、米軍の戦略資産の朝鮮半島への展開など、「核抑止力」によってDPRKに対峙する方針を誇示した。

❖ワシントン宣言（抜粋）❖

2023年4月26日　ホワイトハウス

　アメリカ合衆国のジョセフ・R・バイデン大統領と韓国の尹錫悦大統領は2023年4月26日、米韓同盟70周年を記念し会談した。（略）

　韓国は米国の拡大抑止の約束に全幅の信頼を寄せており、米国の核抑止力への永続的な依存の重要性、必要性および利益を認識している。米国は、「核態勢の見直し（NPR）」の宣言政策にそって、朝鮮半島における核兵器使用のいかなる可能性についても韓国と協議するためにあらゆる努力を払うことを誓約する。そして、米韓同盟はこれらの協議を容易にするために頑強な通信インフラを維持する。尹大統領は、（略）核不拡散条約（NPT）に基づく義務、ならびに原子力の平和的利用に関する協力に係る米韓合意への韓国の長年のコミットメントを再確認した。

　同盟は、（略）核抑止に関するより深い協力的な意思決定に取り組むことを誓約する。両大統領は、拡大抑止を強化し、核戦略計画について議論し、朝鮮民主主義人民共和国（DPRK）による不拡散体制への脅威に対処するため、新たな核協議グループ（NCG）の設立を発表した。さらに同盟は、有事の際の米国の核作戦に対する韓国の通常戦力による支援の共同実行と計画を可能にするよう努め、朝鮮半島における核抑止力の適用に関する共同演習と訓練活動を改善する。両大統領の誓約に従い、同盟は核有事の計画に関わる共同アプローチを強化するため、新たな二国間省庁間の机上シミュレーションを確立した。

　バイデン大統領は、韓国と韓国国民に対する米国のコミットメントは永続的で揺るぎなく、北朝鮮による韓国に対するいかなる核攻撃も迅速で圧倒的かつ断固とした対応で迎えることを再確認した。（略）今後米国は、近く予定される弾道ミサイル搭載原子力潜水艦の韓国寄港にも示されるように、朝鮮半島における戦略資産の定期的な可視性をさらに高め、両国軍間の連携を拡大し深めていく。さらに米国と韓国は、同盟を潜在的な攻撃や核使用に対する防衛によりよく備えさせるために拡大抑止戦略および協議グループを含む拡大抑止に関する常設協議機関を強化し、共同計画の取り組みに役立つ情報を提供するシミュレーションを実施する。（略）

　これらの重要な展開を踏まえバイデン大統領と尹大統領は、米国と韓国が共通の安全保障に対するあらゆる脅威に対し団結し、拡大抑止の強化のためのさらなる措置について緊密な協議を継続するという確固たるメッセージを国際社会に発信する。同時に両大統領は、朝鮮半島の完全な非核化の達成という共通

の目標を前進させる手段として、前提条件なしでの北朝鮮との対話と外交を断固として追求し続ける。

出典：ホワイトハウスHP
https://www.whitehouse.gov/briefing-room/statements-
releases/2023/04/26/washington-declaration-2/
アクセス日：2024年2月5日
『脱軍備・平和レポート第21号』掲載の日本語訳の一部に『脱軍備・平和レポート
第22号』で行った修正を反映させた。

5. 2023年の国防方針を打ち出した党中央委員会総会

以下の資料は朝鮮労働党第8期中央委員会第6回総会拡大会議（2022年12月26日〜31日）の報告である。2023年1月1日号の朝鮮中央通信に掲載された。金正恩総書記は国家経済発展5か年計画達成のための方針を産業別に細かく提示した。ここでは「核戦力の幾何級数的増強」「軍事偵察衛星の打ち上げ」といった重要政策を紹介するため、2023年の軍事部門の方針について抜粋する。

❖朝鮮労働党第8期中央委員会第6回拡大総会に関する報道（抜粋）❖

2023年1月1日　朝鮮中央通信

（前略）総書記は、国民経済の安定的な発展を保証し、人民の生活水準の向上に大きな変化をもたらすための全ての任務を提示した。

報告は、国家経済発展5か年計画完遂のためのより高い目標と大きな仕事に直面する2023年を、国民経済の大躍進の年、増産及び再調整・強化戦略の遂行、そして人民の生活水準の改善という要となる目標を達成する年と規定した。（略）

共和国の絶対的尊厳と主権、生存権をしっかりと守るためのわが党とDPRK政府の核戦力強化戦略と計画に従って、迅速な核反撃能力を主要任務とする別の大陸間弾道ミサイル（ICBM）システムを開発するための任務が提示された。

報告は、DPRKを「主敵」と呼んで「戦争準備」について公然と言いふらす南朝鮮の傀儡勢力が疑う余地のないわれわれの敵となった現在の状況は、戦術核兵器の大量生産の重要性と必要性を浮き彫りにし、国の核爆弾保有量を幾何級数的に増やすことを求めていると述べ、これを主な方向性とする2023年度の核戦力及び国防発展の画期的な戦略を明らかにした。

報告は、国家宇宙開発局が最終段階にある偵察衛星とキャリアロケットの準備を全面的に進めて、可能な限り早期にDPRK初の軍事衛星を打ち上げることになると指摘した。（略）

出典：「朝鮮中央通信」
http://www.kcna.co.jp/item/2023/202301/news01/20230101-18ee.html
翻訳は朝鮮中央通信の日本語版を基礎に同英語版を参照しながら一部修正した。

6. 核戦力の憲法明記と金正恩の演説

第14期最高人民会議第9回会議で、DPRKは核戦力強化を憲法に規定する憲法改訂を行った。金正恩総書記は同会議の演説で、米国の核の威嚇や朝鮮半島の厳しい安全保障環境などを挙げてDPRKの核保有と今回の憲法改訂を正当化した。以下は、核戦力強化の規定について加筆した改訂後の条文と、最高人民会議での金正恩の演説の抜粋である。

❖社会主義憲法❖

2023年9月27日

第Ⅳ章　国防

第58条　DPRKは全人民的、全国家的防衛システムに依存している。<u>DPRKは、責任ある核国家として、その生存および発展の権利を確保し、戦争を抑止し、地域および世界の平和と安定を守るために、核兵器の開発を加速しなければならない。</u>

（下線部が追加された文章）

出典：「ネナラ」（英語サイト）
http://www.naenara.com.kp/main/index/en/politics?arg_val=leader3
左側のSocialist Constitutionおよび上方のCHAPTER Ⅳをクリック。
アクセス日：2023年12月21日
翻訳は本書刊行委員会。

❖金正恩総書記が第14期最高人民会議第9回会議で演説（抜粋）❖

2023年9月28日　朝鮮中央通信

（前略）DPRK社会主義憲法第4章第58条に、核兵器の発展を高度化して国の生存権と発展の権利を保証し、戦争を抑止し、地域と世界の平和と安定を守るという、新しい内容を追加することを全会一致で採択したことは、極めて深遠で重大な意義があります。（略）

DPRKの核戦力増強政策は、いかなる者もどんな手段をもってしても手出しできない国家の基本法として永久化されました。これは核戦力を含む国家防衛力を著しく強化し、それに依拠して安全の保証と国益を守るための制度的・法的な基盤をしっかりと打ち固め、DPRK式社会主義の全面的発展を促すための強力な政治的手段をもたらした歴史的な出来事です。（略）

「新冷戦」構造が地球規模で現実化し、主権国家の存立とその人民の生存権が、覇権への野望と拡張主義的幻想の実現に熱心な反動的な帝国主義勢力によって深刻に脅かされている現在の状況は、あらゆる試練に直面する中で核戦力を構築し、それを不可逆的な国法として定めたわが共和国の決定的な決断が、完全に正しかったことを証明しています。（略）

すでにわが国家の物理的除去を国策とし、前世紀にその実現のための戦争を

初めた米国は、DPRKの「体制の終焉」を実現するための侵略戦争のシナリオを絶えず改変しながら、「大韓民国」と共謀でDPRKに対する核兵器の使用を目的とした「核協議グループ」を稼働させた後、侵略的性格が明白な大規模の核戦争合同軍事演習を再開し、朝鮮半島周辺に核戦略資産を常駐ベースで配備することで、わが共和国に対する核戦争の脅威を最大化しています。

さらに悪いことに、日本及び「大韓民国」との三角軍事同盟設立の加速化は、戦争と侵略の根源である「アジア版NATO」の出現という結果に至りました。これはまさに最大の現実的脅威であって、威嚇の修辞や想像上のものではありません。（略）

とはいえ、共和国政府が核戦力強化政策を憲法に規定するという重大議案を最高人民会議に上程したのは、単に差し迫った情勢悪化の分析や考察に基づくものではありません。

わが共和国が社会主義国家として存在し、自主と社会主義を抹殺しようとする帝国主義者の非道な核兵器が地球上に存在する限り、我が国の現在の核保有国の地位を絶対に変更しても譲ってもならず、逆に核戦力を持続的に一層強化しなければならないというのが、わが党と政府が下した厳正な戦略的判断です。

歴史を振り返れば、この惑星に核兵器が出現し、最初の核による大虐殺が起こった時から、人類は核兵器のない世界を望んできたし、わが共和国も1950年の朝鮮戦争勃発以来続く核の威嚇の直接的な被害当事者として、朝鮮半島と地域を非核地帯にするための平和愛好の努力を絶え間なく続けてきました。

しかし、米帝は、単に思想と体制が異なるという理由でわれわれの平和愛好の提案を全て無視して、非核国だったわが共和国に対する核の威嚇を数十年間も持続して増大させてきました。これによってわれわれの社会主義建設は莫大な障害と重大な困難に直面して苦しめられ、国家存立までもが危うい非常事態に曝されたことも少なくありませんでした。

この経験は、敵対勢力の核の威嚇には必ず同じ核をもって対抗しなければならないという不変の真実とともに、時の経過や世代交代にかかわらず、わが国が保有する核兵器は不朽の国家戦略資産として保持・強化し、いかなる場合にもこれに危害を加えられないようにする必要性をわが共和国に痛感させました。（略）

出典：「朝鮮中央通信」
http://www.kcna.co.jp/item/2023/202309/news28/20230928-01ee.html
アクセス日：2024年2月6日
翻訳は、朝鮮中央通信の日本語版を基礎に、同英語版を参照しながら一部修正した。

7. 統一政策の転換を打ち出した党中央委員会総会

2023年の年末に開催された朝鮮労働党第8期中央委員会第9回拡大総会で同年を「驚異的な勝利と出来事で充満した年」と評価し、国家経済5か年計画の4年目となる2024年の活動方針を各産業ごとに示した金正恩総書記は、対韓国政策、韓国との統一政策の見直しを指示した。これは金日成総書記の時代から半世紀以上続く同国の方針を転換する重大な決定である。

❖朝鮮労働党第8期中央委員会第9回拡大総会に関する報道（抜粋）❖

2023年12月31日　朝鮮中央通信

（前略）10年どころか、半世紀を超える長きにわたる歳月、わが党とDPRK政府が打ち出した祖国統一の理念と路線、方針は、最も公正かつ合理的で公平であるため、いつも全民族の絶対的な支持と賛同、世界の共感を集めてきた。しかしどれひとつ妥当な成果をもたらさず、北南関係は交流と中断、対話と対立の悪循環を繰り返してきた。（略）

長年にわたる北南関係を振り返ってわが党が下した総合的な結論は、「吸収統一」と「自由民主主義の下での統一」を国策とする韓国との統一は決して達成できないということである。それは、一つの民族、一つの国家、二つの体制に基づくわれわれの祖国統一路線と激しく矛盾する。（略）

われわれを公式に「主敵」として位置づけ、外部勢力と結託して「政権崩壊」と「吸収統一」の機会だけをうかがう一味を和解と統一の相手と見なすことは、われわれがこれ以上、犯してはならない誤りだと考える。（略）

北南関係は、もはや同族関係、同質関係ではなく、敵対的な2つの国家関係、戦争中の二つの交戦国関係として完全に定着した。（略）

出典：「朝鮮中央通信」
http://www.kcna.co.jp/item/2023/202312/news31/20231231-01ee.html
アクセス日：2024年2月5日
翻訳は、朝鮮中央通信の日本語版を基礎に、同英語版を参照しながら一部修正した。

8. 北朝鮮の核戦力政策法

2022年9月8日、DPRKは、核戦力の運用方針を定めた「核戦力政策に関する法令」を制定すると同時に核兵器を放棄しない意思を改めて内外に示した。

❖核戦力政策に関する法令を発布（抜粋）❖

2022年9月9日　朝鮮中央通信

（前略）

1. 核戦力の使命

DPRKの核戦力は、外部の軍事的脅威と侵略、攻撃から国家主権と領土保全、人民の生命と安全を守る国家防衛の主力である。

(1) DPRKの核戦力は、敵対勢力にDPRKとの軍事的対決が破滅を招くということをはっきりと認

識させ、侵略と攻撃の試みを諦めさせることによって、戦争を抑止することを主要な使命とする。

(2)DPRKの核戦力は、戦争抑止が失敗した場合、敵対勢力の侵略と攻撃を撃退し、戦争の決定的勝利を達成するための軍事作戦上の使命を果たす。

2. 核戦力の構成(略)

3. 核戦力に対する指揮統制

(1)DPRKの核戦力は、DPRK国務委員長の唯一絶対的な指揮に従う。

(2)DPRK国務委員長は、核兵器に関連する全ての決定権を持つ。(略)

(3)国家核戦力の指揮統制システムが敵対勢力の攻撃によって危機に瀕する場合には、予め決められた作戦計画に従って、挑発の起点と指令部など敵対勢力を壊滅させるための核攻撃が自動的かつ即時に断行される。

4. 核兵器使用決定の実行

DPRKの核戦力は、核兵器使用命令を即時に実行する。

5. 核兵器の使用原則

(1)DPRKは、国家と人民の安全を重大に脅かす外部の侵略と攻撃に対処するための最後の手段として核兵器を使用することを基本原則とする。

(2)DPRKは、他の核兵器保有国と結託してDPRKに対する侵略や攻撃行為に加担しない限り、非核保有国に対して核兵器で威嚇したり、核兵器を使用したりしない。

6. 核兵器の使用条件

DPRKは次の場合に、核兵器を使用することができる。

(1)DPRKに対する核兵器、またはその他の大量殺戮兵器による攻撃が行われたり、差し迫っていると判断される場合。

(2)国家指導部と国家核戦力指揮機構に対する敵対勢力の核および非核攻撃が行われたり、差し迫っていると判断される場合。

(3)国家の重要戦略的物資に対する致命的な軍事的攻撃が行われたり、差し迫っていると判断される場合。

(4)有事に戦争の拡大と長期化を防ぎ、戦争の主導権を掌握するための作戦上の必要性が必然的に生じた場合。

(5)その他、国家の存立と人民の安全に破局的な危機を招く事態が発生して、核兵器で対応せざるを得ない不可避な状況が生じる場合。

7. 核戦力の経常的な動員態勢

DPRKの核戦力は、核兵器の使用命令が発令された場合に、如何なる条件と環境でも即時に実行することができるように経常的な動員態勢を維持する。

8. 核兵器の安全な維持管理および保護

(1)DPRKは、核兵器の貯蔵と管理、寿命と性能の評価、更新と廃棄の全ての工程が行政的・技術的規定と法的手続きに従って行われるように、徹底して安全な核兵器保管・管理制度を確立し、その実行を保証する。

(2)DPRKは、核兵器と関連技術、設備、核物質などが漏出しないように徹底した防護措置を取る。

9. 核戦力の質的・量的強化と更新

(1)DPRKは、外部の核脅威と国際的な核戦力態勢の変化を常に評価し、それに応じて核戦力を質的・量的に更新、強化する。

(2)(略)

10. 拡散防止(略)／11. その他(略)

出典:「朝鮮中央通信」
http://www.kcna.co.jp/item/2022/202209/news09/20220909-02ee.html
アクセス日:2024年2月5日
翻訳は、朝鮮中央通信の日本語版を基礎に、同英語版を参照しながら一部修正。

9. 2002年日朝平壌宣言

2002年9月17日、小泉首相（当時）が、電撃的に平壌を訪問し、金正日委員長キムジョンイルと日朝首脳会談を行い、日朝平壌宣言を発表した。この宣言は、日本の植民地支配の過去についての謝罪と清算、拉致問題などの解決、北東アジアの平和と安定への取り組みなど、包括的な内容を盛り込んでいる。今日においても日朝関係の正常化交渉の出発点となりうる合意文書である。

❖日朝平壌宣言❖

2002年9月17日、平壌

　　小泉純一郎日本国総理大臣と金正日朝鮮民主主義人民共和国国防委員長は、2002年9月17日、平壌で出会い会談を行った。

　　両首脳は、日朝間の不幸な過去を清算し、懸案事項を解決し、実りある政治、経済、文化的関係を樹立することが、双方の基本利益に合致するとともに、地域の平和と安定に大きく寄与するものとなるとの共通の認識を確認した。

1. 双方は、この宣言に示された精神及び基本原則に従い、国交正常化を早期に実現させるため、あらゆる努力を傾注することとし、そのために2002年10月中に日朝国交正常化交渉を再開することとした。

　　双方は、相互の信頼関係に基づき、国交正常化の実現に至る過程においても、日朝間に存在する諸問題に誠意をもって取り組む強い決意を表明した。

2. 日本側は、過去の植民地支配によって、朝鮮の人々に多大の損害と苦痛を与えたという歴史の事実を謙虚に受け止め、痛切な反省と心からのお詫びの気持ちを表明した。

　　双方は、日本側が朝鮮民主主義人民共和国側に対して、国交正常化の後、双方が適切と考える期間にわたり、無償資金協力、低金利の長期借款供与及び国際機関を通じた人道主義的支援等の経済協力を実施し、また、民間経済活動を支援する見地から国際協力銀行等による融資、信用供与等が実施されることが、この宣言の精神に合致するとの基本認識の下、国交正常化交渉において、経済協力の具体的な規模と内容を誠実に協議することとした。

　　双方は、国交正常化を実現するにあたっては、1945年8月15日以前に生じた事由に基づく両国及びその国民のすべての財産及び請求権を相互に放棄するとの基本原則に従い、国交正常化交渉においてこれを具体的に協議することとした。

　　双方は、在日朝鮮人の地位に関する問題及び文化財の問題については、国交正常化交渉において誠実に協議することとした。

3. 双方は、国際法を遵守し、互いの安全を脅かす行動をとらないことを確認した。また、日本国民の生命と安全にかかわる懸案問題については、朝鮮民主主義人民共和国側は、日朝が不正常な関係にある中で生じたこのような遺憾な問題が今後再び生じることがないよう適切な措置をとることを確認した。

4. 双方は、北東アジア地域の平和と安定を維持、強化するため、互いに協力していくことを確認した。

　　双方は、この地域の関係各国の間に、相互の信頼に基づく協力関係が構築されることの重要性を確認するとともに、この地域の関係国間の関係が正常化されるにつれ、地域の信頼醸成を図るための枠組みを整備していくことが重要であるとの認識を一にした。

　　双方は、朝鮮半島の核問題の包括的な解決のため、関連するすべての国際的合意を遵守することを確認した。また、双方は、核問題及びミサイル問題を含む安全保障上の諸問題に関し、関係諸国間の対話を促進し、問題解決を図ることの必要性を確認した。

　　朝鮮民主主義人民共和国側は、この宣言の精神に従い、ミサイル発射のモラトリアムを2003年以降も更に延長していく意向を表明した。

　　双方は、安全保障にかかわる問題について協議を行っていくこととした。

日本国総理大臣　　　朝鮮民主主義人民共和国国防委員会委員長
小泉　純一郎　　　　金　正日

出典：外務省HP
https://www.mofa.go.jp/mofaj/kaidan/s_koi/n_korea_02/sengen.html
アクセス日：2024年2月15日

10. 2005年6か国共同声明

　　　2003年8月に始まった朝鮮半島の非核化に関する6か国協議で合意された重要な成果文書であり、現在も典拠されるべきものである。6か国とは、中国、朝鮮民主主義人民共和国（DPRK）、日本、韓国、ロシア、米国である。DPRKが求めた「約束対約束、行動対行動」の原則（第5項目）が述べられている。

❖第4ラウンド6か国協議で採択された共同声明（抜粋）❖

2005年9月19日　北京

（前略）朝鮮半島及び北東アジア地域全体の平和と安定のため、6か国は、相互尊重及び平等の精神の下、過去3回の会合における共通の理解に基づいて、朝鮮半島の非核化に関する真剣かつ実務的な協議を行い、この文脈において、以下のとおり意見の一致をみた。

1. 6か国は、6か国協議の目標は、平和的な方法による、朝鮮半島の検証可能な非核化であることを一致して再確認した。

　　朝鮮民主主義人民共和国は、すべての核兵器及び既存の核計画を放棄すること、並びに、核兵器不拡散条約及びIAEA保障措置に早期に復帰することを約束した。

　　アメリカ合衆国は、朝鮮半島において核兵器を有しないこと、及び、朝鮮民主主義人民共和国に対して核兵器又は通常兵器による攻撃又は侵略を行う意図を有しないことを確認した。

　　大韓民国は、その領域内において核兵器が存在しないことを確認するとともに、1992年の朝鮮半島の非核化に関する共同宣言に従って核兵器を受領せず、かつ、配備しないとの約束を再確認した。1992年の朝鮮半島の非核化に関する共同宣言は、遵守され、かつ、実施されるべきである。

　　朝鮮民主主義人民共和国は、原子力の平和的利用の権利を有する旨発言した。他の参加者は、この発言を尊重する旨述べるとともに、適当な時期に、朝鮮民主主義人民共和国への軽水炉提供問題について議論を行うことに合意した。

2. 6か国は、その関係において、国連憲章の目的及び原則並びに国際関係について認められた規範を遵守することを約束した。

　　朝鮮民主主義人民共和国及びアメリカ合衆国は、相互の主権を尊重すること、平和的に共存すること、及び二国間関係に関するそれぞれの政策に従って国交を正常化するための措置をとることを約束した。

　　朝鮮民主主義人民共和国及び日本国は、平壌宣言に従って、不幸な過去を清算し懸案事項を解決することを基礎として、国交を正常化するための措置をとることを約束した。

3. 6か国は、エネルギー、貿易及び投資の分野における経済面の協力を、2国間又は多国間で推進することを約束した。（略）

4. 6か国は、北東アジア地域の永続的な平和と安定のための共同の努力を約束した。（略）

5. 6か国は、「約束対約束、行動対行動」の原則に従い、前記の意見が一致した事項についてこれらを段階的に実施していくために、調整された措置をとることに合意した。

6. 6か国は、第5ラウンドの6か国の会合を、北京において、2005年11月初旬の、今後の協議を通じて決定される日に開催することに合意した。

出典：外務省HP（原文英語）
https://www.mofa.go.jp/region/asia-paci/n_korea/6party/joint0509.html
アクセス日：2024年2月15日

11. 2018年南北首脳「板門店宣言」
（パンムンジョム）

　文在寅大統領と金正恩国務委員長による初の首脳会談で発表された。同年6月の米朝首脳共同声明と対をなし、合意内容の具体性において、過去2回あった南北首脳声明とは異なる歴史的な意味を持つ。2017年に極度に高まった朝鮮半島における戦争の危機を回避し、緊張緩和に向けて大きな役割を果たした。しかし、金正恩が2023年に打ち出した統一政策の転換により、宣言の有効性が懸念される。

❖朝鮮半島の平和と繁栄および統一のための 板門店宣言（抜粋）❖

2018年4月27日　板門店

（前略）両首脳は朝鮮半島でこれ以上戦争がなく、新たな平和の時代が開かれたことを8千万の我が民族と全世界に厳粛に宣明した。

　両首脳は冷戦の産物である長い間の分断と対決を一日も早く終息させ、民族的和解と平和繁栄の新たな時代を果敢に開き、南北関係をより積極的に改善し、発展させていかなければならないという確固たる意志を込め、歴史の地、板門店で以下の通り宣言した。

（1）南と北は南北関係の全面的で画期的な改善と発展を成し遂げることで、途切れた民族の血脈を結び、共同繁栄と自主統一の未来を早めていく。

　南北関係を改善し、発展させることは、全民族の終始一貫した望みであり、これ以上先送りできない時代の切迫した要求である。

①南と北は、我が民族の運命は我々自らが決定するという民族自主の原則を確認し、すでに採択された南北宣言と全ての合意を徹底的に履行することで、関係改善と発展の転換的局面を開いていく。

②南と北は高位級会談を始めとする各分野の対話と交渉を早い時期に開催し、首脳会談で合意された問題を実践するため、積極的な対策を立てていく。

③南と北は当局間協議を緊密に行い、民間交流と協力を円滑に進めるため双方の当局者が常駐する南北共同連絡事務所を開城地域に設置する。
（ケソン）

④南と北は民族的和解と団結の雰囲気を高めていくため、各界各層の多方面での協力と交流・往来と接触を活性化していく。6・15宣言を始め、南北ともに意義がある日を契機に当局と国会、政党、地方自治体、民間団体など各界各層が参加する民族共同行事を積極推進し、和解と協力の雰囲気を高め、外にむかっては2018年アジア競技大会を始めとする国際競技などに共同で参加し、民族の知恵と才能、団結した姿を全世界に誇示する。

⑤南と北は、民族分断で発生した人道的問題を至急解決するために努力し、南北赤十字会談を開催し、離散家族、親戚の対面を始めとする諸般の問題などを協議、解決していく。当面、来たる8月15日を契機に離散家族、親戚の面会を進める。

⑥南と北は民族経済の均衡ある発展と共同繁栄をなしとげるため、2007年10・4宣言で合意された事業を積極的に推進し、一次的に東海線及び京義線の鉄道と道路を連結し、現代化し、活用するため、実践的な対策などをとっていく。

（2）南と北は朝鮮半島で先鋭化した軍事的な緊張状態を緩和し、戦争の危険を実質的に解消するために、共同で努力していく。

①南と北は、陸、海、空を始めとする全ての空間で、軍事的緊張と衝突の根源となっている相手に対す

る一切の敵対行為を全面中止する。

　当面、5月1日から軍事境界線一帯で、拡声機放送(軍事宣伝)とビラ散布を始めとする全ての敵対
行為などを中止し、その手段を撤廃し、今後、非武装地帯を実質的な平和地帯にしていく。

②南と北は西海(黄海)の北方限界線一帯を平和水域とし、偶発的な軍事的衝突を防止し、安全な漁業
活動を保証するため、実際的な対策を立てる。

③南と北は相互協力と交流、往来と接触が活性化されるよう様々な軍事的な措置をとる。南と北は、
双方の間に発生する軍事的問題を遅滞なく協議、解決するため国防部長官(国防相)会談をはじめ
とする軍事当局者会談を頻繁に開催する。5月中にまず、将官級軍事会談を開く。

（3）南と北は朝鮮半島の恒久的で強固な平和体制を構築するために、積極的に協力して
いく。(略)

(デジタル朝日の日本語テキストと韓国大統領府の英文テキストをもとに作成した。)

12. 2018年シンガポール米朝首脳共同声明

　歴史上初めて行われた米朝首脳会談において合意された共同声明。大目標と
して、両国は平和と繁栄に向かう新しい関係を築くこと、そして朝鮮半島の永
続的で安定した平和体制を築くことの2つに合意した。そのうえで、DPRKは朝
鮮半島の完全な非核化を約束し、米国はDPRKの安全の保証を行うと約束をす
るという、バランスの取れた合意をした。

❖トランプ米大統領と朝鮮民主主義人民共和国金正恩委員長のシンガポール首脳会談における共同声明❖

2018年6月12日　シンガポール

(前略)トランプ大統領と金正恩国務委員長は、新たな米朝関係の確立と、朝鮮半島の永続的かつ強固
な平和体制の建設について、包括的かつ綿密で真摯な意見の交換をした。トランプ大統領はDPRKに
安全の保証を与えることを約束し、金正恩委員長は朝鮮半島の完全な非核化に向けた確固とした揺
るぎない約束を再確認した。

　新たな米朝関係の確立が朝鮮半島、そして世界の平和と繁栄につながると確信し、相互の信頼醸
成が朝鮮半島の非核化を促進すると認識し、トランプ大統領と金正恩委員長は、以下の通り声明する。

1. 米朝両国は、双方の国民の平和と繁栄を希求する意思に基づき、新しい米朝関係を確立すること
を約束する。

2. 米朝両国は、朝鮮半島の永続的かつ安定的な平和体制の構築に共同で尽力する。

3. 2018年4月27日の「板門店宣言」を再確認し、DPRKは朝鮮半島の完全な非核化に向け努力する
ことを約束する。

4. 米朝両国は、すでに身元が確認された者を含め、戦争捕虜や行方不明兵の遺骨回収に努める。

　歴史上初めての米朝首脳会談は、非常に重要で画期的な出来事であり、両国間の何十年にも及ぶ
緊張と対立を克服し、新しい未来を開くためのものと認識する。トランプ大統領と金正恩委員長は、
この共同声明の条項を完全かつ迅速に実行することを約束する。米国とDPRKは首脳会談の結果を
履行するため、マイク・ポンペオ米国務長官と然るべきDPRK高官による今後の追加交渉をできる限
り早く開く。

　トランプ大統領と金正恩DPRK国務委員会委員長は、新たな米朝関係の発展と、朝鮮半島と世界
の平和、繁栄、安全の促進に協力することを約束した。

出典：米大使館HP（原文英語）
https://th.usembassy.gov/joint-statement-president-donald-j-trump-
united-states-america-chairman-kim-jong-un-democratic-peoples-
republic-korea-singapore-summit/
アクセス日：2024年2月15日

13. 2018年9月南北首脳平壌宣言

　　　板門店宣言の合意に基づいて、文在寅大統領が平壌を訪問し、3度目となる金正恩国務委員長との首脳会談を行ったときの宣言である。板門店宣言のさらなる履行と、6月の米朝首脳会談を踏まえた今後の南北協力について協議した。また、この南北共同宣言で、DPRKは「米国が相応の措置を取れば、寧辺の核施設の永久的廃棄のような追加的措置を講じる用意がある」（5-②項）と表明した。

❖2018年9月平壌共同宣言（抜粋）❖

2018年9月19日

（前略）両首脳は、板門店宣言を徹底的に履行して南北関係を新しい高い段階に前進させてゆくための諸般の問題と実践的対策を虚心坦懐に深く論議し、今回の平壌首脳会談が重要な歴史的里程標になることで認識を共にし、次のように宣言した。

1. 南と北は非武装地帯をはじめ対峙地域での軍事的敵対関係の終息を朝鮮半島の全地域での実質的な戦争の危険除去と根本的な敵対関係の解消につないでゆくこととした。

①南と北は「歴史的な板門店宣言の軍事分野における履行合意書」を平壌共同宣言の付属合意書として採択し、これを徹底的に順守して誠実に履行するとともに、朝鮮半島を恒久的な平和地帯に変えるための実践的措置を積極的に講じていくこととした。

②南と北は南北軍事共同委員会を速やかに稼動させて、軍事分野合意書の履行実態を点検し、偶発的な武力衝突の防止のため、恒常的な連携と協議を行うこととした。

2. 南と北は互恵と共利・共栄の原則に基づいて交流と協力をより増大させ、民族経済をバランスよく発展させるための実質的な対策を講じてゆくこととした。

①南と北は今年中に東・西海線鉄道および道路の連結と現代化のための着工式を行うこととした。

②南と北は条件が整うにしたがって開城工業地区と金剛山観光事業をまず正常化し、西海経済共同特区および東海観光共同特区を造成する問題を協議してゆくこととした。

③南と北は自然生態系の保護および復元のための南北環境協力を積極的に推し進めることとし、優先的に現在進行中の山林分野協力の実践的成果のために努力することとした。

④南と北は伝染性疾病の流入および拡散防止のための緊急措置をはじめ、防疫および保健医療分野の協力を強化することとした。

3. 南と北は離散家族・親せき問題を根本的に解決するための人道的協力をいっそう強化してゆくこととした。（略）

4. 南と北は和解と団結の雰囲気を高め、わが民族の気概を内外に誇示するために多様な分野の協力と交流を積極的に推し進めることとした。（略）

5. 南と北は朝鮮半島を核兵器と核の脅威のない平和の大地に転換すべきであり、このために必要な実質的進展を速やかに遂げなければならないということで認識を共にした。

①北側はまず、東倉里エンジン試験場とロケット発射台を関係国専門家の参観の下で永久に廃棄す

ることとした。

②北側は米国が6・12米朝共同声明の精神に従って相応の措置を取れば寧辺[ヨンビョン]核施設の永久的廃棄の
ような追加的措置を引き続き講じていく用意があることを表明した。

③南と北は朝鮮半島の完全な非核化を推し進めていく過程で、ともに緊密に協力してゆくこととした。

**6.金正恩国務委員長は文在寅大統領の招請によって近いうちにソウルを訪問すること
ととした。**

『朝鮮中央通信』日本語版のテキストと韓国大統領府の英語テキストから作成した。
出典：韓国外務省HP
https://www.mofa.go.kr/eng/brd/m_5476/view.do?seq=319608&srch
Fr=&srchTo=&srchWord=&srchTp=&multi_itm_seq
=0&itm_seq_1=0&itm_seq_2=0&company_cd=&co
mpany_nm=&page=1&titleNm=
アクセス日：2024年2月15日

14. 2018年南北軍事分野合意書

　2018年9月、平壌での南北首脳会談と並行して南北の防衛大臣が会合し、軍事分野合意書に署名した。2023年11月22日、DPRKの偵察衛星打ち上げを受けて、韓国が飛行禁止区域の設定に関する項目の効力停止を決定。DPRKはその翌日、事実上の合意破棄を宣言した。

❖歴史的な板門店宣言履行のための軍事分野合意書（抜粋）❖

　南と北は、朝鮮半島における軍事的緊張状態を緩和し信頼を構築することが恒久的で強固な平和を保障する上で必須という共通認識のもとに、「朝鮮半島の平和と繁栄、統一のための板門店宣言」を軍事的に徹底して履行するために、次の通り包括的に合意した。

1.南と北は、地上と海上、空中をはじめとする全ての空間において、軍事的緊張と衝突の根源となる相手方に対する一切の敵対行為を全面的に中止することとした。
①（略）
②双方は、2018年11月1日から軍事分界線一帯において、相手方を狙った各種の軍事演習を中止することとした。
　地上では、軍事分界線から5km内で、砲兵射撃訓練や連隊級以上の野外機動訓練を全面的に中止することとした。
　海上では、西海南側のトクチョク島［徳積島］以北から北側のチョ島［椒島］以南までの水域、東海南側のソクチョ［束草］以北から北側のトンチョン［通川］以南までの水域において、砲撃ならびに海上機動訓練を中止し、海岸砲と艦砲の砲口と砲身へのカバー設置や砲門の閉鎖措置を行うこととした。
　空中では、軍事分界線の東、西部地域の上空に設定された飛行禁止区域内で、固定翼航空機の空対地誘導武器射撃など、実弾射撃を伴う戦術訓練を禁止することとした。
③ 双方は、2018年11月1日から軍事境界線上空において、全ての機種の飛行禁止区域を次の通り設定することとした。（略）
④、⑤（略）
2.南と北は、非武装地帯を平和地帯につくるための実質的な軍事的対策を講じること

とした。

①双方は、非武装地帯内で監視所(GP)を全部撤収するための試験的措置として、相互1km以内の近接する南北監視所を完全に撤収することとした。【添付1】

② 双方は、板門店共同警備区域を非武装化することとした。【添付2】

③、④(略)

3〜6(略)

(2018年9月19日　大韓民国国防部長官・宋永武^{ソンヨンム}　DPRK人民武力相・努光鉄^{ノグァンチョル})

(原文韓国語。訳：大畑正姫)

＊( )【 】は本文、[ ]は訳者による。ゴシック体、明朝体の区別も訳者による。【添付】は省略した。

出典：韓国国防部『板門店宣言履行のための軍事分野合意書に関する解説資料』
https://dialogue.unikorea.go.kr/ukd/ba/usrtaltotal/View.do?id=689
アクセス日：2024年3月15日

15. 改訂モデル北東アジア非核兵器地帯条約

ガイド Guide　旧モデル条約の最新版は2008年に改訂された。それ以降、朝鮮民主主義人民共和国の核兵器開発が進み状況が大きく変化した。その現実から出発して非核地帯を形成するときの改訂モデル条約が作成された。

❖改訂モデル北東アジア非核兵器地帯条約（案）❖

「北東アジア非核兵器地帯設立をめざす3＋3国際市民連合」の
要請をうけ梅林宏道(ピースデポ特別顧問)が起草
2023年1月改訂

前文

　この条約の締約国は、

　北東アジアは、核兵器が実際に使用された世界で唯一の地域であることを想起し、

　また、二つの都市の破壊と数10万人の市民の被爆によってもたらされた、80年ちかくを経た現在にも続く人間的、社会的な形容しがたい苦難に思いを致し、

　日本と朝鮮半島では、今なお多くの被爆者が不安に包まれて生きていることに思いを致し、

　現在の核兵器は、当時よりもはるかに強力な破壊力を持ち、人類が築いた文明のみならず、地球上の生き物を破壊し尽くしうる唯一の兵器であることを認識し、

　また、国家主体、あるいは非国家主体によって、実際に核兵器が使用されるという新たな危険が存在し続けていることを認識し、

　さらにまた、核兵器を用いるか通常兵器を用いるかを問わず、核兵器を保有する国からの武力攻撃の脅威が、核兵器の拡散と核戦争の誘因となりうる現実を直視し、

　朝鮮半島においては、南北非核化共同宣言(1992年)、南北間の板門店宣言(2018年)、米朝首脳共同声明(2018年)などにおいて、繰り返し非核化への共同意志が表明されてきたにもかかわらず、今日までその実現をみていない歴史を厳粛に見つめ直し、

　これらの共同声明や共同宣言の背後には、朝鮮半島の持続的な平和と統一を希求する人民の強い願いがあること、安全の保証をともなう朝鮮半島の非核化がそのための重要な第一歩であることを再確認し、

　一方、日本においては、国是とされる非核三原則が1967年以来確立するとともに、核兵器廃絶への強い世論が存続してきたことを再確認し、

　さらに、朝鮮半島と日本を含む北東アジア地域に深く関係する6か国が、朝鮮半島の非核化に関

する共同声明（2005年9月）を発し、「北東アジア地域における安全保障面の協力を促進するための方策について探求していくことに合意した」ことを想起し、

また、世界にはすでに5つの地域において、それぞれの地域に特有な歴史と地域環境を反映した条約の制定によって非核兵器地帯が設立されていることを想起し、

したがって、地域の関係国の自発的合意に基づいて北東アジア非核兵器地帯を設立することは、歴史的経緯から極めて自然な希求であるという認識を共有し、

一方、過去の一時期においてこの地域で行われた侵略戦争と植民地支配、その後始まった朝鮮戦争が休戦状態のまま今日に至っている歴史の過程において発生したさまざまな困難を直視し、

同時に未来に向かってそれらを克服するために積み重ねられてきた地域内諸国家の歴代の政府による努力を想起し、

それらの中における最良のものを継承しつつ、その基礎の上に地域諸国家の友好と平和的協力をさらにいっそう発展させることの重要性を痛感し、

非核兵器地帯の設立が、そのような地域的な協調的安全保障を築くために優先されるべき第一歩であると固く信じ、

同時に、非核兵器地帯の設立には、朝鮮戦争の終結と平和条約の締結、経済・エネルギー協力に関する地域的なメカニズムの設立、常設の北東アジア安全保障協議会の設置などを同時的に追求する包括的アプローチが必要であることを認識し、

北東アジア非核兵器地帯の設立が、1997年に発効した「化学兵器の開発、生産、貯蔵及び使用の禁止並びに廃棄に関する条約」、また1972年に発効した「細菌兵器及び毒素兵器の開発、生産及び貯蔵の禁止並びに廃棄に関する条約」を初めとする、すでに存在する国際的軍縮・軍備管理条約への普遍的な加盟と遵守を、この地域において促進するであろうことを希求し、

その設立が、1970年発効の「核兵器の不拡散に関する条約」（NPT）第6条に規定され、1996年7月8日に出された国際司法裁判所の「核兵器の使用と威嚇に関する合法性」に関する勧告的意見によって再確認された核軍縮に関する義務の履行の促進に貢献するであろうことを信じ、

さらに、その設立は、その他多くの国際条約や国際機関の決議に具現されてきた、検証を伴う核兵器の全面的禁止と完全廃棄を求める世界の人民の熱望を一日も早く実現するための一つの追加的な貢献となることを確信し、

次のとおり協定した。

第1条　用語の定義

本条約及びその議定書の適用上、

（a）「北東アジア非核兵器地帯」とは、朝鮮民主主義人民共和国、日本および大韓民国の領域で形成される地域を意味する。

（b）「領域」とは、領土、内水、領海、これらの海底及び地下、並びにこれらの上空を意味する。

（c）「地帯内国家」とは、朝鮮民主主義人民共和国、日本および大韓民国を意味する。

（d）「近隣核兵器国」とは、NPT条約上の核兵器国のうち中華人民共和国、ロシア連邦およびアメリカ合衆国を意味する。

（e）「締約国」とは、「地帯内国家」と「近隣核兵器国」とを合わせた6か国のうち、本条約の規定にしたがって批准書を寄託した国家を意味する。

（f）「核爆発装置」とは、その使用目的を問わず、核エネルギーを放出することのできる、あらゆる核兵器またはその他の爆発装置を意味する。その中には、組み立てられていない形及び部分的に組み立てられた形における核兵器または爆発装置は含まれるが、それらの輸送または運搬手段がそれらと分離可能であり、かつそれらの不可分の一部をなしていない場合は、含まれない。

（g）「放射性物質」とは、国際原子力機関（IAEA）の勧告するクリアランス・レベルまたはイグゼンプション・レベルを超える放射性核種を含む物質を意味する。

（h）「放射性廃棄物」とは、IAEAの勧告するクリアランス・レベルを超える濃度または放射能をもった放射性核種を含む物質、あるいはそれで汚染された物質であり、いかなる利用価値も予想され

ない物質を意味する。

（ⅰ）「核物質」とは、IAEA憲章第20条において定義され、IAEAによって折に触れて修正された、あらゆる原料物質、あるいは特殊核分裂性物質を意味する。

（ⅰ）「核施設」とは、発電用原子炉、研究用原子炉、臨界施設、再処理施設、核燃料加工施設、使用済み燃料貯蔵施設、核燃料廃棄物貯蔵施設、その他すべての相当量の核物質、照射された核物質、放射性物質、または放射性廃棄物が存在する施設を意味する。

（k）「過渡段階」とは、本条約の履行において、発効後、朝鮮民主主義人民共和国が本条約で合意された方法にしたがって、保有する核爆発装置およびその製造施設、さらにまた核爆発装置のために使用可能な核物質を完全に廃棄、あるいは不可逆的に転換、あるいは国際的査察下に置くまでの段階を意味する。条約発効後10年の期間と定める。(注1)

（l）「最終段階」とは、本条約が発効したのち、過渡段階を終えた後の条約履行段階を意味する。

第2条　条約の適用

1. 別段の規定がない限り、本条約及び議定書は「北東アジア非核兵器地帯」に適用される。

2. 領土に関する争いがある場合、本条約のいかなる規定も、領有権の解釈に関する現状を変更するものではない。

3. 本条約のいかなる規定も、海洋の自由に関する国際法上の国家の権利または権利の行使を害するものではなく、どのような形においても影響を与えるものではない。

4. 地帯内国家の領域内にある近隣核兵器国の管理下にある軍事施設もまた「北東アジア非核兵器地帯」の一部として条約の適用を受ける。

5. 本条約は、地帯内国家が本条約発効以前に締結した他の国際条約（以下「既存の条約」）のもとにおける締約国の権利と義務に影響を与えない。本条約の締約国は、本条約に定められた核爆発装置に関する基本的義務に合致して、「既存の条約」を履行することができる。

第3条　最終段階における、核爆発装置と安全の保証に関する基本的義務

1. 地帯内国家の義務

地帯内国家は、次のことを約束する。

（a）北東アジア非核兵器地帯の内であるか外であるかを問わず、核爆発装置の研究、開発、実験、製作、生産、受領、保有、貯蔵、配備、使用を行わない。

（b）NPT加盟の非核兵器国として、NPTを順守する。

（c）他の国家、あるいは国家以外の集団や個人が、地帯内国家の領域内において、本条1項（a）記載の行為を行うことを禁止する。

（d）国連憲章の定めに合致して締約国への武力攻撃を行わない。

（e）自国の安全保障政策のすべての側面において、核爆発装置に依存することを完全に排除する。

（f）1945年の原子爆弾投下が都市や市民に与えた被害の実相を、現在及び将来の世代に伝達することを含め、核軍縮の緊急性に関する教育の世界的普及に努力する。

2. 近隣核兵器国の義務

近隣核兵器国は、次のことを約束する。

（a）地帯内国家に対して核爆発装置を用いた武力攻撃や攻撃の威嚇を行わない。

（b）国連憲章の定めに合致して、地帯内国家から近隣核兵器国への武力攻撃がない限り、地帯内国家に対していかなる武力攻撃も行わない。

（c）地帯内国家に対する本条1項の諸義務を尊重し、その履行の妨げとなるいかなる行為にも寄与しない。

（d）北東アジア非核兵器地帯において、核爆発装置を搭載する船舶または航空機を寄港、着陸、領空通過、または無害通行権または通過通行権に含まれない方法によって地帯内国家の領海を一時通過させない。

（e）NPT第6条を含む国際合意にしたがい、核兵器完全廃棄への交渉を誠実に追求し、かつ出来

るだけ早期に合意を達成する。

第4条　過渡段階における締約国の義務

1. 締約国は、以下の本章第2項から第5項に特定された過渡段階における義務のほか、第3章に定められた最終段階における義務のうち過渡段階においても適用可能な義務を履行しなければならない。

2. 朝鮮民主主義人民共和国は、別に合意した付属書「過渡段階における核爆発装置などの廃棄」(以下、「過渡段階付属書」)(注2)に述べられた段階と時間枠にしたがって、保有する核爆発装置およびその製造施設、さらにまた核爆発装置のために使用可能な核物質を完全に廃棄あるいは不可逆的に転換しなければならない。

3. 朝鮮民主主義人民共和国以外の地帯内国家は、非核兵器国家としてNPT条約の順守を継続しなければならない。

4. 近隣核兵器国は、地帯内国家からの武力攻撃がないかぎり、すべての地帯内国家に対していかなる武力攻撃も武力攻撃の威嚇も行わない。

5. 締約国は、過渡段階付属書の履行を含め、過渡段階における各国の義務遵守に関して協議し、実行し、結果を検証するために「過渡段階委員会」を設立する。

　　(a) 委員会は、第8条において設置される「北東アジア非核兵器地帯条約委員会」の下に置かれる下部機関であり、原則として過渡段階の期間で任務を終了する。

　　(b) 委員会は、締約国を代表する委員1名とそれを補佐する複数の随員により構成される。

　　(c) 年に1回の定例委員会を開催する。

　　(d) 締約国の1つからの要請があれば、速やかに緊急委員会を開催する。

　　(e) 事務局は、1年ごとの持ち回りで締約国が担う。

第5条　原子力の非軍事的利用 (略)
第6条　放射性物質の海洋投棄と空中放出 (略)
第7条　核施設への武力攻撃の禁止 (略)
第8条　北東アジア非核兵器地帯委員会の設立

　過渡段階と最終段階を含む本条約の履行を確保するために北東アジア非核兵器地帯条約委員会(以下、「条約委員会」と言う)を設立する。(略)

第9条　執行委員会の設立 (略)
第10条　管理制度の確立

1. 本条約に基づく締約国の義務遵守を検証するために管理制度を確立する。但し、過渡段階付属書に定められた義務の履行を含め、過渡段階における義務の遵守は、第4条5項にしたがって、過渡段階委員会が管理する。(略)

第11条　署名、批准、寄託および発効

1. 本条約は、中華人民共和国、朝鮮民主主義人民共和国、日本、大韓民国、ロシア連邦、およびアメリカ合衆国による署名のために開放される。(略)

第12条　留保の禁止 (略)
第13条　条約の改正

1. すべての締約国は、「過渡段階付属書」、「管理制度に関する付属書」を含む本条約およびその議定書の改正を提案することができる。(略)

第14条　再検討会議 (略)

第15条　紛争の解決（略）
第16条　有効期間（略）

出典：英語版が「北東アジア非核兵器地帯設立をめざすC3＋3国際市民連合」のHPにある。
https://www.3plus3.org/book-online
アクセス日：2024年3月15日

第5章

核軍縮・不拡散：
イランおよび中東

1. 解題

イラン核合意再建交渉の行き詰まりが
逆照射するイスラエルの核問題

役重善洋（同志社大学人文科学研究所嘱託研究員）

2023年、イラン核問題をめぐる国際環境は、劇的に変化した。中でも3月のサウジアラビア・イランの国交正常化合意と10月のパレスチナ・ガザ抵抗勢力による越境攻撃を機にしたイスラエルの大規模ガザ攻撃開始は、いずれも米国の覇権後退が進む中東政治の流動化を象徴するものであった。2023年は、イラン核合意再建が中東地域全体の権力再編の動向と密接不可分の課題であることがいよいよ明確になった1年といえる。

2023年の米・イラン間接協議

2022年8月のウィーン協議以降、長らく途絶えていたイラン核合意再建への期待は、すべての当事者において縮小しつつあることは否定し得ない。しかし、そうした中においても、交渉の機運が完全に失われたわけではない。2023年5月には、オマーンの仲介により首都マスカットでイランと米国との間接協議が行われたことが翌月明らかにされた。また、並行してカタルによる仲介努力も続いており、これにより9月に5名ずつの人質交換と在韓国イラン資産60億ドルの条件付き凍結解除で合意がなされ、実行に移された。またイランは、6月から11月まで60％濃縮ウランの生産量をそれまでの月9キロペースから3キロペースに減産するというかたちでも、核合意再建への意志を示していた。

これらの動きの背景として、4月、大統領選に正式立候補を決めたバイデン大統領の支持率が4割を切るという状況の中、中国の仲介によるサウジ・イランの和解という外交的失点を取り返す必要があった米国の事情を指摘できる。他方、イランにとっては、経済的理由に加え、核合意を潰したトランプ政権の復活はなんとしても阻止したいという政治的計算が働いたと考えられる。また、仲介をしたオマーンやカタルにとって、イランはアラブ諸国とともに重要な貿易相手国であり、制裁解除は経済的利益に直結するものであった。

「未申告施設における核活動」問題

前節のような動きはあったものの、核合意再建に向けた動きが本格化しなかった直接的な原因として挙げられるのが、「過去の未申告の核活動」問題である。イランの核開発問題は2002年に反体制派が核開発計画を暴露したことに始まり、以来「過去の核活動」の解明は、イラン核合意の対象となる「現在の核活動」にいかに対処するかという問題と連動し続けてきた。

2015年7月の核合意成立を受け、同年12月、IAEAは過去の問題に関する議論を終了する決定を行った。しかし、2018年4月にイスラエルがイランから盗み出したと主張する過去の核開発に関する資料を発表し、問題が再燃することとなった。翌月には米

国が核合意からの離脱を決定、その1年後、イランは核合意の定めるウラン濃縮規制の履行を段階的に停止するプロセスに入った。

その後、イスラエルから提供された資料にもとづくIAEAの調査で、未申告施設の3か所で人為的に生成されたウラン粒子が検出された。その由来についての説明を求めるIAEAとウラン粒子は外部から持ち込まれたとしか考えられないとするイランとの間で溝が深まった。イランは、西側諸国がIAEAの場を使ってこの問題を政治的に悪用しているとして、2022年の夏にウィーンで行われた交渉で、未申告核活動問題の追及を終結することを核合意再建への合意条件に加えた。西側諸国、とりわけ核合意当事国の英独仏米4か国はこの問題と核合意再建問題とは別のことだとしてイランの姿勢に強く反発した。

IAEA理事会は2022年に2度この問題でイラン批判決議を採択し、その都度イランは監視カメラの撤去や60％濃縮ウランの製造開始といった強力な報復措置を取ってきた。2023年は理事国の構成が変わり3分の2の賛成を取ることが困難になったためか、IAEA理事会のイラン批判決議は出ていないが、英仏独米4か国は9月の理事会で加盟国63か国の連名による声明発表を主導し、「未申告核活動問題」に関してイランを批判した（**本章4**）。イランは、これに対しても査察官のおよそ三分の一に対する指名取消しで応じた（**本章5**）。

ガザ情勢と「中東非核地帯構想」

10月以降のイスラエルによるガザ攻撃の激化は、成立直前と言われていたイスラエルとサウジアラビアの国交正常化の可能性を吹き飛ばしただけでは済まず、イラン核合意再建の機運も消失させてしまった。11月5日にはイスラエルのエリヤフ・エルサレム問題遺産相が、ガザ地区への原爆投下

も選択肢だと発言し、国際的非難を浴びた。

ガザ住民に対するイスラエルの非人道的な殺戮行為は、中東地域の政治的空気に大きな影響を与え、同月13日から17日にかけて開催された中東非核・非大量破壊兵器地帯会議第4セッションでは、サウジアラビアを含めた中東諸国の多くがイスラエル閣僚の発言を、同国のNPT不参加の姿勢とともに厳しく批判した。会議の報告文書においても、これまでの3回の会議では慎重に避けられていたイスラエルに対する名指しの批判・要求が4パラグラフにわたって記述された（**本章7**）。

なお、この会議で、カタルは2024年中にドーハでこの会議のサイドイベントを開催することを発表した。同国は、行き詰まり状態にあったイランと米国との間接協議の仲介役を担っただけでなく、11月のハマースとイスラエルの人道的休戦合意に際しても中心的な役割を果たした。全方位外交を生存戦略とする小国カタルのイニシアチブが注目される。

イラン核合意の行方

現在のパレスチナ情勢が示していることは、西側諸国のイスラエルに対するダブルスタンダードを放置したままで中東における平和と安定を実現することはできないということである。イスラエルの核問題を解決することなくイランの核開発のみを問題視する現在の西側諸国のアプローチは構造的な行き詰まり状態にあり、より包括的なアプローチが求められている。とりわけ、「中東非核地帯構想」の法的根拠となる1995年のNPT再検討・延長会議で採択された中東決議が、NPTの無期限延長によって固定化されかねない核管理体制のダブルスタンダードへの対抗的な意味を持っていたことを思い起こすことは重要であろう。（やくしげ よしひろ）

2. 米国のイラン核合意離脱後の情勢推移

　　2021年4月以降、イラン核合意再建に向けた米国とイランとの間接協議は断続的に続けられてきた。当初EUの仲介で行われてきた協議は2022年夏には行き詰まり状態となったが、2023年に入り、中東地域の緊張緩和を望むカタールやオマーンなど湾岸の小国の仲介による交渉が試みられてきた。しかし、10月以降のイスラエルによるガザ攻撃の激化は、交渉妥結に向けた機運を当面は消失させてしまった。

❖イラン核問題に関する年表（米JCPOA離脱以後）❖

2018年

5月8日	米国がJCPOA離脱を宣言。
8月7日	米国が対イラン制裁再開。

2019年

5月8日	イランがJCPOAの履行の一部停止を表明。

2020年

1月3日	バグダッドの国際空港で、米軍がイラン革命防衛隊のソレイマニ司令官らを無人機攻撃で殺害。
1月5日	イラン、ウラン濃縮活動を無制限に進める方針を表明。
11月27日	テヘラン近郊で核科学者モフセン・ファクリザデが暗殺される。
12月2日	イラン国会、2月21日までに制裁解除がなければ、ウラン濃縮率を20%まで引き上げ、「追加議定書」の履行を停止するとした「制裁解除促進法」を採択。

2021年

2月23日	イラン、IAEA保障措置協定の継続と追加議定書の暫定適用停止を発表。
4月6日	ウィーンにてJCPOA合同委員会の枠組みでイラン・米国の間接協議開始。
6月18日	イラン大統領選挙。ライシ師当選。

2022年

3月5日	IAEAグロッシ事務局長、イランでエスラミ原子力庁長官と会談。未申告の核物質につき3月20日までにイランが回答するとした共同声明発表。
6月8日	IAEA理事会、未申告施設での核物質検出問題に関し、イラン非難決議を採択。ロシア・中国は反対。
6月9日	イラン原子力庁、IAEAが設置したウラン濃縮施設の監視カメラの停止決定を発表。
6月28日	カタールのドーハでJCPOA再建を巡るイランと米国の間接協議（～29日）。進展はなし。
8月4日	ウィーンでEUの仲介による核合意再建に向けた米・イラン間接交渉が再開。
8月29日	ライシ大統領、経済制裁の完全解除と、NPT保障措置協定に関する問題解決が実現しない限り核合意完全実施には応じないと記者会見で発言。
11月17日	IAEA理事会、未申告施設での核物質検出に関するイランの対応を非難する決議を採択。
11月22日	グロッシIAEA事務局長、イラン中部フォルドゥの施設での60%濃縮ウラン製造開始を報告。英仏独は共同で非難声明。

2023年

2月16日	中国の習近平国家主席とイランのライシ大統領、イラン核合意復活に向け、制裁の全面解除を求める共同声明。
2月28日	IAEA、四半期報告書で、イランの核施設で濃縮度83.7%の高濃縮ウランが見つかったと報告。

3月4日	グロッシIAEA事務局長とイランのライシ大統領、共同声明を発表。未申告施設での核開発疑惑問題等に関する協力で合意(**本章3**)。
3月10日	サウジアラビアとイラン、中国の仲介により、2か月以内の外交関係正常化で合意。
3月23日	シリア北東部の米軍基地がドローン攻撃を受け、米国人請負業者1名が死亡。米軍は報復としてイラン革命防衛隊関連施設を空爆。
4月4日	イスラエルのバラク元首相、イスラエルの核兵器保有を認めるツイート。
5月7日	アラブ連盟、2011年以来、加盟資格を停止していたシリアの連盟復帰を発表。
5月25日	国営イラン通信、イスラエル攻撃が可能な射程2000kmの新型弾道ミサイル発射試験に成功と報道。
5月31日	IAEA、イランの濃縮度60%ウラン貯蔵量を114.1kgと推定する報告書。前回調査時から26.6kg増。
6月6日	英仏独3国と米国、IAEA理事会でイランの核活動を非難する声明。
6月12日	イラン外務省報道官、数週間前にオマーンの提案を受け、米国と間接協議を行ったことを明かす。
6月20日	イラン外相、カタール、オマーン、クウェイト、UAEの4か国を歴訪(〜22日)。
7月4日	第23回上海協力機構(SCO)首脳会議(オンライン開催)で、イランが同機構に正式加盟。
7月7日	来日中のグロッシIAEA事務局長、イラン核合意再建への動きが「完全に止まっている」と会見で発言。
7月17日	米国防総省、イランに対抗するため新たに駆逐艦と戦闘機を中東へ派遣することを発表。
8月7日	林外相、訪日中のアブドラヒアン・イラン外相と会談。核合意再建に向け建設的対応求める。
8月10日	米国とイラン、囚人交換や韓国にある約60億ドルのイラン資産凍結解除で合意。
8月11日	米紙、イランが核兵器級に近い濃縮ウランの蓄積ペースを大幅に減速させ、備蓄ウランの一部を希釈したと報道。
8月17日	イランのアブドラヒアン外相、サウジアラビアを訪問、ファルハーン外相とリヤドで、ムハンマド皇太子とジェッダで個別に会談。
8月24日	BRICS首脳会議(於ヨハネスブルク)でイラン等6か国の2024年からのBRICS正式加盟を発表。
9月14日	欧州諸国など63か国、IAEA理事会で未申告の核物質問題などへの対応をイランに求める共同声明を発表。イランは反論(**本章4**)。
9月16日	グロッシIAEA事務局長、同機関査察官の一部受け入れを取り消すとのイランの通知に対し批判声明(**本章5**)。
9月18日	イランと米国、カタールの仲介により、囚人各5人を互いに解放。米国は在韓国のイラン資産凍結を解除。
10月7日	パレスチナ抵抗組織ハマス、イスラエルに対する大規模越境攻撃。イランは攻撃支持を表明。
10月18日	イラン核合意における核・ミサイル開発関連制裁解除日。先だって英仏独は制裁継続を表明。
11月5日	イスラエルのエリヤフ・エルサレム問題遺産相、ガザ地区への原爆投下も選択肢と発言し停職処分。
11月13日	ニューヨークの国連本部にて第4回中東非核非大量破壊兵器地帯会議開催(〜17日)。
11月15日	IAEA、イランが60%濃縮ウランを推定128.3kg貯蔵しているとする四半期報告書を発表。
11月22日	IAEA定例理事会でグロッシ事務局長、核開発を進めるイランの監視受け入れが進んでいないとして「深刻な懸念」を表明。
12月7日	イランのライシ大統領、モスクワでプーチン大統領と会談、2国間関係強化で一致。
12月15日	中国の王毅外相、北京でサウジ、イランの高官と3者会談。
12月25日	イラン革命防衛隊のムサビ准将、シリア首都ダマスカス郊外でミサイル攻撃で死亡。
12月26日	グロッシIAEA事務局長、イランが6月から実施していた高濃縮ウランの生産量削減を撤回し、11月末以降、増産に転じたと加盟国に報告。

3. イラン・IAEAハイレベル会談での共同声明

2018年にイスラエルがイランから核開発関連資料を秘密裏に盗み出したこと（イランは捏造と主張）を発端としてIAEAが行った未申告施設での査察で核物質が検出され、イランの「過去の核活動」が再問題化される中で出された声明。

❖イラン原子力庁（AEOI）と国際原子力機関（IAEA）との共同声明❖

2023年3月4日

　IAEA事務局長ラファエル・マリアーノ・グロッシ閣下は、2023年3月3日と4日にイラン・イスラム共和国を訪問した。その訪問の中で、彼はイラン・イスラム共和国大統領イブラヒム・ライシ閣下および外務大臣ホセイン・アミール＝アブドラヒアン閣下、副大統領兼イラン原子力庁（AEOI）長官ムハンマド・エスラミ閣下と会談した。

　これらのハイレベル会談では、協力の強化を促すとともに未解決の保障措置問題の解決促進のための措置を講じることの重要性について議論された。（略）

　AEOI と IAEA は以下の点で合意した。

・IAEAとイラン間の交渉は、協力の精神に基づき、また包括的保障措置協定に基づくIAEAの権限とイラン・イスラム共和国の権利と義務に完全に準拠して行われる。

・3か所に関連する懸案の保障措置問題に関して、イランは、協力を継続し、懸案の保障措置問題に対処するためのさらなる情報とアクセスを提供する用意があると表明した。

・イランは自主的に、IAEAがさらに適切な検証・監視活動を実施することを許容する。テヘランで間もなく開催される技術会議の過程で、双方の間で方式が合意されることになる。

出典：国際原子力機関HP（原文英語）
https://www.iaea.org/newscenter/pressreleases/joint-statement-by-the-atomic-energy-organization-of-iran-aeoi-and-the-international-atomic-energy-agency-iaea
アクセス日：2024年3月25日

4. IAEA理事会における63か国共同声明とイランの反論

9月のIAEA理事会で「未申告核物質」に関し63か国を代表するかたちでデンマーク大使がイラン批判声明を発表した。イランは即日、抗議声明を発表した。

❖イランとのNPT保障措置協定：IAEA理事会における国際共同声明❖

2023年9月14日

　議長、ありがとうございます。私は、EU全加盟国を含む、すべての地域グ

ループに属する63か国のグループを代表して、この声明を発表します。（略）

我々は、過去10ヶ月間、イランが、同国の未申告の場所で当機関が発見した人為的起源をもつウラン粒子の存在について、技術的に信頼できる説明をいまだに提供していないことに留意する。我々は、事務局長が、「イランの核計画が専ら平和的なものであるとの保証を提供する立場にあるためには、未解決の保障措置の問題を解決する必要がある」と改めて報告したことを強調する。（略）

我々はイランに対し、事務局長が指摘した以下の問題に対処する法的義務を果たすため、直ちに行動することを求める。

１．イラン国内の未申告の場所で検出された核物質に関する未解決の保障措置問題（核物質および／または汚染された機器の現在の場所についてイラン原子力庁に通知することを含む）。

２．イスファハン・ウラン転換施設（Jabr Ibn Hayan 研究所に由来）において当機関が確認した核物質の量と、イランが申告した量との不一致。

３．要求される初期設計情報の提供を含む、イランによる保障措置協定の付属取り決めの修正コード3.1の履行。

この問題に関するIAEAの公平かつ専門的な作業に感謝する。事務局長に対し、この問題について引き続き理事会に報告するよう要請する。

出典：英国政府HP（原文英語）
https://www.gov.uk/government/news/international-joint-statement-at-iaea-board-of-governors-on-npt-safeguards-agreement-with-iran
アクセス日：2024年4月12日

❖イラン外務省記事「イラン外務報道官、IAEA理事会と西側諸国による反イラン共同声明を非難」❖

2023年9月14日

イラン外務省のナセル・キャナアーニー報道官は、IAEA理事会と一部反イラン西側諸国が、水曜日（訳者注：9月13日）に開かれた会議において発表されたイランに対する共同声明に反論した。

キャナアーニー氏は、「英独仏米を中心とする声明は、イランのIAEAとの協力（のあり方）を批判しているが、今年に入ってからの交流により、イランとIAEAは、2023年3月の共同声明に基づき、協力の強化においてかなりの進歩を遂げ、その結果、イランとIAEAの間のいくつかの技術的な問題は解決されてきた」と述べた。（略）

「これらの問題は主に政治的なものであり、イランとIAEAの協力関係改善の障害となっているため、解決されなければならない」とキャナアーニー氏は述べた。

外務省報道官は、「イラン・イスラム共和国に対して特定の動機と立場を持つ英国とドイツ、フランス、米国が、イランとIAEAとの間の技術的協力を政治行動の根拠として利用し、IAEAと保障措置制度を擁護するという名目の下

に理事会でキャンペーンを行うことで、イラン・イスラム共和国とIAEAとの誠実な協力に関する事実を歪めようとしていることは哀れなことだ」と付け加えた。（略）

イラン外務報道官は、「イラン・イスラム共和国は、欧州3か国の政治的な動きに対し、できるだけ早い時期に相応の対応を示し、IAEA事務局長はそのことについて通知を受けるであろう」と強調した。また、「間違いなく、IAEA理事会でイラン・イスラム共和国に政治的圧力をかけることは悪影響を及ぼすだろう」と付け加えた。

出典：イラン外務省HP（英語サイト）
https://en.mfa.gov.ir/portal/newsview/729360
アクセス日：2024年4月12日

5．査察官指名取消しをめぐるIAEA・イランの応酬

　2023年9月16日、イランが査察官数名の指名取消しを通知してきたことをIAEAは強い言葉で批判している。背景には、イランの外務報道官の反論にもあるように、9月13日に開催されたIAEA理事会で英仏独米の4か国が「未申告施設での核物質」の問題を追及したことがある。イラン側報道によると、指名取消しを受けた査察官の国籍はドイツとフランスだという。

❖イランにおける検証に関するIAEA事務局長声明❖

2023年9月16日

今日、イラン・イスラム共和国（イラン）は、NPT保障措置協定の下でイランにおける検証活動を行うために任命された当機関のベテラン査察官数名について指名取消しの決定を私に伝えた。これは、最近あったもう一件の、イランに対する当機関の経験豊富な査察官の指名取消しに続くものである。

これらの査察官は最も経験豊富な当機関の査察官であり、濃縮技術に関する変えがたい知識をもっている。彼らは当機関の補償措置の下に置かれているイランの濃縮施設で重要な検証作業を行ってきた。

今日の決定により、イランは、イランのために指名された当機関の最も経験豊富な査察官の中心グループの三分の一を事実上排除した。

この措置は、NPT保障措置協定において公式に認められているものではあるものの、IAEAがイランにおいて効果的に査察を行う能力に直接的かつ深刻な影響を与えるかたちで、イランによって行使された。

私は、イランにおけるIAEAによる検証活動の正常な計画と実施に影響を与え、IAEAとイランの間に存在すべき協力にあからさまに矛盾する、この不相応かつ前例のない一方的措置を強く非難する。

この大変遺憾なイランの決定は、誤った方向へのさらなる一歩であり、NPT保障措置協定の履行においてすでに緊張しているIAEAとイランの関係に不必要な打撃を与えるものである。(略)

　私はイラン政府に対し、その決定を再考し、当機関との協調路線に戻るよう求める。また、イランの最高当局に対し、早急に私と連絡を取り、軌道修正し、未解決の保障措置問題を完全に解明するために当機関と協力するよう求める。

ラファエル・マリアーノ・グロッシ IAEA事務局長

出典：国際原子力機関HP（原文英語）
https://www.iaea.org/newscenter/pressreleases/iaea-director-generals-statement-on-verification-in-iran-0
アクセス日：2024年3月25日

❖イラン外務省記事「外務報道官は、イランによるIAEA査察官指名取消しに関するIAEA事務局長声明に反論」❖

2023年9月16日

　イラン外務省のナセル・キャナアーニー報道官は、イラン・イスラム共和国による国際原子力機関（IAEA）のベテラン査察官数名への指名取消しの動きについてラファエル・グロッシIAEA事務局長が出した声明に対し、次のように反論した。

　キャナアーニー氏は、次のように述べた。「残念ながら、イラン・イスラム共和国のIAEAとの積極的かつ建設的で継続的な交渉にもかかわらず、欧州3か国と米国は、過剰な要求をもって、イランとIAEAの間の協力の雰囲気を潰すという自らの政治的目標のために理事会の雰囲気を利用した」と述べた。

　さらに彼は、「イランはすでに、理事会の議論に政治問題を持ち込もうとするなどの政治的悪用がもたらす影響に警鐘を鳴らしてきた」と付け加えた。

　イラン外務省の報道官は、イランの今回の動きは、イランとIAEA間の包括的保障措置協定（INFCIRC214）の第9条に規定された主権的権利に基づくものであると強調した。

　また、イラン・イスラム共和国は、欧米諸国がIAEAを含む国際機関を悪用する政策を慎み、それらの機関が政治的圧力を受けることなく、専門的かつ公平な活動を行えるようにすることを期待していると述べた。

　キャナアーニー氏は、IAEAの中立性の重要性を強調し、イラン・イスラム共和国は、合意された協定の枠内で積極的な協力を続けていくと述べた。

出典：イラン外務省HP（英語サイト）
https://en.mfa.ir/portal/newsview/729373/Foreign-Ministry-Spokesman-reacts-to-IAEA-chief%E2%80%99s-statement-on-Iran%E2%80%99s-withdrawal-of-designation-of-agency-inspectors
アクセス日：2024年3月25日

6. イラン核問題合意文書（JCPOA）

　2015年7月、イランとE3/EU＋3（英仏独＋米中露）は、2002年に発覚したイランの核開発疑惑の解決に向けた交渉で最終合意に達した。その合意文書が「共同包括的行動計画」（JCPOA＝Joint Comprehensive Plan of Action）であり、しばしば「イラン核合意」と呼ばれる。2018年、米国が一方的にJCPOAを離脱し、核合意の将来が危ぶまれてきた。2021年のバイデン政権誕生により米国のJCPOA復帰に向けて交渉が始まったが、予断を許さない状態が続いている。

❖共同包括的行動計画（JCPOA）（抜粋）❖

2015年7月14日、ウィーン

序

　E3/EU+3（中国、フランス、ドイツ、ロシア、英国、米国、そして、EUの外務・安全保障政策担当上級代表）とイランは、この歴史的な共同包括的行動計画（JCPOA）を歓迎する。この行動計画は、イランの核計画が平和目的に徹することを保証し、この問題に関する関係国のアプローチの根本的な転換をもたらすであろう。関係国は、JCPOAの完全な履行は地域と国際の平和と安全に寄与すると期待する。イランはいかなる場合にも、どのような核兵器も求めず、開発せず、入手しないことを再確認する。

　イランは、このJCPOAが、科学的かつ経済的な考察に沿い、JCPOAに準拠し、信頼を築き国際協力を奨励する見通しをもって、イランが平和目的に徹した固有の核計画を進めることを可能にするであろうと期待する。この文脈で、JCPOAに述べられている最初の相互的に決められた制限のあとには、濃縮活動を含むイランの平和的核計画が、平和目的に徹し、かつ国際的な核不拡散規範に合致した商業的活動へと、合理的なペースで段階的に進むことになる。

　E3/EU+3は、このJCPOAの履行により、イランの核計画が平和目的に徹した本性をもつことについての信頼を徐々に高めることができると期待する。JCPOAは、濃縮活動や研究開発を含むイランの核計画の範囲について合意された制限とともに、実際の必要に沿って相互に決定されたパラメーターを反映している。JCPOAは、透明性と検証を提供する包括的な手段などによって、E3/EU+3の懸念に対処する。

　JCPOAは、イランの核計画に関係する全ての国連安保理による制裁に加え、多国間及び単一国による制裁の包括的な解除をもたらす。それには、貿易、金融、エネルギー分野におけるアクセスに関する措置が含まれる。

前文および総則

ⅰ、ⅱ　（略）

ⅲ　イランはいかなる状況下においても、いかなる核兵器をも求め、開発し、または取得しないことを再確認する。

ⅳ　イランがJCPOAを成功裏に履行すれば、イランは、NPTの下で平和目的での核エネルギーの権利を全面的に享受する、

ⅴ　JCPOAは、イランの核開発に関連する多国間及び各国による制裁のみならず、国連安全保障理事会のすべての制裁の包括的解除をもたらすであろう。

ⅵ～ⅷ　（略）

ⅸ　JCPOAの履行を監視するため、E3/EU+3とイランからなる合同委員会が設置され、JCPOAに規定された役割を果たす。

ⅹ　IAEAは、JCPOAに詳述される自主的な核関連措置を監視・検証するよう求められる。

ⅺ～ⅹⅵ　（略）

イランおよび E3/EU+3 は、JCPOA および附属文書に記載された時系列に従い、以下の自発的措置をとる。

核

A．濃縮、濃縮の研究と開発、備蓄

1　イランの長期計画は、最初の8年間における特定の研究と開発（以下「R＆D」）活動への一定の制限を含む、あらゆるウラン濃縮及びウラン濃縮関連活動に関する合意された制限を含んでおり、その後、平和目的に限った濃縮活動の次の段階に向け、合理的なペースで、漸進的にすすむ。

2　イランは、IR-1遠心分離機の10年以内の段階的削減を開始する。同期間中にイランは、ナタンズにおける濃縮能力として、IR-1遠心分離機を、5060基を上限として維持する。ナタンズでの過剰な遠心分離機及び濃縮関連設備はIAEAの継続的な監視の下で保管される。

3　イランは、濃縮に関するR＆Dを、濃縮ウランを蓄積しないような方法で継続する。

4　IR-1遠心分離機の段階的削減の期間中、イランは、付属文書Ⅰに示したものを除いて、他の種類の遠心分離機を製造もしくは組み立てしない。

5　イランは、その長期計画に基づいて、15年間、ナタンズ濃縮施設に限定してウラン濃縮関連活動（完全に保障措置されたR＆Dを含む）を実行する。ウラン濃縮のレベルは最高3.67％に維持する。また、フォルドウでは、いかなるウラン濃縮及びウラン濃縮R＆Dも行わず、いかなる核物質も保持しない。

6　イランは、フォルドウの施設を核物理及び核技術センターに転換する。科学共同事業体の形態も含めた国際協力体制が、合意された研究領域において確立される。フォルドウの6つのカスケードを形成する1044基のIR-1遠心分離機はその一翼となる。これら6カスケードの内2つは、ウラン無しで運転され、適切なインフラストラクチャの変更を行ってアイソトープの安定製造装置に転換される。他の4つのカスケードは、関連するすべてのインフラストラクチャを含めて休止状態とする。他のすべての遠心分離機及び濃縮関連インフラは、IAEAの継続的な監視下で撤去・保管される。

7　15年にわたり、イランは六フッ化ウラン（UF6）または同等の他の化学形態で、最高濃縮度3.67パーセントの濃縮ウランの備蓄を、300キロを上限に維持する。

B．アラク、重水、再処理

8　イランは、合意された概念設計に基づき、濃縮度3.67パーセント以下のウラン燃料を使用して、アラクの重水研究炉を再設計、改造する。同研究炉は、平和的な原子力研究と医療用・産業用の放射性同位元素の生産を維持する。再設計・改造されるアラク原子炉は、兵器級プルトニウムを生成しない。

9　イランは、将来の電力を軽水炉に依存し、国際的な技術進歩の動向と歩調を合わせ、必要な燃料供給の保証を含めた、強化された国際協力のもとで研究を進めることを計画する。

10　イランは15年間、追加の重水原子炉や重水の蓄積はしない。

11　イランは、将来と現在のすべての電力用及び研究用原子炉のすべての使用済み燃料を、処理・廃棄のために海外に搬出する意図を有する。

12　イランは、今後15年間、さらにその後の心積もりにおいても、使用済み燃料の再処理や使用済み燃料の再処理が可能な施設の建設について、いかなる取り組みもしない。

C．透明性と信頼醸成措置

13　イランは、追加議定書の第17条b）に従い、暫定的に包括的保障措置協定の追加議定書の適用を受ける。

14　イランは、その核計画に関連する過去及び現在の懸念される論点に対処するための取り決めを含め、IAEAと合意した「過去から現在までの未解決問題解明に向けたロードマップ」を完全に履行する。

15　イランは、IAEAが透明性措置を履行するとともに、自発的措置の履行状況を監視することを容認する。これらの措置には以下を含む：IAEAのイランへの長期的滞在；精鉱プラントでイランによって生産されるウラン精鉱に対する25年間にわたる監視；20年間にわたる遠心分離機のロー

ターとベローズの封じ込め及び査察；オンライン濃縮度測定、電子封印を含む、IAEAが承認し認可した近代的技術の使用；15年間にわたりIAEAのアクセス上の問題を迅速に解決するための、信頼性あるメカニズム。

16 イランは、ウラン及びプルトニウム冶金活動等、核爆発装置の開発に寄与しうる活動は、R＆Dレベルを含め実施しない。

17 イランは、国連安全保障理事会決議によって承認されたJCPOAの調達チャンネルに協力し、それに従い行動する。

制裁

18 JCPOAを承認する国連安全保障理事会決議は、合意された核関連措置の、IAEAの検証を伴うイランによる履行と同時に、イラン核問題に関する既存の安保理決議（決議1696（2006年）、1737（2006年）、1747（2007年）、1803（2008年）、1835（2008年）、1929（2010年）、そして2224（2015年））のすべての条項を解除し、特定の規制を確立するものとなる。

19 EUは、イランが合意された核関連措置についてIAEAの検証を伴う履行を行うと同時にEU規則の核関連の経済・金融制裁諸条項等を解除する。

20 EUは、採択日から8年後、もしくはIAEAがイランの核物質の全てが平和的活動に留まっているとのより広い結論に達した日のいずれか早い日に、EU規則の拡散関連の制裁の履行条項を解除する。

21 米国は、合意された核関連措置のイランによる履行がIAEAによって検証されると同時に、イランとの金融取引の停止等に関する制裁を停止し、その後、停止を継続する。

22 米国は、商業用旅客機及びその部品、関連役務のイランへの販売を許可する。

23 米国は、採択日から8年後、もしくはIAEAがイランの核物質の全てが平和的活動に留まっているとのより広い結論に達した日のいずれか早い日に、核関連物質または役務の調達に関する制裁措置を、米国が他の非核兵器国に対してとっているアプローチに合致するよう解除、もしくは終了させるための適切な法的行動を追求する。

24～33（略）

履行計画

34 履行のためのマイルストーンは以下のとおりである。

ⅰ 妥結日とは、JCPOA の交渉が E3/EU+3 とイランの間で妥結された日。続いて遅滞なく、国連安全保障理事会に JCPOA を承認する決議の提出が行われる。

ⅱ 採択日とは、国連安全保障理事会が JCPOA を承認してから 90 日後、または JCPOA 参加者の相互の合意によって決定される日のどちらか早い方である。その時点で JCPOA が発効する。

ⅲ 履行日とは、核関連措置に関するイランによる履行を検証する IAEA 報告と同時に、EU と米国が制裁解除等を実行する日である。

ⅳ 移行日とは、採択日から 8 年目、あるいは、IAEA がイランに残る核物質が引き続きすべて平和的目的であるとのより広い結論に到達したことを示す報告書を IAEA 事務局長が提出した日のいずれか早い日である。

ⅴ 国連安全保障理事会決議の終了日とは、JCPOA を承認する国連安全保障理事会決議が採択日から 10 年をもって終了する日である。

35 （略）

紛争解決メカニズム

36 イランが、E3/EU+3の一部またはすべての国が本JCPOAの約束を履行していないと信じた場合、イランは問題を紛争解決のための共同委員会に付託することができる。同様に、E3/EU+3のいずれかの国が、イランが本JCPOAの約束を履行していないと信じた場合、E3/EU+3のいずれの国も、問題を共同委員会に付託することができる。共同委員会は、コンセンサスにより期限が

延長されない限り、15日間で問題解決を図る。共同委員会の検討の後、どの当事国も、法令順守の問題が解決されていないと信じるならば、問題を外務大臣に付託することができる。外務大臣は、コンセンサスによって期限が延長されない限り、15日間で問題の解決を図る。共同委員会での検討の後、外務大臣レベルでの再検討と並行して（またはその代わりに）、問題を提起した当事国か、その行動に問題があると指摘された当事国のいずれかは、諮問委員会に問題の検討を依頼できる。諮問委員会は、紛争当事国がそれぞれ指名した各1名と、独立した第三者1名の計3名で構成される。諮問委員会は、15日以内に法令順守の問題について拘束力のない意見を提出しなければならない。この30日間のプロセスで問題が解決されない場合、共同委員会は、問題解決のために諮問委員会の意見を5日以内に検討する。これでも問題を提出した当事国が満足できる解決に至らない場合、そして問題を指摘した当事国が、問題が重大な不履行を含むと考えた場合、その当事国は、問題を本JCPOAによる約束の履行を一部または完全に停止する根拠とすることができる、同時に／あるいは、重大な不履行を含むものとして問題を国連安保理に通告することができる。

37（略）

附属文書 I - 核関連措置（略）／　**附属文書 II - 制裁関連コミットメント**（略）／　**附属文書 III - 民間原子力協力**（略）／　**附属文書 IV - 合同委員会**（略）／　**附属文書 V – 履行計画 1**（略）

出典：国連文書　S/2015/544（原文英語）

---

7. 中東非核・非大量破壊兵器地帯会議・第4セッション

1995年のNPT再検討・延長会議における中東決議と、2010年の同検討会議での「中東決議履行決議」にもとづき、2019年以来開催されている会議の第4回目のセッション。イスラエルによるガザ攻撃という緊迫した状況の中で開催された本会議では、これまで以上にイスラエル批判が強く打ち出された。

❖「中東非核・非大量破壊兵器地帯設立に関する会議」第4セッションの報告書（抜粋）❖

2023年11月20日

1（略）

2. 中東非核・非大量破壊兵器地帯第4セッションが国連本部で2023年11月13日から17日まで開催された。23の会議メンバー、4つのオブザーバー国（中国、フランス、ロシア連邦、英国）と3つの関係国際機関（国際原子力機関（IAEA）、化学兵器禁止機関、生物兵器禁止条約履行支援ユニットがセッションに参加した。参加者リストは次の文書に収められている。

A/CONF.236/2023/INF/4

3〜13（略）

14. 会議参加メンバーは、総合討論における各国声明において、また会議全体を通じて、イスラエルの高位高官によって最近なされた二つの核の威嚇について深い憂慮と非難を明確に述べた。これは、2023年11月5日のイスラエルの遺産大臣によってなされた最も最近の発言、すなわちガザに対して核兵器を使用するとの脅しを含んでいた。参加メンバーは、これらの無責任な発言を明確に非難し、地域的・国際的な平和と安全に及ぼす深刻なリスクについて遺憾の意を表した。

15. 参加メンバーは、それぞれの発言の中で、国連憲章および国連安保理決議487号（1981年）、同687号（1991年）、さらに、国連総会とIAEA総会における様々な関連決議における原則および目的を想起した。彼らは、これらの核による威嚇が、核兵器および他の大量破壊兵器のない中東を実現することの緊急かつ絶対的な必要性を浮き彫りにしたことを強調した。

16. 参加メンバーは、イスラエルに対し、核兵器不拡散条約にただちに加入し、同国の核施設および核活動を、迅速にIAEAとの包括的保障措置協定の下に置くことを要請した。

17. これまでに開催された4つの会議セッションにイスラエルが不参加であることに留意し、参加メンバーは、事務総長が毎年行っている会議参加の招請をイスラエルが受け入れることの必要性を強調した。同会議は、全会一致を原則とする意思決定プロセスを通じ、域内諸国によって自発的に合意された取り決めにもとづき、核兵器及び他の大量破壊兵器のない中東を確立するための法的拘束力のある文書を作成することを目的としたものである。

18〜44（略）

45. 第9回会合において、会議は第5セッションが2024年11月18日から22日に国連本部にて開催されることを決定した。

出典：国連文書　A/CONF.236/2023/4（原文英語）

8. 地図：中東非核・非大量破壊兵器地帯に関する会議構成国

　　以下の地図には、「中東非核・非大量破壊地帯設立に関する会議」の正式の構成国24か国を示した。①〜④は各国が参加した過去の会議セッションを示している。イスラエルは1度も参加していない。

❖中東非核・非大量破壊兵器地帯設立に関する会議の構成国❖

第6章

通常兵器

1. 解題

通常兵器の軍縮・軍備管理の進展と限界

榎本珠良（明治学院大学国際学部准教授）
河合公明（長崎大学核兵器廃絶研究センター教授）

2023年は、自律型致死兵器システム（LAWS）―人間の関与なしにAI等により自律的に攻撃目標を設定できる、致死性を有した兵器システム―をめぐる国際的な政策議論に、一定の進展がみられた。その一方で、2022年2月以降のロシア・ウクライナ戦争や2023年10月以降のイスラエル・パレスチナの状況からは、LAWSをめぐる議論の限界ないしマイナスの副次的作用を指摘することもできる。

LAWSをめぐる2023年の議論

特定通常兵器禁止制限条約（CCW）の枠組みにおいて、LAWSに関する政府専門家会合（GGE）が2023年3月と5月にジュネーブで開催された。このGGE の目的は、CCWにおける既存の議定書の例や、LAWSの分野の新興技術に関する「規範」と「運用」の枠組みに関する選択肢を考慮に入れ、可能な措置を詳しく検討することであった。GGEは、ブラジルのフラビオ・S・ダミコ大使を議長に合計10日間の日程で議論を行い、コンセンサスで採択した報告書（CCW/GGE.1/2023/2）を11月の締約国会議に提出した。

同報告書は、以下のように結論している。LAWSの分野における新興技術に基づく兵器システムの性格付けに際しては、将来の技術進歩の可能性を考慮に入れるべきである（20節）。LAWSの潜在的な開発と使用に対し国際人道法（IHL）が引き続き全面的に適用され、IHLを遵守して使用できない場合には、それを使用してはならない。LAWSへの統制は、国際法、特に、区別、比例性、攻撃における予防措置の原則と要件を含むIHLの遵守の維持に必要である（21節）。遵守に必要な場合、国家はシステムが交戦できる標的の種類を制限し、兵器システムの運用期間、地理的範囲、規模を制限し、人間のオペレーターに適切な訓練と指示をする必要がある（22節）。なお、2013年に設立されたキラーロボット反対キャンペーン（SKR）は、法的拘束力ある文書の交渉開始を支持する国は現在90か国であるとし、それに抵抗し続けている国は少数派で、人類全体の利益のため新たな規範を確立する交渉は避けられないとしている。

ニューヨークで行われた国連総会では、注目すべき動きがあった。10月12日、第1委員会にLAWSに関する決議が提出され、12月22日、同決議は最終的に総会において、賛成152、反対4、棄権11で採択された（**本章10**）。総会でLAWSに関する決議が採択されたのは初めてである。アントニオ・グテーレス事務総長は、7月に発表した「平和のための新アジェンダ」（**第1章3**）でLAWSを禁じる法的拘束力の

ある国際文書の2026年までの成立を呼びかけた。今回の決議はこの要請を受けた動きと見ることができる。

11月にジュネーブで行われたCCW締約国会議は、GGEの活動の継続と、第7回再検討会議に対するコンセンサスによる報告書の提出を決めた。作業は、できれば2025年末までに完了すべきとされ、締約国会議で進捗状況が報告される。GGEの議長は東欧グループの代表が務める。（この項、河合公明）

現実の戦争とLAWS禁止議論との乖離

SKRおよび多くの国々は、LAWS——人間の関与なしにAI等により自律的に攻撃目標を設定できる、致死性を有した兵器システム——が近い将来に開発される脅威を訴え、その開発・使用を全面禁止する条約を形成すべきだと論じるなどして、CCWでの議論や国連総会決議の採択などを進めてきた。その一方で、21世紀になると、殺傷すべきかどうかの判断に人間の介在余地がありつつも一定の自律性がある兵器や、殺傷をめぐる判断を遠隔地にいる人間が行う無人攻撃機、殺傷に直接には関わらない偵察用や輸送用等の無人兵器などの開発・生産が急速に進んだ。そして、完全に自律型ではなかったり人間を直接に殺傷する機能を持たなかったりする先端兵器は、2022年2月以降のロシア・ウクライナ戦争でも使用されている。とりわけ、2023年10月以降のイスラエルによるガザに対する攻撃については、例えばゴスペル（Gospel）と呼ばれる、標的選定をAIが補助する（「完全自律型」ではない）システムを広範に使用していることから「AI戦争」とも呼ばれており、かつ多数の民間人の犠牲をもたらしてきた。

そもそも、各国政府・軍関係者にとって、例えばAIが完全に勝手に人間を殺傷すべきかを判断してしまい、その判断に軍関係者などが関与できる余地が一切ない兵器システムを導入する意義は、極めて低いまたは無い。さらに、不確定要素が非常に多く不安定極まりない戦場という環境にLAWSを投入しても十分に機能しない可能性もある。また、LAWSが敵側に「乗っ取られ」た場合には、むしろ自国兵士に危険をもたらしかねない。加えて、多くの政府・軍関係者には、彼らのあずかり知らぬところでLAWSが開発されるなどして、「テロリスト」により使用される可能性を懸念する傾向もある。それゆえ、先述のように多くの国々は概してLAWSの規制ないし禁止に前向きである。LAWSに使用されうる技術と介護用などの民生用に用いられる技術が区別しにくいなか、規制ないし禁止の対象定義や交渉枠組み、合意の種類（条約か政治的合意か等）などをめぐって見解の相違があるとはいえ、基本的にはLAWSは軍事的有用性が低い兵器システムである。その一方で、実際に開発され現実の戦闘で使用されるようになった（つまり軍事的有用性が高い）無人攻撃機やゴスペルのような兵器システムについて、SKRが国際的な規制ないし禁止策を提示してきたとは言いがたい。

歴史を振り返れば、一部の兵器を非人道的・非倫理的であり禁止すべきだと訴える国際的な議論は、その他の兵器を「非人道的・非倫理的ではない兵器」ないし「普通の問題ない兵器」として正当化する副次的作用を伴ってきた。SKRについても、「未だ存在しない完全自律型の致死兵器システム」の禁止条約を求める言説と活動が、近年実際に使用されているタイプの様々な先端兵器を「普通の問題ない兵器」として正当化する副次的作用を伴ってきた可能性は否めない。（この項、榎本珠良）

（えのもと　たまら、かわい　きみあき）

2. 主要武器輸出入国

　ストックホルム国際平和研究所(SIPRI)のデータに基づけば、主要通常兵器の輸出国と輸入国それぞれ上位20か国は以下のとおりである。輸出国上位は国連安保理常任理事国5か国(アメリカ・ロシア・フランス・中国・イギリス)とドイツ・イタリア・スペインが占め、これら8か国で全体の85%を超える。輸入国は、サウジアラビア、カタール、エジプトなどの中東・北アフリカ諸国およびインド・中国・韓国などのアジア諸国が上位の大半を占める。

❖❖主要通常兵器輸出国(2018-2022年)❖❖

順位	国名	比率（%）	順位	国名	比率（%）
1	アメリカ	40.16	11	オランダ	1.35
2	ロシア	16.20	12	トルコ	1.15
3	フランス	10.75	13	スウェーデン	0.76
4	中国	5.17	14	スイス	0.67
5	ドイツ	4.16	15	オーストラリア	0.56
6	イタリア	3.81	16	カナダ	0.53
7	イギリス	3.17	17	ウクライナ	0.53
8	スペイン	2.55	18	アラブ首長国連邦	0.36
9	韓国	2.36	19	ポーランド	0.35
10	イスラエル	2.33	20	ベラルーシ	0.33

❖❖主要通常兵器輸入国(2018-2022年)❖❖

順位	国名	比率（%）	順位	国名	比率（%）
1	インド	11.18	11	アラブ首長国連邦	2.68
2	サウジアラビア	9.60	12	クウェート	2.44
3	カタール	6.43	13	イギリス	2.31
4	オーストラリア	4.66	14	ウクライナ	2.02
5	中国	4.55	15	ノルウェー	1.97
6	エジプト	4.48	16	イスラエル	1.94
7	韓国	3.70	17	オランダ	1.85
8	パキスタン	3.66	18	アルジェリア	1.82
9	日本	3.54	19	トルコ	1.30
10	アメリカ	2.73	20	シンガポール	1.25

出典：SIPRIのウェブサイト内「SIPRI Arms Transfers Database」（https://armstransfers.sipri.org/ArmsTransfer/ImportExportTop）より、2018年から2022年までのデータを抽出した。このデータにおいては、SIPRIが独自に作成した輸出入評価額単位（TIV: trend-indicator value）に基づいて順位が示されている。比率（%）は小数点第3位を四捨五入した。

アクセス日：2024年3月19日

3. 武器貿易条約（ATT）

　2013年、通常兵器の国際的な移転について共通の許可基準を設ける武器貿易条約が採択された。2024年1月30日現在、113か国が加盟しているが、課題や限界も指摘されている。

❖武器貿易条約ファクトシート❖

英語正式名称: The Arms Trade Treaty

英語略称：ATT

採択日：2013年4月2日

発効日：2014年12月24日

日本の加盟状況：2013年6月4日署名、2014年5月10日批准書寄託

締約国数（2024年1月30日現在）：113

主な内容

目的：国際的および地域的な平和、安全および安定に寄与し、人類の苦しみを軽減し、並びに通常兵器の国際貿易における締約国間の協力、透明性および責任ある行動を促進し、もって締約国間の信頼を醸成すること（第1条）

規制対象：戦車、装甲戦闘車両、大口径火砲システム、戦闘用航空機、攻撃ヘリコプター、軍用艦艇、ミサイルおよびその発射装置、小型武器・軽兵器（第2条第1項）、これらの兵器により「発射され、打ち上げられ、または投射される弾薬類」（第3条）、これらの兵器を「組み立てる能力を提供する方法で」輸出が行われる場合の部品および構成品（第4条）

規制内容：締約国は、第2～4条で規制対象とされる兵器・物品の移転について許可を与えようとするときに、それがジェノサイド、人道に対する罪、1949年のジュネーヴ諸条約に対する重大な違反行為、民用物もしくは文民として保護される文民に対する攻撃、または自国が当事国である国際合意により定義されている他の戦争犯罪の実行に使用されるであろうことを知っている場合には、当該移転を許可してはならない（第6条）。また、締約国は、第2条～4条で規制対象とされる兵器・物品の輸出に許可を与えようとするときに、それが国際人道法の重大な違反の実行または助長、国際人権法の重大な違反の実行または助長、輸出国が当事国であるテロリズムに関する国際条約または議定書に基づく犯罪を構成する行為の実行または助長、輸出国が当事国である国際組織犯罪に関する国際条約または議定書に基づく犯罪を構成する行為の実行または助長のいずれかの目的に使用される可能性、ならびに「平和および安全に寄与するか、またはこれらを損なう」可能性について評価を行うなどしたうえで、これらについて否定的な結果を生ずる「著しいリスク」（overriding risk）が存在すると締約国（輸出国）が認める場合には、当該輸出を許可してはならない（第7条）。

報告制度：各締約国は、毎年、第2条第1項の規定の対象となる通常兵器の前暦年における許可されたまたは実際の輸出および輸入に関する報告を事務局に提出する（第13条）

実施状況・課題

　条約発効後の各締約国による武器輸出可否判断は一致していない。例えば、2023年10月以降のイスラエルに対する武器移転については判断が分かれている。また、各締約国の報告書に記入される武器輸出入情報も不十分であるとの指摘がある。これらは、この条約自体に起因する問題でもある。例えば、この条約は、国際人道法の重大な違反などに使用される等の「著しいリスク」が存在するといった文言の解釈を各締約国に委ねている。また、各締約国が報告書に記載すべき具体的な事項を明示せず、「商業上機微」あるいは「国家安全保障に関する」情報を報告書から除外することができるとしている（第13条）。

4. 国連小型武器行動計画

 1990年代以降、小型武器・軽兵器の無責任な拡散や使用を防ぐべきだと論じられ、2001年に国連小型武器行動計画が政治的合意（条約ではない）として採択された。現在に至るまで、中間会合や履行検討会議のプロセスが継続されている。

❖国連小型武器行動計画ファクトシート❖

日本語正式名称：あらゆる側面における小型武器・軽兵器非合法取引の防止、除去および撲滅のための行動計画

英語正式名称：Programme of Action to Prevent, Combat and Eradicate the Illicit Trade in Small Arms and Light Weapons in All Its Aspects

英語略称：PoA

採択日：2001年7月20日

主な内容

目的：あらゆる側面における小型武器・軽兵器非合法取引の防止、除去および撲滅（前文）

規制対象：小型武器・軽兵器　※詳細な定義は記載されていない

規制内容：ナショナル、リージョナル、グローバルの各レベルにおける多岐に渡る取り組み。例としては、紛争時および紛争後の状況においても、小型武器・軽兵器（SALW）の非合法取引の問題と帰結に関する大衆の啓発と信頼醸成のプログラムを開発し実施すること（20節）、とりわけ紛争後の状況において可能な場合には実効的な武装解除・動員解除・社会復帰（DDR）プログラムを開発し実施すること（21節）、武力紛争により被害を受けた子どもの特別なニーズ—とりわけそうした子どもの家族との再統合、市民社会への復帰、適切なリハビリテーション—に対処すること（22節）、全ての社会セクターを巻き込み、SALWの非合法取引の問題に関する教育と大衆啓発プログラムを適切な形で奨励することを通じて、対話と平和の文化を促進すること（41節）など。また、「実施および国際的な協力と援助」と題するセクションでは、紛争予防、紛争の根本的原因への取り組み、交渉による紛争解決努力、関連する国内法の整備等のための能力育成、税関・警察・情報機関・軍備管理担当者を含む政府職員の協力関係・経験共有・訓練、武器の在庫管理と安全確保、余剰兵器の破壊、武器の非合法取引に関する捜査と訴追、DDR、人間開発及び持続可能な開発に関連する問題への対処、SALWの非合法取引問題に関する啓発を目的とした研究などの取り組みについて、国家間・地域間の協力や国家と国際機関やNGOとの協力が促されている。

実施状況・課題

　この行動計画の採択後、中間会合や履行検討会議が継続的に開催されている。また、この行動計画には、非合法な小型武器・軽兵器を各国が適切に識別し追跡するための国際的な合意文書策定の実現可能性を国連において検討することや、小型武器・軽兵器の非合法な仲介を防止し撲滅するための国際協力の強化を目的とした更なる措置を検討することが盛り込まれていた。その後、2005年に「諸国が非合法な小型武器・軽兵器を迅速かつ信頼できる方法で特定し追跡することを可能にするための国際文書」（国際トレーシング文書）が採択された。仲介については、2006年から2007年にかけて政府専門家グループ（GGE）の会合が開催され、報告書が合意された。ただし、この行動計画および関連合意は法的拘束力のない合意にすぎないため、各国の実施状況にはばらつきが見られる。

5. 対人地雷禁止条約

 1997年、カナダのオタワにて対人地雷禁止条約が採択された。NGO連合体とカナダなどの有志国が協力し、特定通常兵器使用禁止制限条約（CCW）の枠を離れて独自の交渉プロセスを通じて条約を形成した点に、大きな注目が寄せられた。

❖対人地雷禁止条約（オタワ条約）ファクトシート❖

日本語正式名称：対人地雷の使用、貯蔵、生産及び移譲の禁止並びに廃棄に関する条約
英語正式名称：Convention on the Prohibition of the Use, Stockpiling, Production and Transfer of Anti-Personnel Mines and on their Destruction
英語略称（通称）：Ottawa Treaty
採択日：1997年9月18日
発効日：1999年3月1日
日本の加盟状況：1997年12月3日署名、1998年9月30日批准書寄託
締約国数（2024年1月30日現在）：164

主な内容
規制対象：対人地雷——人の存在、接近又は接触によって爆発するように設計された地雷であって、1人若しくは2人以上の者の機能を著しく害し又はこれらの者を殺傷するもの。人ではなく車両の存在、接近又は接触によって起爆するように設計された地雷で処理防止のための装置を備えたものは、当該装置を備えているからといって対人地雷であるとはされない（第2条）。
規制内容：対人地雷の使用、開発、生産、取得、貯蔵、保有、移譲を全面的に禁止する（第1条）。締約国は、この条約が自国について効力を生じてから遅くとも4年以内に、自国の対人地雷を廃棄あるいは廃棄を確保し（第4条）、同じく遅くとも10年以内に、自国の管轄又は管理の下にある地雷敷設地域におけるすべての対人地雷を廃棄し又はその廃棄を確保する（第5条）。また、締約国は、可能な場合には、地雷による被害者の治療、リハビリテーション並びに社会的及び経済的復帰並びに地雷についての啓発計画のための援助を提供する（第6条）。
報告制度：締約国は、自国の実施措置、貯蔵対人地雷、敷設対人地雷、地雷廃棄計画などについて報告書を提出する（第7条）。

実施状況・課題
　条約発効後、締約国会議や検討会議が開催されている。条約が発効した1999年に世界の対人地雷の推定数は約1億6000万個と言われていたが、これまでに5000万個以下に減少したとみられている。また、条約で定められた期限（4年）内に90か国以上の締約国が対人地雷を廃棄し、これまでに合計で5500万個以上の地雷が廃棄されたと推計されている。ただし、地雷による死傷者（年間）推計は1999年の9000人以上から2013-2014年には4000人を切るほどに減少したものの、その後は増加するなどしている。近年の死傷者増加の原因としては、シリア、イエメン、リビア、アフガニスタン、ウクライナなどでの被害を挙げることができる。さらに、2022年2月以降のロシア・ウクライナ戦争では、対人地雷禁止条約の非締約国のロシアだけでなく締約国であるウクライナも対人地雷を使用しているといわれている。また、非締約国の半数以上はアジア・中東地域の国々である。

6. クラスター弾条約

2008年、アイルランドのダブリンにてクラスター弾条約が採択された。対人地雷禁止条約と同様に、NGO連合体とノルウェーなどの有志国が、特定通常兵器使用禁止制限条約（CCW）の枠を離れて独自の交渉プロセスを通じて条約を形成した。

❖クラスター弾条約（オスロ条約）ファクトシート❖

日本語正式名称：クラスター弾に関する条約
英語正式名称：Convention on Cluster Munitions
英語略称（通称）：Oslo Treaty
採択日：2008年5月30日
発効日：2010年8月1日
日本の加盟状況：2008年12月3日署名、2009年7月14日批准書寄託
締約国数（2024年1月30日現在）：112

主な内容

規制対象：クラスター弾――それぞれの重量が20kg未満の爆発性の子弾を散布し、又は投下するように設計された通常の弾薬であって、これらの爆発性の子弾を内蔵するもの（第2条）。ただし、①爆発性子弾が10個未満で、②各爆発性子弾の重量が4kgを超え、③各爆発性子弾が単一の攻撃目標を探知し攻撃するように設計されており、④各爆発性子弾が電子式の自己破壊のための装置を備えており、⑤各爆発性子弾が電子式の自己不活性化機能を備えている場合は、規制対象外。

規制内容：クラスター弾の使用、開発、生産、取得、貯蔵、保有、移譲を全面的に禁止する（第1条）。締約国は、条約が自国について発効した後、原則として8年以内に貯蔵クラスター弾を廃棄する（第3条）。締約国は、条約が自国について発効した後、原則として10年以内にクラスター弾残存物（不発の子弾等）を除去し廃棄する（第4条）。締約国は、自国の管轄又は管理の下にある地域に所在するクラスター弾による被害者について、適用可能な国際人道法及び国際人権法に従い、年齢及びジェンダーに配慮した援助を適切に提供し、並びにクラスター弾による被害者が社会的及び経済的に包容されるようにする（第5条）。援助を提供することのできる締約国には、クラスター弾によって影響を受けた締約国に対し、技術的、物的及び財政的援助を提供する（第6条）。

報告制度：締約国は、自国の実施措置やクラスター弾の廃棄計画などについて報告書を提出する（第7条）。

実施状況・課題

条約発効後、毎年、締約国会議が開催されている。NGOによる報告書『Cluster Munition Monitor 2022』および『Cluster Munition Monitor 2023』によれば、2008年に条約が採択されて以来、加盟国によるクラスター爆弾の新たな使用報告や使用疑惑は確認されておらず、加盟国による貯蔵クラスター弾の廃棄や残存物の除去も進展している。ただし、2022年以降のロシア・ウクライナ戦争において、ロシアはウクライナでクラスター弾を広範囲に使用し、ウクライナもクラスター弾を使用したとみられている。なお、ロシア・ウクライナ両国とも条約に加盟していない。また、この条約が発効した2010年以降に、他の非加盟国（アゼルバイジャン、イエメン、カンボジア、シリア、スーダン、南スーダン、リビア）でもクラスター爆弾が使用されている。

7. 特定通常兵器使用禁止制限条約

 特定通常兵器使用禁止制限条約（CCW）は、特定通常兵器使用禁止制限に関する国連会議（ジュネーブ）において、3つの議定書とともに1980年に採択された。その後2つの議定書が採択されたCCWは、特定の通常兵器について、ジュネーブ諸条約第1追加議定書で確認された兵器規制の一般的な原則の具体化を試みるものである。（河合公明）

❖特定通常兵器使用禁止制限条約（CCW） ファクトシート❖

日本語正式名称：過度に傷害を与え又は無差別に効果を及ぼすことがあると認められる通常兵器の使用の禁止又は制限に関する条約

英語正式名称：Convention on Prohibitions or Restrictions on the Use of Certain Conventional Weapons which may be deemed to be Excessively Injurious or to have Indiscriminate Effects

英語略称（通称）：CCW

採択日：1980年10月10日

発効日：1983年12月2日

日本の参加状況：1981年9月22日署名、1982年6月9日批准書寄託

締約国数（2024年1月26日現在）：127

条約の概要：CCWは、趣旨、原則、手続きなど基本的事項を規定した条約本体と、特定の兵器を規制し禁止する議定書から構成される、いわゆる枠組み条約の形式をとる。現在成立している議定書は5つある。CCWは1981年4月から12か月間署名開放され、署名国は批准、受諾、承認によって、署名しなかった国は加入によって、締約国となることができる。各国は2つ以上のいずれかの議定書に拘束されるかについて選択ができる。第1、第2、第3議定書は1980年10月に条約本体とともに採択され、第4議定書は1995年10月に、第5議定書は2003年11月に採択された。

目的：CCWは、前文で以下のように述べている。敵対行為の及ぼす影響から文民たる住民を保護するという一般原則を想起する（2項）。武力紛争の当事者が戦闘の方法および手段を選ぶ権利は無制限ではないという国際法の原則、武力紛争においてその性質上過度の傷害または無用の苦痛を与える兵器、投射物および物質ならびに戦闘の方法を用いることは禁止されているという原則に立脚する（3項）。自然環境に対して広範な、長期的なかつ深刻な損害を与えることを目的とするまたは与えることが予想される戦闘の方法および手段を用いることは禁止されていることを想起する（4項）。文民たる住民および戦闘員は、この条約およびこの条約の附属議定書または他の国際取極がその対象としていない場合においても、確立された慣習、人道の諸原則および公共の良心に由来する国際法の原則に基づく保護ならびにこのような国際法の原則の支配の下に常に置かれるべきであるとの決意を確認する（5項）。ある種の通常兵器の使用の禁止または制限を促進することを希望し、その使用の禁止または制限の分野において達成される成果が、当該兵器の生産、貯蔵および拡散の終止を目的とする軍備縮小についての主要な討議を容易にすることができるものと信じる（9項）。

規制対象：通常兵器は、一般的に、核兵器、生物兵器、化学兵器などの大量破壊兵器を除く兵器全般を意味すると解され、そのうち「過度に傷害を与え又は無差別に効果を及ぼすことがあると認められる」ものが本条約の規制の対象とされる。

規制内容：第1議定書は、検出不可能な破片を利用する兵器に関する議定書で、人体内に入った場合にエックス線で検出することができないような破片で障害を与えることを第一義的な効果とする兵器の使用を全面的に禁止している（1983年12月発効）。第2議定書は、地雷、

ブービートラップ及び他の類似の装置の使用の禁止又は制限に関する議定書である。1980年に採択された同議定書には、いわゆる内乱には適用されないことや、探知不可能な地雷等を禁止していないといった問題点があった（1983年12月発効）。同議定書は1996年に改正され、「国際的性質を有しない武力紛争」への適用、一定の地雷（探知不可能なもの又は自己破壊機能を有さないもの）の使用制限や移譲の規制が盛り込まれるなど、規制が強化された（1996年12月発効）。第3議定書は、焼夷兵器の使用の禁止又は制限に関する議定書で、いわゆるナパーム弾等の焼夷兵器により文民及び民用物を攻撃目標とし、人口周密地域にある軍事目標を攻撃目標とすること等を禁止している（1980年10月発効）。第4議定書は、失明をもたらすレーザー兵器に関する議定書である。「永久に失明をもたらすように特に設計されたレーザー兵器」の使用及び移譲が禁止されている（1995年10月採択、1998年7月発効）。第5議定書は、爆発性の戦争残存物に関する議定書で、不発弾及び遺棄弾について、紛争後の危険と影響を最小限とするための義務の遵守を約束するものである（2003年11月採択、2006年11月発効）。

実施制度：CCWの条約本体には、履行確保及び監視に関する規定はない。改正第2議定書及び第5議定書には、履行または関連する問題を検討するための年次会議と専門家会合で構成される独自の制度がある。CCWでは、締約国会議が毎年行われ、再検討会議が1996年以来5年毎に行われている。2009年の締約国会議では、CCW実施支援ユニット（ISU）の設置が合意された。直近では2021年に第6回再検討会議が行われ、次回は2026年に開催される。

実施状況・課題

　2001年の第2回再検討会議では、爆発性戦争残存物（ERW）および対人地雷以外の地雷に関する政府専門家会合（GGE）の設置が決定された。2006年の第3回再検討会議では、「履行メカニズムに関する決定」が合意された。2013年の締約国会議の決定で、自律型致死兵器システム（LAWS）の規制をめぐる議論は国連人権理事会からCCWの枠組みに移り、2014年以降、非公式専門家会合およびGGEで行われてきた。2016年の第5回再検討会議では、締約国はCCWの遵守に関する報告書（compliance reports）を提出するよう要請された。2021年の第6回再検討会議は、LAWSに関するGGEの作業の継続を決定し、2023年の締約国会議では、GGEの3年間のマンデートを含む手続事項に関する報告書が採択された。今後GGEは、2024年から2026年にかけて毎年10日間の日程で会合を開催し、2026年の第7回締約国会議に報告書を提出する。他方、CCWの枠外における動きもある。第2議定書による部分的な禁止では対人地雷問題の抜本的な解決に不十分とするNGOは、地雷禁止国際キャンペーン（ICBL）を立ち上げ、有志国とともにオタワ・プロセスを開始した。このプロセスは、対人地雷全面禁止条約の成立につながった（1997年署名、1999年発効）。こうした動きはクラスター弾をめぐる問題にも広がり、NGOはクラスター弾連合（CMC）を立ち上げ、オスロ・プロセスを通じてクラスター弾禁止条約へと結実した（2008年採択、2010年発効）。LAWSの規制を求めるキラーロボット反対キャンペーンは、禁止条約の策定に向けてはCCWが唯一の枠組みではないとの立場をとり、CCWや国連総会第1委員会で議論を展開している。このように通常兵器の分野では、CCWの枠内とその枠外の規制や議論が存在し、それぞれに課題を抱えている。

8. LAWS政府専門家会合の合意指針

　自律型致死兵器システム（LAWS）の議論は、2014年以降、特定通常兵器使用禁止制限条約（CCW）の枠組みで行われ、2019年には、11項目の「指針」（Guiding Principles）が採択された。CCWの枠組みでは、この「指針」がLAWSをめぐる議論の共通の基盤となっている。(河合公明)

❖自律型致死兵器システム分野の先端技術に関する 政府専門家会合による2019年会合報告書案(抜粋)❖

2019年8月21日、ジュネーブ

付属文書IV　指針

(前略)

(a) 国際人道法はすべての兵器システムに完全に適用され続け、そこには、将来的な自律型致死兵器システムの開発及び使用が含まれる。

(b) 兵器システム使用の決定に関する説明責任は、機械に転嫁され得ないことから、人間が保持しなければならない。このことは、当該兵器システムのライフサイクルにわたり考慮されるべきである。

(c) 自律型致死兵器システムにおける先端技術を用いた兵器システムが使用される場合には、兵器のライフサイクルの様々なステージで様々な形態をとり実行されうる人間と機械の間の相互作用により、適用可能な国際法とりわけ国際人道法の遵守を確保するべきである。人間と機械の間の相互作用の性質及び程度を決定する際には、運用の文脈及び兵器システム全体としての特徴並びに能力を含む一連の要因が考慮されるべきである。

(d) CCWの枠組みにおけるいかなる先端兵器システムの開発、配備及び使用に対する説明責任も、適用可能な国際法に従うことにより確保されなければならず、そこには、そうした兵器システムの運用が人間による指揮統制の責任連鎖の範囲に収まることが含まれる。

(e) 新しい兵器、戦闘手段又は戦闘方法の研究、開発、取得又は採用にあたっては、国際法における国家の義務に従い、当該兵器の使用が国際法により、ある場合又は全ての場合において、禁止されるか否かにつき決定されなければならない。

(f) 自律型致死兵器システムにおける先端技術を用いた新たな兵器システムを開発し又は取得する場合には、物理的な安全保障 (ハッキングやなりすましに対するサイバー・セキュリティを含む)、適切な非物理的保障措置、テロリスト集団による取得のリスク及び拡散のリスクが考慮されなければならない。

(g) リスク評価及びその低減措置は、いかなる兵器システムにおける先端技術の設計、開発、実験及び配備のサイクルの一部となるべきである。

(h) 自律型致死兵器システムにおける先端技術の使用に際しては、国際人道法及びその他の適用可能な国際法上の義務が遵守されるよう考慮がなされるべきである。

(j) CCWの文脈における議論及びいかなる政策措置も、自律型知能技術の進歩又はその平和利用へのアクセスを妨げるべきではない。

(k) CCWは、当該条約の趣旨及び目的の文脈において、自律型致死兵器システムにおける先端技術の問題を扱うための適切な枠組みを提供し、軍事的必要性と人道的考慮のバランスを取るように努める。

出典：国連文書　CCW/GGE.1/2019/CRP.1/Rev.2 (原文英語)

9. 自律型兵器に対する赤十字の立場

2021年5月12日、赤十字国際委員会(ICRC)から「自律型兵器システムをめぐるICRCの見解」が発表された。(河合公明)

❖自律型兵器システムをめぐるICRCの見解❖

2021年5月12日、ジュネーブ

自律型兵器システムに対するICRCの懸念

　自律型兵器システムは、人間の介在なしに標的を選択し、力を行使する。人間が最初に起動

した後、センサーが感知した状況からもたらされた情報や、一般化された「ターゲット・プロファイル」に基づいて、自律型兵器システムが自ら攻撃を開始したり、引き金を引いたりする。よって、当該システムを使用する者は、特定の標的に加えて、結果として力が行使される正確なタイミングや場所に関して、選ぶこともしなければ、関知しないことを意味する。

自律型兵器システムの使用は、その効果を予測し制限することが困難であるためリスクを伴う。武力や武器の使用において、人間による制御や判断が失われることは、人道的、法的、倫理的な観点から重大な懸念をもたらす。

自律型兵器システムが機能する過程をみると、

- **武力紛争の影響を受けた人々（民間人と戦闘員の双方）に危害を加え**、紛争の拡大につながる危険性がある。
- **国際人道法**、特に敵対行為の実施において民間人を保護するための規則、**を含む国際法の遵守に関する課題**を提起する。
- 生死に関わる判断が、人間ではなくセンサーやソフトウェア、機械の工程により下されることで、**人類にとって根本的な倫理上の懸念**を提起する。

自律型兵器システムの規制に関するICRCの各国への提言

赤十字国際委員会（ICRC）は2015年以降、民間人の保護や国際人道法の遵守、倫理上の妥当性を徹底するため、国際的に合意された制限を自律型兵器システムに設けるよう各国に求めている。

リスクに対処するべく、国際的な制限を自律型兵器システムに設けようとしている昨今の取り組みを支援するにあたり、**各国が法的拘束力のある新たな規則を採択することをICRCは推奨する**。特に、

1 **予測不可能な自律型兵器システムは**、とりわけ影響を無差別に及ぼすことから、**明確に排除されるべきである**。よって、その影響の把握や予測、説明が十分なされないまま設計または使用される自律型兵器システムを禁止することが最善である。

2 人類を守るための倫理上の配慮に加え、民間人や戦闘能力を失った戦闘員を保護するための国際人道法の規則を守るために、**人間を標的に自律型兵器システムを使用することは認めるべきではない**。よって、人間に向けて力を行使する目的で設計あるいは使用される自律型兵器システムを禁止することが最善である。

3 民間人および民用物を保護し、国際人道法の規則を擁護し、人類を守るため、**自律型兵器システムの設計および使用は、禁止されないまでも、規制されるべきである**。そうした規制は、以下の要素を組み合わせることで実施できる。

- **標的の種類を制限**：本質的に軍事目標である対象物に限定するなど
- **使用する期間や地理的範囲、使用規模を制限**：特定の攻撃に関して人間の判断と制御を可能にすることも含む
- **使用状況を制限**：民間人や民用物が存在しない状況での使用に限定するなど
- **人間と機械が相互作用するための必要条件**：とりわけ、人間による効果的な監視や、適切なタイミングでの介入と作動停止を徹底するため

ICRCは、自律型兵器システムに国際的な制限を設けるべく取り組んでいる各国のイニシアチブを支援する。こうしたイニシアチブは、武器や兵器がもたらす懸念に効果的に対処することを目的としており、これまでは特定通常兵器使用禁止制限条約（CCW）において、規範の枠組みや運用体制の面で合意を取り付けようと奮闘がみられた。自律型兵器システムの技術と使用にまつわる発展のスピードを踏まえると、国際的に合意された制限を適切なタイミングで確立することが不可欠だ。そうした制限は、新たな法的ルールの範囲を超えて、共通の政策基準や実践規範のガイダンスなどに及ぶ場合もあり、補完的で相互に補強し合う形となりうる。目標の達成に向けて、ICRCはその権限と専門性の範囲内で、政府や軍隊、科学技術界、産業界の代表者を含む国際・国内レベルの関係者と、協力して取り組んでいく準備ができている。

出典：赤十字国際委員会（ICRC）駐日代表部HP
https://jp.icrc.org/information/aws-position-paper/
アクセス日：2024年2月15日

10. LAWSに関する国連総会決議

国連総会第1委員会に提出された「自律型致死兵器システム」(LAWS)に関する決議が、2023年11月1日、賛成164、反対5、棄権8で採択された。同決議は12月22日に国連総会本会議において、賛成152、反対4、棄権11で採択された。国連総会でLAWSに関する決議が採択されたのは初めてである。(河合公明)

❖自律型致死兵器システム（抜粋）❖

2023年12月22日

国連総会は、

国際法、特に国際連合憲章、国際人道法および国際人権法が自律型兵器システムに適用されることを確認し、

新技術および新興技術の急速な発展を認識し、さらに、これらの技術が人類の福祉の進歩に大きな可能性を秘め、特に、特定の状況において紛争下の文民をよりよく保護するのに役立つ可能性があることを認識し、

軍拡競争の新たな発生、紛争の敷居の低下、非国家主体を含む拡散のリスクなど、自律型兵器システムが世界の安全保障と地域的および国際的な安定にもたらしうる否定的な結果と影響について懸念し、

兵器システムにおける人工知能と自律性に関連するものを含め、軍事領域における新たな技術的応用が、人道上、法律上、安全保障上、技術上、倫理上の観点からも重大な課題と懸念を提起していることに留意し、

特に、過度に傷害を与え又は無差別に効果を及ぼすことがあると認められる通常兵器の使用の禁止又は制限に関する条約の下で設立された、自律型致死兵器システムの分野における新技術に関する政府専門家会合の進行中の貴重な作業を通じて、これらの問題に対する関心と持続的な努力を歓迎し、この点に関し、提示された様々な提案と同様に、これらの議論において重要な進展があったことを強調し、（略）

平和のための新アジェンダ・イニシアチブの中で、自律型兵器システムの問題に取り組む事務総長の努力を認識し、

1. 国際社会が、特に自律型致死兵器システム分野の新技術に関する政府専門家会合を通じて、自律型兵器システムによって提起される課題と懸念に取り組み、関連する問題についての理解をさらに深めていくことが緊急に必要であることを強調する。

2. 事務総長に対し、特に、自律型致死兵器システムに関し、その人道上、法律上、安全保障上、技術上、倫理上の観点から生じる関連課題および懸念に取り組む方法、ならびに、武力の行使における人間の役割について、加盟国およびオブザーバー国の見解を求め、また、加盟国によるさらなる討議のため、第79会期の総会に、これらの見解を盛り込んだ附属書を添えて、寄せられた意見の全容を反映した実質的な報告書を提出するよう要請する。

3. また、事務総長に対し、国際機関および地域機関、赤十字国際委員会、市民社会、科学界および産業界の意見を求め、これらの見解を前述の報告書の付属文書に原文で含めるよう要請する。

4. 第79会期の暫定議題に「自律型致死兵器システム」と題する項目を含める

ことを決定する。

出典：国連文書　A/RES/78/241（原文英語）

11. ドローンなど無人飛行体（UAV）の輸出管理

　ドローンなど無人飛行体（UAV）の輸出を規制する主要な国際枠組みの一つに、ミサイル技術管理レジーム（MTCR）がある。MTCRは、UAVを「巡航ミサイルシステム、ターゲット・ドローン、偵察ドローン」を含むものとし、それらの輸出を拒否すべきケースに関する指針（下記抜粋）も示している。ターゲット・ドローンは標的機で、対空射撃訓練で用いられる。ターゲット・ドローンと偵察ドローンは、ミサイルが搭載されるなどした武装無人航空機としての運用も可能である。(森山隆)

❖MTCRの指針による無人飛行体の輸出規制ファクトシート❖

カテゴリーⅠ品目：搭載能力が500キログラム以上であり、かつ射程300キロメートル以上の完成されたロケット・システムや、完成されたUAVシステム、およびロケットの各段、再突入機、ロケット推進装置、誘導装置などのサブシステム。

・輸出の目的にかかわらず特段の慎重な考慮が行われ、輸出は拒否されるべきであるとする強い推定が働く。

・生産設備の輸出は許可されない。

・輸出国政府が、（A）輸入国政府による保証を盛り込んだ拘束力のある政府間約束を取り交わし、かつ、（B）輸出される品目が、申請された最終用途にのみ使用されることを確保するために必要な全ての手段を尽くすことに対する責任を負う場合にのみ、輸出が例外的に許可される。

カテゴリーⅡ品目：搭載能力が500キログラム未満であり、かつ射程300キロメートル以上の完成されたロケット・システムや、完成されたUAVシステム、およびそのシステムの開発に必要な資機材や技術で推進薬、構造材料、ジェットエンジン、加速度計、ジャイロスコープ、発射支援装置、誘導関連機器などとロケットの各段、ロケット推進装置。飛行距離にかかわらず、一定量の噴霧器を搭載可能なUAV（自動・自律飛行ができ、目視外飛行が可能なもの）。

・大量破壊兵器の運搬に使用する意図があると輸出国政府が判断する場合には、特段の慎重な考慮が行われ、この場合、輸出は拒否されるべきであるとする強い推定が働く。

出典：MTCRのHP（原文英語）
（品目）https://www.mtcr.info/en/mtcr-guidelines
（指針）https://www.mtcr.info/en/mtcr-guidelines/
guidelines-for-transfer
アクセス日：2024年2月16日

品目　　　　　指針

12. 新技術のテロ利用に対抗する国連宣言

　国連反テロリズム委員会（CTC）は、2022年10月29日、テロ目的の新技術および新興技術の使用への対抗に関する特別会合でデリー宣言を全会一致で採択した。同宣言は、加盟国や関係者に拘束力のない指針を提供する。(河合公明)

❖新技術および新興技術のテロ目的の使用に対抗するためのデリー宣言(抜粋)❖

2022年10月29日、ニューデリー

反テロリズム委員会は、

1. あらゆる形態と態様のテロリズムは、国際の平和と安全に対する最も深刻な脅威の一つであり、いかなるテロ行為も、その動機にかかわらず、いかなる時、いかなる場所、いかなる者によるものであれ、犯罪であり、かつ不当であることを再確認し、この凶悪行為と闘うための世界的レベルでの総合的な努力の実効性を高めるために一層貢献する決意を堅持し、

2. テロの脅威は継続し、ほとんどの地域にわたり、非常に多くの加盟国に影響を及ぼしており、影響を受ける地域における紛争を悪化させ、影響を受ける国々、特にその安全、安定、ガバナンス、社会的および経済的発展を損なう要因になっていることを強調し、

3. テロリズムはいかなる宗教、国籍、文明、または民族集団とも関連付けるべきではないことを再確認し、

4. テロリズムが、そのあらゆる形態と態様において、世界の様々な地域において、拡散し、増加し、とりわけテロリストがテロリズムの目的のために新しい技術や新興の技術に適応し、それを使用することによって助長されていることに深い懸念を表明するとともに、技術の革新が重要なテロ対策の機会を提供する可能性があることを認識し、

5. グローバル化した社会において、テロリストおよびその支援者が、インターネットおよびその他の情報通信技術を、テロ行為の勧誘、教唆、資金調達、計画、活動の準備など、テロ目的のために使用することが増加していることに懸念をもって留意し、（略）

30. CTC特別会合の3つのテーマ、すなわち「情報通信技術（ICT）および新興技術のテロリストによる悪用への対抗」、「新たな決済技術および資金調達方法に関する脅威と機会」および「テロリストによる無人航空機システム（UAS）の悪用がもたらす脅威」に関する勧告について、特別会合終了後に取り組むことを**決定**し、

31. 国連テロ対策委員会執行事務局（CTED）の支援の下、人権と基本的自由を尊重しつつ、テロ目的のための新技術および新興技術の使用に対抗することに関連するすべての安全保障理事会決議の完全実施を達成するため、加盟国を引き続き支援することを決意し、

32. 国際人権法および国際人道法との整合性を保ち、テロリストの目的のための新技術および新技術の使用によってもたらされる脅威に対抗するため、加盟国を支援することを目的として、CTEDの支援を受けて、上記を考慮した一連の拘束力のない指導原則を策定する意図を**表明**し、（略）

出典：国連安全保障理事会HP（原文英語）
https://www.un.org/securitycouncil/ctc/sites/www.un.org.securitycouncil.ctc/files/outcome_document_ctc_special_mtg_final_e.pdf
アクセス日：2024年1月28日

13. 情報通信技術に関する国連総会決議

2023年11月2日、国連総会第一委員会において情報通信技術に関する決議案が、賛成158、反対10、棄権12で採択された。同決議は12月4日に国連総会本会議において、賛成161、反対9、棄権11で採択された。

❖78/16 国際安全保障の文脈における情報通信技術の利用において責任ある国家の行動を促進するための行動計画（抜粋）❖

2023年12月4日

国連総会は、

情報技術および電気通信手段が、国際的な安定と安全の維持という目的に反する目的で使用される可能性があり、民生および軍事の両分野における安全が損なわれることに懸念を表明し、

人々の必須サービスを支える重要インフラおよび重要情報インフラ施設を狙った悪質な情報通信技術活動についても懸念を表明し、

犯罪またはテロ目的の情報資源または技術の利用を防止することが必要であることを考慮し、

平和的手段による紛争の解決を求め、平和的目的のための情報通信技術の利用を促進し、情報通信技術の利用から生じる紛争を防止することが、すべての国の利益であることを強調し、

デジタル・デバイドを解消し、あらゆる社会と部門においてレジリエンスを構築し、人間中心のアプローチを維持しつつ、情報通信技術の利用において人権と基本的自由を尊重することの重要性を強調し、（略）

３．各国に対し、2021-2025年の情報通信技術の安全保障と利用に関するオープンエンド作業部会会合および関連するインターセッショナル会合での定期的な対話を通じて、行動計画の対象範囲、構成、内容、設置方法、そして行動計画が次の3点をどのように扱うべきかについて議論し、勧告を提供するよう奨励する。

（a）国際法、規範、責任ある国家行動のための規則・原則や信頼醸成措置を含む、責任ある国家行動のための枠組みの実施において、キャパシティ・ビルディングなどを通じて各国を支援すること

（b）情報通信技術の利用に関する規範や既存の国際法がどのように適用されるかに関する共通理解を深め、その理解における認識の相違を特定し、適切な場合には、追加のボランタリーで拘束力のない規範あるいは法的拘束力のある合意の必要性を検討することを含め、この枠組みのさらなる発展に関する議論を可能にすること

（c）適切な場合には、関連する利害関係者を含め、包括的な対話と協力を促進すること

４．2021-2025年のオープンエンド作業部会が終了した後、遅くとも2026年までに、総会決議77/37で確認された具体的な目的と、2021-2025年オープンエンド作業部会の2023年年次進捗報告書でコンセンサスにより合意された将来の定期的な制度的対話のための共通要素を備えた、恒久的・包括的かつ行動指向のメカニズムを、国際連合の支援の下に設置することを決定し、また、このメカニズムの範囲、構造、内容および様式については、決議77/37に従って作成された事務総長報告書と、そこで各国から提出された意見、地域協議および関連する利害関係者との対話を考慮に入れ、2021-2025年オープンエンド作業部会のコンセンサス結果に基づくものとすることを決定する。（略）

出典：国連文書　A/RES/78/16（原文英語）

第7章
日米拡大安保体制およひ自衛隊

1. 解題

軍事衝突への準備
多国間訓練の拡大と戦傷治療の検討

木元茂夫（情報誌「自衛隊は何をしているのか」主宰）

日米安保協と新たな地上攻撃ミサイルの開発

　2023年1月11日に開催された日米安全保障協議委員会（2+2）、その共同発表（**本章2**）には、「日本は、新たな戦略の下、防衛予算の相当な増額を通じて、反撃能力を含めた防衛力を抜本的に強化するとの決意を改めて表明した」とある。防衛省が「スタンドオフミサイル」と名付けた長距離攻撃ミサイル。23年度防衛予算には1兆4130億円（トマホーク巡航ミサイルの取得費2113億円を含む）、24年度は7127億円が計上された。トマホーク（射程距離約1600km）も、国産の12式地対艦ミサイル能力向上型（射程距離1000km以上）のうち地上発射型についても、「25年度から配備可能になった」と、木原防衛大臣は23年12月15日の記者会見で明らかにした。

　24年度予算には、新たなミサイルとして「新地対艦・地対地精密誘導弾の開発」323億円を計上。「長距離飛しょう性能、精密誘導性など対艦・対地対処能力を向上した新たなミサイルの開発に着手」と防衛省は予算資料に明記した。トマホークに続く、地上攻撃能力をもったミサイルである。射程距離は明らかにしていないが、「本州等からの対処」（「令和5年度政策評価書」）とある。

　迎撃ミサイルとレーダーで構成される「統合防空ミサイル防衛能力」は23年度9829億円、24年度1兆2284円を計上。24年度には新たに「GPI（滑空段階迎撃用誘導弾）の日米共同開発」の費用757億円も計上された。中国・ロシアが開発で先行している極超音速ミサイルの迎撃用である。ミサイル関連予算は2年で約4兆3370億円という巨額になった。ミサイルの大量調達にともない、これを保管する火薬庫の整備費用として24年度予算には222億円が計上された。

　「米軍再編関係経費」として23年度は新規契約ベースで6090億円を計上した。うち3030億円は「空母艦載機の移駐のため事業」として「馬毛島における滑走路等に係る施設整備等」の費用である（**本章11**）。24年度の「米軍再編関係経費」は3061億円、うち馬毛島関係は302億円である。同島の工事は23年1月から開始された。

　陸自の石垣島駐屯地が3月16日に開設されたが、現在も工事が続いている（**本章4**）。

相互アクセス協定（円滑化協定）適用開始へ

　日本とオーストラリアの相互アクセス協定に続いて、23年1月11日、イギリスとの間で同様の協定が締結された。この2つの協定は4月28日に参議院本会議で可決、承認された。「協定の実施に関する法律」もそれぞれ制定され、防衛省設置法第4条第32

項に業務が追加された。

例年実施されている日米共同指揮所演習に、23年はオーストラリア陸軍が参加し日米豪演習（陸自5300人、米陸軍1500人、豪陸軍200人）として、北海道・東千歳駐屯地、宮城・仙台駐屯地、東京・朝霞駐屯地等で11月30日から12月12日まで行われた。

相互アクセス協定をフィリピンとも締結する予定と報道されたが、23年中には具体的な進展はなかった。しかし、22年までに外務省は円借款によって12隻の巡視船の建造を支援した。23年10月には警戒管制レーダー（三菱電機が受注）が引き渡された。防衛装備の完成品の輸出としては、はじめての事例となった（**本章17**）。

海外での多国間合同訓練の拡大

オーストラリアでは7月20日から8月2日まで「タリスマン・セイバー23」が開催された。米軍とオーストラリア軍を中心に、カナダ、フィジー、フランス、ドイツ、インドネシア、日本、ニュージーランド、パプアニューギニア、韓国、トンガ、イギリスなど13か国が参加した。陸上幕僚監部は訓練広報で「各国と連携した水陸両用作戦、ミサイルの実射を含む対空戦闘及び対艦戦闘に係る作戦遂行能力・戦術技量・相互運用性の向上を図る」としている。自衛隊は陸上総隊（水陸機動団及び第1ヘリコプター団）と、掃海隊群（ヘリ空母と大型揚陸艦）が参加した。

インドネシアと日本では「スーパーガルーダシールド」が実施され、習志野駐屯地で訓練した部隊が、神奈川県の厚木基地から米空軍の大型輸送機でインドネシアまで長距離移動をおこなった。

フィリピンで行われた米国とフィリピンの合同演習「バリカタン23」においては、過去最大の1万7600名が参加した。自衛隊は参加の発表はせず、オブザーバー参加にとどまった。

日米韓防衛協力の拡大

8月19日、日米韓首脳会談が開催され、共同声明が発表された（**本章3**）。「年1回の日米韓インド太平洋対話を立ちあげる」、「台湾海峡の平和と安定の重要性を再確認する」が先行し、その後に「北朝鮮の完全な非核化」、「日米韓3か国のミサイル警戒データのリアルタイム共有」が出てくる。米国のインド太平洋戦略に韓国の経済力・軍事力を動員しようということだろうか。

戦傷医療の具体的対策

「国家防衛戦略」（第9章8）に「南西諸島の第一線から本州等の後送先病院までの役割の明確化を図った上で、第一線から後送先病院までのシームレスな医療・後送態勢を確立」と明記されたのを受け、10月に「防衛省・自衛隊の戦傷医療における輸血に関する検討会」（有識者会議）が設置され、23年中に4回の会合を行い、「提言書の骨子案」を提案した。自衛隊は隊員が「島嶼部」で負傷することを想定した準備に入った。

2つの重大事故

防衛予算が膨張する中、2つの重大事故が発生した。4月6日、宮古島分屯基地を飛び立った、陸自のヘリコプターが伊良部島の沖に墜落、乗組員10名全員が死亡。11月29日、屋久島沖で米空軍横田基地所属のオスプレイが墜落、乗組員8名全員が死亡。米軍は12月6日、すべてのオスプレイ（空軍51機、海兵隊約400機、海軍27機）の運用を停止することを決定した。陸自が保有する14機のオスプレイも、同様の措置がとられた。23年末の時点で事故原因は発表されていない。

（きもと　しげお）

注：予算金額は防衛省「防衛力抜本的強化の進捗と予算」に掲載のもの。年度中に契約を予定している金額で、後年度負担に回す場合は、歳出予算よりも大きくなる。

2. 沖縄海兵隊を再編、横浜米陸軍に新部隊など日米共同声明…

　2023年1月11日に発表された日米２＋２共同声明は、最初の「戦略的競争の新たな時代」という項目で、「中国の外交政策は自らの利益のために国際秩序を作り変えることを目指しており」という情勢認識を示し、「同盟の現代化」、「同盟パートナーシップの拡大」、「同盟の態勢の最適化」と続く。自衛隊の「常設の統合司令部設置の決定を歓迎」とする。沖縄での第12海兵沿岸連隊への改編は記載された「2025年までに」より予定を早めて2023年11月に実行された。一方、横浜ノースドックの小型揚陸艇部隊の新編は2024年にもち越された。

❖ 日米安全保障協議委員会(2＋2)共同声明(抜粋) ❖

2023年1月11日

（前略）

　米国は、核を含むあらゆる種類の米国の能力を用いた、日米安全保障条約第５条の下での、日本の防衛に対する米国の揺るぎないコミットメントを再表明した。閣僚は、米国の日本に対する拡大抑止、及び、最近公表された米国の「核態勢見直し（NPR）」について突っ込んだ議論を行い、日本の能力によって強化される米国の拡大抑止が信頼でき、強靱なものであり続けることを確保することの決定的な重要性を再確認した。閣僚は、日米両国が日米拡大抑止協議及び様々なハイレベルでの協議を通じ、実質的な議論を深めていく意図を有していることを改めて表明した。（略）

同盟の現代化 （略）

（１）　同盟における調整

　閣僚は、起こり得るあらゆる事態に適時かつ統合された形で対処するため、同盟調整メカニズムを通じた二国間調整を更に強化する必要性を改めて強調した。この文脈で、米国は、日本による常設の統合司令部設置の決定を歓迎した。閣僚は、相互運用性と即応性を高めるため、同盟におけるより効果的な指揮・統制関係を検討することにコミットした。（略）

同盟の態勢の最適化

　閣僚は、地域における安全保障上の増大する課題に対処するために、日本の南西諸島の防衛のためのものを含め、向上された作戦概念及び強化された能力に基づいて同盟の戦力態勢を最適化する必要性を確認した。

　閣僚は、厳しい競争的な環境に直面し、日本における米軍の前方態勢が、同盟の抑止力及び対処力を強化するため、強化された情報収集・警戒監視・偵察能力、対艦能力及び輸送力を備えた、より多面的な能力を有し、より強靱性があり、そして、より機動的な戦力を配置することで向上されるべきであることを確認した。

　そのような政策に従って、2012年4月27日のＳＣＣ（編集部注：日米「２＋２」）で調整された再編の実施のための日米ロードマップは再調整され、第3

海兵師団司令部及び第12海兵連隊は沖縄に残留する。第12海兵連隊は2025年までに第12海兵沿岸連隊に改編される。（略）

　閣僚は、日本における同盟の海上機動力を更に強化するため、2023年に予定される、横浜ノース・ドックにおける小型揚陸艇部隊の設立を歓迎した。

　閣僚は、これらの取組が、日本の防衛に対する米国の確固たるコミットメントを示すものであり、そして日本の防衛力の抜本的強化と方向性を同じくすることを確認した。

　閣僚は、日本における最適化された米国の戦力態勢が、南西諸島を含む地域における強化された自衛隊の能力及び態勢とともに、同盟の抑止力及び対処力を実質的に強化することを確認した。閣僚は、これらの取組及び日本における米国の戦力態勢を一層最適化するための方策について緊密な協議を継続することを決定した。

　閣僚はまた、在日米軍の施設及び区域の再編を支える現在行われている事業の着実な実施並びに地元との関係の重要性を再確認した。閣僚は、普天間飛行場の継続的な使用を回避するための唯一の解決策である、キャンプ・シュワブ辺野古崎地区及びこれに隣接する水域における普天間飛行場代替施設の建設継続へのコミットメントを強調した。閣僚は、空母艦載機着陸訓練を含めた目的のために使用される、馬毛島における自衛隊施設の整備の進展及び将来の見通しを歓迎した。（略）

　閣僚は、事件・事故に関する適時な情報共有を行うこと、環境に係る協力を強化すること、及び、同盟の活動の重要性について地元とのコミュニケーションを行いつつ、地元への影響を軽減し、地元との強固な関係を後押しすることに係る二国間の継続的な連携の重要性を確認した。（略）

出典：外務省HP（原文英語）
https://www.mofa.go.jp/mofaj/files/100444894.pdf
アクセス日：2024年5月11日
翻訳は、外務省の仮訳をもとに一部修正。

3. 日米韓キャンプ・デービッド首脳声明

　この声明には、「インド太平洋」という言葉が繰り返し出てくる。朝鮮半島だけではなく、「中国による不法な海洋権益に関する主張」を指摘し、「台湾海峡の平和と安定」にも言及。日米韓の軍事協力については「3か国共同訓練を定期的に実施する」としている。この声明によって、タブーであった日韓の直接的実動軍事演習が新段階を迎えた。

❖日米韓首脳共同声明 「キャンプ・デービッドの精神」（抜粋）❖

2023年8月18日

（前略）日米韓は、我々のパートナーシップ3か国の全ての国民、地域、そして世界の安全と繁栄を増進すると信じ、連携して共に取り組んでいく決意である。

この精神にのっとり、バイデン大統領は日韓関係を転換させるにあたって勇気あるリーダーシップを発揮した尹大統領及び岸田総理大臣を称賛した。（略）

我々は、我々の経済を強化し、強靭性及び繁栄を提供し、法の支配に基づく自由で開かれた国際秩序を支持し、特に国連安全保障理事会の現・次期理事国として、地域及び世界の平和と安全を強化する。我々は、民主主義の促進及び人権の保護に関する連携を強化する。そして、我々は、日米同盟と米韓同盟の間の戦略的連携を強化し、日米韓の安全保障協力を新たな高みへと引き上げる。この新たな時代に共に乗り出すに当たり、我々が共有する価値が我々の指針となり、3か国の5億人の国民が安全と繁栄を享受する自由で開かれたインド太平洋が、我々の共通の目的となる。

本日、我々が共に生きる地域を強化するという共通の目的の下に結束していることを、我々は公に宣言する。（略）

我々は、南シナ海において最近我々が目の当たりにした、中国による不法な海洋権益に関する主張を後押しする危険かつ攻撃的な行動に関して各国が公に表明した立場を想起し、インド太平洋地域の水域におけるいかなる一方的な現状変更の試みにも強く反対する。（略）我々は、国際社会の安全と繁栄に不可欠な要素である台湾海峡の平和と安定の重要性を再確認する。台湾に関する我々の基本的な立場に変更はなく、我々は、両岸問題の平和的な解決を促す。

我々はさらに、関連する国連安保理決議に従った、北朝鮮の完全な非核化に対するコミットメントを再確認し、北朝鮮に対し、核・弾道ミサイル計画を放棄するよう強く求める。（略）

日米韓三か国は本日、組織化された能力及び協力を強化するため、毎年、名称を付した、複数ドメインに及ぶ三か国共同訓練を定期的に実施する意図を有することを発表する。8月中旬に、増大している北朝鮮の核・ミサイルの脅威をより効果的に抑止し、対応する能力を示すため、日米韓三か国はミサイル警戒データのリアルタイム共有のための海洋弾道ミサイル防衛警報テストを実施した。我々は、2023年末までに、北朝鮮のミサイル警報データのリアルタイムでの共有を運用開始することで、2022年11月のプノンペン声明に反映されたコミットメントを達成する意向であり、三か国はミサイル警報データのリアルタイム共有のための技術的能力を試験するための初期的措置を実施した。我々は、北朝鮮の核・ミサイルの脅威に対抗するため、強化された弾道ミサイル防衛協力を追求することにコミットしている。我々は、核兵器のない世界の実現が国際社会の共通の目標であることを再確認し、核兵器が二度と使用されないことを確保するため引き続きあらゆる努力を尽くす。（略）

今後、三か国は、情報共有を拡大し、あり得べきグローバル・サプライチェーンの混乱に関する政策連携を強化し、経済的威圧に対抗し打ち克つためのより良い準備をするため、早期警戒システムの試験運用開始に向けて緊密に連携することにコミットしている。（略）

日米韓三か国は現在及び将来を通じてこれらの挑戦に共に立ち向かうことができるという我々の信念において結束している。

出典：外務省HP（原文英語）
https://www.mofa.go.jp/mofaj/files/100541826.pdf
アクセス日　2024年5月11日
翻訳は、外務省の仮訳をもとに一部修正。

4. 南西諸島の自衛隊配置図

　　2023年1月に鹿児島県の馬毛島で、米空母艦載機の離発着訓練にも使用する自衛隊基地の建設工事が始まった。3月16日には石垣駐屯地が開設された。沖縄の北大東島では移動式警戒管制レーダーを配備する計画を防衛省は提示し、7月20日に住民説明会が開催された。宮古島では電子戦部隊を配備する計画が進められ、地元の市民団体が11月13日に沖縄防衛局を訪れ、住民説明会の開催を求めたが、局長は「現時点で開く予定はない」と回答。奄美大島の瀬戸内町古仁屋港須手地区に自衛隊の輸送・補給拠点を整備する計画が防衛省から提示され、鹿児島県は11月17日同地区のボーリング調査を許可した。

❖南西地域における防衛体制の強化・態勢強化の取組❖

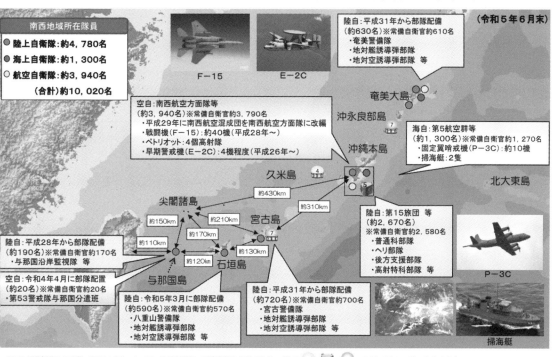

沖縄県北大東島の住民説明会で防衛省が提示した自衛隊配置図（2023年7月20日）

出典：北大東村HP
https://vill.kitadaito.okinawa.jp/docs/2023072100018/file_contents/setumei.pdf
アクセス日：2024年4月15日

5. 防衛省・自衛隊組織図

防衛省・自衛隊は、自衛隊の管理・運営などを任務とする行政組織と、実力組織である陸・海・空3自衛隊などで構成されている。以下に組織図を示す。

❖防衛省・自衛隊組織図❖

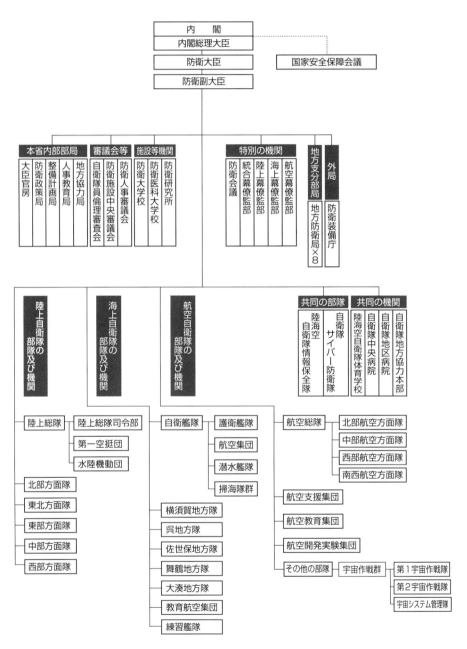

『防衛白書』2023年版第Ⅱ部第5章第2節などをもとにピースデポが作成
http://www.clearing.mod.go.jp/hakusho_data/2023/pdf/R05020502.pdf
アクセス日：2024年4月9日

6. 米軍組織図：米軍のなかの在日米軍

米軍組織は複雑である。在日米軍は、米インド・太平洋軍に属する副統合軍の一つであるが、日本に常駐する米軍のすべてが在日米軍司令官の指揮統制下にあるわけではない。たとえば、日本を母港にしている米艦隊は太平洋艦隊に属する第7艦隊司令官の指揮統制下にある。

❖米軍組織図❖

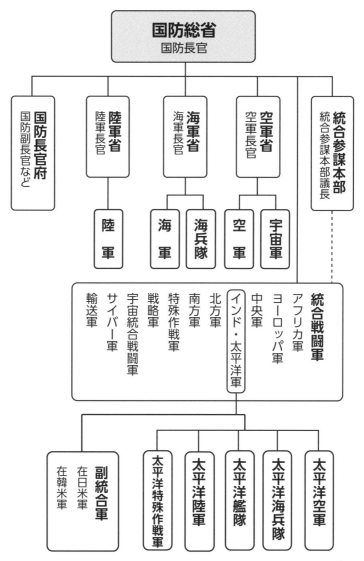

作成：ピースデポ

7. 米軍兵力の地域・国別分布

独立国家が平時において外国軍隊の駐留を許すことは、それだけで異常なことである。日本には米軍の平時の海外駐留兵力の約3分の1弱が常駐している。

●**米軍の現役兵力**(単位:人、2023年9月30日現在)

	陸軍	海軍	海兵隊	空軍	宇宙軍	沿岸警備隊	総計
米国	402,181	292,696	142,784	259,741	8,452	37,479	1,143,333
米国の海外領土	1	3,809	167	2,189	4	881	7,051
海外	46,859	31,429	29,626	52,718	423	465	161,520
総計	449,041	327,934	172,577	314,648	8,879	38,825	1,311,904

●**海外に駐留する米軍の現役兵力:上位30か国**(単位:人、2023年9月30日現在)

国・地域名	陸軍	海軍	海兵隊	空軍	宇宙軍	沿岸警備隊	総計
日本	2,360	19,576	18,664	12,555	70	21	53,246
ドイツ	21,247	405	461	12,919	146	10	35,188
韓国	15,224	358	658	7,859	59	1	24,159
イタリア	4,123	3,320	179	4,760	23	0	12,405
イギリス	173	279	43	9,389	52	13	9,949
バーレーン	18	2,791	338	19	0	308	3,474
スペイン	30	2,691	101	389	0	1	3,212
オーストラリア	42	82	1,986	123	7	3	2,243
トルコ	140	6	36	1,596	0	0	1,778
ベルギー	42	82	1,986	123	7	3	2,243
クウェート	468	1	90	36	0	0	595
キューバ	106	423	31	0	0	6	566
オランダ	125	29	14	224	2	31	425
ジブチ	3	2	403	1	0	0	409
ホンジュラス	252	2	9	127	0	1	391
ギリシャ	7	326	9	26	0	0	368
カタール	111	5	40	167	12	0	335
サウジアラビア	171	15	30	61	0	10	287
フィリピン	10	13	224	7	0	3	257
エジプト	127	8	98	20	0	0	253
ポルトガル	5	47	16	176	0	0	244
シンガポール	11	166	29	25	0	8	239
英インド洋領土	0	220	0	0	0	0	220
ポーランド	88	87	12	29	0	0	216
アラブ首長国連邦	22	21	68	63	0	0	174
カナダ	28	39	14	73	3	5	162
グリーンランド	0	0	0	115	28	0	143
ルーマニア	21	91	9	12	0	0	133
タイ	37	9	43	24	0	0	113
イスラエル	62	10	28	12	0	0	112

出典:DMDC HP
https://dwp.dmdc.osd.mil/dwp/app/dod-data-reports/workforce-reports
アクセス日:2024年4月9日

8. 米軍の海外基地

日本は76の米軍基地・施設を受け入れている。総数ではドイツより少ないものの、大型基地の数は群を抜いて世界でトップである。

●海外の米軍基地の数（2022年9月30日現在）

国・地域名	基地・施設数					大型基地の数
	陸軍	海軍	空軍	海兵隊	総数	
ドイツ	72	0	21	0	93	3
日本	15	29	15	17	76	13
韓国	44	3	11	4	62	4
イタリア	10	11	10	0	31	0
イギリス	0	0	14	0	14	1
ベルギー	9	0	1	0	10	0
北マリアナ諸島	1	9	0	0	10	0
バーレーン	0	9	0	0	9	0
トルコ	1	0	6	0	7	1
ポルトガル	0	0	6	0	6	0
マーシャル諸島	6	0	0	0	6	1
バハマ	0	6	0	0	6	0
クウェート	3	0	3	0	6	1
オランダ	4	0	1	0	5	0
ギリシャ	0	4	0	0	4	0
ルーマニア	2	1	1	0	4	0
シンガポール	0	3	0	0	3	0
アラブ首長国連邦	0	2	1	0	3	0
ポーランド	1	1	1	0	3	0
オーストラリア	0	0	2	0	2	0
スペイン	0	1	1	0	2	1
ブルガリア	1	0	1	0	2	0
ジブチ	0	1	1	0	2	0
イスラエル	0	0	2	0	2	0
カタール	1	0	1	0	2	0
ノルウェー	0	0	1	0	1	0
ペルー	0	1	0	0	1	0
ディエゴ・ガルシア	0	1	0	0	1	1
エルサルバドル	0	1	0	0	1	0
グリーンランド	0	0	1	0	1	1
グアンタナモ湾	0	1	0	0	1	1
ホンジュラス	1	0	0	0	1	0
アイスランド	0	1	0	0	1	0
ケニア	0	1	0	0	1	0
セント・ヘレナ	0	0	1	0	1	0
ヨルダン	0	0	1	0	1	0
ジョンソン環礁	0	0	1	0	1	0
ニジェール	0	0	1	0	1	0
ウェーク島	0	0	1	0	1	0
海外合計	171	86	106	21	384	28

上に掲げるのは、代替資産価値（PRV）が1000万ドル以上、あるいは10エーカー以上の基地。グアムなど米本土外の米領は含まない。PRVが28億ドル以上の基地を大型基地とした。

FY2023 Base Structure Report (BSR)* をもとにピースデポが作成。

* 報告書のタイトルをグーグル検索し、米国防次官（調達・維持担当）事務所HPよりダウンロード。

9. 在日米軍基地の分布地図

　日本には北海道から沖縄まで全国各地に120か所、総面積26,294ヘクタールの米軍基地がある。なかでも沖縄県には31か所、総面積18,483ヘクタールの基地があり、沖縄県の総面積の8.1%を占めている。沖縄が本土に復帰した1972年当時、全国の米軍基地に占める沖縄県の割合は約58.7%であったが、現在は約70.3%が沖縄県に集中している。本土の主なものとしては、三沢(青森県三沢市)、横田(東京都福生市)、横須賀(神奈川県横須賀市)、岩国(山口県岩国市)、佐世保(長崎県佐世保市)などの各基地がある(2023年1月1日現在)。

1 沖縄の米軍基地

2023年11月15日　キャンプ・ハンセンに駐留する「第12海兵連隊」を「第12海兵沿岸連隊」に改編

北部訓練場

奥間レスト・センター

伊江島補助飛行場

北　部

八重岳通信所

キャンプ・シュワブ

辺野古弾薬庫

キャンプ・ハンセン

金武ブルー・ビーチ訓練場

嘉手納弾薬庫地区

金武レッド・ビーチ訓練場

トリイ通信施設

天願桟橋

キャンプ・コートニー

キャンプ・マクトリアス

嘉手納飛行場

キャンプ・シールズ

陸軍貯油施設

中　部

ホワイト・ビーチ地区

津堅島訓練場

キャンプ桑江

泡瀬通信施設

牧港補給地区

キャンプ瑞慶覧

普天間飛行場

那覇港湾施設

南　部

このほか、地図にない
射爆撃場:
鳥島射爆撃場
出砂島射爆撃場
久米島射爆撃場
黄尾嶼射爆撃場
赤尾嶼射爆撃場
沖大東島射爆撃場

出典：沖縄県ホームページ

第7章

2 本土の米軍基地

2023年4月16日　在日米陸軍、横浜ノース
ドックに小型揚陸艇部隊を設立と発表

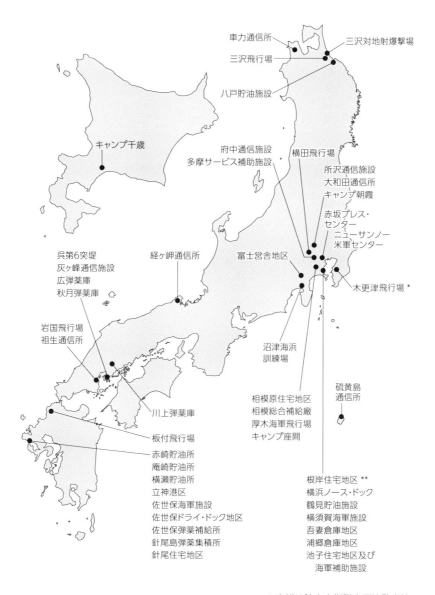

車力通信所
三沢対地射爆撃場
三沢飛行場
八戸貯油施設

キャンプ千歳

府中通信施設
多摩サービス補助施設
横田飛行場
所沢通信施設
大和田通信所
キャンプ朝霞
赤坂プレス・
センター
ニューサンノー
米軍センター

呉第6突堤
灰ヶ峰通信施設
広弾薬庫
秋月弾薬庫

経ヶ岬通信所

富士営舎地区

木更津飛行場 *

岩国飛行場
祖生通信所

沼津海浜
訓練場

川上弾薬庫

板付飛行場

硫黄島
通信所

相模原住宅地区
相模総合補給廠
厚木海軍飛行場
キャンプ座間

赤崎貯油所
庵崎貯油所
横瀬貯油所
立神港区
佐世保海軍施設
佐世保ドライ・ドック地区
佐世保弾薬補給所
針尾島弾薬集積所
針尾住宅地区

根岸住宅地区 **
横浜ノース・ドック
鶴見貯油施設
横須賀海軍施設
吾妻倉庫地区
浦郷倉庫地区
池子住宅地区及び
　海軍補助施設

* 実態は陸上自衛隊木更津駐屯地
** 返還予定

「防衛白書」および米国防総省の資料をもとにピースデポが作成

10. 横須賀・佐世保母港米艦船の変遷

 海外で米国の戦闘艦を5隻以上母港として受け入れているのは、日本の横須賀と佐世保だけである。米海軍横須賀基地（神奈川県）は米軍最大の海外軍港で、2023年には14隻の米海軍の艦船が配備されている。1973年からは、横須賀は米国外で唯一の航空母艦（空母）の母港となり、2008年から空母は原子力空母となっている。12隻の巡洋艦、駆逐艦はすべてイージス艦で米ミサイル防衛

● 横須賀母港米艦船の変還　2023年12月31日現在

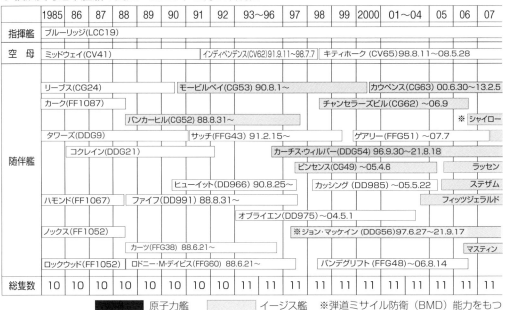

	1985	86	87	88	89	90	91	92	93〜96	97	98	99	2000	01〜04	05	06	07
指揮艦	ブルーリッジ(LCC19)																
空母	ミッドウェイ(CV41)						インディペンデンス(CV62)91.9.11〜98.7.7				キティホーク (CV65)98.8.11〜08.5.28						
随伴艦	リーブス(CG24)／カーク(FF1087)／タワーズ(DDG9)／コクレイン(DDG21)／ハモンド(FF1067)／ノックス(FF1052)／ロックウッド(FF1052)		バンカーヒル(CG52) 88.8.31〜／ファイフ(DD991) 88.8.31〜／カーツ(FFG38) 88.6.21〜／ロドニー・M・デイビス(FFG60) 88.6.21〜		モービルベイ(CG53) 90.8.1〜／サッチ(FFG43) 91.2.15〜／ヒューイット(DD966) 90.8.25〜			オブライエン(DD975) 〜04.5.1／※ジョン・マッケイン (DDG56)97.6.27〜21.9.17	カウペンス(CG63) 00.6.30〜13.2.5／チャンセラーズビル(CG62) 〜06.9／ゲアリー(FFG51) 〜07.7／カーチス・ウィルバー(DDG54) 96.9.30〜21.8.18／ビンセンス(CG49) 〜05.4.6／カッシング (DD985) 〜05.5.22／バンデグリフト (FFG48)〜06.8.14				※ シャイロー／ラッセン／ステザム／フィッツジェラルド／マスティン		
総隻数	10	10	10	10	10	10	10	10	11	11	11	11	11	11	11	11	11

■ 原子力艦　　□ イージス艦　　※弾道ミサイル防衛（BMD）能力をもつ

● 佐世保母港米艦船の変還　2023年12月31日現在

	1985	86	87	88	89〜92	93	94	95	96	97	98	99	2000	01	02	03〜06	07
強襲揚陸艦					ベロー・ウッド(LHA3)92.9.30〜00.7.26								エセックス(LHD2)00.7.26〜12.4.23				
揚陸艦	セント・ルイス(LKA116)83.10.17〜92.1／デュビューク(LPD8)85.9.4〜99.8.19	サン・バーナーディノ(LST1189)86.4.29〜95.5.27			ジャーマン・タウン(LSD42)92.11.3〜02.7.21			フォート・マクヘンリー (LSD43) 95.9.30〜06.4.14				ジュノー(LPD10)99.7.30〜08.7.13				トーテュガ／ハーパーズ・フェリー	
救難艦			ビューフォート(ATS2)87.12.18〜96.1.10	ブラウンズウイック(ATS3)88.7.29〜96.1.28													
掃海艦									ガーディアン(MCM5)96.2.1〜13.2.15／パトリオット(MCM7)96.2.1〜								
通常型潜水艦					ダーター(SS576)79.5.8〜89.8.18／バーベル(SS580)85.10.10〜89.9.11												
総隻数	4	5	6	7	7	7	6	6	7	7	6	6	7	6	6	6	6

（注）母港の始期と終期の日付は必ずしも一貫性がない。
　　　実際に横須賀・佐世保に来た日と離れた日が基本であるが、海軍が発表した日付の場合もある。

網の重要な基地でもある。

　米海軍佐世保基地（長崎県）は2番目に大きい米軍の海外軍港で、2023年末には8隻の艦船が配備されている。1992年からは、佐世保は米国外で唯一の強襲揚陸艦の母港となった。強襲揚陸艦は、海兵隊部隊の上陸作戦を担う主力艦で、ヘリ空母とも言われる。

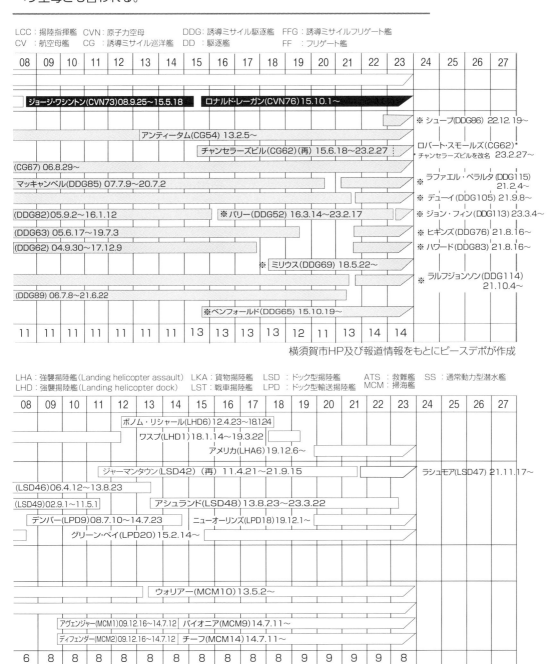

横須賀市HP及び報道情報をもとにピースデポが作成

「佐世保市基地読本」及びリムピース「佐世保米艦船在港状況」をもとにピースデポが作成

11.「思いやり予算」の推移

「日米地位協定」(第9章6)の第24条は、在日米軍の駐留経費は基本的に米国が負担するものとしている。この原則にもかかわらず、1978年から日本政府は第24条で規定されていない経費負担を始めた。これが、いわゆる「思いやり予算」である。78年には、日本人基地従業員の福利費等62億円が計上された。79年には、米軍隊舎、家族住宅、環境関連施設などの「提供施設整備」が加えられた。87年からは日米間で地位協定24条に関する特別協定を締結する方式に転換した。さらに2021年12月、22年度からの特別協定に日米共同の射撃訓練用の「訓練資機材調達費」を新設し、呼称を「同盟強靭化予算」とした。これは、思いやりとして始まった予算を同盟をより強固にする予算枠として再定義した質的変更を意味する。これらの推移を以下の図表に示した。

　在日米軍の駐留のために日本政府が負担している経費は、①思いやり予算と「施設の借料」などを加えた「在日米軍の駐留に関連する経費」、②SACO関係経費、及び③米軍再編関係経費で構成される。このような「手厚い」駐留経費負担は、他の米同盟国・友好国には例をみないものである。

❖特別協定の変遷❖

1回目 1987〜1990年度	従業員の退職手当など8手当を負担。
2回目 1991〜1995年度	従業員の基本給など44種類を負担。電気・ガス・水道など光熱水料の一部負担も始まる。
3回目 1996〜2000年度	米軍の訓練移転経費が加わる。
4回目 2001〜2005年度	施設・区域外の米軍住宅の光熱水料を対象から除外。
5回目 2006〜2007年度	従来の協定をほぼ踏襲。5年ごとの改定を2年に短縮。
6回目 2008〜2010年度	参議院で過半数を占めた野党(民主党、社民党、日本共産党など)の反対で、3月末に旧協定が失効して1か月間の法的空白。
7回目 2011〜2015年度	日本の負担額を2010年度の水準(1881億円)で5年間維持と合意。
8回目 2016〜2021年度	日本が経費負担する労働者数の上限を過去最高の23,178人とする。5年ごとの特別協定を1年間延長。
9回目 2022〜2026年度	期間中の同盟強靭化予算は年平均で約2,110億円。訓練資機材の調達に関連する経費を新設。

防衛省の資料をもとにピースデポが作成
出典：https://www.mod.go.jp/j/approach/zaibeigun/us_keihi/など
アクセス日：2024年2月26日

❖思いやり予算の推移（契約ベース）❖

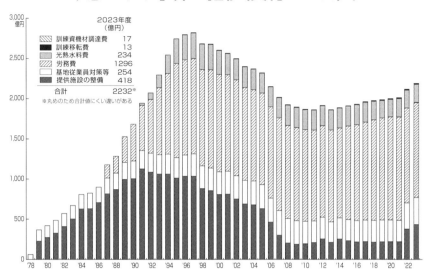

2023年度 （億円）	
訓練資機材調達費	17
訓練移転費	13
光熱水料費	234
労務費	1296
基地従業員対策費	254
提供施設の整備	418
合計	2232※

※丸めのため合計値にくい違いがある

❖在日米軍支援経費の全貌❖

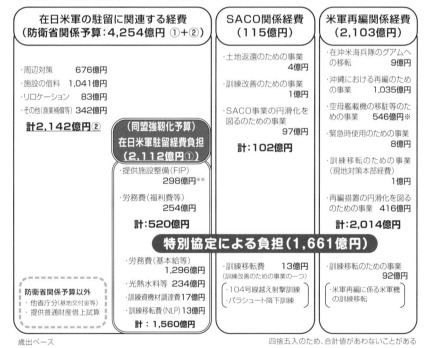

●在日米軍関係経費（2023年度予算）

在日米軍の駐留に関連する経費
（防衛省関係予算：4,254億円 ①+②）

・周辺対策　　　　676億円
・施設の借料　　1,041億円
・リロケーション　　83億円
・その他（漁業補償等）342億円

計2,142億円②

防衛省関係予算以外
・他省庁分（基地交付金等）
・提供普通財産借上試算

（同盟強靭化予算）
在日米軍駐留経費負担
（2,112億円①）

・提供施設整備（FIP）
　　　　　298億円※※
・労務費（福利費等）
　　　　　254億円

計：520億円

特別協定による負担（1,661億円）

・労務費（基本給等）
　　　　1,296億円
・光熱水料等 234億円
・訓練資機材調達費17億円
・訓練移転費（NLP）13億円

計：1,560億円

SACO関係経費
（115億円）

・土地返還のための事業
　　　　　4億円
・訓練改善のための事業
　　　　　1億円
・SACO事業の円滑化を
　図るのための事業
　　　　　97億円

計：102億円

・訓練移転費　　13億円
（訓練改善のための事業の一つ）
・104号線越え射撃訓練
・パラシュート降下訓練

米軍再編関係経費
（2,103億円）

・在沖米海兵隊のグアムへ
　の移転　　　　9億円
・沖縄における再編のための
　事業　　　1,035億円
・空母艦載機の移駐等のた
　めの事業　546億円※
・緊急時使用のための事業
　　　　　8億円
・訓練移転のための事業
　（現地対策本部経費）
　　　　　1億円
・再編措置の円滑化を図る
　のための事業　416億円

計：2,014億円

・訓練移転のための事業
　　　　　92億円

米軍再編に係る米軍機
の訓練移転

歳出ベース　　　　　　　　　　　　　　　　　四捨五入のため、合計値があわないことがある

※2023年度の『馬毛島の施設整備費』（歳出ベース）。「解題」（176頁）の
「馬毛島の施設整備費」3030億円は新規契約額で後年度負担が含まれる。

出典：防衛省HP
上図：https://www.mod.go.jp/j/approach/zaibeigun/us_keihi/suii_img_r05.pdf
下図：https://www.mod.go.jp/j/approach/zaibeigun/us_keihi/
アクセス日：2024年2月26日

12. 基地騒音訴訟一覧

日本各地の米軍および自衛隊基地における航空機騒音訴訟について、提訴と判決の概要をまとめた（2023年12月31日現在）。

表の「W」は、「加重等価連続感覚騒音基準」（W値＝うるささ指数）であり、訴訟において騒音の程度を測る指標として用いられている。

●小松基地（米軍、自衛隊）

	判決年月日	夜間・早朝飛行差止	過去の損害賠償額（月）	将来賠償
第5、6次小松基地爆音差止等請求訴訟（提訴日：①08・12・24、②09・4・27、原告数：2227人）				
地裁	20・3・12	×	75W：4000円〜90W：14000円	×
高裁	22・3・16	×	75W：4000円〜90W：14000円	×
第7次小松基地爆音差止等請求訴訟（提訴日：23・12・26、原告数：1510人）				
地裁で係争中				

●横田基地（米軍、自衛隊）

	判決年月日	夜間・早朝飛行差止	過去の損害賠償額（月）	将来賠償
新横田基地公害訴訟（提訴日：①96・4・10、②97・2・14、③98・4・20、原告数：5958人）				
地裁	02・5・30	×	75W：3000円〜90W：12000円	×
高裁	05・11・30	×	75W：3000円〜90W：12000円	一部○
最高裁	07・5・27	×	75W：3000円〜90W：12000円	×
新横田基地公害訴訟（分離された対米訴訟、提訴日：96・4・10）				
最高裁	02・4・12		—	—
第9次横田基地公害訴訟（提訴日：①12・12・12、②14・8・7、原告数：144人）				
地裁	18・11・30	×	75W：4000円〜85W：12000円	×
高裁	20・1・23	×	75W：4000円〜85W：12000円	×
最高裁	21・1・27	×	75W：4000円〜85W：12000円	×
第2次新横田基地公害訴訟（提訴日：①13・3・26、②13・7・31、原告数：1078人）				
地裁	17・10・11	×	75W：4000円〜85W：12000円	×
高裁	19・6・6	×	75W：4000円〜85W：12000円	×
最高裁	20・12・9	×	（上告せず）	×
第3次新横田基地公害訴訟（提訴日：①22・6・20、②22・12・21、③23・4・28、原告数：1467人）				
地裁で係争中				
横田基地公害訴訟（提訴日：①22・11・10、②23・9・6、原告数：282人）				
地裁で係争中				

●厚木基地（米軍、自衛隊）

	判決年月日	夜間・早朝飛行差止	過去の損害賠償額（月）	将来賠償
第4次厚木基地爆音訴訟（提訴日：①07・12・17、②08・4・21、原告数：7052人）				
地裁	14・5・21	一部○	75W：4000円〜95W：20000円	×
高裁	15・7・30	一部○	75W：4000円〜95W：20000円	一部○
最高裁	16・12・8	×	75W：4000円〜95W：20000円	×
第5次厚木基地爆音訴訟（提訴日：①17・8・4、②17・12・1、③18・5・1、原告数：8879人）				
地裁で係争中				

●嘉手納基地（米軍）

	判決年月日	夜間・早朝飛行差止	過去の損害賠償額（月）	将来賠償
第3次嘉手納基地爆音差止訴訟（提訴日：11・4・28、原告数：22058人）				
地裁	17・2・23	×	75W：7000円〜95W：35000円	×
高裁	19・9・11	×	75W：4500円〜95W：22500円	×
最高裁	21・3・23	×	（上告せず）	×
第3次嘉手納基地爆差止訴訟（分離された対米訴訟、提訴日：12・11・30、原告数：144人）				
地裁	17・2・9	×		
高裁	19・9・11	×		
最高裁	21・3・23	×		
第4次嘉手納基地爆音差止訴訟（提訴日：22・1・28、原告数：35566人）				
地裁で係争中				

●普天間基地（米軍）

	判決年月日	夜間・早朝飛行差止	過去の損害賠償額（月）	将来賠償
第2次普天間基地爆音訴訟（提訴日：12・3・30、原告数：3400人）				
地裁	16・11・17	×	75W：7000円〜80W：13000円（月額）	×
高裁	19・4・16	×	75W：4500円〜80W：9000円（月額）	×
最高裁	20・7・8	×	（上告せず）	×
第3次普天間基地爆音訴訟（提訴日：①20・12・25、②21・3・25、③22・1・25、④22・5・19、原告数：5347人）				
地裁で係争中				

●岩国基地（米軍、自衛隊）

	判決年月日	夜間・早朝飛行差止	過去の損害賠償額（月）	将来賠償
岩国爆音訴訟（提訴日：①09・3・23、②09・10・30、原告数：654人）				
地裁	15・10・15	×	75W：4000円〜95W：16000円	×
高裁	19・10・25	×	75W：4000円〜95W：20000円	×
最高裁	21・4・13	×	75W：4000円〜95W：20000円	×
第2次岩国爆音訴訟（提訴日：22・12・26、原告数：436人）				
地裁で係争中				

●新田原基地（自衛隊）

	判決年月日	夜間・早朝飛行差止	過去の損害賠償額（月）	将来賠償
新田原基地爆音訴訟（提訴日：①17・12・18、②18.7.2、原告数：181人）				
地裁	21・6・28	×	75W：4000円〜95W：20000円	×
高裁で係争中				

出典：全国基地爆音訴訟原告団連絡会議作成資料

注1）　過去の損害賠償額は、最低と最高のみを記している。
注2）　「×」は却下または棄却を表す。
注3）　将来請求の「一部○」とは、新横田基地公害訴訟の場合には結審日から判決日までの期間の損害賠償が新たに認められたということであり、第4次厚木爆音訴訟の場合には米空母艦載機の拠点移動予定時期までの期間の損害賠償が認められたということである。
注4）　夜間・早朝飛行差止の「一部○」とは、自衛隊機のみ22〜6時の差止めが認められたということである。
注5）　紙面の関係で、小松、横田、厚木、嘉手納、普天間の初期の訴訟は省略した。

13.途上国軍部に対する援助（OSA）実施方針

　「我が国にとって望ましい安全保障環境の創出」と「軍等が裨益者となる」と明確に打ち出した軍事色の強い経済援助である。2023年11月、フィリピンへの沿岸監視レーダー5基(約6億円)、バングラディッシュ海軍に警備艇4隻(約5億円)の供与が相次いで決定された。OSA予算は外務省の所管で、2023年度の20億円から、2024年度は50億円に拡充された。

❖政府安全保障能力強化支援の実施方針（抜粋）❖

2023年4月5日、国家安全保障会議決定

1 目的

（前略）我が国の平和国家としての基本理念を維持しつつ、同志国の安全保障上の能力や抑止力の強化に貢献することにより、我が国との安全保障協力関係の強化、我が国にとって望ましい安全保障環境の創出及び国際的な平和と安全の維持・強化に寄与することを目的として、軍等が裨益者となる資機材供与やインフラ整備等を行う政府安全保障能力強化支援（OSA：Official Security Assistance）を実施する。 OSAは、国家安全保障戦略にある総合的な防衛体制を強化するための取組の一つである。

2 支援方針

（1）支援対象

（前略）OSAは無償による資金協力であることに鑑み、原則として開発途上国を対象とする。

（2）支援分野（略）

ア 法の支配に基づく平和・安定・安全の確保のための能力向上

（前略）領海や領空等の警戒監視、テロ対策、海賊対策等のための支援を行う。

イ 人道目的の活動

（前略）災害対処、捜索救難・救命、医療、援助物資の輸送能力向上等のための支援を行う。

ウ 国際平和協力活動

（前略）国連平和維持活動（PKO）等に参加するための能力強化等のための支援を行う。

3 実施上の原則

（前略）

（1）防衛装備移転三原則及び同運用指針の枠内での実施

　我が国の平和国家としての基本理念を堅持しつつ、同志国の安全保障上の能力や抑止力の強化に貢献することにより、我が国との安全保障協力関係の強化、我が国にとって望ましい安全保障環境の創出及び国際的な平和と安全の維持・強化を図るというOSAの制度の趣旨に鑑み、供与する資機材・整備するインフラ等が防衛装備に当たるか否かを問わず、これらの支援に際しては、類似の理念に基づく「防衛装備移転三原則」及び同運用指針の枠内で協力を行

う。（略）

4 実施体制

（1）OSAが、総合的な防衛体制の強化のための取組の1つであることを踏まえ、OSAの実施に際しては、国家安全保障局、外務省、防衛省等が連携する。（略）

出典：外務省HP
https://www.mofa.go.jp/mofaj/files/100487214.pdf
アクセス日：2024年4月12日

14.防衛産業強化法

防衛産業から撤退する企業が相次ぐ中で、企業が防衛生産から撤退する場合に、他の企業がその生産設備などを譲り受ける時に、財政上の措置を行うこと、武器（防衛装備）の輸出を行う企業に「指定装備移転支援法人」を通じて援助をすること、防衛装備品の秘密を洩らした者に対する罰則（最高、2年以下の拘禁刑－刑法改正前は懲役）を設け、統制を強化した。

❖防衛省が調達する装備品等の開発及び生産のための基盤の強化に関する法律（抜粋）❖

2023年10月1日施行

（前略）

（財政上の措置）

第七条　政府は、防衛省と指定装備品等の調達に係る契約を締結している認定装備品安定製造等確保事業者（防衛省と当該契約を締結していない認定装備品安定製造等確保事業者であって、当該契約を締結している認定装備品安定製造等確保事業者に当該契約に係る指定装備品等の部品若しくは構成品を直接若しくは間接に供給し、又は当該契約に係る指定装備品等の製造等に関する役務を直接若しくは間接に提供しているものを含む。）において、第四条第一項の認定を受けた装備品安定製造等確保計画（前条第一項の変更の認定があったときは、その変更後のもの）に係る特定取組（当該契約に係る指定装備品等の製造等に関するものに限る。）が着実に実施されるようにするため、予算の範囲内において、必要な財政上の措置を講ずるものとする。（略）

（基金）

第十八条　指定装備移転支援法人は、装備移転支援業務であって次の各号のいずれにも該当するもの及びこれに附帯する業務に要する費用に充てるための基金（以下「基金」という。）を設け、次項の規定により交付を受けた補助金をもってこれに充てるものとする。

一、認定装備移転事業者による認定装備移転仕様等調整計画に係る装備移転仕様等調整に係る業務であって、装備移転が安全保障上の観点から適切に行われるために緊要なもの（略）

二、9　防衛大臣は、前項に規定する報告書の提出を受けたときは、これに意見を付けて、国会に報告しなければならない。（略）

第二十六条　株式会社日本政策金融公庫は、装備品製造等事業者による指定装備品等の製造等又は装備移転が円滑に行われるよう、必要な資金の貸付けについて配慮をするものとする。（略）

第三十七条　第八条第一項の規定による報告又は資料の提出の求めに係る事務に関して知り得た秘密を正当な理由がなく漏らし、又は盗用した者は、二年以下の拘禁刑又は百万円以下の罰金に処する。

第三十八条　次の各号のいずれかに該当する者は、一年以下の拘禁刑又は五十万円以下の罰金に処する。

一、第二十一条の規定に違反して秘密を漏らし、又は盗用した者

二、第二十七条第六項の規定に違反して装備品等秘密を漏らした者（略）

出典：eGov法令検索サイト
https://elaws.e-gov.go.jp/document?lawid=505AC0000000054
アクセス日：2024年4月15日

15.日本の宇宙安全保障構想

　宇宙開発戦略本部(本部長・首相)は23年6月13日、「宇宙安全保障構想」を決定し、12月22日に「宇宙基本計画工程表」を改訂した。「宇宙からの情報収集態勢の確立」、「宇宙システムによるミサイル脅威への対応（ミサイル防衛）」、「衛星測位機能を強化するとともに、GPS 衛星の利用を含め、同盟国との協力により高い抗たん性を有する衛星測位機能を担保」が掲げられ、長距離ミサイルの誘導に衛星からの情報を利用しようとしている。軍事利用の飛躍的拡大である。

❖宇宙安全保障構想（抜粋）❖

2023年6月13日

（前略）

4．第1のアプローチ：安全保障のための宇宙システム利用の抜本的拡大（宇宙からの安全保障）

（1）宇宙からの広域・高頻度・高精度な情報収集態勢の確立（情報収集）

　官民の衛星の利用、同盟国・同志国との連携の強化といった様々な手段を組み合わせ、広域において隙のない情報収集を行う。

　情報収集コンステレーション、政府による民間サービスの調達の拡大及び静止光学衛星の活用により、同盟国との連携強化等の各種取組によって補完しつつ、高頻度な情報収集態勢等を確立し、スタンド・オフ防衛能力の実効性の確保や海洋状況把握などに必要な目標の探知・追尾能力を獲得する。この際、光通信衛星コンステレーションによって情報伝達速度を向上するとともに、AI の活用により、画像分析能力を向上する。

　また、政府が保有する情報収集衛星については、機数増の着実な実施、高精度・高画質な画像情報の収集、データ中継衛星の運用等を通じた情報伝達

速度の向上など情報収集能力を強化し、安全保障環境をめぐる諸情勢が急速に変化する中でも我が国の政策を決定するために必要な情報を収集する。この際、内閣衛星情報センターと防衛省・自衛隊を始めとする関係省庁との協力・連携を強化するなどして、収集した情報の更なる効果的な活用を図る。

（２）宇宙システムによるミサイル脅威への対応（ミサイル防衛）

　同盟国との連携により早期警戒衛星情報を活用する。また、我が国の周辺国等による 弾道ミサイルや極超音速滑空兵器（HGV: Hypersonic Glide Vehicle）等の開発・装備化に対応するため、ミサイル防衛用宇宙システム（広域かつ継続的な脅威の探知・追尾、各種装備品の間の迅速な情報伝達、衛星で捉えた情報の迎撃アセットへの伝達）について、米国との連携可能性を踏まえつつ、技術実証を行い、必要な能力の獲得について検討する。

（３）重層的かつ耐傍受性・耐妨害性の高い衛星情報通信態勢の確立（情報通信）

　静止軌道の衛星（防衛通信衛星、民間通信衛星、米国が主導する軍事通信衛星の帯域共有の枠組み（PATS: Protected Anti-Jam Tactical SATCOM）、低軌道の衛星（民間通信衛星コンステレーション、光通信衛星コンステレーション）等を活用した重層的で冗長性のある衛星通信網により、衛星と地上局、衛星間及び地上局間をつなぎ、防衛省・自衛隊の任務拡大に伴う需要増や周辺国による妨害能力の向上に対応する。この際、同盟国・同志国との相互運用性を確保しつつ、耐傍受性・耐妨害性のある防衛通信衛星を整備する。また、海上保安庁において、民間の通信衛星コンステレーションなどの利用を促進することにより、情報通信の冗長化・秘匿化を図り、電波妨害等に対応する。さらに、情報通信回線を高速大容量化させる。

（４）衛星測位機能の強化（衛星測位）

　準天頂衛星の機能性や信頼性を高めて、衛星測位機能を強化するとともに、GPS 衛星の利用を含め、同盟国との協力により高い抗たん性を有する衛星測位機能を担保する。 また、防衛省及び海上保安庁においては、準天頂衛星を含む複数の測位信号の受信機の導入を推進する。加えて、防衛省においては、宇宙空間での測位信号の活用の検討を進める。

（５）大規模かつ柔軟な宇宙輸送態勢の確立（宇宙輸送）（略）

出典：内閣府HP
https://www8.cao.go.jp/space/anpo/kaitei_fy05/anpo_fy05.pdf
アクセス日：2024年4月15日

❖宇宙基本計画工程表(令和5年度改訂)(抜粋)❖

2023年12月22日

【宇宙領域把握(SDA)体制の構築】

(前略)

●多国間演習への参加に加えて、米英豪加NZ仏独(編集部注：加＝カナダ、

NZ=ニュージーランド)などの同盟国・同志国と共に我が国及びこれらの国々の官民の衛星を防衛するための取組を強化する。

・宇宙状況把握多国間机上演習への参加を継続するとともに、米国宇宙コマンド等への自衛官等の派遣等により宇宙状況把握体制整備を効果的に推進する。

・宇宙安全保障に関する議論を実施する多国間枠組みである連合宇宙作戦イニシアチブ(CSpO:Combined Space Operations Initiative)に参加することにより、同盟国・同志国との関係を更に強化しつつ、安定的な宇宙利用の確保のための国際的な取組に積極的に関与する。

●防衛省は、JAXAを始めとした関係政府機関等との連携、米国や同志国との二国間・多国間強力(例えば、グローバル・センチネル演習)、民間事業者との情報共有の在り方等の具体的な取組を推進する。

・防衛省は、JAXAへの要員派遣など官民横断的な人材交流を通じ、宇宙分野における中核的人材の育成及び活用を図る。(略)

出典:内閣府HP
https://www8.cao.go.jp/space/plan/plan2/kaitei_fy05/kaitei_fy0512.pdf
アクセス日:2024年4月9日

16. 2015年安保法制

「平和安全法制」(安全保障関連法)は10本の法律を一括改正する平和安全法制整備法と新法・国際平和支援法の2つで構成される。前者の改正する10本の法律とは、自衛隊法、国際平和協力法、周辺事態安全確保法、船舶検査活動法、事態対処法、米軍行動関連措置法、特定公共施設利用法、海上輸送規制法、捕虜取扱い法、国家安全保障会議設置法である。安保法制で、集団的自衛権行使の容認、後方支援の拡大や武器使用の拡大など重要な変化が盛り込まれた部分を抜粋する。

❖平和安全法制(抜粋)❖

2015年9月19日 採決
2016年3月29日 施行

(1)平和安全法制整備法:我が国及び国際社会の平和及び安全の確保に資するための自衛隊法等の一部を改正する法律

1. 自衛隊法

(在外邦人等の保護措置)

第84条3 防衛大臣は、外務大臣から外国における緊急事態に際して生命又は身体に危害が加えられるおそれがある邦人の警護、救出その他の当該邦人の生命又は身体の保護のための措置(略)を行うことの依頼があつた場合において、外務大臣と協議し、次の各号のいずれにも該当すると認めるときは、内閣総理大臣の承認を得て、部隊等に当該保護措置を行わせることができる。

(合衆国軍隊等の部隊の武器等の防護のための武器の使用)

第95条2 自衛官は、アメリカ合衆国の軍隊その他の外国の軍隊その他これに類する組織(略)の部隊であって自衛隊と連携して我が国の防衛に資する活動(共同訓練を含み、現に戦闘行為が行われている現場で行われるものを除く。)に現に従事しているものの武器等を職務上警護するに当たり、

人又は武器等を防護するため必要であると認める相当の理由がある場合には、その事態に応じ合理的に必要と判断される限度で武器を使用することができる。

2．国際連合平和維持活動等に対する協力に関する法律（国際平和協力法）

（武器の使用）

第25条7

　第9条第5項の規定により派遣先国において国際平和協力業務に従事する自衛官は、その宿営する宿営地（略）であって当該国際平和協力業務に係る国際連合平和維持活動、国際連携平和安全活動又は人道的な国際救援活動に従事する外国の軍隊の部隊の要員が共に宿営するものに対する攻撃があったときは、当該宿営地に所在する者の生命又は身体を防護するための措置をとる当該要員と共同して、第3項の規定による武器の使用をすることができる。

5．武力攻撃事態等及び存立危機事態における我が国の平和と独立並びに国及び国民の安全の確保に関する法律（事態対処法）

第1条　（目的）

　この法律は、武力攻撃事態等（略）及び存立危機事態への対処について、基本理念、国、地方公共団体等の責務、国民の協力その他の基本となる事項を定めることにより、武力攻撃事態等及び存立危機事態への対処のための態勢を整備し、併せて武力攻撃事態等及び存立危機事態への対処に関して必要となる法制の整備に関する事項を定め、もって我が国の平和と独立並びに国及び国民の安全の確保に資することを目的とする。

第2条　（定義）

4　存立危機事態　我が国と密接な関係にある他国に対する武力攻撃が発生し、これにより我が国の存立が脅かされ、国民の生命、自由及び幸福追求の権利が根底から覆される明白な危険がある事態をいう。

第3条（武力攻撃事態等及び存立危機事態への対処に関する基本理念）

4　存立危機事態においては、存立危機武力攻撃を排除しつつ、その速やかな終結を図らなければならない。ただし、存立危機武力攻撃を排除するに当たっては、武力の行使は、事態に応じ合理的に必要と判断される限度においてなされなければならない。

5　武力攻撃事態等及び存立危機事態への対処においては、日本国憲法の保障する国民の自由と権利が尊重されなければならず、これに制限が加えられる場合にあっても、その制限は当該武力攻撃事態等に対処するため必要最小限のものに限られ、かつ、公正かつ適正な手続の下に行われなければならない。この場合において、日本国憲法第14条、第18条、第19条、第21条その他の基本的人権に関する規定は、最大限に尊重されなければならない。

（2）国際平和支援法：国際平和共同対処事態に際して我が国が実施する諸外国の軍隊等に対する協力支援活動等に関する法律

第1条（目的）

　この法律は、国際社会の平和及び安全を脅かす事態であって、その脅威を除去するために国際社会が国際連合憲章の目的に従い共同して対処する活動を行い、かつ、我が国が国際社会の一員としてこれに主体的かつ積極的に寄与する必要があるもの（以下「国際平和共同対処事態」という。）に際し、当該活動を行う諸外国の軍隊等に対する協力支援活動等を行うことにより、国際社会の平和及び安全の確保に資することを目的とする。

第2条（基本原則）

　政府は、国際共同対処事態に際し、この法律に基づく協力支援活動若しくは捜索救助活動又は平和重要影響事態等に際して実施する船舶検査活動に関する法律（略）第2条に規定する船舶検査活動（略）を適切かつ迅速に実施することにより、国際社会の平和及び安全の確保に資するものとする。

2　対応措置の実施は、武力による威嚇又は武力の行使に当たるものであってはならない。

参考資料:
国及び国際社会の平和及び安全の確保に資するための自衛隊法等の一部を改正する法律案及び国際平和共同対処事態に際して我が国が実施する諸外国の軍隊等に対する協力支援活動等に関する法律案に対する附帯決議

2015年9月17日
参議院我が国及び国際社会の平和安全法制に関する特別委員会

(前略)政府は、両法律の施行に当たり、次の事項に万全を期すべきである。

1　存立危機事態の認定に係る新三要件の該当性を判断するに当たっては、第一要件にいう「我が国の存立が脅かされ、国民の生命、自由及び幸福追求の権利が根底から覆される明白な危険がある」とは、「国民に我が国が武力攻撃を受けた場合と同様な深刻、重大な被害が及ぶことが明らかな状況」であることに鑑み、攻撃国の意思、能力、事態の発生場所、その規模、態様、推移などの要素を総合的に考慮して、我が国に対する外部からの武力攻撃が発生する明白な危険など我が国に戦禍が及ぶ蓋然性、国民がこうむることとなる犠牲の深刻性、重大性などから判断することに十分留意しつつ、これを行うこと。

2～9(略)

出典：各pdfファイルは、内閣官房HPの以下のURLから入手できる。
https://www.cas.go.jp/jp/gaiyou/jimu/housei_seibi.html
アクセス日：2024年3月11日

17. 防衛装備移転三原則

　　2014年、政府は、防衛装備品の輸出や国際共同開発に関する新たな原則として防衛装備移転三原則を閣議決定した。従来、日本は、平和国家として武器輸出三原則を掲げ武器の輸出は長らく事実上禁止する状態にあった。防衛装備移転三原則はその政策を大きく転換し、国家安全保障戦略に基づいて、武器の輸出入を基本的に認め、その上で禁止する場合の内容や審査を規定するものとなっている。2020年8月、新しい三原則にもとづく初めての装備移転の契約がフィリピン国防省と三菱電機(株)の間で行われ、23年11月に1基めが納品された。

❖防衛装備移転三原則(抜粋)❖

2014年4月1日
国家安全保障会議および閣議決定

　政府は、これまで防衛装備の海外移転については、昭和42年の佐藤総理による国会答弁(以下「**武器輸出三原則**」という。)及び昭和51年の**三木内閣の政府統一見解**によって慎重に対処することを基本としてきた。このような方針は、我が国が平和国家としての道を歩む中で一定の役割を果たしてきたが、一方で、共産圏諸国向けの場合は武器の輸出は認めないとするなど時代にそぐわないものとなっていた。また、武器輸出三原則の対象地域以外の地域についても武器の輸出を慎むものとした結果、実質的には全ての地域に対して輸出を認めないこととなったため、政府は、これまで個別の必要性に応じて例外化措置を重ねてきた。

　我が国は、戦後一貫して平和国家としての道を歩んできた。専守防衛に徹し、他国に脅威を与えるような軍事大国とはならず、非核三原則を守るとの基本原則を堅持してきた。他方、現在、我が国を取り巻く安全保障環境が一層厳しさを増していることや我が国が複雑かつ重大な国家安全保障上の課題に直面していることに鑑みれば、国際協調主義の観点からも、より積極的な対応が不可欠となっている。我が国の平和と安全は我が国一国では確保できず、国際社会もまた、我が国がその国力にふさわしい形で一層積極的な役割を果たすことを期待している。これらを踏まえ、我が国は、今後の安全保障環境の下で、平和国家としての歩みを引き続き堅持し、また、国際政治経済の主要プレーヤー

として、国際協調主義に基づく積極的平和主義の立場から、我が国の安全及びアジア太平洋地域の平和と安定を実現しつつ、国際社会の平和と安定及び繁栄の確保にこれまで以上に積極的に寄与していくこととしている。

こうした我が国が掲げる国家安全保障の基本理念を具体的政策として実現するとの観点から、「国家安全保障戦略について」（平成25年12月17日国家安全保障会議及び閣議決定）に基づき、防衛装備の海外移転に係るこれまでの政府の方針につき改めて検討を行い、これまでの方針が果たしてきた役割に十分配意した上で、新たな安全保障環境に適合するよう、これまでの例外化の経緯を踏まえ、包括的に整理し、明確な原則を定めることとした。（略）

他方、防衛装備の流通は、国際社会への安全保障上、社会上、経済上及び人道上の影響が大きいことから、各国政府が様々な観点を考慮しつつ責任ある形で防衛装備の移転を管理する必要性が認識されている。

以上を踏まえ、我が国としては、国際連合憲章を遵守するとの平和国家としての基本理念及びこれまでの平和国家としての歩みを引き続き堅持しつつ、今後は次の三つの原則に基づき防衛装備の海外移転の管理を行うこととする。また、武器製造関連設備の海外移転については、これまでと同様、防衛装備に準じて取り扱うものとする。

1 移転を禁止する場合の明確化

次に掲げる場合は、防衛装備の海外移転を認めないこととする。

① 当該移転が我が国の締結した条約その他の国際約束に基づく義務に違反する場合、

② 当該移転が国際連合安全保障理事会の決議に基づく義務に違反する場合、又は

③ 紛争当事国（武力攻撃が発生し、国際の平和及び安全を維持し又は回復するため、国際連合安全保障理事会がとっている措置の対象国をいう。）への移転となる場合

2 移転を認め得る場合の限定並びに厳格審査及び情報公開

上記1以外の場合は、移転を認め得る場合を次の場合に限定し、透明性を確保しつつ、厳格審査を行う。具体的には、防衛装備の海外移転は、平和貢献・国際協力の積極的な推進に資する場合、同盟国たる米国を始め我が国との間で安全保障面での協力関係がある諸国（以下「同盟国等」という。）との国際共同開発・生産の実施、同盟国等との安全保障・防衛分野における協力の強化並びに装備品の維持を含む自衛隊の活動及び邦人の安全確保の観点から我が国の安全保障に資する場合等に認め得るものとし、仕向先及び最終需要者の適切性並びに当該防衛装備の移転が我が国の安全保障上及ぼす懸念の程度を厳格に審査し、国際輸出管理レジームのガイドラインも踏まえ、輸出審査時点において利用可能な情報に基づいて、総合的に判断する。

2 また、我が国の安全保障の観点から、特に慎重な検討を要する重要な案件については、国家安全保障会議において審議するものとする。国家安全保障会議で審議された案件については、行政機関の保有する情報の公開に関する法律（平成11年法律第42号）を踏まえ、政府として情報の公開を図ることとする。

3 目的外使用及び第三国移転に係る適正管理の確保

上記2を満たす防衛装備の海外移転に際しては、適正管理が確保される場合に限定する。具体的には、原則として目的外使用及び第三国移転について我が国の事前同意を相手国政府に義務付けることとする。ただし、平和貢献・国際協力の積極的な推進のため適切と判断される場合、部品等を融通し合う国際的なシステムに参加する場合、部品等をライセンス元に納入する場合等においては、仕向先の管理体制の確認をもって適正な管理を確保することも可能とする。（略）

出典：外務省HP
https://www.cas.go.jp/jp/gaiyou/jimu/pdf/bouei1.pdf
アクセス日：2024年3月11日

18. 防衛装備移転三原則運用指針

　2023年12月22日の閣議決定で改訂。「運用指針」は22年3月8日に「国際法違反の侵略を受けているウクライナに対して自衛隊法第116条の3の規定に基づき防衛大臣が譲渡する装備品等に含まれる防衛装備の海外移転」という項目が追加され、今回さらに「国際法に違反する侵略や武力の行使又は武力による威嚇を受けている国」へと移転対象が拡大された。ライセンス元国への供与も認めるとし、これに基づき、岸田内閣はライセンス生産している短距離対空ミサイルPAC-3の米国への供与を決定した。

❖ 防衛装備移転三原則の運用指針(抜粋) ❖

2014年4月1日　国家安全保障会議決定
2023 年 12 月 22 日　一部改定

1 防衛装備の海外移転を認め得る案件

防衛装備の海外移転を認め得る案件は、次に掲げるものとする。

（1）　（略）

（2）我が国の安全保障に資する海外移転として次に掲げるもの（我が国の安全保障の観点から積極的な意義がある場合に限る。）

ア　米国を始め我が国との間で安全保障面での協力関係がある諸国との国際共同開発・生産に関する海外移転であって、次に掲げるもの

（ア）国際共同開発・生産のパートナー国に対する防衛装備の海外移転

（イ）国際共同開発・生産のパートナー国以外の国に対する部品や役務の提供

イ　米国を始め我が国との間で安全保障面での協力関係がある諸国との安全保障・防衛協力の強化に資する海外移転であって、次に掲げるもの

（ア）法律に基づき自衛隊が実施する物品又は役務の提供に含まれる防衛装備の海外移転

（イ）米国との相互技術交流の一環としての武器技術の提供

（ウ）我が国との間で安全保障面での協力関係がある国からのライセンス生産品に係る防衛装備のライセンス元国からの要請に基づく提供（ライセンス元国からの更なる提供を含む。）に関する防衛装備の海外移転

（略）

（エ）我が国との間で安全保障面での協力関係がある国への修理等の役務提供

（オ）我が国との間で安全保障面での協力関係がある国に対する次に掲げるものに関する防衛装備の海外移転

①　部品

②　救難、輸送、警戒、監視及び掃海に係る協力に関する完成品（当該本来業務の実施又は自己防護に必要な自衛隊法上の武器を含む。）

（略）

出典：内閣官房HP
https://www.cas.go.jp/jp/gaiyou/jimu/pdf/r51222_bouei3.pdf
アクセス日：2024年4月8日

第8章
自治体および市民

1. 市民主体と安全保障

「安全保障は国の専管事項である」という誤解がある。

市民が安全、安心に暮らすために、世界中の市民が努力している。1994年に国連は「人間の安全保障」という考え方を導入したが、それは、安全保障を「国家の論理」から「人間の論理」へと転換しようとする試みであった。

国際社会の公正性を高めなければ安全や安心を高めることはできない。したがって、安全保障は国際社会全体を視野に入れて取り組むべき課題であり、それを構成している「地球市民」が「人間の安全保障」を実現する主人公にならなければならない。

地球市民は、居住地域では自治体の主権者であり、国の中では国家の主権者であり、国際社会においても**本章2**のアナン前国連事務総長のサンパウロ・スピーチが述べるように新しいスーパーパワーとして発言権を獲得している。市民社会は、安全、安心の向上を求める主権者として、「自治体」「国」「国際機関」の3つの機関に仕事を託し、働きかけを行っているのである。また、これら3つの機関はそれぞれ影響を及ぼしあうチャンネルをもっている。図はその関係を模式的に示したものである。

❖市民主体と安全保障❖

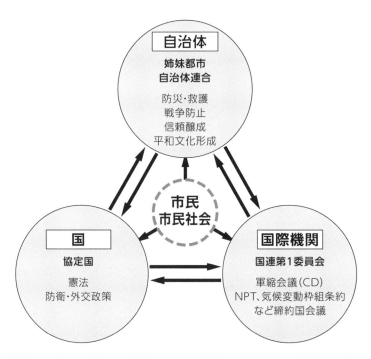

「協定国」というのは、日本の市民にとっての日米安保条約下の米国のように、市民が物申すべき相手となる密接な法的関係にある国をさす。（作成：梅林 宏道）

2. アナン国連事務総長のサンパウロ・スピーチ

ガイド
Guide

コフィ・アナン国連事務総長（1997年〜2006年）は、国連と市民社会との関係を明確に位置付け、市民社会の国際問題への関与を積極的に推進した。「市民社会は新たなスーパーパワーである」という名言を含め、彼の考えの神髄を示したのが、以下に抜粋する1998年のサンパウロ・スピーチである。

❖市民社会パワーの登場（抜粋）❖

コフィ・アナン
1998年7月14日、 サンパウロ（ブラジル）

（前略）

アナン前国連事務総長
国連HPより

　外交の特徴も市民社会を巻き込むために各地で変化を起こしている。伝統的に外交は国家主体のみによって行われる活動であり、プロの専門家のみによって議論される分野であった。数十年前の国連では、加盟国政府が国際的な政策決定過程における事実上唯一の主体であった。（略）

　政府間の政策決定過程に市民社会が関与した画期的な出来事が6年前にここブラジルで起こった。サミットの課題が自分たちの課題であると考える環境と持続可能な開発を扱うNGOにとってリオの「環境と開発に関する国連会議」は各地で議論の焦点となった。同会議では事前打ち合わせによる準備から今日に至るフォローアップまで前例にない水準で草の根団体が関与した。（略）

　昨年、対人地雷の生産、備蓄、輸出、使用を禁止する条約（対人地雷禁止条約）が締結されたが、その原動力となった地雷禁止国際キャンペーンを例にとりたい。同キャンペーンは市民社会が政府と協力すれば達成不可能なことはないことを示した。一般市民の意識の高まりと、勇気にふさわしい信念を備えた草の根の運動は、地雷のコストがその使用の必要性をはるかに上回ることを政府に認識させた。地雷廃絶は各地の市民の要請によって進められ、地域やNGOによってたゆまず推進され、真にグローバルな大義となったのだ。（略）

　ところが、グローバルな市民社会がますます強力になっているにも関わらず、国連は彼らを引き込み、私たちの仕事の真のパートナーとするための備えが不十分であった。そのため、私が事務総長となり、国連改革のための静かな革命に着手したとき、NGOとの協力強化が私の提言における極めて重要なテーマとなったのだ。これは、国際社会のすべての関係者による支持がある場合に私たちの共通の仕事はより成功するという認識から生まれたのだ。（略）

　情報技術は市民社会があらゆる場所で民主主義と良い統治の真の擁護者になれる力を与えた。迫害者はもはや国境の中に隠れることはできない。現代の通信技術によってあらゆる国境を越えて結ばれた強力な市民社会が、迫害者がそうすることを許さないのだ。市民社会は、ある意味において、新たな超大国＝スーパーパワーになったのだ。人々はより大きな自由の中でより良い生活水準を求めることを決意したのだ。（略）

出典：国連HP（原文英語）
https://www.un.org/press/en/1998/19980714.sgsm6638.html
アクセス日：2024年4月6日

3. ウクライナ戦争停戦を求める市民社会の声

　2022年2月24日から2年を超えた今も、国際法に反するロシアのウクライナへの軍事侵攻が続いている。この間、プーチン大統領は核兵器の使用を示唆する威嚇を続けている。これに対し2023年に世界中の市民社会から出された停戦と平和を求める多くの声明のなかから、G7広島サミットに向けて出された4月5日の市民の宣言（5月13日、東京新聞に意見広告としても掲載された）と、ウクライナで開かれた国際平和サミットの声明を紹介する。

❖「Ceasefire Now！今こそ停戦を」「No War in Our Region！私たちの地域の平和を」—2023年5月広島に集まるG7指導者におくる日本市民の宣言—❖

2023年4月5日

　私たちは日本に生きる平和を望む市民です。

　ウクライナ戦争はすでに一年つづいています。この戦争はロシアのウクライナへの侵攻によってはじまりました。ウクライナは国民をあげて抵抗戦を戦ってきましたが、いまやNATO諸国が供与した兵器が戦場の趨勢を左右するにいたり、戦争は代理戦争の様相を呈しています。数知れぬウクライナの町や村は破壊され、おびただしい数のウクライナ人が死んでいます。同時にロシア軍の兵士もますます多く死んでいるのです。これ以上戦争がつづけばその影響は地球の別の地域にも広がります。ロシアを排除することによって、北極圏の国際権益を調整する機関は機能を停止し、北極の氷は解け、全世界の気候変動の引き金となる可能性がうまれています。世界の人々の生活と運命はますますあやうくなるのです。核兵器使用の恐れも原子力発電所を巡る戦闘の恐れもなお現実です。戦争はただちにやめなければなりません。

　朝鮮戦争は、参戦国米国が提案し、交戦支援国ソ連が同意したため、開戦一年と15日後に、正式な停戦会談がはじめられました。ウクライナ戦争では開戦5日目にウクライナ、ロシア二国間の協議がはじめられ、ほぼ一か月後にウクライナから停戦の条件が提案されると、ロシア軍はキーウ方面から撤退しました。しかし、現実的な解決案を含むこの停戦協議は4月はじめに吹き飛ばされてしまい、戦争は本格化しました。以来残酷な戦争がつづいてきたのです。開戦一年が経過した今こそ、ロシアとウクライナは、朝鮮戦争の前例にしたがって、即時停戦のために協議を再開すべきです。Ceasefire Now！の声はいまや全世界にあふれています。（略）

　ウクライナ戦争をヨーロッパの外に拡大することは断固として防がなければなりません。私たちは東北アジア、東アジアの平和をあくまでも維持することを願います。この地域では、まず日本海（東海）を戦争の海にはしない、米朝戦争をおこさせない、さらに台湾をめぐり米中戦争をおこさせない、そう強く決意しています。No War in Our Region！—私たちはこのことを強く願います。

　日本は1945年8月に連合国（米英、中ソ）に降伏し、50年間つづけてきた戦

争国家の歴史をすて、平和国家に生まれ変わりました。1946年に制定した新憲法には、国際紛争の解決に武力による威嚇、武力の行使をもちいることを永久に放棄するとの第9条が含まれました。日本は朝鮮の独立をみとめ、中国から奪った台湾、満州を返したのです。だから、日本は北朝鮮、韓国、中国、台湾と二度と戦わないと誓っています。日本に生きる市民は日本海（東海）における戦争に参加せず、台湾をめぐる戦争にも参加することはなく、戦わないのです。

　私たちは、日本政府がG7の意をうけて、ウクライナ戦争の停戦交渉をよびかけ、中国、インドとともに停戦交渉の仲裁国となることを願っています。

声明発起人；伊勢崎賢治、市野川容孝、上野千鶴子、内田樹、内田雅敏、内海愛子、梅林宏道、岡本厚、加藤登紀子、金平茂紀、姜尚中、古関彰一、小森陽一、酒井啓子、桜井国俊、鈴木国夫、高橋さきの、高村薫、田中宏、田中優子、田原総一朗、千葉真、暉峻淑子、西谷修、羽場久美子、藤本和貴夫、星野英一、マエキタミヤコ、水島朝穂、毛里和子、吉岡忍、和田春樹ら32名。

出典：「今こそ停戦を」HP
https://ceasefire-now.jimdofree.com/
アクセス日：2024年5月13日

❖平和的手段で平和を。今こそ停戦と交渉を！ウクライナの平和のための国際サミット2023声明（抜粋）❖

2023年6月11日、ウィーン

　私たち、ウクライナの平和のための国際サミット運営者は、すべての国の指導者に対し、ウクライナにおける戦争の即時停戦と終結交渉を支持する行動をとるよう呼びかける。

　私たちは、多くの国の信仰を持つ人々を含む平和運動と市民社会を代表する、広範で政治的に多様な連合体である。私たちは、戦争は人道に対する罪であり、現在の危機に対して軍事的な解決策はないという信念で固く団結している。

　私たちは戦争に対して深く憂慮し、悲しみを覚えている。数十万人が死亡、負傷し、数百万人が避難し、トラウマを負っている。ウクライナ各地の都市や村、そして自然環境が破壊された。

　紛争が核兵器の使用にまでエスカレートした場合、さらにずっと多くの死と苦しみをもたらすかもしれず、そのリスクは今日、キューバ・ミサイル危機以降のどの時点よりも高まっている。

　私たちはロシアの不法なウクライナ侵略を非難する。ヨーロッパの平和と安全を確保するために設立された制度は不十分であり、外交の失敗が戦争につながった。今、ウクライナを破壊し人類を危険にさらす前に、戦争を終わらせるための外交が緊急に必要とされている。

　平和への道は、共通の安全保障、国際的な人権の尊重、及びすべてのコミュ

ニティーの自己決定権の原則に基づいていなければならない。

　私たちは、戦争という非論理ではなく平和の論理に従うすべての交渉を支持する。

　私たちは、自分たちの権利を守るウクライナ市民社会への支持を表明する。私たちは、命を危険にさらして戦争に反対し、民主主義を守っているロシアやベラルーシの人々との対話を強化することに尽力する。

**　私たちはすべての国の市民社会に対し、即時停戦とこの戦争を終わらせるための和平交渉を求める一週間（2023年9月30日（土）〜10月8日（日））の世界規模の行動に参加するよう呼びかける。**（略）

出典：国際市民団体・平和軍縮共通安全保障キャンペーン（CPDCS）HP（原文英語）
https://cpdcs.org/peace-by-peaceful-means-ceasefire-and-
negotiations-now/
アクセス日：2024年3月11日

4. ガザの即時停戦を訴える中東研究者のアピール

　2023年10月7日、ハマスの越境攻撃を機に、ガザではイスラエルによる大量虐殺が起こり、若者や女性を中心に多くの市民が命を失ってきた。世界規模での即時停戦と人道支援を訴える声が広がった。ガザ問題については冒頭のハイライトで特集したが、ここでは、日本の中東研究者有志が呼びかけたアピールを掲載する。

❖ガザの事態を憂慮し、即時停戦と人道支援を訴える
中東研究者のアピール❖

2023年10月17日

　中東のパレスチナ・ガザ地区をめぐる情勢が緊迫、深刻化しています。私たちは、中東の政治や社会、歴史、中東をめぐる国際関係等の理解、解明に携わってきた研究者として、また中東の人々やその文化に関心を持ち、中東の平和を願ってさまざまな交流を続けてきた市民の立場から、暴力の激化と人道的危機の深刻化を深く憂慮し、以下のように訴えます。

一、即時停戦、および人質の解放。

二、深刻な人道上の危機に瀕しているガザを一刻も早く救済すること。ガザに対する攻撃を停止し、封鎖を解除して、電気・水の供給、食糧・医薬品等の搬入を保証すること。軍事作戦を前提とした市民への移動強制の撤回。

三、国際法、国際人道法の遵守。現在進行中の事態の全局面において人道・人権に関わる国際的規範が遵守されることが重要であると共に、占領地の住民の保護、占領地への入植の禁止等を定めた国際法の、中東・パレスチナにおける遵守状況に関する客観的・歴史的検証。

四、日本政府をはじめとする国際社会は、対話と交渉を通じて諸問題を平和的・政治的に解決することを可能とする環境を整えるため、全力を尽くす

こと。

　ガザをめぐる深刻な事態は、戦闘・包囲下に置かれた無数の市民の命を奪い、多大な犠牲を強いているだけでなく、もしこれを放置すれば中東の抱える諸課題の平和的解決が半永久的に不可能になり、中東、さらには世界全体を、長期にわたる緊張と対立、破局に引きずりこみかねない危険なものです。日本は戦後、パレスチナ問題に関しては中東の人々の声に耳を傾けて欧米とは一線を画した独自外交を展開してきた実績があり、中東との相互理解・友好を深める交流は、市民レベルでも豊かに展開されてきました。このような蓄積・経験を今こそ生かし、人道的悲劇の回避と平和の実現のために力を尽くすことを呼びかけます。

呼びかけ人:飯塚正人、鵜飼哲、臼杵陽、大稔哲也、岡真理、岡野内正、栗田禎子、黒木英充、後藤絵美、酒井啓子、長沢栄治、長沢美抄子、奈良本英佑、保坂修司、三浦徹、山岸智子、山本薫

出典:中東研究者有志アピール事務局HP
https://sites.google.com/view/meresearchersgaza
アクセス日:2024年3月11日

5. 朝鮮戦争休戦70年、朝鮮半島平和宣言

　2023年7月27日、朝鮮戦争の休戦協定の締結から丸70年が経過した。しかし朝鮮半島は北緯38度線を介して南北に分断されたままで、戦争の終結へ向けた兆候はないままである。この状況を打開すべく参与連帯など韓国のNGOが「朝鮮戦争を終わらせ、停戦から平和へ進もう」と呼びかける「朝鮮半島平和宣言」を発し、世界に向けて呼びかけた。

❖休戦70年朝鮮半島平和宣言　敵対行為をやめ、朝鮮戦争を終わらせ、今こそ平和を！(抜粋)❖

2023年7月27日

　本日は朝鮮戦争休戦協定の締結から70年です。交戦当事国は、3年間の戦闘の一時停止後3か月以内に「朝鮮問題の平和的解決」に向けた政治家による会議を開催するという約束を履行していません。以来70年間、朝鮮半島では休戦ラインの両側で軍事対立と軍拡競争が続いています。朝鮮戦争は20世紀以降の世界史において最長の戦争です。

　過去70年間、戦争の恐怖が毎日朝鮮半島を覆っています。敵意と不信から始まった軍拡競争と武力誇示は、さらなる不信と軍事的脅威の悪循環につながっています。朝鮮半島の核問題もこの悪循環の一部です。(略)。

　敵対行為と戦争を終わらせ、平和を築く機会がなかったことにしてはなりません。数回の南北首脳会談を通じて、南北関係を改善し、緊張を緩和する機会はありました。2018年、韓国、北朝鮮、米国の指導者は、関係改善を通じて信頼を構築し、朝鮮半島の平和と非核化に向けて進むことで合意しました。しかし、多くの人々の希望と願いにもかかわらず、この合意は実現されていま

せん。(略)

　この合意が決裂して以来、増幅した不信と激化した敵意とともに、状況は以前よりもさらに悪化しました。北朝鮮は韓米合同軍事演習の一時中止など相互措置の欠如に抗議し、核実験と大陸間弾道ミサイル実験の一時停止を撤回し、急速に「核戦争抑止力を強化」しています。韓米両国は、軍事協力を「核を基盤とした同盟」に再編するとともに、韓米軍事演習を含む北朝鮮に対する軍事的示威行動の強度と頻度を飛躍的に高めました。(略)

(前略)休戦協定70周年にあたり、私たちは、(略)朝鮮半島及びその周辺で核戦争の脅威が増大していることに深い懸念を表明します。そして、韓国国民と世界の人々の平和に対する願いを表明し、私たちは、以下を宣言します。

・朝鮮半島に住む8,000万人を含むすべての人々は、平和で安全な中で幸せな生活を送る権利を有しています。私たちは朝鮮半島で二度と戦争を起こさせません。(略)。

・70年でもう十分です。不安定な休戦たる、この「永遠の戦争」は、今終わらせなければなりません。「恒久的で安定した平和体制の構築」と「完全な非核化、核のない朝鮮半島」は、朝鮮戦争を終結させることによってのみ完全に実現できます。朝鮮戦争当事国はできるだけ早く戦争の終結を宣言し、休戦協定を平和協定に置き換えるべきです。

・朝鮮半島は核兵器と核の脅威のない平和の地であるべきです。核なき朝鮮半島を実現する取り組みは、核なき世界をめざす人類の長年の努力と密接に関連しています。朝鮮戦争当事国と関係国は、核なき朝鮮半島の実現に向けて共に協力し、核兵器やその他の軍事的手段で互いに威嚇しないことを誓約せねばなりません。(略)

・一方的な制裁と圧力は朝鮮半島の紛争を解決せず、悪化させただけでした。(略)すべての交渉当事者は敵対的な政策や行動をやめ、対話を再開するために信頼の基盤を構築しなければなりません。特に対話の扉を再び開くために、攻撃的な軍事行動の停止や北朝鮮に対する制裁の緩和などの積極的な措置を講じるべきです。

・軍拡競争と相互の脅し合いという悪循環は終わらせなければなりません。(略)戦争に備えるのではなく、貴重な資源が、人々の安全と幸せを保ち、気候危機を克服し、地球を救うために使われるべきです。

　私たちは、韓国国民と朝鮮戦争に関与したすべての国の人々、そして全人類が地球とともに持続可能で幸せに暮らせる平和な世界を夢見ています。私たちが平和を望むなら、私たちは平和のために呼びかけ、平和のために行動しなければなりません。朝鮮半島で70年以上続いている長い戦争を終わらせ、全人類とともにこれまで見たことのない新たな平和の歴史を切り開きましょう。

出典：韓国市民団体・コリア・ピース・ナウHP（英語サイト）
https://en.endthekoreanwar.net/posts/162
アクセス日：2024年4月8日

6. 包括的核兵器禁止条約の採択を求める国際NGOの陳述

2023年8月2日、ウイーンで開かれた2026年NPT再検討会議第1回準備委員会のNGOセッションにおいて国際ネットワーク・アボリション2000を代表してジャッキー・カバッソが包括的核兵器禁止条約（NWC）について陳述を行った。NWCとは核兵器禁止条約（TPNW）を前提としつつ、現存する核兵器の廃棄の過程、検証制度など「核兵器のない世界」の実現と維持を定める包括的な条約である。

❖ジャッキー・カバッソ西部諸州法律財団事務局長の陳述 —国連軍縮アジェンダおよび包括的核兵器禁止条約に関するアボリション2000の作業部会を代表して（抜粋）❖

2023年8月2日

（前略）私たちのアップデートされた作業文書「アボリション2000のNWCリセット：核兵器のない世界のための枠組み」で、私たちは核兵器のない世界を達成し、維持するためのさまざまな手順とアプローチを提案している。これには以下が含まれる。第一に、包括的核兵器禁止条約または一連の合意の交渉。第二に、核兵器のない世界を達成するための法的コミットメントを含む枠組み協定の交渉。これは、大まかにいえば、必要な措置と道筋を特定し、時間をかけて詳細に合意するためのプロセスを提供する。第三に、核兵器国や同盟国がTPNWに参加し、同条約の特に第4条を通じて核兵器の破壊、廃絶、検証および遵守プロセスを構築するプロセスの一環として署名するTPNWの議定書または関連文書に関する交渉。

　私たちはまた、核保有国および核共有国に対し、（核兵器廃絶のための）枠組み、一連の合意、あるいは包括的核兵器禁止条約を2030年までに採択し、さらに2045年までに完全実施するというタイムフレームを約束するよう求める。（略）

　今日、世界の核兵器の90％以上を保有する4つの核兵器国が直接的または間接的にヨーロッパで大規模な戦争に参加しているため、核軍縮への新たな決意の必要性が、かつてないほどに緊急の課題となっている。4分の3世紀以上前、広島への原爆投下の直後、哲学者のアルベール・カミュは世界の人々に、各国政府が正気に戻ることを求めようと呼びかけた。今日改めて人々に警鐘を鳴らす呼びかけである。「人類に開かれつつある恐るべき展望を前にして、私たちは平和こそが戦うに値する唯一のものであることを、よりよく理解することができる。平和はもはや祈りではなく、政府に対して人々から立ち上がらなければならないという命令、つまり地獄か正気かを最終的に選択せよという命令なのである。」（略）

出典：米市民団体・西部諸州法律財団HP（原文英語）
https://www.abolition2000.org/wp-content/uploads/2023/08/
A2000-NWC-reset-NGO-statement-to-NPT-PrepCom-FINAL.pdf
アクセス日：2024年3月11日

7.「核の使用と脅しの禁止」を国際法にキャンペーン

ロシアのウクライナ侵攻以降、ロシアによる核の脅しが繰り返され、その使用への懸念が継続している。そうした中で、核兵器の先行不使用を求める国際キャンペーン「ノー・ファースト・ユース・グローバル」は、2023年4月11日、「核のタブー：規範から法へ、市民の良心宣言」と題する宣言を公表し、世界規模での署名を開始した。宣言は、G20バリ首脳宣言（2022年11月15日）の一節「核兵器の使用又は使用の威嚇は許されない」を引用し、法的規範にすることを求めている。日本では2023年7月、オンライン署名をピースデポが呼びかけた。宣言の全文を掲載する。

❖「核のタブー：規範から法へ」市民の良心宣言❖

私は、以下の宣言に賛同する：

「私たち国連加盟国の国民は、G20諸国の首脳——ジョセフ・バイデン大統領（米国）、レジェップ・タイイップ・エルドアン大統領（トルコ）、アルベルト・フェルナンデス大統領（アルゼンチン）、エマニュエル・マクロン大統領（フランス）、シリル・ラマポーザ大統領（南アフリカ）、ジョコ・ウィドド大統領（インドネシア）、習近平国家主席（中国）、ユン・ソンニョル大統領（韓国）、アンソニー・アルバニージー首相（オーストラリア）、岸田文雄首相（日本）、ジョルジャ・メローニ首相（イタリア）、ナレンドラ・モディ首相（インド）、ムハンマド・ビン・サルマン・アール・サウード首相（サウジアラビア）、リシ・スナク首相（英国）、ジャスティン・トルドー首相（カナダ）、オラフ・ショルツ首相（ドイツ）、マルセロ・エブラード外相（メキシコ）、カルロス・フランサ外相（ブラジル）、セルゲイ・ラブロフ外相（ロシア連邦）、シャルル・ミッシェル欧州連合大統領、ウルズラ・フォン・デア・ライエン欧州委員会委員長——によるG20バリ宣言（2022年11月）で下された結論、すなわち、

『核兵器の使用又は使用の威嚇は許されない』という立場に賛同する。

私たちは、すべての国連加盟国の安全保障政策および実務が、核兵器の先行使用などによる核戦争の開始を除外することを確実にするため、国連に対し、安全保障理事会および総会の決定によって、この立場を国際法が命じる規定となし、すべての加盟国にこの立場を完全順守することを求めるよう要求する。

こうして実現した核兵器の質的な役割の低下は、核兵器のない世界を確立する見通しを高めるとともに、この重要な目標を達成するために最大限の決意をもって活用されるはずである。

出典：国際市民団体・ノー・ファースト・ユース・グローバルHP（原文英語）
https://nofirstuse.global/wp-content/uploads/2023/05/Nuclear-Taboo-from-Norm-to-Law-Declaration-plus-list-of-endorsers.pdf
アクセス日：2024年3月11日

8. 被爆の声を世界に伝えるヒバクシャ・ミライ・プロジェクト

 長崎県被爆者手帳友の会は、被爆の実相を伝える活動を次世代に繋ぐことを目的とした「ヒバクシャ・ミライ・プロジェクト」をスタートさせた。その第一弾として、被爆者3人と被爆2、3世ら計10人が2023年11月6日から20日までアメリカ3都市を巡り、市民と交流した。その様子はドキュメンタリー映像に収められた。以下に朝長万左男「友の会」会長のメッセージを掲載する。

❖朝長会長からのメッセージ❖

（強調は原文のまま）

　核兵器が2回使用された第二次世界大戦の終結から78年経ち、長崎の被爆者は「長崎を最後の被爆地」にと願い、核廃絶運動を続けてきました。しかし、昨年2月に始まったロシアのウクライナ侵攻により、世界は一気に米国と西側諸国のNATOとロシアの対立にまでエスカレートし、プーチン氏の核兵器使用の度重なる威嚇により、核なき世界を目指す世界の動きは暗転しています。**核軍縮のためには被爆者の声が今一度必須となりつつあります。**

　このプロジェクトは友の会の**高齢化するヒバクシャとして最後の運動を展開する試み**です。核保有国が核軍拡に向かいつつある現状は、被爆者の声によってしか核軍縮モードに戻せないでしょう。

　これに加えて、核保有国の市民社会から草の根運動が広がり、米国政府と軍部に強い圧力がかかることが必須となります。われわれは、**米国の都市訪問により、市民と直接対話し、1945年の被爆体験と、78年の苦難のヒバクシャ人生から、人類が核廃絶に向かうべきことを市民に学んでもらう計画を立てました。**

　ページをご覧くださっている皆様、この核保有国の市民に直接呼びかけるわれわれヒバクシャの最後の運動の悲痛な決意の思いを共有してください。米国の市民からどのような反応があるかを見通すことは困難です。

　それぞれの訪問都市で直にいろいろな世代の市民と対話するすることからスタートします。

　日本に核を投下した米国の市民が核なき世界の実現に覚醒することにご期待下さい。

出典：長崎県被爆者手帳友の会のクラウドファンディング募集HP
https://readyfor.jp/projects/hmiraip2023
アクセス日：2024年3月11日

9. 平和首長会議：日本と世界の加盟状況

1982年6月24日、荒木武広島市長（当時）は、第2回国連軍縮特別総会（ニューヨーク国連本部）において「国境を越えて連帯し、共に核兵器廃絶への道を切り開こう」と世界の都市に呼び掛けた。広島・長崎両市は、1983年、この呼びかけに賛同する都市（自治体）で構成する世界平和連帯都市市長会議（現・平和首長会議）を設立した。平和首長会議は、2024年1月1日現在、世界166か国・地域の8,349自治体が加盟する国際組織となっている。日本は1,739自治体である。

●平和首長会議：日本国内の加盟状況

加盟自治体　1,739自治体（全市区町村の99.5%）

非加盟自治体　右の2自治体のみ　八幡市（京都府）、佐世保市（長崎県）

●国・地域別の「平和首長会議」加盟自治体数

2024年1月1日現在

No	地域名	国・地域名	都市数
1		アゼルバイジャン	10
2		アフガニスタン	3
3		アルメニア	1
4		イエメン	3
5		イスラエル	56
6		イラク	143
7		イラン	1,016
8		インド	21
9		インドネシア	4
10		ウズベキスタン	3
11		カザフスタン	15
12		韓国	15
13		カンボジア	3
14		北キプロス	4
15		キプロス	5
16		キルギス	4
17		サウジアラビア	1
18	アジア	ジョージア	2
19		シリア	3
20	39か国・地域	スリランカ	41
21	3,339都市	タイ	17
22		台湾	3
23		タジキスタン	2
24		中国	7
25		トルコ	18
26		日本	1,739
27		ネパール	39
28		パキスタン	14
29		パレスチナ	28
30		バングラデシュ	22
31		ブータン	1
32		フィリピン	30
33		ベトナム	7
34		マレーシア	9
35		ミャンマー	3
36		モンゴル	4
37		ヨルダン	27
38		ラオス	1
39		レバノン	15
40	オセアニア	オーストラリア	92
41	9か国・地域	北マリアナ諸島	2
42	137都市	ソロモン諸島	1
43		ニュージーランド	33
44		パプア・ニューギニア	1
45		フィジー	2
46		仏領ポリネシア	2
47		マーシャル諸島	2
48		ミクロネシア	2
49	アフリカ	アルジェリア	2
50	49か国・地域	ウガンダ	54
51	438都市	エジプト	6
52		エチオピア	10
53		エリトリア	2
54		ガーナ	34
55		カーボベルデ	2
56		カメルーン	99
57		ガンビア	4
58		ギニア	2
59		ケニア	4
60		コートジボワール	2

No	地域名	国・地域名	都市数
61		コモロ	3
62		コンゴ共和国	9
63		コンゴ民主共和国	2
64		サントメ・プリンシペ	2
65		ザンビア	3
66		シエラレオネ	1
67		ジブチ	1
68		ジンバブエ	1
69		セーシェル	1
70		セネガル	75
71		ソマリア	1
72		ソマリランド	1
73		タンザニア	2
74		チャド	1
75		中央アフリカ	1
76		チュニジア	1
77		トーゴ	4
78		ナイジェリア	5
79		ナミビア	1
80		ニジェール	1
81		ブルキナファソ	2

●平和首長会議に加盟自治体数の上位10か国

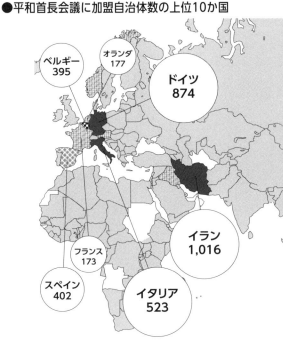

ベルギー 395
オランダ 177
ドイツ 874
フランス 173
スペイン 402
イラン 1,016
イタリア 523

No	地域名	国・地域名	都市数
82		ブルンジ	1
83		ベナン	6
84		ボツワナ	4
85		マダガスカル	7
86		マラウイ	5
87		マリ	36
88		南アフリカ	9
89		南スーダン	1
90		モーリシャス	1
91		モーリタニア	15
92		モザンビーク	3
93		モロッコ	6
94		リビア	2
95		リベリア	1
96		ルワンダ	1
97		レソト	1
98	ヨーロッパ	アイスランド	3
99	41か国	アイルランド	13
100	3,352都市	アルバニア	4
101		アンドラ	2
102		イタリア	523
103		ウクライナ	7
104		英国	87
105		エストニア	4
106		オーストリア	125
107		オランダ	177
108		北マケドニア	2
109		ギリシャ	24
110		クロアチア	36
111		コソボ	3
112		スイス	24
113		スウェーデン	25
114		スペイン	402
115		スロバキア	2
116		スロベニア	7
117		セルビア	4
118		チェコ	29
119		デンマーク	12
120		ドイツ	874
121		ノルウェー	105
122		ハンガリー	7
123		フィンランド	4
124		フランス	173

No	地域名	国・地域名	都市数
125		ブルガリア	10
126		ベラルーシ	2
127		ベルギー	395
128		ポーランド	12
129		ボスニア・ヘルツェゴビナ	39
130		ポルトガル	52
131		マルタ	5
132		モルドバ	2
133		モンテネグロ	2
134		ラトビア	5
135		リトアニア	15
136		ルーマニア	5
137		ルクセンブルク	63
138		ロシア	67
139	北アメリカ	カナダ	113
140	3か国・地域	グリーンランド	1
141	341都市	米国	227
142	ラテンアメリカ	アルゼンチン	101
143	カリブ海地域	ウルグアイ	5
144	25か国地域	エクアドル	21
145	742都市	エルサルバドル	19
146		ガイアナ	1
147		キューバ	2
148		グアテマラ	4
149		コスタリカ	47
150		コロンビア	17
151		ジャマイカ	1
152		チリ	23
153		ドミニカ共和国	33
154		ドミニカ国	1
155		トリニダード・トバゴ	2
156		ニカラグア	155
157		ハイチ	4
158		パナマ	1
159		パラグアイ	26
160		プエルトリコ	13
161		ブラジル	105
162		ベネズエラ	25
163		ペルー	42
164		ボリビア	3
165		ホンジュラス	3
166		メキシコ	88

平和首長会議の加盟都市一覧は以下を参照
https://www.mayorsforpeace.org/ja/member/list-member/
アクセス日：2024年3月27日

2024年1月1日

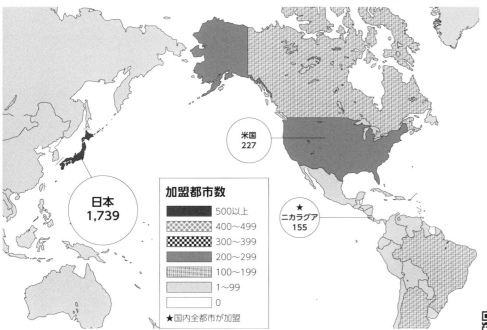

加盟都市数
- 500以上
- 400～499
- 300～399
- 200～299
- 100～199
- 1～99
- 0
- ★国内全都市が加盟

日本 1,739
米国 227
★ニカラグア 155

出典：平和首長会議のHPと資料
https://www.mayorsforpeace.org/ja/about/resource/　アクセス日：2024年3月27日

10. 日本非核宣言自治体協議会：都道府県別データ

核兵器廃絶、非核三原則の順守などを訴える宣言を発した自治体が「非核宣言自治体」と呼ばれる。有志の非核宣言自治体が宣言実現のため自治体間の協力を目的として1984年に「日本非核宣言自治体協議会」を設立した。長崎市長が会長を務める。

● 2023年12月31日現在

＊自治体数には都道府県自身を含む。
（宣言率、会員率は小数点以下を四捨五入した。）

都道府県	全自治体数＊ A	非核宣言自治体数＊ B	宣言率 B/A	「協議会」会員数 C	会員率 C/B
北海道	180	122	68%	23	19%
青森県	41	38	93%	0	0%
岩手県	34	34	100%	4	12%
宮城県	36	36	100%	16	44%
秋田県	26	26	100%	4	15%
山形県	36	36	100%	6	17%
福島県	60	54	90%	7	13%
茨城県	45	45	100%	12	27%
栃木県	26	25	96%	1	4%
群馬県	36	36	100%	7	19%
埼玉県	64	62	97%	5	9%
千葉県	55	55	100%	9	16%
東京都	63	53	84%	19	36%
神奈川県	34	34	100%	13	38%
新潟県	31	29	94%	9	31%
富山県	16	16	100%	6	38%
石川県	20	20	100%	3	15%
福井県	18	12	67%	0	0%
山梨県	28	28	100%	9	32%
長野県	78	78	100%	12	15%
岐阜県	43	32	74%	9	28%
静岡県	36	36	100%	5	14%
愛知県	55	47	85%	11	23%
三重県	30	30	100%	9	30%
滋賀県	20	20	100%	4	20%
京都府	27	26	96%	2	8%
大阪府	44	44	100%	15	34%
兵庫県	42	41	98%	5	12%
奈良県	40	40	100%	5	13%
和歌山県	31	28	90%	4	14%
鳥取県	20	20	100%	1	5%
島根県	20	16	80%	1	6%
岡山県	28	28	100%	5	18%
広島県	24	24	100%	18	75%
山口県	20	20	100%	1	5%
徳島県	25	25	100%	3	12%
香川県	18	18	100%	3	17%
愛媛県	21	21	100%	1	5%
高知県	35	31	89%	8	26%
福岡県	61	61	100%	20	33%
佐賀県	21	21	100%	2	10%
長崎県	22	22	100%	19	86%
熊本県	46	46	100%	7	15%
大分県	19	19	100%	7	37%
宮崎県	27	27	100%	4	15%
鹿児島県	44	44	100%	5	11%
沖縄県	42	41	98%	17	41%
合計	1,788	1,667	93%	356	21%

11. 日本の非核宣言自治体数の推移

 　以下のグラフで2004年、2005年に自治体数の大幅な減少が見られる。これは、いわゆる「平成の大合併」による自治体数の減少と合併前の市町村の宣言が失効したことの影響である。その後、市民や自治体の努力により再び増加している。

❖非核宣言自治体数と宣言率の推移❖

宣言率＝非核宣言自治体数／全自治体数

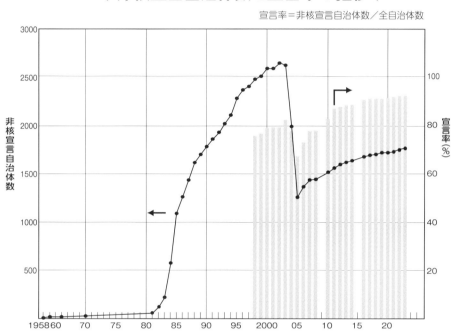

❖日本非核宣言自治体協議会加入自治体数の推移❖

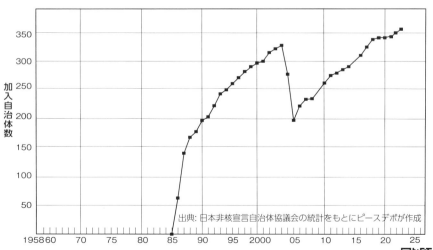

出典: 日本非核宣言自治体協議会の統計をもとにピースデポが作成

前ページの出典：日本非核宣言自治体協議会HP
http://www.nucfreejapan.com/
アクセス日：2024年3月27日

12. 北東アジア非核兵器地帯を支持する日本の自治体首長マップ ―

 「北東アジアの非核兵器地帯化を支持します」との声明には、546名の日本の自治体首長が賛同した（2016年12月31日現在）。声明は6か国協議による朝鮮半島非核化の努力が続いていた頃のもので、現在では古い。しかし、北東アジア非核兵器地帯設立の意義は今でも変わらない。日本の世論の支持の広がりを示すうえで重要な自治体首長の意思表明をマップとして紹介する。

●自治体首長の賛同（546名）

2016年12月31日現在

※市町村首長545名、県知事1名の合計。
うち、政令指定都市（合計5）、道府県庁所在地（合計16）。
自治体首長名は『ピース・アルマナック2020』および以下のピースデポHPに掲載
首長氏名は賛同した時点のもの。
http://www.peacedepot.org/wp-content/uploads/2021/07/nuclear-weapon-free-zone.pdf

●自治体関係団体の賛同（2団体）
平和首長会議
日本非核宣言自治体協議会

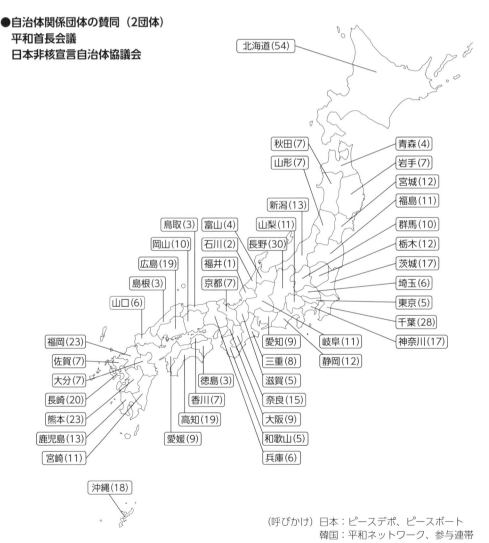

（呼びかけ）日本：ピースデポ、ピースボート
韓国：平和ネットワーク、参与連帯

13. 学術会議法「改悪」反対声明

ガイド Guide 　2023年4月5日、政府は「日本学術会議法の見直しについての検討状況」と題する文書を提出し、学術会議法の改正を打ち出した。これに対し、学問と表現の自由を守る会は、日本学術会議の独立性を否定するものであるとの立場から反対声明を発し、署名への賛同を呼びかけた。声明を紹介する。

❖【声明】日本学術会議の独立性を否定する法改正の試みをただちに中止することを重ねて求める❖

2023年4月9日
大学の危機をのりこえ、明日を拓くフォーラム
学問と表現の自由を守る会

　2023年4月5日、自民党政府は、内閣府をつうじて、「日本学術会議法の見直しについて の検討状況」と題する文書を提出しました。それについての内閣府の説明および質疑応答は、 政府が、学術会議が繰り返し示してきた懸念に対して本質的な点で応えることなく、法改正案を今国会に提出する意図を放棄していないことを改めて示すものでした。日本学術会議のゆくえを左右する重大な事態が依然として続いています。

　日本学術会議と危機感を共有し、法改正の試みを中止することを求めてきた私たちは、このような事態にあたり、改めて以下のように主張するとともに、日本学術会議をめぐる状況を引き続き注視し、意図されている法改正が日本学術会議および学術そのものの将来にとってどのような意味をもつかについて広く議論することを、学協会などの科学者コミュニティ、市民社会で活動する諸団体、メディアなどに呼びかけます。

１．学術会議会員候補6名の任命拒否を既成事実化するだけでなく、学術会議の深刻な懸念を無視して法改正を強行することは、学術会議と政府との信頼関係を根本的に破壊するものであり、このような態度を改めることを求めます。

２．学術会議の自主改革を無視して行なわれようとしている法改正の試みをただちに中止することを求めます。

３．不要な法改正は学術会議をコントロールする手がかりを作り出すことを意図するものであり、法改正の最大の眼目である第三者からなる「選考諮問委員会」の設置は学術会議の独立性の基盤である会員選考の自律性を侵害するものであるので、これらに強く反対します。

出典：大学の危機をのりこえ、明日を拓くフォーラムHP
https://univforum.sakura.ne.jp/wordpress/wp-content/uploads/2023/04/jointstatement20230409SCJ.pdf
アクセス日：2024年3月11日

14. 市民が作り上げた「捕虜収容所・民間人抑留所事典」

アジア太平洋戦争下に日本で開設されていた連合軍捕虜収容所と民間人抑留所の記録を網羅した995頁の研究事典が公刊された。捕虜はどのような生活を送っていたのか。何人が亡くなり、何人が帰国できたのか。捕虜収容所や抑留所はどこにあったのか。それらを米国の公文書をベースに、捕虜の手記、地元での記録、本人や関係者からの聞き取りなど多様な資料から事実をひとつひとつ掘り起こした詳細な記録である。冒頭の「刊行にあたって」の抜粋を紹介する。

❖刊行にあたって（抜粋）❖

POW研究会事典編集委員会

（前略）それまで私たちは、あのアジア太平洋戦争に関し、空襲や原爆などの被害については学校で教えられてきたが、日本軍が占領地で16万人もの連合国兵士を捕虜としたことも、そのうち約3万6000人を日本に連れてきて働かせたことも、敵国民間人が抑留されたことも、おびただしい犠牲者を出したこともほとんど知らなかった。

この埋もれた歴史を掘り起こすことが私たちの目標だった。捕虜関係の書類は終戦直後に日本軍によって焼却されたため、日本側の公文書は極めて少なく、あっても入手が困難で、多くをアメリカ国立公文書館などの海外資料に頼らざるを得なかったが、調査を重ねていくうちに、日本側の資料も少しずつ入手できるようになった。また、元捕虜や日本人関係者への聴き取りも積極的に行ってきた。

調査を進める中で私たちが痛切に感じたのは、この問題の根の深さであった。過酷な捕虜生活の中で命を落とした人々だけでなく、生きて故国に帰った人々も心と体に深い傷を負い、日本への強い怒りと憎しみを抱きながら戦後の日々を生きてきた。その傷は子や孫へと受け継がれている。一方、日本人の側にも大きな傷を残した。必ずしも公正とは言えない戦犯裁判で、多数の日本人が捕虜虐待の罪で裁かれ、絞首刑などの厳罰に処された人も多い。残された遺族は戦犯の汚名を背負いながら、生活苦と闘わなければならなかった。捕虜の問題は、あの大きな戦争の中では小さな一断面に過ぎないかもしれないが、戦後80年近くを経た今も癒えない傷に苦しんでいる人が大勢いるのである。

捕虜問題は原爆投下とも無縁ではない。広島に原爆が投下された翌々日の1945年8月8日、トルーマン大統領は、ポツダム会談の報告をラジオ放送する中でこう語っている——「日本は予告なしにパールハーバーでわれわれを攻撃した。米人捕虜を殴打し、餓死させ、処刑した。日本の戦争遂行能力を完全に破壊するまで原爆を引き続き使う」。原爆の投下は東西の冷戦につながる核開発競争によるものではあったが、捕虜虐待を投下の口実としたのである。被爆死した捕虜がいるにもかかわらず、原爆投下によって自分たちの命が救われたと考えている元捕虜は多い。ウクライナやイスラエル、パレスチナでの長引く戦争を見るにつけ、同じことが繰り返されないかとの恐怖が募る。（略）

出典：POW研究会事典編集委員会編『捕虜収容所・民間人抑留所事典—日本国内編—』（すいれん舎、2023年）、1頁。

15. 地方議会意見書：核兵器禁止条約の署名、批准を求める

ガイド Guide

多くの地方議会が、日本政府の核兵器禁止条約（TPNW）への署名・批准を求める意見書を採択し、政府に提出している。ピースデポは、6度にわたり外務省へ情報公開請求を行い、2017年7月7日以降政府に届いた意見書の写し2561ページを入手した。2017年7月7日から2023年12月31日までに全国1,747市区町村のうち668市区町村議会、7県議会、さらに中国5県にわたる中国市議会議長会が日本政府に対しTPNWの署名・批准を求める意見書を採択している（意見書総数：758）。2023年に初めて意見書を出したのは札幌市、津市など32市区町である。同じ自治体が同趣旨の意見書を繰り返し決議している場合は最新の日付を記載した。署名・批准に加えオブザーバー参加などを求める意見書には日付の後ろに①を、オブザーバー参加のみを求める意見書には②を付した。

❖「日本政府に核兵器禁止条約の署名・批准を求める」意見書を採択した地方議会❖
（2017年7月7日〜2023年12月31日）

都道府県	議会名	議決日
北海道	釧路町議会	17年9月15日
	上川町議会	23年6月20日
	日高町議会	17年9月14日
	上砂川町議会	17年9月15日
	むかわ町議会	22年6月21日
	幕別町議会	17年9月20日
	赤平市議会	20年12月11日
		22年3月18日②
	三笠町議会	17年9月26日
	仁木町議会	17年9月27日
	芦別市議会	17年9月29日
	東川町議会	19年6月20日
	浦河町議会	17年12月13日
	夕張市議会	17年12月14日
	旭川市議会	20年12月10日
	知内町議会	22年6月22日
	美唄市議会	17年12月15日
	帯広市議会	17年12月18日
	新ひだか町議会	17年12月15日
	斜里町議会	18年9月14日
	余市町議会	19年6月20日
	占冠村議会	23年6月21日
	中川町議会	18年3月15日
	豊浦町議会	21年6月9日
	函館市議会	18年3月15日
		22年3月18日②
	北広島市議会	21年12月17日
	広尾町議会	18年3月16日
	根室市議会	19年10月4日
	網走市議会	18年12月26日

都道府県	議会名	議決日
	長沼町議会	18年6月7日
	陸別町議会	18年6月15日
	留萌市議会	18年6月15日
	沼田町議会	23年6月26日
	赤井川村議会	18年6月21日
	芽室町議会	18年6月22日
	安平町議会	22年3月17日②
		23年9月26日
	中標津町議会	18年9月14日
	本別町議会	20年12月11日
	音更町議会	18年10月3日
	美深町議会	23年7月10日
	足寄町議会	18年12月13日
	士幌町議会	18年12月20日
	富良野市議会	19年3月15日
	更別村議会	23年6月9日
	南富良野町議会	19年6月21日
	上士幌町議会	19年9月20日
	江別市議会	19年12月12日
	苫小牧市議会	19年12月16日
	清水町議会	20年3月25日
	松前町議会	23年6月6日
	江差町議会	23年6月15日
	新得町議会	20年6月19日
	福島町議会	23年6月23日
	置戸町議会	20年6月29日
	鹿追町議会	21年6月29日
	七飯町議会	20年9月24日
	歌志内市議会	22年6月20日
	標茶町議会	23年6月8日

都道府県	議会名	議決日
	黒松内町議会	20年12月15日
	室蘭市議会	20年12月18日
	音威子府村議会	21年3月9日
	森町議会	22年3月14日②
		23年6月6日
	木古内町議会	23年6月27日
	中標津町議会	21年3月18日
	池田町議会	21年3月18日
	ニセコ町議会	21年3月19日
	鷹栖町議会	22年6月21日
	末深町議会	21年6月22日
	深川市議会	21年6月28日
	由仁町議会	21年9月13日
	古平町議会	23年3月31日
	浦幌町議会	23年6月20日
	せたな町議会	23年6月22日
	乙部町議会	23年6月23日
	津別町議会	23年9月15日
	伊達市議会	23年9月25日
	札幌市議会	23年12月13日
青森県	佐井村議会	21年9月21日
	野辺地町議会	18年3月15日
	東北町議会	18年3月16日
	外ヶ浜町議会	18年6月12日
	五戸町議会	18年6月12日
	南部町議会	18年6月12日
	大間町議会	18年6月12日
	十和田市議会	18年8月27日
	西目屋村議会	18年12月13日
	三戸町議会	18年9月5日

都道府県	議会名	議決日
	七戸町議会	18年9月20日
	蓬田村議会	19年9月6日
	平内町議会	19年9月17日
	青森市議会	19年9月27日
	五所川原市議会	21年12月16日
	藤崎町議会	23年6月9日
	今別町議会	23年6月27日
	横浜町議会	23年12月11日
岩手県	一関市議会	17年9月8日
	山田町議会	17年9月12日
	洋野町議会	17年9月14日
	九戸村議会	17年9月15日
	野田村議会	17年9月14日
	軽米町議会	17年9月15日
	花巻市議会	17年9月21日
	久慈市議会	17年9月22日
	奥州市議会	17年9月27日
	二戸市議会	17年9月28日
	滝沢市議会	17年9月28日
	金ヶ崎町議会	17年9月29日
	盛岡市議会	17年9月29日
		23年11月1日①
	岩手県議会	20年10月13日
	住田町議会	17年9月28日
	矢巾町議会	17年11月17日
	遠野市議会	17年12月8日
	雫石町議会	17年12月11日
	八幡平市議会	17年12月13日
	田野畑村議会	17年12月13日
	陸前高田市議会	17年12月12日
	平泉町議会	17年12月14日
	大槌町議会	17年12月15日
	宮古市議会	17年12月22日
	普代村議会	17年12月14日
	釜石市議会	18年3月14日
	岩泉町議会	18年3月23日
	紫波町議会	18年3月26日
	一戸町議会	18年6月12日
	葛巻町議会	18年9月14日
	北上市議会	18年10月1日
	西和賀町議会	18年12月14日
	岩手町議会	19年3月14日
	大船渡市議会	20年3月25日
宮城県	南三陸町議会	17年12月15日
	美里町議会	17年9月25日
	色麻町議会	17年12月7日
	柴田町議会	17年12月7日
	大衡村議会	17年12月8日
	涌谷町議会	17年12月8日
	白石市議会	17年12月20日
	登米市議会	17年12月22日
	蔵王町議会	18年1月4日
	七ヶ浜町議会	18年3月19日

都道府県	議会名	議決日
	松島町議会	18年3月20日
	七ヶ宿町議会	18年6月8日
	大郷町議会	18年6月15日
	多賀城市議会	18年6月22日
	塩竈市議会	18年6月26日
	気仙沼市議会	18年10月1日
	角田市議会	20年9月30日
	名取市議会	20年12月15日
	栗原市議会	21年10月11日
秋田県	大仙市議会	17年12月18日
	八峰町議会	17年12月15日
	東成瀬村議会	17年12月8日
	上小阿仁村議会	17年12月14日
	五城目町議会	17年12月15日
	藤里町議会	17年12月15日
	三種町議会	17年12月15日
	井川町議会	17年12月15日
	男鹿市議会	17年12月18日
	小坂町議会	17年12月19日
	北秋田市議会	17年12月19日
	潟上市議会	17年12月19日
	大館市議会	17年12月14日
	大潟村議会	17年12月20日
	由利本荘市議会	17年12月21日
	鹿角市議会	17年12月20日
	八郎潟町議会	17年12月21日
	仙北市議会	17年12月22日
	にかほ市議会	17年12月26日
	美郷町議会	18年3月19日
	能代市議会	18年6月27日
山形県	戸沢村議会	17年9月14日
	河北町議会	18年6月8日
	西川町議会	18年6月12日
	寒河江市議会	18年6月14日
	南陽市議会	18年6月21日
	山形市議会	18年6月29日
		23年10月26日①
	天童市議会	18年6月21日
	酒田市議会	18年12月17日
	大石田町議会	18年9月13日
	舟形町議会	18年9月12日
	真室川町議会	18年9月12日
	金山町議会	18年9月13日
	新庄市議会	18年9月21日
	鮭川村議会	18年9月13日
	最上町議会	18年9月21日
	三川町議会	19年6月7日
	庄内町議会	19年6月18日
	米沢市議会	19年6月28日
	山辺町議会	20年9月18日
	上山市議会	21年6月22日
	白鷹町議会	21年12月10日
	長井市議会	22年9月27日

都道府県	議会名	議決日
福島県	石川町議会	20年12月10日
	喜多方市議会	20年9月25日
	福島市議会	17年9月22日
	会津若松市議会	17年9月27日
	天栄村議会	17年12月7日
	只見町議会	17年12月22日
	白河市議会	17年12月22日
	三春町議会	18年6月7日
	川俣町議会	18年6月13日
	桑折町議会	18年6月25日
	浪江町議会	20年6月19日
	南相馬市議会	20年6月25日
	相馬市議会	20年9月2日
	柳津町議会	20年9月16日
	昭和町議会	20年9月23日
	会津美里町議会	20年9月29日
	湯川村議会	20年10月8日
	石川町議会	20年12月10日
	中島村議会	20年12月11日
	西郷村議会	20年12月11日
	浅川町議会	20年12月15日
	泉崎村議会	20年12月16日
	南会津町議会	20年12月18日
	古殿町議会	20年12月18日
	下郷町議会	20年12月23日
	矢吹町議会	21年12月13日
	新地町議会	21年12月23日
茨城県	土浦市議会	17年12月19日
	守谷市議会	18年3月23日
	大洗町議会	18年6月15日
	つくばみらい市議会	18年7月5日
	筑西市議会	19年3月20日
	取手市議会	20年12月10日
	石岡市議会	21年2月22日
	かすみがうら市議会	21年3月24日
	城里町議会	21年6月17日
栃木県	日光市議会	18年3月23日
	野木町議会	21年3月17日
	矢板市議会	21年3月18日
	塩谷町議会	21年9月10日
	鹿沼市議会	21年10月1日②
	さくら市議会	21年12月15日②
	高根沢町議会	23年9月20日
群馬県	南牧村議会	18年6月14日
	甘楽町議会	18年6月14日
	下仁田町議会	18年6月15日
	川場村議会	18年12月12日
	太田市議会	20年12月15日
	明和町議会	21年3月5日
	富岡市議会	21年3月23日
	草津町議会	21年6月15日
	中之条町議会	21年6月17日
	渋川市議会	21年6月23日

都道府県	議会名	議決日
	安中市議会	21年6月24日
	みどり市議会	21年9月28日
	伊勢崎市議会	21年12月16日
埼玉県	伊奈町議会	17年9月20日
	上里町議会	17年9月20日
	上尾市議会	17年9月20日
	宮代町議会	17年9月20日
	桶川市議会	17年9月26日
	新座市議会	17年9月27日
	川口市議会	17年9月27日
	草加市議会	20年2月10日
	北本市議会	17年12月15日
	杉戸町議会	17年12月15日
	吉川市議会	17年12月14日
	八潮市議会	19年3月20日
		22年6月17日②
	富士見市議会	18年3月20日
	鳩山町議会	18年9月14日
	行田市議会	18年9月26日
	東松山市議会	18年9月25日
	春日部市議会	22年3月18日
	宮代町議会	19年12月17日
	三芳町議会	21年3月25日
	嵐山町議会	21年12月7日
千葉県	我孫子市議会	17年12月21日
		21年3月22日
	勝浦市議会	19年12月12日
	成田市議会	21年3月18日
	鋸南町議会	18年9月5日
東京都	小金井市議会	21年12月22日
	小平市議会	17年11月28日
	狛江市議会	17年12月21日
	文京区議会	17年12月26日
	武蔵野市議会	18年3月13日
	調布市議会	20年12月17日
	三鷹市議会	18年6月29日
	八王子市議会	19年6月26日
	国立市議会	21年3月29日
	府中市議会	19年10月1日
	清瀬市議会	19年10月2日
	板橋区議会	19年10月16日
	日野市議会	21年3月28日
	北区議会	22年3月23日②
	東村山市議会	23年6月30日②
	世田谷区議会	23年10月20日②
	中野区議会	23年11月1日②
神奈川県	大和市議会	17年9月26日
	相模原市議会	17年9月29日
	鎌倉市議会	17年9月29日
		21年12月17日②
	南足柄市議会	17年12月13日
	逗子市議会	17年12月14日
	座間市議会	21年6月21日

都道府県	議会名	議決日
	葉山町議会	18年3月13日
	横浜市議会	21年3月24日
	真鶴町議会	21年6月4日
	湯河原町議会	21年6月21日
新潟県	新潟市議会	17年12月22日
		23年9月28日①
	妙高市議会	18年3月2日
	粟島浦村議会	18年3月13日
	聖籠町議会	18年3月19日
	胎内市議会	18年3月19日
	小千谷市議会	18年3月20日
	阿賀野市議会	19年12月16日
	関川村議会	18年3月20日
	津南町議会	20年12月14日
	佐渡市議会	18年3月27日
	魚沼市議会	18年6月14日
	上越市議会	18年6月18日
	南魚沼市議会	18年6月15日
	長岡市議会	18年6月25日
	新発田市議会	20年12月16日
	村上市議会	18年6月29日
	五泉市議会	18年6月29日
	三条市議会	18年7月3日
	田上町議会	18年12月13日
	十日町市議会	18年12月17日
	湯沢町議会	20年12月18日
	燕市議会	20年3月27日
	糸魚川市議会	20年9月28日
	弥彦村議会	20年12月18日
	加茂市議会	21年3月19日
	見附市議会	21年3月23日
富山県	入善町議会	21年6月16日
	黒部市議会	21年6月21日
石川県	白山市議会	17年9月25日
福井県	越前市議会	22年3月18日
山梨県	市川三郷町議会	17年12月18日
	北杜市議会	20年9月28日
	昭和町議会	21年6月15日
	山中湖村議会	21年6月21日
	韮崎市議会	21年12月20日②
	甲府市議会	23年6月26日
		23年9月29日①
長野県	大桑村議会	18年3月2日
	南箕輪村議会	17年9月15日
	飯綱町議会	20年12月11日
	飯山市議会	17年9月21日
	坂城町議会	17年9月22日
	中川村議会	18年3月20日
	宮田村議会	17年9月25日
	中野市議会	19年9月25日
	南木曽町議会	17年9月26日
	須坂市議会	17年9月26日
	下諏訪町議会	17年9月27日

都道府県	議会名	議決日
	下篠村議会	17年12月15日
	御代田町議会	17年12月18日
	白馬村議会	20年12月14日
	安曇野市議会	17年12月20日
	大町市議会	20年12月22日
	南牧村議会	17年12月20日
	佐久穂町議会	17年12月19日
	松本市議会	17年12月21日
		23年9月26日①
	小海町議会	17年12月19日
	小諸市議会	17年12月19日
長野県議会		18年3月2日
	阿南町議会	18年3月16日
	大鹿村議会	18年3月16日
	木曽町議会	18年3月19日
	王滝村議会	18年3月20日
	木祖村議会	18年3月20日
	青木村議会	18年3月19日
	池田町議会	20年12月18日
	塩尻市議会	18年3月19日
	信濃町議会	18年3月23日
	長和町議会	18年3月23日
	木島平村議会	18年6月15日
	富士見町議会	18年9月19日
	軽井沢町議会	18年9月25日
	高森町議会	19年3月19日
	立科町議会	19年6月20日
	茅野市議会	19年6月25日
	阿智村議会	20年6月17日
	飯田市議会	20年6月22日
	天龍村議会	20年6月23日
	松川町議会	20年9月18日
	泰阜村議会	20年9月25日
	小布施町議会	20年12月14日
	松川村議会	20年12月16日
	売木村議会	20年12月17日
	生坂村議会	21年3月19日
	伊那市議会	21年3月19日
	山ノ内町議会	21年3月23日
	相羽村議会	21年6月18日
	飯島町議会	21年6月21日
	佐久市議会	21年7月1日
	箕輪町議会	23年9月28日
岐阜県	関市議会	17年9月29日
	郡上市議会	17年12月21日
	多治見市議会	17年12月22日
	神戸町議会	18年6月28日
	関ケ原町議会	18年9月20日
	坂祝町議会	18年9月21日
	池田町議会	20年3月12日
	美濃市議会	20年12月21日
	可児市議会	21年3月26日
	益子市議会	21年6月2日

都道府県	議会名	議決日
静岡県	焼津市議会	17年10月6日
	藤枝市議会	21年3月19日
	御殿場市議会	19年12月18日
		22年10月5日②
	三島市議会	20年3月18日
		22年10月6日②
	沼津市議会	20年12月21日
		22年10月26日②
	富士宮市議会	21年3月18日
		22年12月12日②
	長泉町議会	21年3月19日
	伊豆市議会	22年10月3日②
	富士市議会	22年10月12日②
	静岡市議会	22年10月20日②
	掛川市議会	23年9月29日②
	磐田市議会	23年10月13日
愛知県	岩倉市議会	18年6月22日
	設楽町議会	18年12月19日
	飛鳥村議会	20年9月23日
	大口町議会	19年12月19日
	犬山市議会	20年3月27日
	阿久比町議会	20年12月21日
	大府市議会	21年3月19日
	大治町議会	23年9月22日
三重県	菰野町議会	17年9月22日
	三重県議会	18年3月22日
	亀山市議会	18年3月27日
	紀北町議会	18年6月15日
	鳥羽市議会	19年3月27日
	伊勢市議会	19年3月25日
	紀宝町議会	23年6月15日
	御浜町議会	23年9月21日
	津市議会	23年10月2日
滋賀県	甲良町議会	21年4月1日
	愛荘町議会	17年9月22日
	甲賀市議会	17年12月22日
	多賀町議会	19年6月21日
	湖南市議会	19年9月13日
	豊郷町議会	19年9月30日
	滋賀県議会	20年10月9日
京都府	精華町議会	17年9月29日
	木津川市議会	17年10月2日
	京田辺市議会	17年9月28日
	綾部市議会	17年10月16日
	向日市議会	20年12月25日
	亀岡市議会	18年10月1日
	木津川市議会	19年7月3日
	宇治市議会	20年3月31日
	南山城村議会	20年9月28日
	長岡京市議会	21年12月13日
大阪府	高石市議会	18年3月8日
	泉佐野市議会	18年3月23日
	摂津市議会	19年7月10日

都道府県	議会名	議決日
		23年9月28日②
	富田林市議会	18年6月29日
	河南町議会	18年9月5日
	忠岡町議会	19年12月10日
	阪南市議会	21年9月3日
	岬町議会	21年12月22日
	太子町議会	22年10月5日
兵庫県	高砂市議会	18年6月18日
	播磨町議会	18年9月21日
	芦屋市議会	19年9月26日
	尼崎市議会	20年12月23日
		23年10月11日①
	香美町議会	21年3月18日
	新温泉町議会	21年3月24日
	三木市議会	21年9月28日
	明石市議会	22年3月25日
	南あわじ市議会	22年9月29日
奈良県	三郷町議会	17年9月15日
	広陵町議会	17年9月22日
	王寺町議会	17年9月26日
	平群町議会	17年12月15日
	橿原市議会	17年12月22日
	川西町議会	17年12月19日
	上牧町議会	18年3月20日
	斑鳩町議会	23年6月20日
	大淀町議会	18年6月11日
	香芝市議会	18年6月22日
	山添村議会	18年6月22日
	生駒市議会	18年12月7日
	河合町議会	20年3月22日
	田原本町議会	22年3月16日
	御所市議会	23年6月28日
	安堵町議会	23年9月20日
	大和郡山市議会	23年9月22日
和歌山県	九度山町議会	18年3月23日
	串本町議会	22年6月24日
	みなべ町議会	18年5月25日
	かつらぎ町議会	18年6月15日
	日高町議会	18年6月19日
	広川町議会	19年5月21日
	日高川町議	20年3月18日
	紀美野町議	20年6月19日
	有田川町議	20年6月23日
	印南町議会	21年3月18日
鳥取県	南部町議会	20年12月16日
	境港市議会	21年9月30日
	日野町議会	18年3月23日
	湯梨浜町議	18年6月15日
	琴浦町議会	18年6月21日
	北栄町議会	18年7月2日
	雲南市議会	18年9月26日
	岩美町議会	19年6月21日
	倉吉市議会	20年9月16日

都道府県	議会名	議決日
	三朝町議会	20年9月25日
	伯耆町議会	21年3月19日
	鳥取市議会	21年9月24日②
島根県	津和野町議会	17年9月28日
	美郷町議会	17年12月14日
	古賀町議会	19年12月19日
	浜田市議会	20年12月22日
	雲南市議会	22年9月28日
岡山県	真庭市議会	17年12月20日
	里庄町議会	17年12月8日
	和気町議会	17年12月15日
	久米南町議	17年12月15日
	勝央町議会	17年12月18日
	早島町議会	17年12月19日
	奈義町議会	17年12月21日
	総社市議会	17年12月21日
	新庄村議会	17年12月22日
	鏡野町議会	17年12月22日
	井原市議会	17年12月22日
	瀬戸内市議会	17年12月21日
	美作市議会	17年12月28日
	新見市議会	18年3月23日
	吉備中央町議会	18年3月23日
	西粟倉村議会	18年3月23日
	岡山市議会	23年10月25日
	備前市議会	20年6月26日
	赤磐市議会	20年6月26日
	浅口市議会	23年12月21日
広島県	安芸太田町議会	21年6月11日
		23年12月15日①
	北広島町議会	21年12月21日
		23年9月26日②
	廿日市市議会	20年11月24日
		23年10月2日①
	庄原市議会	21年12月20日
		23年12月21日①
	広島市議会	20年10月27日
		21年12月15日②
		23年6月30日①
	坂町議会	17年12月7日
	江田島市議会	17年12月14日
		23年12月18日①
	海田町議会	17年12月5日
		23年12月8日①
	三次市議会	17年12月21日
		23年10月5日①
	安芸高田市議会	17年12月26日
		23年10月27日①
	府中町議会	18年3月20日
	尾道市議会	18年3月19日
	東広島市議会	18年6月28日
		23年10月5日①
	府中市議会	18年9月18日

都道府県	議会名	議決日
	福山市議会	18年9月25日
	神石高原町議会	18年12月14日
	呉市議会	20年12月9日
		23年9月26日①
	広島県議会	20年12月16日
	尾道市議会	21年3月24日
	海田町議会	21年6月8日
	大竹市議会	21年6月14日
	熊野町議会	21年9月16日
徳島県	牟岐町議会	17年9月15日
	那賀町議会	17年9月19日
	勝浦町議会	17年11月17日
	吉野川市議会	17年12月15日
	藍住町議会	19年6月19日
	阿南市議会	19年6月24日
	北島町議会	19年6月27日
	つるぎ町議会	19年12月13日
	東みよし町議会	20年12月21日
	神山町議会	21年12月20日
	海陽町議会	22年6月17日
	上板町議会	22年6月16日
	佐那河内町議会	22年6月20日
	阿波市議会	22年6月29日
	徳島市議会	22年9月21日
	美波町議会	22年12月8日
	松茂町議会	22年12月20日
	美馬市議会	23年8月21日
香川県	三木町議会	20年3月24日
	宇多津町議会	20年12月15日
	東かがわ市議会	21年3月19日
愛媛県	上島町議会	18年9月28日
	砥部町議会	18年3月14日
	愛南町議会	18年9月13日
	松山市議会	21年3月26日
高知県	須崎市議会	18年6月21日
	高知市議会	20年12月25日
	土佐町議会	19年12月10日
	四万十町議会	18年6月14日
	佐川町議会	18年6月14日
	芸西村議会	18年6月14日
	日高村議会	18年6月14日
	大豊町議会	18年6月15日
	安田町議会	18年6月15日
	大月町議会	18年6月19日
	本山町議会	18年6月19日
	安芸市議会	18年6月22日
	香美市議会	18年6月22日
	南国市議会	18年6月25日
	梼原町議会	18年6月27日
	仁淀川町議会	19年12月13日
	北川村議会	19年12月18日
	東洋町議会	20年9月18日
	土佐清水市議会	20年10月2日

都道府県	議会名	議決日
	土佐市議会	23年9月20日
福岡県	嘉麻市議会	17年9月22日
	飯塚市議会	17年9月29日
	小竹町議会	17年12月19日
	鞍手町議会	17年12月19日
	苅田町議会	17年12月22日
	直方市議会	18年3月19日
	粕屋町議会	18年6月14日
	中間市議会	19年3月20日
		22年3月24日②
	福岡市議会	19年9月24日
		21年10月8日②
	糸島市議会	20年9月18日
	久山町議会	20年12月10日②
	小竹市議会	20年12月15日
	うきは市議会	21年3月23日②
	古賀市議会	21年6月29日
	田川市議会	21年7月1日
	漆田市議会	21年12月10日
	北九州市議会	21年12月10日②
	春日市議会	21年12月17日②
	糸田市議会	21年12月17日
	福津市議会	22年9月21日
長崎県	東彼杵町議会	18年6月13日
	長崎市議会	20年11月2日
		21年12月10日②
		23年7月7日①
	長与町議会	20年12月11日
		23年9月25日①
	対馬市議会	18年6月22日
		23年9月28日①
	雲仙市議会	18年6月29日
		23年9月29日①
	五島市議会	18年9月25日
		23年9月28日①
	西海市議会	19年3月22日
	南島原市議会	19年10月30日
		23年12月19日①
	小値賀町議会	20年12月7日
	大村市議会	20年12月18日
	佐々町議会	21年3月26日
	平戸市議会	21年9月27日
		23年12月18日①
	松浦市議会	23年9月21日①
	時津町議会	23年10月4日①
	諫早市議会	23年10月5日①
	壱岐市議会	23年12月26日①
熊本県	苓北町議会	19年9月17日
	錦町議会	18年9月21日
	小国町議会	20年9月18日
	玉名市議会	20年9月29日
	菊池市議会	20年9月30日
	長州町議会	21年6月17日

都道府県	議会名	議決日
	宇城市議会	23年12月18日
大分県	杵築市議会	18年12月19日
	豊後高田市議会	18年9月25日
	国東市議会	21年9月24日
	竹田市議会	20年9月30日
	日田市議会	21年9月21日
	佐伯市議会	21年9月22日
宮崎県	宮崎市議会	17年9月13日
	串間市議会	17年9月26日
	日向市議会	17年10月11日
	小林市議会	18年9月27日
	綾町議会	20年12月18日
	宮崎県議会	21年3月17日
	国富町議会	22年9月16日
	門川町議会	22年12月20日
鹿児島県	出水市議会	17年9月29日
	西之表市議会	18年3月27日
	屋久島町議会	18年9月14日
	東串良町議会	18年9月27日
	大崎町議会	18年12月20日
	南種子町議会	19年3月19日
	指宿市議会	20年10月2日
	垂水市議会	20年12月18日
沖縄県	石垣市議会	17年9月21日
	沖縄県議会	18年7月6日
	那覇市議会	19年8月21日
		23年10月4日①
	宜野座村議会	20年9月18日
	中城村議会	20年9月25日
	うるま市議会	20年10月5日
	与那原町議会	20年12月14日
	国頭村議会	20年12月18日
	伊江村議会	20年12月18日
	読谷村議会	20年12月18日
	北中城村議会	20年12月18日
	名護市議会	20年12月23日
	南風原町議会	21年3月26日
	西原町議会	21年6月11日
	東村議会	21年6月21日
	北谷町議会	21年6月22日
	大宜味村議会	21年9月17日
	南城市議会	21年9月27日
	南大東村議会	21年9月14日
中国5県	中国市議会議長会	18年4月25日

16. 日本の平和博物館

以下の表は、山根和代氏の協力により入手した東京大空襲戦災資料センター研究員・山辺昌彦氏作成のリストに山根氏らが編集した『世界の平和のための博物館』(https://sites.google.com/view/inmp-2020/museums-for-peace-worldwide?authuser=0)などに基づいて新たな情報を加筆したものである。リストには新たに1か所を追加した。

●日本の平和博物館リスト

設立年順

都道府県	名称	設立年	公立民立の別	公式ウェブサイト、住所、電話番号
広島県	広島平和記念資料館	1955	公立	http://hpmmuseum.jp 〒730-0811 広島市中区中島町1-2 TEL 082-241-4004
長崎県	長崎原爆資料館	1955	公立	https://nagasakipeace.jp 〒852-8117 長崎市平野町7番8号 TEL 095-844-1231
埼玉県	原爆の図丸木美術館	1967	民立	http://www.aya.or.jp/~marukimsn 〒355-0076 埼玉県東松山市下唐子 1401 TEL 0493-22-3266
鹿児島	知覧特攻平和会館	1975	公立	http://www.chiran-tokkou.jp 897-0302 鹿児島県南九州市知覧町郡17881 TEL 0993-83-2525
沖縄県	沖縄県平和祈念資料館	1975	公立	http://www.peace-museum.pref.okinawa.jp 〒901-0333 沖縄県糸満市字摩文仁614-1 TEL 098-997-3844
東京都	第五福竜丸展示館	1976	公立	http://d5f.org 〒136-0081 東京都江東区夢の島2-1-1 夢の島公園内 TEL 03-3521-8494
神奈川県	創価学会戸田平和記念館	1979	民立	http://www.kanagawa-soka.jp/activity.html 〒231-0023 神奈川県横浜市中区山下町 7-1 TEL 045-662-2671
福岡県	兵士・庶民の戦争資料館	1979	民立	〒820-1101 福岡県鞍手郡小竹町大字御徳415-7 TEL 09496-2-8565
兵庫県	アンネのバラの教会/アンネ・フランク資料館	1980	民立	https://www.annesrose.com 〒662-0017 兵庫県西宮市甲陽園西山町 4-7 TEL 0798-74-5911
宮城県	仙台市戦災復興記念館	1981	公立	http://www.city.sendai.jp/aoba-chiikishinko/aobaku/shokai/kunai/kinenkan 〒980-0804 仙台市青葉区大町2-12-1 TEL 022-263-6931
兵庫県	神戸市戦災記念資料室	1981	公立	〒652-0897 神戸市兵庫区駅南通り5－1－1 TEL 078-682-9501
北海道	北海道平和祈念館	1983	公立	https://www.town.oshamambe.lg.jp/soshiki/16/249.html 〒049-3521 北海道山越郡長万部413 TEL 01377-2-2748
東京都	日本平和博物館 （ウェブサイト上のみの博物館）	1983	民立	www.peace-museum.org お問い合わせ先：平和博物館を創る会 TEL 03-3454-5859
沖縄県	ヌチドゥタカラの家	1984	民立	http://wabiai.holy.jp/0102.html 〒905-0502 沖縄県国頭郡伊江村字東江前2300-4 TEL 0980-49-3047"
大阪府	大阪人権博物館(リバティおおさか)	1985	民立	http://www.liberty.or.jp 〒556-0026 大阪府大阪市浪速区浪速西 3-6-36 TEL 06-6561-5891 2020年6月1日から休館、2022年を目途に別の場所にて再出発
長崎県	祈りの丘絵本美術館	1986	民立	http://www.douwakan.co.jp/museum 〒850-0931 長崎県長崎市南山手町 2-10 TEL 095-828-0716
京都府	丹波マンガン記念館	1987	民立	http://tanbamangan.sakura.ne.jp 〒601-0533 京都府京都市右京区京北下中町東大谷 32 番地 TEL 075-854-0046
京都府	舞鶴引揚記念館	1988	公立	https://m-hikiage-museum.jp 〒625-0133 京都府舞鶴市字平1584番地 引揚記念公園内 TEL:0773-68-0836
和歌山県	寺中美術館	1988	民立	ウェブ展示会：https://www.npo-webleaf.org/contents/exhibition/teranaka_gallery/index.html 〒640-8137 和歌山県和歌山市府中 4-2-54 TEL 073-436-4768
広島県	大久野島毒ガス資料館	1988	公立	https://www.city.takehara.lg.jp/simin/sisetukannri/dokugasusiryokan.html 〒725-8666 広島県竹原市中央五丁目1番35号 TEL 0846-22-2279
高知県	平和資料館・「草の家」	1989	民立	https://ha1.seikyou.ne.jp/home/Shigeo.Nishimori 〒780-0861 高知市升形9-11 TEL 088-875-1275

都道府県	名称	設立年	公立民立の別	公式ウェブサイト、住所、電話番号
沖縄県	ひめゆり平和祈念資料館	1989	民立	http://www.himeyuri.or.jp/JP/top.html 〒901-0344 沖縄県糸満市字伊原671-1 TEL 098-997-2100
青森県	青森空襲資料常設展示室	1990	公立	https://www.city.aomori.aomori.jp/somu/shiseijouhou/aomorishi-matidukuri/heiwa/shiryokizo.html 〒030-0813 青森市松原一丁目6-15 青森市教育委員会事務局中央市民センター内 TEL 017-734-0163
高知県	高知市立自由民権記念館	1990	公立	http://www.i-minken.jp 〒781-8010 高知県高知市桟橋通四丁目14-3 TEL 088-831-3336
長崎県	少国民資料館	1990	民立	〒851-0251 長崎市田上3-17-47 TEL 095-823-3220
北海道	ノーモアヒバクシャ会館	1991	民立	https://twitter.com/dohidankyo 〒003-0029 札幌市白石区平和通17丁目北6−7 TEL 011-866-9545
大阪府	大阪国際平和センター	1991	公立	http://www.peace-osaka.or.jp 〒540-0002 大阪市中央区大阪城2-1 TEL 06-6947-7208
和歌山県	太地町立石垣記念館	1991	公立	http://www.kujirakan.jp/use/subwindow_ishigakikinenkan.html 〒2902-72 和歌山県東牟婁郡太地町字常渡 2902-79 TEL 0735-59-3223
広島県	三良坂平和美術館	1991	公立	https://www.mirasaka-heiwa.jp 〒729-4304 広島県三次市三良坂町三良坂 2825-1 TEL 0824-44-3214
神奈川県	川崎市平和館	1992	公立	http://www.city.kawasaki.jp/shisetsu/category/21-21-0-0-0-0-0-0-0.html 〒211-0021 神奈川県川崎市中原区木月住吉町33-1 TEL 044-433-0171
京都府	立命館大学国際平和ミュージアム	1992	民立	http://www.ritsumeikan-wp-museum.jp 〒603-8577 京都市北区等持院北町56-1 TEL:075-465-8151
大阪府	吹田市平和祈念資料室	1992	公立	https://www.city.suita.osaka.jp/home/soshiki/div-shimin/jinken/_70171.html 〒565-0862 大阪府吹田市津雲台1丁目2番1号（千里ニュータウンプラザ8階） TEL 06-6873-7793
埼玉県	埼玉県平和資料館 （埼玉ピースミュージアム）	1993	公立	https://www.saitama-peacemuseum.com/ 〒355-0065 埼玉県東松山市岩殿241-113 TEL 0493-35-4111
静岡県	静岡平和資料センター	1993	民立	https://www.shizuoka-heiwa.jp 〒420-0858 静岡市葵区伝馬町10-25 TEL 054-271-9004
徳島県	鳴門市ドイツ館	1993	公立	http://doitsukan.com/info 〒779-0225 徳島県鳴門市大麻町桧字東山田55-2 TEL 088-689-0099
鹿児島県	万世特攻平和祈念館	1993	公立	https://kanko-minamisatsuma.jp/spot/7570 〒897-1123 鹿児島県南さつま市加世田高橋 1955-3 TEL 0993-52-3979
大阪府	堺市立平和と人権資料館	1994	公立	http://www.city.sakai.lg.jp/shisei/jinken/jinken/heiwajinkenshiryokan 〒590-0078 大阪府堺市堺区南瓦町3番1号 TEL 072-233-1101
広島県	福山市人権平和資料館	1994	公立	http://www.city.fukuyama.hiroshima.jp/site/sights-spots/95141.html 〒720-0061 広島県福山市丸之内一丁目1番1号 TEL 084-924-6789
沖縄県	佐喜眞美術館	1994	民立	http://sakima.jp 〒901-2204 沖縄県宜野湾市上原 358 TEL 098-893-5737
北海道	朱鞠内笹の墓標展示館	1995	民立	https://www.facebook.com/sasanobohyomuseum 〒074-0742 北海道雨竜郡幌加内町字朱鞠内 TEL 0165-38-2017
岩手県	太平洋戦史館	1995	民立	http://ww2museum.jp/ 〒029-4427 岩手県奥州市衣川陣場下41 TEL 0197-52-3000
東京都	せたがや平和資料室	1995	公立	https://www.city.setagaya.lg.jp/mokuji/kusei/002/002/003/001/d00141171.html 154-0001 東京都世田谷区池尻1丁目5番27号 世田谷公園内 TEL 03-3414-1530
香川県	高松市平和記念館	1995	公立	https://www.city.takamatsu.kagawa.jp/kurashi/shinotorikumi/jinken/keihatsu/heiwa/index.html 高松市松島町一丁目15番1号　たかまつミライエ5階 TEL 087-833-2211
広島県	ホロコースト記念館	1995	民立	http://www.urban.ne.jp/home/hecjpn 〒720-0004 広島県福山市御幸町中津原815 TEL 084-955-8001
長崎県	長崎人権平和資料館	1995	民立	https://www.okakinen.jp 〒850-0051 長崎市西坂町9−4 TEL 095-820-5600
兵庫県	姫路市平和資料館	1996	公立	https://www.city.himeji.lg.jp/kanko/category/1-9-1-4-0-0-0-0-0.html 〒670-0971 兵庫県姫路市西延末475番地（手柄山中央公園内） TEL 079-291-2525

都道府県	名称	設立年	公立民立の別	公式ウェブサイト、住所、電話番号
福岡県	碓井平和祈念館	1996	公立	http://www.e-kama.net/area/%E7%A2%93%E4%BA%95%E5%B9%B3%E5%92%8C%E7%A5%88%E5%BF%B5%E9%A4%A8 〒820-0502 福岡県嘉麻市上臼井767番地 TEL 0948-57-3176
長野県	無言館	1997	民立	http://mugonkan.jp 〒386-0027 長野県上田市古安曽字山王山3462 TEL 0268-37-1650
東京都	八王子平和原爆資料館	1997	民立	http://hachioujiheiwagennbaku.web.fc2.com 〒192-0051 東京都八王子市元本郷町3丁目17－5 TEL 042-627-527
大分県	佐伯市平和祈念館やわらぎ	1997	公立	https://www.city.saiki.oita.jp/kiji0032423/index.html 〒876-0811 大分県佐伯市鶴谷町3丁目3番12号 TEL 0972-22-5700
神奈川県	地球市民かながわプラザ	1998	公立	http://www.earthplaza.jp/ep/exhibits/peace.html 〒247-0007 横浜市栄区小菅ケ谷1-2-1 TEL 045-896-2121
静岡県	浜松復興記念館	1998	公立	http://fukkoukinenkan.com 〒430-0937 静岡県浜松市中区利町304-2 TEL 053－455-0815
東京都	すみだ郷土文化資料館	1999	公立	https://www.city.sumida.lg.jp/smph/sisetu_info/siryou/kyoudobunka/index.html 〒131-0033 東京都墨田区向島 2-3-5 TEL 03-5619-7034
福島県	アウシュビッツ平和博物館	2000	民立	http://am-j.or.jp 〒961-0835 福島県白河市白坂三輪台245 TEL 0248-28-2108
岐阜県	杉原千畝記念館	2000	公立	http://www.sugihara-museum.jp 〒505-0301 岐阜県加茂郡八百津町八百津1071 TEL 0574-43-2460
兵庫県	戦没した船と海員の資料館	2000	民立	http://www.jsu.or.jp/siryo 〒650-0024 神戸市中央区海岸通3‐1‐6 全日本海員組合関西地方支部内 TEL 078-331-7588
東京都	高麗博物館	2001	民立	https://kouraihakubutsukan.org 〒169－0072 東京都新宿区大久保1-12-1 第二韓国広場ビル7階 TEL 03-5272-3510
福井県	ゆきのした史料館	2001	民立	ゆきのした文化協会 〒910-0851 福井市米松2丁目11-13 TEL 0776-52-2169
岩手県	北上平和記念展示館	2002	公立	https://www.kitakami-fujine.com/museum 〒024-0334 岩手県北上市和賀町藤根14地割147-3 TEL 0197-73-5876
東京都	東京大空襲・戦災資料センター	2002	民立	https://tokyo-sensai.net 〒136-0073 東京都江東区北砂1丁目5-4 TEL 03-5857-5631
岐阜県	岐阜市平和資料室	2002	公立	https://www.city.gifu.lg.jp/kurashi/1003530/1003531.html 〒500-8856 岐阜市橋本町1-10-23 ハートフルスクエアーG（2 F） TEL 058-268-1050
兵庫県	西宮市平和資料館	2002	公立	https://www.nishi.or.jp/bunka/heiwahenotorikumi/heiwashiryokan/heiwashiryokan.html 〒662-0944 兵庫県西宮市川添町15－26 西宮市教育文化センター1階 TEL 0798-33-2086
広島県	国立広島原爆死没者追悼平和祈念館	2002	国立	https://www.hiro-tsuitokinenkan.go.jp/index.php 〒730-0811 広島市中区中島町1番6号（広島平和記念公園内） TEL 082-543-6271
広島県	広島市立袋町小学校平和資料館	2002	公立	http://www.fukuromachi-e.edu.city.hiroshima.jp/shiryoukan-index.htm 〒730-0036 広島県広島市中区袋町6-36 TEL 082-247-9241
新潟県	長岡戦災資料館	2003	公立	https://www.city.nagaoka.niigata.jp/kurashi/cate12/sensai/siryoukan.html 〒940-0061 新潟県長岡市城内町2-6-17 TEL 0258-36-3269
長野県	松代大本営平和記念館	2003	民立	https://matushiro.la.coocan.jp 〒381-1231長野県松代町松代1461番地 TEL 026-214-1557
長崎県	国立長崎原爆死没者追悼平和祈念館	2003	国立	https://www.peace-nagasaki.go.jp 〒852-8117 長崎市平野町7番8号 TEL 095-814-0055
長崎県	ナガサキピースミュージアム	2003	民立	http://www.nagasakips.com 〒850-0921 長崎市松が枝町7-15 TEL 095-818-4247
沖縄県	対馬丸記念館	2004	民立	http://tsushimamaru.or.jp 〒900-0031 那覇市若狭1-25-37 TEL 098-941-3515"

都道府県	名称	設立年	公立民立の別	公式ウェブサイト、住所、電話番号
東京都	女たちの戦争と平和資料館	2005	民立	https://wam-peace.org 〒169-0051 東京都新宿区西早稲田2-3-18 AVACOビル2F TEL 03-3202-4633"
兵庫県	神戸災害と戦災資料館 （ウェブサイト上のみの資料館）	2005	公立	http://www.city.kobe.lg.jp/safety/disaster/index.html 問い合わせ先： 〒650-8570 兵庫県神戸市中央区加納町 6-5-1 神戸市役所1号館13階 行財政局業務改革課 TEL 03-3234-7821"
埼玉県	中帰連平和記念館	2006	民立	https://npo-chuukiren.jimdofree.com 〒350-1175 埼玉県川越市笠幡1948-6 TEL 049-236-4711"
東京都	しょうけい館	2006	公立	https://www.shokeikan.go.jp/ 〒102-0074 東京都千代田区九段南1丁目5－13 TEL 03-3234-7821"
東京都	わだつみのこえ記念館	2006	民立	http://www.wadatsuminokoe.org 〒113-0033 東京都文京区本郷5丁目29-13 赤門アビタシオン1階 TEL 03-3815-8571
山梨県	山梨平和ミュージアム	2007	民立	http://ypm-japan.jp 〒400-0862 甲府市朝気1-1-30 TEL 055-235-5659
愛知県	戦争と平和の資料館 ピースあいち	2007	民立	http://www.peace-aichi.com 〒465-0091 名古屋市名東区よもぎ台2-820 TEL 052-602-4222
広島県	歴史と文学の館 志麻利	2007	民立	https://www.nihon-kankou.or.jp/hiroshima/345458/detail/34545aj2202036554 〒720-1522 広島県神石郡神石高原町小畠 1733 TEL0847-85-2808
福井県	人道の港・敦賀ムゼウム	2008	公立	https://tsuruga-museum.jp 〒914-0072 福井県敦賀市金ヶ崎町 44-1 TEL 0770-37-1035
茨城県	水戸市平和記念館	2009	公立	https://www.city.mito.lg.jp/001373/heiwa/heiwa/p004960.html 〒310-8610 茨城県水戸市中央1-4-1 TEL 029-291-3846
沖縄県	南風原文化センター	2009	公立	https://www.haebaru-kankou.jp/index.php/peace-education/haebaru-culture-center.html 〒901-1113 沖縄県島尻郡南風原町字喜屋武 257 TEL 098-889-7399
神奈川県	明治大学平和教育 登戸研究所資料館	2010	民立	https://www.meiji.ac.jp/noborito 〒214-8571 川崎市多摩区東三田1丁目1-1 TEL 044-934-7993
滋賀県	滋賀県平和祈念館	2012	公立	https://www.pref.shiga.lg.jp/kensei/gaiyou/soshiki/14793.html 〒527-0157 滋賀県東近江市下中野町431番地 TEL 0749-46-0300
岡山県	岡山空襲展示室	2012	公立	https://www.city.okayama.jp/okayama-city-museum/0000022330.html 〒700-0024 岡山県岡山市北区駅元町15－1 TEL 086-253-7070
長野県	満蒙開拓平和記念館	2013	民立	https://www.manmoukinenkan.com 〒395-0303 長野県下伊那郡阿智村駒場711-10 TEL 0265-43-5580
広島県	のぼり平和資料室(広島市立幟小学校内)	2013	公立	http://cms.edu.city.hiroshima.jp/weblog/index.php?id=e0891&type=1&column_id=335694&category_id=1487 〒730-0016 広島県広島市中区幟町3－10 TEL 082-221-3013 (幟町小学校)
沖縄県	不屈館	2013	民立	http://senaga-kamejiro.com/about.html 〒900-0031 那覇市若狭2丁目21-5 TEL 098-943-8374
秋田県	花岡平和記念館	2015	民立	〒017-0005 秋田県大館市花岡町前田88-1 TEL 0186-46-2630
栃木県	朝露館	2015	民立	http://chorogan.org 〒321-4217 栃木県芳賀郡益子町益子4117-3 TEL 285-72-3899
東京都	中野区平和資料展示コーナー	2016	公立	https://www.city.tokyo-nakano.lg.jp/dept/101500/d022694.html 〒164-8501 東京都中野区中野四丁目8-1 中野区役所4階 TEL 03-3389-1111
北海道	矢臼別平和資料館	2019	民立	http://www.yausubetu.com 〒088-2577 北海道野付郡別海町矢臼別41-2 TEL 0153-77-2120
大阪府	人権平和センター豊中 平和展示室	2020	公立	https://www.city.toyonaka.osaka.jp/shisetsu/sonota/toyo_center/index.html 〒561-0884 大阪府豊中市岡町北3丁目13番7号 TEL 06-6841-1313
福島県	伝言館	2021	民立	〒979-0605 福島県双葉郡楢葉町大字大谷字西台58-4 宝鏡寺境 TEL 0240-25-3654
京都府	ウトロ平和祈念館	2022	民立	https://www.utoro.jp/ 〒611-0043 京都府宇治市伊勢田町ウトロ51-43 TEL 0774-26-9222

17. 日本の平和活動NGO、草の根グループ

　　　平和な世界の実現には、国益ではなく人類益、地球益のために課題の解決に取り組むNGOや草の根市民グループの活動が不可欠である。内閣府によれば2023年9月30日現在、日本で活動するNPO法人は50,111ある。そのうち人権の擁護または平和推進を図る活動は9,168、国際協力の活動は9,285に上る。以下は、相互交流や協力に役立つことを願って、ピースデポが活動の中で知りえたグループの暫定的なリストである。新たに4団体を追加した。

訂正や追加を含めて改善に必要な情報をぜひ寄せて頂きたい。

❖平和活動に取り組む日本のNGO、草の根グループのリスト(仮)❖

(50音順、特活＝特定非営利活動法人)

厚木基地を考える会　(神奈川)　http://antibase.jugem.jp/
　　　在日米海軍厚木基地を日々ウォッチし、爆音等被害などの基地問題に取り組む。

アーユス仏教国際協力ネットワーク(特活)　(東京) http://ngo-ayus.jp
　　　仏教の精神に基づいて、NGOと協力しながら平和や人権などの問題に足元から取り組む。

アントヒロシマ(Asian Network of Trust)(特活)　(広島)　http://ant-hiroshima.org
　　　アジアを軸に世界各国の人々と連携し、ヒロシマの思いを伝える平和教育活動などを行う。

安保関連法に反対するママの会＠ちば　(千葉)　http://ja-jp.facebook.com/
　　　「誰の子どもも殺させない」が合言葉。武器見本市開催阻止などに取り組む。

岩国基地の拡張強化に反対する広島県住民の会(広島)　http://nowar.xsrv.jp/iwakuni-KICHI/
　　　米軍岩国基地(山口県)の拡張強化に反対する広島県民の住民組織。

インターバンド(特活)(東京) http://www.interband.org
　　　地域紛争及び難民や環境破壊などの人権侵害の解決と平和の再構築に市民として寄与する。

大阪平和人権センター(大阪) www.osaka-heiwajinken.jp/
　　　戦争に反対し、原水爆の完全禁止と完全軍縮そして日本国憲法擁護の運動を目的に活動。

沖縄平和運動センター　(沖縄)　http://www.peace-okinawa.net/
　　　恒久平和を訴え、安全な未来を国民が手にすることを目標に活動する。

沖縄平和市民連絡会　(沖縄)　http://www.jca.apc.org/heiwa-sr/jp/
　　　辺野古新基地建設阻止のため、「島ぐるみ会議」や「オール沖縄・那覇の会」などとも協力している。

核政策を知りたい広島若者有権者の会(カクワカ広島)　(広島)
　　　https://kakuwakahiroshima.jimdosite.com/
　　　地元選出国会議員の核政策を問う活動。

核戦争に反対する医師の会(反核医師の会)　(全国)　http://no-nukes.doc-net.or.jp/
　　　人々の生命を守るためには核兵器廃絶をめざすべきと考える全国各地の医師の会の集まり。

核戦争防止国際医師会議(IPPNW)日本支部　(広島)
　　　http:// www.hiroshima.med.or.jp/ippnw/
　　　「モデル核兵器禁止条約」起草で重要な役割を果たした国際NGO(64ヵ国参加)の日本支部。

核兵器廃絶日本NGO連絡会(Jana-net)　(東京)
　　　http://nuclear.abolition.japan@gmail.com
　　　核兵器廃絶に向けて日本国内で活動するNGOや市民団体の連絡組織。約20団体が参加。

核兵器廃絶−地球市民集会ナガサキ　(長崎)　http://ngo-nagasaki.com/
　　　核兵器廃絶のために長崎で組織されたNGO。

核兵器の廃絶をめざす日本法律家協会(日本反核法律家協会)　(東京)
　　　http://www.hankaku-j.org 核兵器の廃絶と被爆者の援護を目的とする法律家団体。

核兵器廃絶をめざすヒロシマの会 （広島） http://www.e-hanwa.org/
核兵器廃絶を願って行動する個人の集まり。

かたわら（神奈川） https://www.katawara.org/
核のない世界をつくるためのアドボカシー（政策提言、イベント）と調査を行う。

「韓国併合100年」東海行動実行委員会 （愛知） E-mail: 31demo1919@gmail.com
韓国併合100年を機に、韓国民衆と向き合い、真の友好と和解、平和的な関係構築をめざし設立。

韓国の原爆被害者を救援する市民の会 （広島）
http://www.no-more-hiroshima.com/zaigai/zaikan.htm
在韓・在外被爆者との交流と救援。

関西ガザ緊急アクション（大阪）
https://www.instagram.com/kansai.gaza_emergencyaction/
イスラエルによるパレスチナへの占領/封鎖/虐殺の停止に向けて大阪で運動を展開。

関西共同行動 （大阪） http://www17.plala.or.jp/kyodo/
反戦平和を訴え、日本の軍事大国化、自衛隊の海外派兵に反対する。

カンボジア市民フォーラム （東京） E-mail: pefoci@hotmail.co.jp
カンボジアの人権、民主化、社会づくりを支援するとともに日本政府に援助政策提言を行う。

強制労働被害者補償立法をめざす日韓共同行動 （東京・大阪）
http://www.mdsweb.jp/doc/1257/1257_07y.html
強制動員された被害者への謝罪と補償の実現。

9条地球憲章の会 （東京） https://www.9peacecharter.org/
非戦・非武装・非核・非暴力の世界をめざし、憲法9条の理念で地球平和憲章をつくる運動を展開。

9条の会 （東京） http://）www.9-jo.jp/
憲法第9条の改定阻止をめざし護憲派作家ら9人が結成。全国多くの市民が参加。

「黒い雨」訴訟を支援する会 （広島） https://blackrain1.jimdofree.com/
原爆の「黒い雨」により健康被害を受けた人々を被爆者と認めるよう求める活動を行っている。

原子力空母の横須賀母港問題を考える市民の会 （横須賀） https://cvn.jpn.org/
原子力空母の横須賀母港化及び基地整備計画阻止を目指し、市民にその問題点を知らせる。

原子力資料情報室(CNIC) （東京） https://cnic.jp/
原子力に頼らない社会を実現するために活動している団体。

原水爆禁止日本協議会(原水協) （一般社団法人） （東京） http://www.antiatom.org
反核・平和運動組織。都道府県をはじめ地域・労働組合内などを単位に下部組織を持つ。

原水爆禁止日本国民会議(原水禁) （東京）
http://www.peace-forum.com/gensuikin/about/
反核・平和運動組織。都道府県に組織を持ち、労働組合、青年団体などの全国組織が加盟。

憲法9条・「念仏者」の会 （奈良） https://www.eonet.ne.jp/~9jou-nenbutsusha/
仏教の視点から憲法9条の大切さを説き不戦平和を守る。

コスタリカの人々と手をたずさえて平和をめざす会(コスタリカ平和の会) （東京）
http://jca.apc.org/costarica/index.html
暴力や武力よらない平和をめざして学び交流する。

相模補給廠監視団 （神奈川） TEL&FAX：042-756-9460
在日米軍基地相模補給廠を毎日監視し、在日米軍基地の状況を分析。

GeNuin（東京） https://genuiine2023.wixsite.com/genuine
ジェンダーの視点から、核兵器の廃絶を目指す団体。

市民意見広告運動 （東京） http://www.ikenkoukoku.jp/about/
イラク攻撃や有事法制反対、護憲、平和など市民の思いを意見広告として新聞に掲載。

市民の意見30の会 （東京） http://www.iken30.jp/bulletin/
非暴力と民主主義社会の実現をめざす政策提言30項目の実現をめざす。

市民連合＠新潟　（新潟）　https://shiminrengou.jimdofree.com/
「安保法制」の廃止、立憲主義の回復、個人の尊厳を擁護する政治の実現をめざす。

宗教者九条の和　（東京）　http://shukyosha9jonowa.org
宗派を超えた宗教者が平和への思いを一つにして九条の会に賛同して活動。

19日佐世保市民の会　（長崎）
原子力空母エンタープライズ寄港に抗議して以来50年以上反核基地を掲げて市内デモを継続。

地雷廃絶日本キャンペーン(特活)（東京）　http://www.icbl-ngo.org
地雷禁止国際キャンペーンとクラスター兵器連合との統合組織（ICBL-CMC）の日本組織。

新外交イニシャチブ(New Diplomacy)　（東京）　https://www.nd-initiative.org/
議員、財界、市民社会による多外交を推進するシンクタンク。日米他多国間の情報収集と発信。

杉並光友会　（東京）
核兵器の廃絶運動と医療、生活の維持向上のための調査、宣伝、講演会などを行なう被爆者の会。

世界宗教者平和会議(WCRP)日本委員会(公益財団法人)　（東京）
http://saas01.netcommons.net/wcrp/htdocs/
宗教協力と国際連帯で世界平和をめざす。

世界連邦運動協会　http://www.wfmjapan.org/
世界連邦を作ることで軍縮・核廃絶・民族紛争・地域紛争などの軍事的問題などの解決をめざす。

小さい9条の会　（奈良）　0742－71－1827
9条の改定阻止と9条を生かし不戦平和の社会を築くために活動。憲法手のひらブックを発行。

戦争させない1000人委員会　（東京）　http://www.anti-war.info/
戦争の道を突き進む政府の暴走を止め、1人1人の平和に生きる権利を守るための全国運動。

第五福竜丸平和協会(公益財団法人)（東京）　http://d5f.org/kyokai.html
アメリカの水爆実験によって被災した第五福竜丸の保存、展示を通して反核・平和を訴えている。

立川自衛隊監視テント村　（東京）
http://www.011.upp.so-net.ne.jp/tachikawatent/index.html
陸上自衛隊立川基地の監視、飛行記録、ヘリ騒音の分析、市への陳情などに取り組む。

地球市民の会(認定NPO法人)（佐賀）　http://terrapeople.or.jp
海外支援と地球市民教育(開発教育、環境教育、人種教育、平和教育)に取り組む。

テラ・ルネッサンス(認定NPO)（京都）　http://www.terra-r.jp/
平和教育・地雷・小型武器・子ども兵士の問題に取り組む国際協力NGO。

ナガサキピーススフィア貝の火運動　（長崎）　http://www.nagasakips.com
身近かな環境整備や音楽などの文化を通して情報を発信し、平和ネットワークづくりを模索。

名古屋NGOセンター(特活)　（愛知）　http://www.nangoc.org/
中部地域のNGO(非政府組織)と共に、「人権・平和・環境が守られる社会づくり」をめざし活動。

奈良宗教者9条の会　（奈良）　https://nara9jou.exblog.jp/i11/（※URLは2016年発信まで）
仏教、キリスト教、神道などの宗教者で作る9条の会

新潟県平和運動センター　（新潟）　https://niigataheiwa.jimdo.com/
平和、人権尊重、環境保護の実現をめざし、脱原発、憲法擁護、新潟水俣病支援などに取り組む。

日韓民衆連帯全国ネットワーク　（東京）
朝鮮半島の和解と平和、統一に寄与し、平和を求める韓国民衆とアジアと世界の民衆と連帯する。

日本イラク医療支援ネットワーク(JIM-NET)　（東京）　http://www.jim-net.org
劣化ウラン弾の放射能でがんになった子どもたちの医療支援と家族の生活支援など。

日本カトリック正義と平和協議会(正平協)　（東京）　http:www.jccjp.org
日本カトリック教会の一組織。正義と平和を求めて行動。

日本キリスト教協議会　東アジアの和解と平和委員会　（東京）　https://ncc-j.org/aboutus/
東アジアの和解と平和の実現に寄与することを目的として設立された。

日本原水爆被害者団体協議会(日本被団協)　（東京）　http://www.ne.jp/asahi/hidankyo/nihon/
被爆者唯一の全国組織。47都道府県にそれぞれある被爆者団体の協議会。

日本小型武器行動ネットワーク （東京） http://www.k-inoguchi.jp/2004jansa.pdf
世界約100ヵ国500団体による国際ネットワークに加盟する日本国内のNGOネットワーク。

日本国際ボランティアセンター（JVC）(特活)（東京） http://www.ngo-jvc.net/
プロジェクト実施の他、政策提言活動を行なう国際協力NGO。「NGO非戦ネット」を提唱し実践。

日本宗教者平和協議会 （東京） http://n-syuhei.com/message/history.html
仏教、キリスト教、神道、天理教、新宗教など宗教を信仰する者による超宗派の平和運動団体。

日本戦没学生記念会（わだつみ会） （東京） http://wadatsumikai.org/
戦没学生を記念することを契機にして戦争責任を問い続け平和に寄与することを目的に活動。

日本パグウォッシュ会議 （長崎） http://www.pugwashjapan.jp/
核兵器と戦争の根絶をめざす科学者集団、パグウォッシュ会議の日本グループ。

日本反核法律家協会（JALANA） （東京） https://www.hankaku-j.org/
国際組織や市民社会と連携して核兵器の廃絶や被爆者援護などに取り組む法律家の団体。

日本紛争予防センター(特活)（東京） http://www.jccp.gr.jp./
紛争の発生・再発を防ぐための活動を行ない、傷ついた社会に長期的な平和を構築する。

日本平和委員会 （東京） http://j-peace.org/
個人加盟で平和運動を実施する団体の中央組織。都道府県単位で平和委員会がある。

日本友和会（JFOR） （奈良） http://jfor.a.la9.jp/
非暴力による和解と平和の実現を目指し国連への提言活動を行なう国際友和会の日本支部。

日本YWCA （東京） https://www.ywca.or.jp/home.html
女性の社会参画を進め、人権や健康や環境が守られる平和な世界を実現する国際NGO。

KNOW NUKES TOKYO （東京） https://www.know-nukes-tokyo.com/
各種イベント企画などを通して、政策決定者や市民1人1人と対話し、核のない世界をめざす。

ノーモア・ヒバクシャ記憶遺産を継承する会(特活)（東京） http://kiokuisan.com/
「ふたたび被爆者をつくるな」という願いの実現に寄与する。

爆音訴訟調査研究センター(特活)（神奈川） E-mail: b-choken-c@atbb.ne.jp
厚木爆音訴訟40年間の記録を収集・整理・分析するとともにフィールドワーク、文献調査を行う。

はだしのゲンをひろめる会(特活)（石川） http://hadashinogen.jp
小中学校図書館や外国に普及する事業を行い、原爆被害の実相と核兵器の非人道性を伝える。

八王子自治研究センター(一般社団法人)（東京都） http://www.8ken.or.jp/
八王子市を中心に多摩地域の自治体政策、地方自治、反核平和、政策提言に取り組む。

八王子平和原爆資料館 （東京） 042-627-5271
八王子市内に住む被爆者・二世らの文献、資料等を中心に保存、公開し反核平和に取り組む。

反核医師の会 （東京） http://no-nukes.doc-net.or.jp/
非人道的兵器である核兵器の廃絶を求めて活動する全国的な医師・医学者の団体。

非核市民宣言運動ヨコスカ （神奈川） http://itsuharu-world.la.coocan.jp
軍事基地撤廃をめざし、月例デモ、自衛官ホットライン、海上抗議、自治体要請などに取組む。

非核の政府を求める会 （東京） http://www1.odn.ne.jp/hikaku/
2019年12月にシンポジウム「被爆75年─核兵器依存政府から禁止・廃絶政府へ」を開催。

非核の政府を求める京都の会 （京都） http://hikaku-kyoto.la.coocan.jp/
非核平和自治体情報誌「まちの便りまちの声」発行。

非核の政府を求める奈良の会 0742-26-2457
「非核の政府を求める会」の奈良支部。「非核の政府」を求める世論を広げる活動に取り組む。

ピースウィンズジャパン(特活)（広島） http://www.peace-winds.org
難民、被災民への緊急人道支援、復興支援、開発支援活動を行う。

ピースキャラバン隊（Peace Caravan隊） （長崎） http://www.facebook.com/PeaceCaravanEducation/
長崎県内の大学生グループ。2016年に活動開始。全国の小中高の学校を主な対象として、すでに通算70回の出前講座や講演を実施し、8500名以上と核兵器について対話。

ピースデポ(特活) (神奈川) http://www.peacedepot.org
核兵器廃絶と軍備によらない平和構築をめざして調査・研究・政策提言に取り組む。

ピースバトン・ナガサキ (長崎) lantana-nagasaki.jp/…/shiminryoku__peacebaton.html
出前講座や朗読会などによる平和学習に取り組む。

ピースビルダーズ(特活) (広島) http://www.peacebuilders.jp/
理論と経験を踏まえた平和構築事業の実践、研究、提言、情報提供、人材育成などの諸事業。

ピースボート (東京) http://peaceboat.org/home.html
「世界一周の船旅」を実施する国際交流NGO。ヒバクシャ証言航海は国際社会の非核化に寄与。

ピースリンク広島・呉・岩国 (広島) http://www.p-link.info/
広島の足もとから市民の手で核や基地をなくそうと結成された反戦ネットワーク。28団体が参加。

美術家平和会議 (東京)
朝鮮戦争のさなかに創立された美術家平和懇談会を前身とする美術家団体。

ヒューマンライツ・ナウ(認定NPO) (東京) http://hrn.or.jp
国境を超えて人権活動を行なう。提言活動を通じて人権侵害のない公正な世界の実現をめざす。

ふぇみん婦人民主クラブ (東京) https://www.jca.apc.org/femin/index.html
平和憲法を守る運動や核廃絶を目指す運動などを他の平和団体とも協力しながら行っている。

不戦へのネットワーク (名古屋) http://www.facebook.com/antiwarnetwork
自衛隊基地や軍需企業があることから、非軍事平和学習会や行政・企業への要請行動を実施。

フォーラム平和・人権・環境(平和フォーラム) (東京) http://www.peace-forum.com
反核・平和・人権・環境・食料問題などの全国ネットワーク組織。各地の平和運動センターが参加。

プロジェクト・ナウ (広島) http://www.facebook.com/project.now/
核兵器廃絶の思いをアートで共有しようと画家やイラストレーターが立ち上げた集団。

米軍犯罪被害者救援センター (大阪) https://reliefcenter.info/
米軍人、軍属による犯罪・事故の被害者救援と犯罪・事故を生じさせない社会の創造をめざす。

平和に生きる権利の確立をめざす懇談会 (神奈川) http://comcom.jca.apc.org/heikenkon/about.html
学者、弁護士、ジャーナリストによる軍事被害の調査と分析、法律問題の研究などに取り組む。

武器取引反対ネットワーク(NAJAT) (東京)
https://www.facebook.com/AntiArmsNAJAT
武器輸出に反対する市民、NGO、学者、アーティストなどのネットワーク。

辺野古・高江を守ろう！NGOネットワーク (東京)
https://www.facebook.com/henokotakae
NGO13団体のネットワーク。

「辺野古土砂搬出反対」全国連絡協議会 (岡山) http://stophenoko.html.xdomain.jp/
埋め立て用の土砂が運ぶ外来生物により沖縄の自然が影響を受けることを阻止する。

米国の原爆投下の責任を問う会 (東京)
https://www.facebook.com/米国の原爆投下の責任を問う会-185625052187785/
核兵器の非人間性を訴え、核の廃絶を追求するとともに、米国の原爆投下の責任を追及する。

横田・基地被害をなくす会 (東京) http://www.geocities.jp/yokota_nakusukai/
横田基地を起因とする基地被害(騒音・大気・汚染・危険や不安)、人権侵害から住民を守る。

リムピース (神奈川など) http://www.rimpeace.or.jp/
米軍基地がある自治体の市議や市民がメンバーで、米軍機や米艦船の動きを把握し発信する。

60.9ナインにいがた (新潟) http://nineniigata.org/aboutnine/
憲法第9条のもつ平和への力を確かめ合い、それを伝えひろめることをめざす。

有機フッ素化合物(PFAS)汚染から市民の生命を守る連絡会 (沖縄) https://darkwater.okinawa/
水道水に嘉手納基地由来の有機フッ素化合物(PFAS)が高濃度で混入している事態の解決をめざす。

許すな！憲法改悪市民連絡会 (東京) http://web-saiyuki.net/kenpoh/
憲法改悪とそれにつながる動きに反対し、広範な共同のネットワークづくりをめざす。

第9章
基礎資料

1. 国連憲章

❖国際連合憲章（抜粋）❖

1945年6月26日　署名
1945年10月24日　発効

前文

われら連合国の人民は、

われらの一生のうちに二度まで言語に絶する悲哀を人類に与えた戦争の惨害から将来の世代を救い、基本的人権と人間の尊厳及び価値と男女及び大小各国の同権とに関する信念をあらためて確認し、正義と条約その他の国際法の源泉から生ずる義務の尊重とを維持することができる条件を確立し、一層大きな自由の中で社会的進歩と生活水準の向上とを促進すること

並びに、このために、

寛容を実行し、且つ、善良な隣人として互いに平和に生活し、

国際の平和及び安全を維持するためにわれらの力を合わせ、

共同の利益の場合を除く外は武力を用いないことを原則の受諾と方法の設定によって確保し、

すべての人民の経済的及び社会的発達を促進するために国際機構を用いることを決意して、これらの目的を達成するために、われらの努力を結集することに決定した。

よって、われらの各自の政府は、サンフランシスコ市に会合し、全権委任状を示してそれが良好妥当であると認められた代表者を通じて、この国際連合憲章に同意したので、ここに国際連合という国際機構を設ける。

第1章　目的及び原則

第1条

国際連合の目的は、次のとおりである。

1. 国際の平和及び安全を維持すること。そのために、平和に対する脅威の防止及び除去と侵略行為その他の平和の破壊の鎮圧とのため有効な集団的措置をとること並びに平和を破壊するに至る虞のある国際的の紛争又は事態の調整または解決を平和的手段によって且つ正義及び国際法の原則に従って実現すること。

2. 人民の同権及び自決の原則の尊重に基礎をおく諸国間の友好関係を発展させること並びに世界平和を強化するために他の適当な措置をとること。

3. 経済的、社会的、文化的または人道的性質を有する国際問題を解決することについて、並びに人種、性、言語または宗教による差別なくすべての者のために人権及び基本的自由を尊重するように助長奨励することについて、国際協力を達成すること。

4. これらの共通の目的の達成に当たって諸国の行動を調和するための中心となること。

第2条

この機構及びその加盟国は、第1条に掲げる目的を達成するに当っては、次の原則に従って行動しなければならない。

1. この機構は、そのすべての加盟国の主権平等の原則に基礎をおいている。

2. すべての加盟国は、加盟国の地位から生ずる権利及び利益を加盟国のすべてに保障するために、この憲章に従って負っている義務を誠実に履行しなければならない。

3. すべての加盟国は、その国際紛争を平和的手段によって国際の平和及び安全並びに正義を危うくしないように解決しなければならない。

4. すべての加盟国は、その国際関係において、武力による威嚇又は武力の行使を、いかなる国の領土保全又は政治的独立に対するものも、また、国際連合の目的と両立しない他のいかなる方法によるものも慎まなければならない。

5. すべての加盟国は、国際連合がこの憲章に従ってとるいかなる行動についても国際連合にあらゆる援助を与え、且つ、国際連合の防止行動又は強制行動の対象となっているいかなる国に対し

ても援助の供与を慎まなければならない。

6. この機構は、国際連合加盟国ではない国が、国際の平和及び安全の維持に必要な限り、これらの原則に従って行動することを確保しなければならない。

7. この憲章のいかなる規定も、本質上いずれかの国の国内管轄権内にある事項に干渉する権限を国際連合に与えるものではなく、また、その事項をこの憲章に基く解決に付託することを加盟国に要求するものでもない。但し、この原則は、第7章に基く強制措置の適用を妨げるものではない。

第2章　加盟国の地位
第3条
　国際連合の原加盟国とは、サンフランシスコにおける国際機構に関する連合国会議に参加した国又はさきに1942年1月1日の連合国宣言に署名した国で、この憲章に署名し、且つ、第110条に従ってこれを批准するものをいう。(略)

第3章　機関
第7条
1. 国際連合の主要機関として、総会、安全保障理事会、経済社会理事会、信託統治理事会、国際司法裁判所及び事務局を設ける。(略)

第4章　総会
構成
第9条
1. 総会は、すべての国際連合加盟国で構成する。(略)

任務及び権限
第10条
　総会は、この憲章の範囲内にある問題若しくは事項又はこの憲章に規定する機関の権限及び任務に関する問題若しくは事項を討議し、並びに、第12条に規定する場合を除く外、このような問題又は事項について国際連合加盟国若しくは安全保障理事会又はこの両者に対して勧告をすることができる。(略)

第5章　安全保障理事会
構成
第23条
1. 安全保障理事会は、15の国際連合加盟国で構成する。中華民国、フランス、ソヴィエト社会主義共和国連邦、グレート・ブリテン及び北部アイルランド連合王国及びアメリカ合衆国は、安全保障理事会の常任理事国となる。総会は、第一に国際の平和及び安全の維持とこの機構のその他の目的とに対する国際連合加盟国の貢献に、更に衡平な地理的分配に特に妥当な考慮を払って、安全保障理事会の非常任理事国となる他の10の国際連合加盟国を選挙する。

2. 安全保障理事会の非常任理事国は、2年の任期で選挙される。安全保障理事会の理事国の定数が11から15に増加された後の第1回の非常任理事国の選挙では、追加の4理事国のうち2理事国は、1年の任期で選ばれる。退任理事国は、引き続いて再選される資格はない。

3. 安全保障理事会の各理事国は、1人の代表を有する。

任務及び権限
第24条
1. 国際連合の迅速且つ有効な行動を確保するために、国際連合加盟国は、国際の平和及び安全の維持に関する主要な責任を安全保障理事会に負わせるものとし、且つ、安全保障理事会がこの責任に基く義務を果すに当って加盟国に代って行動することに同意する。

2. 前記の義務を果すに当たっては、安全保障理事会は、国際連合の目的及び原則に従って行動しなければならない。この義務を果すために安全保障理事会に与えられる特定の権限は、第6章、第7章、第8章及び第12章で定める。

第25条
　国際連合加盟国は、安全保障理事会の決定をこの憲章に従って受諾し且つ履行することに同意す

る。(略)

第6章　紛争の平和的解決

第33条

1. いかなる紛争でも継続が国際の平和及び安全の維持を危うくする虞のあるものについては、その当事者は、まず第一に、交渉、審査、仲介、調停、仲裁裁判、司法的解決、地域的機関又は地域的取極の利用その他当事者が選ぶ平和的手段による解決を求めなければならない。

2. 安全保障理事会は、必要と認めるときは、当事者に対して、その紛争を前記の手段によって解決するように要請する。

第34条

　安全保障理事会は、いかなる紛争についても、国際的摩擦に導き又は紛争を発生させる虞のあるいかなる事態についても、その紛争または事態の継続が国際の平和及び安全の維持を危うくする虞があるかどうかを決定するために調査することができる。

第35条

1. 国際連合加盟国は、いかなる紛争についても、第34条に掲げる性質のいかなる事態についても、安全保障理事会又は総会の注意を促すことができる。(略)

第7章　平和に対する脅威、平和の破壊及び侵略行為に関する行動

第39条

　安全保障理事会は、平和に対する脅威、平和の破壊又は侵略行為の存在を決定し、並びに、国際の平和及び安全を維持し又は回復するために、勧告をし、又は第41条及び第42条に従っていかなる措置をとるかを決定する。

第40条

　事態の悪化を防ぐため、第39条の規定により勧告をし、又は措置を決定する前に、安全保障理事会は、必要又は望ましいと認める暫定措置に従うように関係当事者に要請することができる。この暫定措置は、関係当事者の権利、請求権又は地位を害するものではない。安全保障理事会は、関係当事者がこの暫定措置に従わなかったときは、そのことに妥当な考慮を払わなければならない。

第41条

　安全保障理事会は、その決定を実施するために、兵力の使用を伴わないいかなる措置を使用すべきかを決定することができ、且つ、この措置を適用するように国際連合加盟国に要請することができる。この措置は、経済関係及び鉄道、航海、航空、郵便、電信、無線通信その他の運輸通信の手段の全部又は一部の中断並びに外交関係の断絶を含むことができる。

第42条

　安全保障理事会は、第41条に定める措置では不充分であろうと認め、又は不充分なことが判明したと認めるときは、国際の平和及び安全の維持又は回復に必要な空軍、海軍または陸軍の行動をとることができる。この行動は、国際連合加盟国の空軍、海軍又は陸軍による示威、封鎖その他の行動を含むことができる。(略)

第47条

1. 国際の平和及び安全の維持のための安全保障理事会の軍事的要求、理事会の自由に任された兵力の使用及び指揮、軍備規制並びに可能な軍備縮小に関するすべての問題について理事会に助言及び援助を与えるために、軍事参謀委員会を設ける。

2. 軍事参謀委員会は、安全保障理事会の常任理事国の参謀総長又はその代表者で構成する。この委員会に常任委員として代表されていない国際連合加盟国は、委員会の責任の有効な遂行のため委員会の事業へのその国の参加が必要であるときは、委員会によってこれと提携するように勧誘されなければならない。(略)

第51条

　この憲章のいかなる規定も、国際連合加盟国に対して武力攻撃が発生した場合には、安全保障理事会が国際の平和及び安全の維持に必要な措置をとるまでの間、個別的又は集団的自衛の固有の権利を害するものではない。この自衛権の行使に当って加盟国がとった措置は、直ちに安全保障理事

会に報告しなければならない。また、この措置は、安全保障理事会が国際の平和及び安全の維持または回復のために必要と認める行動をいつでもとるこの憲章に基く権能及び責任に対しては、いかなる影響も及ぼすものではない。

第8章　地域的取極

第52条

1. この憲章のいかなる規定も、国際の平和及び安全の維持に関する事項で地域的行動に適当なものを処理するための地域的取極又は地域的機関が存在することを妨げるものではない。但し、この取極又は機関及びその行動が国際連合の目的及び原則と一致することを条件とする。(略)

出典: 国際連合広報センターHP
https://www.unic.or.jp/info/un/charter/text_japanese/
アクセス日：2024年1月25日

2. 核不拡散条約（NPT）

❖核兵器の不拡散に関する条約（抜粋）❖

採択　1968年7月1日
発効　1970年3月5日

前文

この条約を締結する国(以下「締約国」という。)は、

核戦争が全人類に惨害をもたらすものであり、したがつて、このような戦争の危険を回避するためにあらゆる努力を払い、及び人民の安全を保障するための措置をとることが必要であることを考慮し、

核兵器の拡散が核戦争の危険を著しく増大させるものであることを信じ、

核兵器の一層広範にわたる分散の防止に関する協定を締結することを要請する国際連合総会の諸決議に従い、

平和的な原子力活動に対する国際原子力機関の保障措置の適用を容易にすることについて協力することを約束し、

一定の枢要な箇所において機器その他の技術的手段を使用することにより原料物質及び特殊核分裂性物質の移動に対して効果的に保障措置を適用するという原則を、国際原子力機関の保障措置制度のわく内で適用することを促進するための研究、開発その他の努力に対する支持を表明し、

核技術の平和的応用の利益(核兵器国が核爆発装置の開発から得ることができるすべての技術上の副産物を含む。)が、平和的目的のため、すべての締約国(核兵器国であるか非核兵器国であるかを問わない。)に提供されるべきであるという原則を確認し、

この原則を適用するに当たり、すべての締約国が、平和的目的のための原子力の応用を一層発展させるため可能な最大限度まで科学的情報を交換することに参加し、及び単独で又は他の国と協力してその応用の一層の発展に貢献する権利を有することを確信し、

核軍備競争の停止をできる限り早期に達成し、及び核軍備の縮小の方向で効果的な措置をとる意図を宣言し、

この目的の達成についてすべての国が協力することを要請し、

1963年の大気圏内、宇宙空間及び水中における核兵器実験を禁止する条約の締約国が、同条約前文において、核兵器のすべての実験的爆発の永久的停止の達成を求め及びそのために交渉を継続する決意を表明したことを想起し、

厳重かつ効果的な国際管理の下における全面的かつ完全な軍備縮小に関する条約に基づき核兵器の製造を停止し、貯蔵されたすべての核兵器を廃棄し、並びに諸国の軍備から核兵器及びその運搬手段を除去することを容易にするため、国際間の緊張の緩和及び諸国間の信頼の強化を促進することを希望し、

諸国が、国際連合憲章に従い、その国際関係において、武力による威嚇又は武力の行使を、いかなる国の領土保全又は政治的独立に対するものも、また、国際連合の目的と両立しない他のいかなる方法によるものも慎まなければならないこと並びに国際の平和及び安全の確立及び維持が世界の人的及び経済的資源の軍備のための転用を最も少なくして促進されなければならないことを想起して、

次のとおり協定した。

第1条

締約国である各核兵器国は、核兵器その他の核爆発装置又はその管理をいかなる者に対しても直接又は間接に移譲しないこと及び核兵器その他の核爆発装置の製造若しくはその他の方法による取得又は核兵器その他の核爆発装置の管理の取得につきいかなる非核兵器国に対しても何ら援助、奨励又は勧誘を行わないことを約束する。

第2条

締約国である各非核兵器国は、核兵器その他の核爆発装置又はその管理をいかなる者からも直接又は間接に受領しないこと、核兵器その他の核爆発装置を製造せず又はその他の方法によつて取得しないこと及び核兵器その他の核爆発装置の製造についていかなる援助をも求めず又は受けないことを約束する。

第3条

1 締約国である各非核兵器国は、原子力が平和的利用から核兵器その他の核爆発装置に転用されることを防止するため、この条約に基づいて負う義務の履行を確認することのみを目的として国際原子力機関憲章及び国際原子力機関の保障措置制度に従い国際原子力機関との間で交渉しかつ締結する協定に定められる保障措置を受諾することを約束する。この条の規定によつて必要とされる保障措置の手続は、原料物質又は特殊核分裂性物質につき、それが主要な原子力施設において生産され、処理され若しくは使用されているか又は主要な原子力施設の外にあるかを問わず、遵守しなければならない。この条の規定によつて必要とされる保障措置は、当該非核兵器国の領域内若しくはその管轄下で又は場所のいかんを問わずその管理の下で行われるすべての平和的な原子力活動に係るすべての原料物質及び特殊核分裂性物質につき、適用される。

2 各締約国は、(a)原料物質若しくは特殊核分裂性物質又は(b)特殊核分裂性物質の処理、使用若しくは生産のために特に設計され若しくは作成された設備若しくは資材を、この条の規定によつて必要とされる保障措置が当該原料物質又は当該特殊核分裂性物質について適用されない限り、平和的目的のためいかなる非核兵器国にも供給しないことを約束する。

3 この条の規定によつて必要とされる保障措置は、この条の規定及び前文に規定する保障措置の原則に従い、次条の規定に適合する態様で、かつ、締約国の経済的若しくは技術的発展又は平和的な原子力活動の分野における国際協力(平和的目的のため、核物質及びその処理、使用又は生産のための設備を国際的に交換することを含む。)を妨げないような態様で、実施するものとする。

4 締約国である非核兵器国は、この条に定める要件を満たすため、国際原子力機関憲章に従い、個々に又は他の国と共同して国際原子力機関と協定を締結するものとする。その協定の交渉は、この条約が最初に効力を生じた時から180日以内に開始しなければならない。この180日の期間の後に批准書又は加入書を寄託する国については、その協定の交渉は、当該寄託の日までに開始しなければならない。その協定は、交渉開始の日の後18箇月以内に効力を生ずるものとする。

第4条

1 この条約のいかなる規定も、無差別にかつ第1条及び第2条の規定に従つて平和的目的のための原子力の研究、生産及び利用を発展させることについてのすべての締約国の奪い得ない権利に影響を及ぼすものと解してはならない。

2 すべての締約国は、原子力の平和的利用のため設備、資材並びに科学的及び技術的情報を可能な最大限度まで交換することを容易にすることを約束し、また、その交換に参加する権利を有する。締約国は、また、可能なときは、単独で又は他の国若しくは国際機関と共同して、世界の開発途上にある地域の必要に妥当な考慮を払つて、平和的目的のための原子力の応用、特に締約国である非核兵器国の領域におけるその応用の一層の発展に貢献することに協力する。

第5条

　各締約国は、核爆発のあらゆる平和的応用から生ずることのある利益が、この条約に従い適当な国際的監視の下でかつ適当な国際的手続により無差別の原則に基づいて締約国である非核兵器国に提供されること並びに使用される爆発装置についてその非核兵器国の負担する費用が、できる限り低額であり、かつ、研究及び開発のためのいかなる費用をも含まないことを確保するため、適当な措置をとることを約束する。締約国である非核兵器国は、特別の国際協定に従い、非核兵器国が十分に代表されている適当な国際機関を通じてこのような利益を享受することができる。この問題に関する交渉は、この条約が効力を生じた後できる限り速やかに開始するものとする。締約国である非核兵器国は、希望するときは、2国間協定によつてもこのような利益を享受することができる。

第6条

　各締約国は、核軍備競争の早期の停止及び核軍備の縮小に関する効果的な措置につき、並びに厳重かつ効果的な国際管理の下における全面的かつ完全な軍備縮小に関する条約について、誠実に交渉を行うことを約束する。

第7条

　この条約のいかなる規定も、国の集団がそれらの国の領域に全く核兵器の存在しないことを確保するため地域的な条約を締結する権利に対し、影響を及ぼすものではない。

第8条

1　いずれの締約国も、この条約の改正を提案することができる。改正案は、寄託国政府に提出するものとし、寄託国政府は、これをすべての締約国に配布する。その後、締約国の3分の1以上の要請があつたときは、寄託国政府は、その改正を審議するため、すべての締約国を招請して会議を開催する。

2　この条約のいかなる改正も、すべての締約国の過半数の票(締約国であるすべての核兵器国の票及び改正案が配布された日に国際原子力機関の理事国である他のすべての締約国の票を含む。)による議決で承認されなければならない。その改正は、すべての締約国の過半数の改正の批准書(締約国であるすべての核兵器国の改正の批准書及び改正案が配布された日に国際原子力機関の理事国である他のすべての締約国の改正の批准書を含む。)が寄託された時に、その批准書を寄託した各締約国について効力を生ずる。その後は、改正は、改正の批准書を寄託する他のいずれの締約国についても、その寄託の時に効力を生ずる。

3　前文の目的の実現及びこの条約の規定の遵守を確保するようにこの条約の運用を検討するため、この条約の効力発生の5年後にスイスのジュネーヴで締約国の会議を開催する。その後五年ごとに、締約国の過半数が寄託国政府に提案する場合には、条約の運用を検討するという同様の目的をもつて、更に会議を開催する。

第9条

1　この条約は、署名のためすべての国に開放される。この条約が3の規定に従って効力を生ずる前にこの条約に署名しない国は、いつでもこの条約に加入することができる。

2　この条約は、署名国によつて批准されなければならない。批准書及び加入書は、ここに寄託国政府として指定されるグレート・ブリテン及び北部アイルランド連合王国、ソヴィエト社会主義共和国連邦及びアメリカ合衆国の政府に寄託する。

3～5（略）

6　この条約は、寄託国政府が国際連合憲章第102条の規定に従つて登録する。

第10条

1　各締約国は、この条約の対象である事項に関連する異常な事態が自国の至高の利益を危うくしていると認める場合には、その主権を行使してこの条約から脱退する権利を有する。当該締約国は、他のすべての締約国及び国際連合安全保障理事会に対し3箇月前にその脱退を通知する。その通知には、自国の至高の利益を危うくしていると認める異常な事態についても記載しなければならない。

2 この条約の効力発生の25年後に、条約が無期限に効力を有するか追加の一定期間延長されるかを決定するため、会議を開催する。その決定は、締約国の過半数による議決で行う。

第11条

　この条約は、英語、ロシア語、フランス語、スペイン語及び中国語をひとしく正文とし、寄託国政府に寄託される。この条約の認証謄本は、寄託国政府が署名国政府及び加入国政府に送付する。

　以上の証拠として、下名は、正当に委任を受けてこの条約に署名した。

　1968年7月1日にロンドン市、モスクワ市及びワシントン市で本書3通を作成した。

出典：外務省HP
https://www.mofa.go.jp/mofaj/gaiko/treaty/pdfs/B-S51-0403.pdf
原文：国連HP
https://www.un.org/disarmament/wmd/nuclear/npt/text
アクセス日：ともに2024年1月25日

外務省HP　　国連HP

3. 核兵器禁止条約（TPNW）

❖核兵器の禁止に関する条約❖

採択　　2017年7月7日
署名開放　2017年9月20日
発効　　2021年1月22日

この条約の締約国は、

　国際連合憲章の目的及び原則の実現に貢献することを決意し、

　核兵器のいかなる使用もがもたらす壊滅的な人道上の帰結を深く憂慮し、その結果として核兵器が完全に廃絶されることが必要であり、このことがいかなる場合にも核兵器が決して再び使用されないことを保証する唯一の方法であり続けていることを認識し、

　核兵器が継続的に存在することによりもたらされる危険（事故による、誤算による又は意図的な核兵器の爆発によりもたらされるものを含む。）に留意し、これらの危険はすべての人類の安全に関わり、すべての国が核兵器のあらゆる使用を防止する責任を共有していることを強調し、

　核兵器の壊滅的な帰結は、適切に対処できないものであること、国境を越えること、人類の生存、環境、社会経済的な発展、世界経済、食料の安全及び現在と将来の世代の健康に重大な影響を与えること、並びに女性及び少女に不均衡な影響（電離放射線の結果としての影響を含む。）を及ぼすことを認識し、

　核軍縮を求める倫理上の要請があること及び核兵器のない世界を達成しかつ維持する緊急性があることを認め、このことが、世界の最上位にある公共善であり、国および集団双方にとっての安全保障上の利益に資することを認め、

　核兵器の使用の被害者（ヒバクシャ）及び核兵器の実験により影響を受ける者にもたらされる容認し難い苦しみと害に留意し、

　先住民に対する核兵器活動の不均衡な影響を認識し、

　すべての国がいかなる時も適用可能な国際法（国際人道法及び国際人権法を含む。）を遵守する必要があることを再確認し、

　国際人道法の諸原則及び諸規則、特に武力紛争の当事者が戦闘の方法及び手段を選ぶ権利は無制限ではないという原則、区別の規則、無差別攻撃の禁止、攻撃の際の均衡性及び予防措置の規則、その性質上過度の傷害又は無用の苦痛を与える兵器を用いることは禁止されているという規則並びに自然環境を保護する規則に立脚し、

　核兵器のいかなる使用も武力紛争に適用される国際法の規則、特に国際人道法の原則及び規則に違反するであろうことを考慮し、

　また、核兵器のいかなる使用も人道の諸原則及び公共の良心に反するであろうことを再確認し、

国は、国際連合憲章に従い、その国際関係において、武力による威嚇又は武力の行使を、いかなる国の領土保全又は政治的独立に対するものも、また、国際連合の目的と両立しない他のいかなる方法によるものも慎まなければならないこと、並びに国際の平和及び安全の確立及び維持は、世界の人的及び経済的資源を軍備のために転用することを最も少なくして促進されるべきことを想起し、

また、1946年1月24日に採択された国際連合総会の最初の決議及び核兵器の廃絶を求めるその後の決議を想起し、

核軍縮の進展が緩慢であること、軍事上及び安全保障上の概念、教義及び政策において継続的に核兵器に依存していること、並びに核兵器システムの生産、維持及び近代化の計画のために経済的及び人的資源を浪費していることを憂慮し、

核兵器の法的拘束力のある禁止は、核兵器の不可逆的で、検証が可能であり、かつ透明性を有する廃絶を含む、核兵器のない世界の達成及び維持に向けた重要な貢献となることを認識し、この目的に向けて行動することを決意し、

厳重かつ効果的な国際管理の下における全面的かつ完全な軍縮に向けての効果的な前進を達成する目的をもって行動することを決意し、

厳重かつ効果的な国際管理の下におけるあらゆる点での核軍縮に至る交渉を誠実に追求しかつ完結させる義務が存在することを再確認し、

また、核兵器の不拡散に関する条約は核軍縮及び不拡散体制の礎石として機能しており、その十分かつ効果的な実施は、国際の平和及び安全の促進において不可欠な役割を果たしていることを再確認し、

核軍縮及び不拡散体制の中核的要素としての包括的核実験禁止条約及びその検証体制の不可欠な重要性を認識し、

当該地域の諸国間で自由に締結される取極を基礎として、国際的に承認された非核兵器地帯を創設することは、世界及び地域の平和及び安全を強固にし、核不拡散体制を強化し、並びに核軍縮の目標を実現することに対して貢献する、という確信を再確認し、

この条約のいかなる規定も、無差別に平和的目的のための原子力の研究、生産及び利用を発展させることについてのすべての締約国の奪い得ない権利に影響を及ぼすものと解してはならないことを強調し、

女性及び男性の双方による平等、十分かつ効果的な参加は、持続可能な平和及び安全を促進し及び達成することにとり不可欠な要素であることを認識し、女性の核軍縮への効果的な参加を支援しかつ強化することを約束し、

また、あらゆる点での平和及び軍縮教育の重要性並びに核兵器が現在及び将来の世代にもたらす危険及び帰結についての意識を高めることの重要性を認識し、この条約の原則及び規範の周知を図ることを約束し、

核兵器の全面的な廃絶の要請に示された人道の諸原則の推進における公共の良心の役割を強調し、また、このために国際連合、国際赤十字・赤新月運動、その他の国際機関及び地域的機関、非政府機関、宗教指導者、議員、学術研究者、及びヒバクシャが行っている努力を認識し、

次のとおり協定した。

第1条（禁止）

締約国は、いかなる場合にも、次のことを行わないことを約束する。

(a)核兵器その他の核爆発装置を開発し、実験し、生産し、製造し、その他の方法によって取得し、保有し又は貯蔵すること。

(b)核兵器その他の核爆発装置又はその管理をいずれかの者に対して直接又は間接に移譲すること。

(c)核兵器その他の核爆発装置又はその管理を直接又は間接に受領すること。

(d)核兵器その他の核爆発装置を使用すること又は使用するとの威嚇を行うこと。

(e)この条約によって締約国に対して禁止されている活動を行うことにつき、いずれかの者に対して、いかなる様態によるかを問わず、援助し、奨励し又は勧誘すること。

(f)この条約によって締約国に対して禁止されている活動を行うことにつき、いずれかの者から、い

かなる様態によるかを問わず、いずれかの援助を求めること又は援助を受けること。

(g) 自国の領域又は自国の管轄若しくは管理の下にある場所において、核兵器その他の核爆発装置を配置し、設置し又は配備することを許可すること。

第2条（申告）

1 締約国は、この条約が自国について効力を生じた後30日以内に、国際連合事務総長に対して申告を行うものとし、当該申告において、

(a) この条約が自国について効力を生じる前に、核兵器その他の核爆発装置を所有していたか否か、占有していたか否か又は管理していたか否か、及び核兵器に関連するすべての施設の除去若しくは転換を含む自国の核兵器計画の除去を行っていたか否かを申告する。

(b) 前条（a）にかかわらず、核兵器その他の核爆発装置を所有しているか否か、占有しているか否か又は管理しているか否かを申告する。

(c) 前条（g）にかかわらず、自国の領域又は自国の管轄若しくは管理の下にある場所に、他の国が所有し、占有し又は管理する核兵器その他の核爆発装置が存在するか否かを申告する。

2 国際連合事務総長は、前項の規定に基づき受領したすべての申告を全締約国に対して送付する。

第3条（保障措置）

1 次条1又は2が適用されない締約国は、将来において自国が採択する追加の関連する文書に影響を及ぼすことなく、少なくとも、この条約が効力を生じた時点において自国について効力を有する国際原子力機関の保障措置に関する義務を維持する。

2 次条1又は2が適用されない締約国であって、国際原子力機関と包括的な保障措置協定（INFCIRC/153(Corrected)）を締結していないか、又は同協定の効力が生じていない締約国は、同機関と同協定を締結しかつ発効させる。その協定の交渉は、この条約が当該当事国につき効力を生じた時から180日以内に開始しなければならない。その協定は、この条約が当該締約国につき効力を生じた時から18箇月以内に効力を生ずるものとする。締約国は、その後は、将来において自国が採択する追加の関連する文書に影響を及ぼすことなく、この義務を維持する。

第4条（核兵器の全面的な廃絶に向けた措置）

1 2017年7月7日の後に、核兵器その他の核爆発装置を所有し、占有し又は管理しており、かつこの条約が自国につき効力を有する前に、核兵器に関連するすべての施設の除去若しくは不可逆的な転換を含む自国の核兵器計画の除去を行った締約国は、自国の核兵器計画を不可逆的に除去したことを確認することを目的として、この条の6に従って指定された権限のある国際当局と協力する。この当局は、全締約国に対して報告する。当該締約国は、申告された核物質が平和的な核活動から転用されていないこと及び当該締約国全体において申告されていない核物質又は活動が存在しないことにつき信頼できる保証を供与するに十分な保障措置協定を国際原子力機関と締結する。その協定の交渉は、当該締約国につきこの条約が効力を生じた時から180日以内に開始しなければならない。その協定は、この条約が当該締約国につき効力を生じた時から18箇月以内に効力を生ずるものとする。締約国は、その後は、将来において自国が採択する追加の関連する文書に影響を及ぼすことなく、この義務を維持する。

2 第1条（a）にかかわらず、核兵器その他の核爆発装置を所有し、占有し又は管理している締約国は、直ちにその核兵器その他の核爆発装置を運用上の地位から撤去し、可及的速やかにかつ最初の締約国会合により決定される期日までに、当該締約国の核兵器計画についての検証を伴いかつ不可逆的に除去を行うための法的な拘束力を有しかつ期限を伴う計画（核兵器に関連するすべての施設の除去又は不可逆的な転換を含む。）に従い、その核兵器その他の核爆発装置を廃棄する。当該締約国は、この条約が自国につき効力を生じた後60日以内にこの計画を全締約国又は全締約国が指定する権限のある国際当局に提出する。その後に、この計画はこの権限のある国際当局と交渉され、同当局は、後に最も早く開催される締約国会合又は検討会合のいずれかに対して、これら会合の手続規則に基づく承認のために、この計画を提出する。

3 前項が適用される締約国は、申告された核物質が平和的な核活動から転用されていないこと及び当該締約国全体において申告されていない核物質又は活動が存在しないことにつき信頼でき

る保証を供与するに十分な保障措置協定を国際原子力機関と締結する。その協定の交渉は、前項に定める計画の実施が完了する期日までに開始しなければならない。その協定は、交渉開始の日の後18箇月以内に効力を生ずるものとする。締約国は、その後は、将来において自国が採択する追加の関連する文書に影響を及ぼすことなく、この保障措置に関する義務を維持する。この項に定める協定の効力が生じた後、締約国は、この条に基づく自国の義務の履行につき国際連合事務総長に対して最終申告を提出する。

4 第1条(b)及び(g)にかかわらず、自国の領域又は自国の管轄若しくは管理の下にある場所に、他の国が所有し、占有し又は管理する核兵器その他の核爆発装置が存在する締約国は、可及的速やかにかつ最初の締約国会合により決定される期日までに、その核兵器その他の核爆発装置の速やかな撤去を確保する。その核兵器その他の核爆発装置の撤去に際して、この条に基づく自国の義務の履行につき国際連合事務総長に対して申告を提出する。

5 この条が適用される締約国は、この条に基づく自国の義務の履行が完了するまで、この義務の実施の進捗状況につき締約国会合及び検討会合に報告する。

6 全締約国は、この条の1、2及び3に従い、核兵器計画の不可逆的な除去(核兵器に関連するすべての施設の除去又は不可逆的な転換を含む。)につき交渉し及びこの除去を確認する権限のある国際当局を指定する。この条の1又は2の規定が適用される締約国につきこの条約の効力が生じる前に、この指定が行われない場合は、国際連合事務総長は、必要な決定を行うために締約国による特別の会合を招集する。

第5条(国内の実施措置)

1 締約国は、この条約に基づく自国の義務を履行するために必要な措置をとる。

2 締約国は、この条約によって締約国に対して禁止されている活動であって、自国の管轄若しくは管理の下にある者による活動又は自国の管轄若しくは管理の下にある領域における活動を防止し、及び抑止するため、立法上、行政上その他の措置(罰則を設けることを含む。)をとる。

第6条(被害者に対する援助及び環境の回復)

1 締約国は、核兵器の使用又は実験により影響を受けた自国の管轄の下にある個人について、適用可能な国際人道法及び国際人権法に従い、年齢及び性別に配慮した援助(医療、リハビリテーション及び心理的な支援を含む。)を適切に提供し、並びにこれらの者が社会的及び経済的に包容されるようにする。

2 締約国は、核兵器その他の核爆発装置の実験又は使用に関係する活動の結果として汚染された自国の管轄又は管理の下にある地域に関して、汚染された地域の環境上の回復に向けた必要かつ適切な措置をとる。

3 この条の1及び2に基づく義務は、国際法又は二国間の協定に基づく他の国の義務に影響を及ぼさない。

第7条(国際協力および援助)

1 締約国は、この条約の実施を促進するために他の締約国と協力する。

2 締約国は、この条約に基づく義務を履行するに当たり、可能な場合には他の締約国からの援助を求め及び受ける権利を有する。

3 援助を提供することのできる締約国は、この条約の実施を促進するために、核兵器の使用又は実験により影響を受けた締約国に対して技術的、物的及び財政的援助を提供する。

4 援助を提供することのできる締約国は、核兵器その他の核爆発装置の使用又は実験の被害者のための援助を提供する。

5 この条に基づく援助は、特に、国際連合及びその関連機関、国際的な、地域的な若しくは国の機関、非政府機関、赤十字国際委員会、国際赤十字・赤新月社連盟若しくは各国赤十字・赤新月社を通じて又は二国間で提供することができる。

6 締約国が国際法に基づき負う他の義務に影響を与えることなく、核兵器その他の核爆発装置を使用し又は実験した締約国は、被害者の援助及び環境の回復を目的として、影響を受けた締約国に対して適切な援助を提供する責任を有する。

第8条(締約国会合)

1 締約国は、関連する規定に従いこの条約の適用又は実施に関する問題について、並びに核軍縮のための更なる措置について検討するため及び必要な場合には決定を行うために定期的に会合する。これには次の事項を含む。

(a)この条約の実施及び締結状況

(b)核兵器計画の検証及び期限を伴いかつ不可逆的な除去のための措置(この条約に対する追加の議定書を含む。)

(c)この条約の規定に従いかつ適合する他の事項

2 最初の締約国会合については、この条約が効力を生じた後1年以内に国際連合事務総長が招集する。更なる締約国による会合は、締約国による別段の合意がある場合を除き、2年毎に、同事務総長が招集する。締約国会合は最初の会期において手続規則を採択する。その採択に至るまでの間、核兵器の全面的な廃絶に向けた核兵器を禁止する法的拘束力のある条約を交渉する国際連合会議の手続規則を適用する。

3 締約国の特別の会合は、必要と認められる場合、締約国からの書面による要請に基づき、かつ締約国の少なくとも3分の1がその要請を支持するとき、国際連合事務総長により、招集される。

4 この条約が効力を生じてから5年の期間の後、国際連合事務総長は、この条約の運用及びこの条約の目的の達成についての進展を検討するために会合を招集する。締約国による別段の合意がある場合を除き、国際連合事務総長は、同一の目的で6年毎に更なる検討会合を招集する。

5 締約国会合及び検討会合には、この条約の締約国でない国並びに国際連合その他関連する国際機関、地域的機関、赤十字国際委員会、国際赤十字・赤新月社連盟及び関連する非政府機関を、オブザーバーとして出席するよう招請する。

第9条(費用)

1 締約国会合、検討会合及び締約国の特別の会合の費用については、適切に調整された国際連合の分担率に従い、締約国及びこれらの会合にオブザーバーとして参加するこの条約の締約国でない国が負担する。

2 この条約の第2条に基づく申告、第4条に基づく報告及び第10条に基づく提案された改正の送付につき国際連合事務総長が要する費用は、適切に調整された国際連合の分担率に従って締約国が負担する。

3 第4条に基づき必要とされる検証措置の実施に関する費用並びに核兵器その他の核爆発装置の廃棄及び核兵器計画の除去(核兵器に関連するすべての施設の除去又は転換を含む。)に関する費用は、これらが適用される締約国が負担する。

第10条(改正)

1 いずれの締約国も、この条約が効力を生じた後いつでもこの条約の改正を提案することができる。提案された改正の条文については、国際連合事務総長に通報するものとし、同事務総長は、当該条文をすべての締約国に送付し、当該提案を検討するべきか否かについての締約国の見解を求める。締約国の過半数が当該提案を更に検討することを支持する旨を当該提案の送付の後90日以内に同事務総長に通報する場合には、当該提案は、次回の締約国会合又は検討会合のいずれか最も早く開催される会合において検討される。

2 締約国会合又は検討会合は、締約国の3分の2の多数による賛成投票により採択される改正につき合意することができる。寄託者は採択された改正をすべての締約国に通報する。

3 改正は、改正の時点における締約国の過半数により改正の批准書又は受諾書が寄託された90日の後、改正の批准書又は受諾書を寄託した締約国について効力を生ずる。その後、この改正は、改正の批准書又は受諾書を寄託した他の締約国につき、その批准書又は受諾書が寄託された90日の後効力を生ずる。

第11条(紛争の解決)

1 この条約の解釈又は適用に関して二以上の締約国間で紛争が生ずる場合には、関係締約国は、交渉によって又は国際連合憲章第33条に従い当該関係締約国が選択するその他の平和的手段によっ

て紛争を解決するために協議する。

2 締約国会合は、この条約及び国際連合憲章の関係規定に従って、あっせんを提供し、関係締約国に対して当該関係締約国が選択する解決のための手続を開始するよう要請し及び合意された手続に従って解決するための期限を勧告することによる貢献を含み、紛争の解決に貢献することができる。

第12条（普遍性）

締約国は、すべての国によるこの条約への普遍的な参加を得ることを目標として、この条約の締約国でない国に対し、この条約を署名し、批准し、受諾し、承認し、又はこれに加入するよう奨励する。

第13条（署名）

この条約は、2017年9月20日からニューヨークにある国際連合本部においてすべての国に署名のために開放しておく。

第14条（批准、受諾、承認又は加入）

この条約は、署名国によって批准され、受諾され又は承認されなければならない。この条約は加入のために開放しておく。

第15条（効力発生）

1 この条約は、50番目の批准書、受諾書、承認書又は加入書が寄託された後90日で効力を生ずる。

2 50番目の批准書、受諾書、承認書又は加入書が寄託された日の後に批准書、受諾書、承認書又は加入書を寄託する国については、この条約は、その批准書、受諾書、承認書又は加入書が寄託された日の後90日で効力を生ずる。

第16条（留保）

この条約の各条の規定については、留保を付することができない。

第17条（有効期間及び脱退）

1 この条約の有効期間は、無期限とする。

2 締約国は、この条約の対象である事項に関連する異常な事態が自国の至高の利益を危うくしていると認める場合には、その主権を行使してこの条約から脱退する権利を有する。当該締約国は、寄託者に対しその脱退を通知する。その通知には、自国の至高の利益を危うくしていると認める異常な事態についても記載しなければならない。

3 脱退は、寄託者が脱退の通告を受領した日の後12箇月で効力を生ずる。ただし、脱退する締約国が当該12箇月の期間の満了の時において、武力紛争の当事者である場合には、当該締約国は、武力紛争の当事者でなくなる時まで、この条約の義務及び追加される議定書の義務に引き続き拘束される。

第18条（他の協定との関係）

この条約の実施は、締約国が当事国である既存の国際協定との関係で当該締約国が負う義務に影響を及ぼすものではない。但し、当該義務がこの条約と両立する場合に限る。

第19条（寄託者）

国際連合事務総長は、ここに、この条約の寄託者として指名される。

第20条（正文）

この条約は、アラビア語、中国語、英語、フランス語、ロシア語及びスペイン語をひとしく正文とする。

訳注：他の軍縮条約との条文上の異同や関係を明確にするために、既存の公定訳における訳語をなるべく採用した。但し、核兵器の"elimination"は「廃絶」とした（NPTの公定訳では「除去」）。

出典：日本反核法律家協会(JALANA)による暫定訳
http://www.hankaku-j.org/data/01/170720.pdf
アクセス日：2024年1月25日
原文：国連文書　A/CONF.229/2017/8（原文英語）

4. 日本国憲法

❖日本国憲法（抜粋）❖

1946年11月3日　公布
1947年5月3日　施行

前文

　日本国民は、正当に選挙された国会における代表者を通じて行動し、われらとわれらの子孫のために、諸国民との協和による成果と、わが国全土にわたつて自由のもたらす恵沢を確保し、政府の行為によつて再び戦争の惨禍が起ることのないやうにすることを決意し、ここに主権が国民に存することを宣言し、この憲法を確定する。そもそも国政は、国民の厳粛な信託によるものであつて、その権威は国民に由来し、その権力は国民の代表者がこれを行使し、その福利は国民がこれを享受する。これは人類普遍の原理であり、この憲法は、かかる原理に基くものである。われらは、これに反する一切の憲法、法令及び詔勅を排除する。

　日本国民は、恒久の平和を念願し、人間相互の関係を支配する崇高な理想を深く自覚するのであつて、平和を愛する諸国民の公正と信義に信頼して、われらの安全と生存を保持しようと決意した。われらは、平和を維持し、専制と隷従、圧迫と偏狭を地上から永遠に除去しようと努めてゐる国際社会において、名誉ある地位を占めたいと思ふ。われらは、全世界の国民が、ひとしく恐怖と欠乏から免かれ、平和のうちに生存する権利を有することを確認する。

　われらは、いづれの国家も、自国のことのみに専念して他国を無視してはならないのであつて、政治道徳の法則は、普遍的なものであり、この法則に従ふことは、自国の主権を維持し、他国と対等関係に立たうとする各国の責務であると信ずる。

　日本国民は、国家の名誉にかけ、全力をあげてこの崇高な理想と目的を達成することを誓ふ。

第1章　天皇

第1条

　天皇は、日本国の象徴であり日本国民統合の象徴であつて、この地位は、主権の存する日本国民の総意に基く。

第2条

　皇位は、世襲のものであつて、国会の議決した皇室典範の定めるところにより、これを継承する。

第3条

　天皇の国事に関するすべての行為には、内閣の助言と承認を必要とし、内閣が、その責任を負ふ。

第4条

　天皇は、この憲法の定める国事に関する行為のみを行ひ、国政に関する権能を有しない。

　2　天皇は、法律の定めるところにより、その国事に関する行為を委任することができる。

第5条

　皇室典範の定めるところにより摂政を置くときは、摂政は、天皇の名でその国事に関する行為を行ふ。この場合には、前条第一項の規定を準用する。（略）

第2章　戦争の放棄

第9条

　日本国民は、正義と秩序を基調とする国際平和を誠実に希求し、国権の発動たる戦争と、武力による威嚇又は武力の行使は、国際紛争を解決する手段としては、永久にこれを放棄する。

　2　前項の目的を達するため、陸海空軍その他の戦力は、これを保持しない。国の交戦権は、これを認めない。

第3章　国民の権利及び義務

第10条

　日本国民たる要件は、法律でこれを定める。

第11条

　国民は、すべての基本的人権の享有を妨げられない。この憲法が国民に保障する基本的人権は、侵すことのできない永久の権利として、現在及び将来の国民に与へられる。

第12条

　この憲法が国民に保障する自由及び権利は、国民の不断の努力によつて、これを保持しなければならない。又、国民は、これを濫用してはならないのであつて、常に公共の福祉のためにこれを利用する責任を負ふ。

第13条

　すべて国民は、個人として尊重される。生命、自由及び幸福追求に対する国民の権利については、公共の福祉に反しない限り、立法その他の国政の上で、最大の尊重を必要とする。

第14条

　すべて国民は、法の下に平等であつて、人種、信条、性別、社会的身分又は門地により、政治的、経済的又は社会的関係において、差別されない。

　2　華族その他の貴族の制度は、これを認めない。

　3　栄誉、勲章その他の栄典の授与は、いかなる特権も伴はない。栄典の授与は、現にこれを有し、又は将来これを受ける者の一代に限り、その効力を有する。(略)

第9章　改正

第96条

　この憲法の改正は、各議院の総議員の3分の2以上の賛成で、国会が、これを発議し、国民に提案してその承認を経なければならない。この承認には、特別の国民投票又は国会の定める選挙の際行はれる投票において、その過半数の賛成を必要とする。

　2　憲法改正について前項の承認を経たときは、天皇は、国民の名で、この憲法と一体を成すものとして、直ちにこれを公布する。

第10章　最高法規

(略)

第99条

　天皇又は摂政及び国務大臣、国会議員、裁判官その他の公務員は、この憲法を尊重し擁護する義務を負ふ。(略)

5. 日米安保条約

❖日本国とアメリカ合衆国との間の相互協力及び安全保障条約(抜粋)❖

1960年1月19日　署名
1960年6月23日　発効

第1条

　締約国は、国際連合憲章に定めるところに従い、それぞれが関係することのある国際紛争を平和的手段によって国際の平和及び安全並びに正義を危うくしないように解決し、並びにそれぞれの国際関係において、武力による威嚇又は武力の行使を、いかなる国の領土保全又は政治的独立に対するものも、また、国際連合の目的と両立しない他のいかなる方法によるものも慎むことを約束する。

　締約国は、他の平和愛好国と協同して、国際の平和及び安全を維持する国際連合の任務が一層効果的に遂行されるように国際連合を強化することに努力する。(略)

第5条

　各締約国は、日本国の施政の下にある領域における、いずれか一方に対する武力攻撃が、自国の平和及び安全を危うくするものであることを認め、自国の憲法上の規定及び手続に従つて共通の危険

に対処するように行動することを宣言する。

前記の武力攻撃及びその結果として執ったすべての措置は、国際連合憲章第51条の規定に従って直ちに国際連合安全保障理事会に報告しなければならない。その措置は、安全保障理事会が国際の平和及び安全を回復し及び維持するために必要な措置を執つたときは、終止しなければならない。

第6条

日本国の安全に寄与し、並びに極東における国際の平和及び安全の維持に寄与するため、アメリカ合衆国は、その陸軍、空軍及び海軍が日本国において施設及び区域を使用することを許される。

前記の施設及び区域の使用並びに日本国における合衆国軍隊の地位は、1952年2月28日に東京で署名された日本国とアメリカ合衆国との間の安全保障条約第3条に基く行政協定（改正を含む。）に代わる別個の協定及び合意される他の取極により規律される。(略)

第10条

この条約は、日本区域における国際の平和及び安全の維持のため十分な定めをする国際連合の措置が効力を生じたと日本国政府及びアメリカ合衆国政府が認める時まで効力を有する。

もっとも、この条約が10年間効力を存続した後は、いずれの締約国も、他方の締約国に対しこの条約を終了させる意思を通告することができ、その場合には、この条約は、そのような通告が行なわれた後1年で終了する。(略)

出典：外務省HP
https://www.mofa.go.jp/mofaj/area/usa/hosho/pdfs/jyoyaku.pdf
アクセス日：2024年1月25日

6. 日米安保条約に基づく在日米軍地位協定

❖日本国とアメリカ合衆国との間の相互協力及び安全保障条約第6条に基づく施設及び区域並びに日本国における合衆国軍隊の地位に関する協定（抜粋）❖

1960年1月19日 署名
1960年6月23日 発効

（前略）

第4条

1　合衆国は、この協定の終了の際又はその前に日本国に施設及び区域を返還するに当たって、当該施設及び区域をそれらが合衆国軍隊に提供された時の状態に回復し、又はその回復の代りに日本国に補償する義務を負わない。

2　日本国は、この協定の終了の際又はその前における施設及び区域の返還の際、当該施設及び区域に加えられている改良又はそこに残される建物若しくはその他の工作物について、合衆国にいかなる補償をする義務も負わない。(略)

第5条

1　合衆国及び合衆国以外の国の船舶及び航空機で、合衆国によって、合衆国のために又は合衆国の管理の下に公の目的で運航されるものは、入港料又は着陸料を課されないで日本国の港又は飛行場に出入することができる。(略)

第9条

1　この条の規定に従うことを条件として、合衆国は、合衆国軍隊の構成員及び軍属並びにそれらの家族である者を日本国に入れることができる。

2　合衆国軍隊の構成員は、旅券及び査証に関する日本国の法令の適用から除外される。合衆国軍隊の構成員及び軍属並びにそれらの家族は、外国人の登録及び管理に関する日本国の法令適用から除外される。ただし、日本国の領域における永久的な居所又は住所を要求する権利を取得する

第12条

3 合衆国軍隊又は合衆国軍隊の公認調達機関が適当な証明書を附して日本国で公用のため調達する資材、需品、備品及び役務は、日本の次の租税を免除される。

（a）物品税 （b）通行税 （c）揮発油税 （d）電気ガス税（略）

第17条

1 この条の規定に従うことを条件として、

（a）合衆国の軍当局は、合衆国の軍法に服するすべての者に対し、合衆国の法令により与えられたすべての刑事及び懲戒の裁判権を日本国において行使する権利を有する。（略）

2 （a）合衆国の軍当局は、合衆国の軍法に服する者に対し、合衆国の法令によって罰することができる罪で日本国の法令によっては罰することができないもの（合衆国の安全に関する罪を含む。）について、専属的裁判権を行使する権利を有する。（略）

3 裁判権を行使する権利が競合する場合には、次の規定が適用される。

（a）合衆国の軍当局は、次の罪については、合衆国軍隊の構成員又は軍属に対して裁判権を行使する第一次の権利を有する。

（i）もっぱら合衆国の財産若しくは安全のみに対する罪又はもっぱら合衆国軍隊の他の構成員若しくは軍属若しくは合衆国軍隊の構成員若しくは軍属の家族の身体若しくは財産のみに対する罪

（ii）公務執行中の作為又は不作為から生ずる罪（略）

5（c）日本国が裁判権を行使すべき合衆国軍隊の構成員又は軍属たる被疑者の拘禁は、その者の身柄が合衆国の手中にあるときは、日本国により公訴が提起されるまでの間、合衆国が引き続き行なうものとする。（略）

第24条

1 日本国に合衆国軍隊を維持することに伴うすべての経費は、2に規定するところにより日本国が負担すべきものを除くほか、この協定の存続期間中日本国に負担をかけないで合衆国が負担することが合意される。

2 日本国は、第2条及び第3条に定めるすべての施設及び区域並びに路線権（飛行場及び港における施設及び区域のように共同に使用される施設及び区域を含む。）をこの協定の存続期間中合衆国に負担をかけないで提供し、かつ、相当の場合には、施設及び区域並びに路線権の所有者及び提供者に補償を行なうことが合意される。（略）

出典：外務省HP
https://www.mofa.go.jp/mofaj/area/usa/sfa/pdfs/fulltext.pdf
アクセス日：2024年1月25日

7. 日本の国家安全保障戦略

❖国家安全保障戦略（抜粋）❖

2022年12月16日　国家安全保障会議決定
閣議決定

Ⅰ 策定の趣旨（略）

Ⅱ 我が国の国益

我が国が守り、発展させるべき国益を以下に示す。

1 我が国の主権と独立を維持し、領域を保全し、国民の生命・身体・財産の安全を確保する。（略）

2 経済成長を通じて我が国と国民の更なる繁栄を実現する。（略）そして、我が国の経済的な繁栄を主体的に達成しつつ、開かれ安定した国際経済秩序を維持・強化し、我が国と他国が共存共栄で

きる国際的な環境を実現する。

3 自由、民主主義、基本的人権の尊重、法の支配といった普遍的価値や国際法に基づく国際秩序を維持・擁護する。(略)

Ⅲ 我が国の安全保障に関する基本的な原則

(前略)

1 国際協調を旨とする積極的平和主義を維持する。(略)

2 自由、民主主義、基本的人権の尊重、法の支配といった普遍的価値を維持・擁護する形で、安全保障政策を遂行する。(略)

3 平和国家として、専守防衛に徹し、他国に脅威を与えるような軍事大国とはならず、非核三原則を堅持するとの基本方針は今後も変わらない。

4 拡大抑止の提供を含む日米同盟は、我が国の安全保障政策の基軸であり続ける。

5 我が国と他国との共存共栄、同志国との連携、多国間の協力を重視する。

Ⅳ 我が国を取り巻く安全保障環境と我が国の安全保障上の課題

(前略)

1 グローバルな安全保障環境と課題(略)

2 インド太平洋地域における安全保障環境と課題

(前略)

(1)インド太平洋地域における安全保障の概観(略)

(2)中国の安全保障上の動向

(前略)現在の中国の対外的な姿勢や軍事動向等は、我が国と国際社会の深刻な懸念事項であり、我が国の平和と安全及び国際社会の平和と安定を確保し、法の支配に基づく国際秩序を強化する上で、これまでにない最大の戦略的な挑戦であり、我が国の総合的な国力と同盟国・同志国等との連携により対応すべきものである。

(3)北朝鮮の安全保障上の動向

(前略)北朝鮮の軍事動向は、我が国の安全保障にとって、従前よりも一層重大かつ差し迫った脅威となっている。(略)

(4)ロシアの安全保障上の動向

(前略)ロシアの対外的な活動、軍事動向等は、今回のウクライナ侵略等によって、国際秩序の根幹を揺るがし、欧州方面においては安全保障上の最も重大かつ直接の脅威と受け止められている。また、我が国を含むインド太平洋地域におけるロシアの対外的な活動、軍事動向等は、中国との戦略的な連携と相まって、安全保障上の強い懸念である。

Ⅴ 我が国の安全保障上の目標(略)

Ⅵ 我が国が優先する戦略的なアプローチ

(前略)

1 我が国の安全保障に関わる総合的な国力の主な要素(略)

2 戦略的なアプローチとそれを構成する主な方策

(1)危機を未然に防ぎ、平和で安定した国際環境を能動的に創出し、自由で開かれた国際秩序を強化するための外交を中心とした取組の展開

　ア 日米同盟の強化

　(前略)日米の戦略レベルで連携を図り、米国と共に、外交、防衛、経済等のあらゆる分野において、日米同盟を強化していく。

　イ 自由で開かれた国際秩序の維持・発展と同盟国・同志国等との連携の強化

　　我が国は、インド太平洋地域に位置する国家として、日米同盟を基軸としつつ、日米豪印(クアッ

ド)等の取組を通じて、同志国との協力を深化し、ＦＯＩＰ（編集部注：自由で開かれたインド太平洋）の実現に向けた取組を更に進める。(略)

ウ 我が国周辺国・地域との外交、領土問題を含む諸懸案の解決に向けた取組の強化

（前略）北朝鮮による核・ミサイル開発に関しては、米国及び韓国と緊密に連携しつつ、地域の抑止力の強化、国連安保理決議に基づくものを含む対北朝鮮制裁の完全な履行及び外交的な取組を通じ、六者会合共同声明や国連安保理決議に基づく北朝鮮の完全な非核化に向けた具体的行動を北朝鮮に対して求めていく。また、日朝関係については、日朝平壌宣言に基づき、拉致・核・ミサイルといった諸懸案の包括的な解決に向けて取り組んでいく。とりわけ、拉致問題については、時間的な制約のある深刻な人道問題であり、この問題の解決なくして北朝鮮との国交正常化はあり得ないとの基本認識の下、一日も早い全ての拉致被害者の安全確保及び即時帰国、拉致に関する真相究明、拉致実行犯の引渡しに向けて全力を尽くす。

エ 軍備管理・軍縮・不拡散

我が国周辺における核兵器を含む軍備増強の傾向を止め、これを反転させ、核兵器による威嚇等の事態の生起を防ぐことで、我が国を取り巻く安全保障環境を改善し、国際社会の平和と安定を実現する。そのために、軍備管理・軍縮・不拡散の取組を一層強化する。具体的には、唯一の戦争被爆国として、「核兵器のない世界」の実現に向けた国際的な取組を主導する。北朝鮮、イラン等の地域の不拡散問題も踏まえ、核兵器不拡散条約（ＮＰＴ）を礎石とする国際的な核軍縮・不拡散体制を維持・強化し、現実の国際的な安全保障上の課題に適切に対処しつつ、実践的・現実的な取組を着実に進める。(略)

オ 国際テロ対策(略)

カ 気候変動対策

気候変動は、人類の存在そのものに関わる安全保障上の問題であり、気候変動がもたらす異常気象は、自然災害の多発・激甚化、災害対応の増加、エネルギー・食料問題の深刻化、国土面積の減少、北極海航路の利用の増加等、我が国の安全保障に様々な形で重大な影響を及ぼす。(略)

キ ＯＤＡ(編集部注：政府開発援助)を始めとする国際協力の戦略的な活用

ＦＯＩＰというビジョンの下、自由で開かれた国際秩序を維持・発展させ、国際社会の共存共栄を実現するためにＯＤＡを戦略的に活用していく。具体的には、質の高いインフラ、人材育成等による連結性、海洋安全保障、法の支配、経済安全保障等の強化のための支援を行う。そのことにより、開発途上国等との信頼・協力関係を強化する。また、ＦＯＩＰというビジョンに賛同する幅広い国際社会のパートナーとの協力を進める。

そして、人間の安全保障の考え方の下、貧困削減、保健、気候変動、環境、人道支援等の地球規模課題の解決のための国際的な取組を主導する。これらの取組を行うに当たり、我が国企業の海外展開の支援や、ＯＤＡとＯＤＡ以外の公的資金との連携等を強化する。さらに、国際機関・ＮＧＯを始めとする多様なステークホルダーとの連携を引き続き強化する。

同志国との安全保障上の協力を深化させるために、開発途上国の経済社会開発等を目的としたＯＤＡとは別に、同志国の安全保障上の能力・抑止力の向上を目的として、同志国に対して、装備品・物資の提供やインフラの整備等を行う、軍等が裨益者となる新たな協力の枠組みを設ける。これは、総合的な防衛体制の強化のための取組の一つである。

ク 人的交流等の促進(略)

（２）我が国の防衛体制の強化

ア 国家安全保障の最終的な担保である防衛力の抜本的強化

（前略）我が国への侵攻を抑止する上で鍵となるのは、スタンド・オフ防衛能力等を活用した反撃能力である。(略)この反撃能力については、1956年２月29日に政府見解として、憲法上、「誘導弾等による攻撃を防御するのに、他に手段がないと認められる限り、誘導弾等の基地をたたくことは、法理的には自衛の範囲に含まれ、可能である」としたものの、これまで政策判断として保有することとしてこなかった能力に当たるものである。

この政府見解は、2015年の平和安全法制に際して示された武力の行使の三要件の下で行われ

る自衛の措置にもそのまま当てはまるものであり、今般保有することとする能力は、この考え方の下で上記三要件を満たす場合に行使し得るものである。

この反撃能力は、憲法及び国際法の範囲内で、専守防衛の考え方を変更するものではなく、武力の行使の三要件を満たして初めて行使され、武力攻撃が発生していない段階で自ら先に攻撃する先制攻撃は許されないことはいうまでもない。(略)

我が国自身の判断として、2027年度において、防衛力の抜本的強化とそれを補完する取組をあわせ、そのための予算水準が現在の国内総生産(GDP)の2％に達するよう、所要の措置を講ずる。

イ 総合的な防衛体制の強化との連携等(略)

ウ いわば防衛力そのものとしての防衛生産・技術基盤の強化(略)

エ 防衛装備移転の推進

防衛装備品の海外への移転は(略)、我が国にとって望ましい安全保障環境の創出や、国際法に違反する侵略や武力の行使又は武力による威嚇を受けている国への支援等のための重要な政策的な手段となる。こうした観点から、安全保障上意義が高い防衛装備移転や国際共同開発を幅広い分野で円滑に行うため、防衛装備移転三原則や運用指針を始めとする制度の見直しについて検討する。(略)

オ 防衛力の中核である自衛隊員の能力を発揮するための基盤の強化(略)

(3)米国との安全保障面における協力の深化

我が国の防衛力を抜本的に強化しつつ、米国との安全保障面における協力を深化すること等により、核を含むあらゆる能力によって裏打ちされた米国による拡大抑止の提供を含む日米同盟の抑止力と対処力を一層強化する。(略)

(4)我が国を全方位でシームレスに守るための取組の強化(略)

(5)自主的な経済的繁栄を実現するための経済安全保障政策の促進(略)

(6)自由、公正、公平なルールに基づく国際経済秩序の維持・強化(略)

(7)国際社会が共存共栄するためのグローバルな取組(略)

Ⅶ 我が国の安全保障を支えるために強化すべき国内基盤(略)

Ⅷ 本戦略の期間・評価・修正(略) ／ **Ⅸ 結語**(略)

出典:内閣官房HP
https://www.cas.go.jp/jp/siryou/221216anzenhoshou/nss-j.pdf
アクセス日:2024年1月25日

8. 日本の国家防衛戦略

❖国家防衛戦略(抜粋)❖

2022年12月16日　国家安全保障会議決定
閣議決定

Ⅰ 策定の趣旨(略)

Ⅱ 戦略環境の変化と防衛上の課題(略)

Ⅲ 我が国の防衛の基本方針

(前略)

第一の目標は、力による一方的な現状変更を許容しない安全保障環境を創出することである。

第二の目標は、(略)力による一方的な現状変更やその試みについて、我が国として、同盟国・同志国等と協力・連携して抑止することである。また、これが生起した場合でも、我が国への侵攻につな

がらないように、あらゆる方法により、これに即応して行動し、早期に事態を収拾することである。

第三の目標は、万が一、抑止が破れ、我が国への侵攻が生起した場合には、その態様に応じてシームレスに即応し、我が国が主たる責任をもって対処し、同盟国等の支援を受けつつ、これを阻止・排除することである。

また、核兵器の脅威に対しては、核抑止力を中心とする米国の拡大抑止が不可欠であり、第一から第三までの防衛目標を達成するための我が国自身の努力と、米国の拡大抑止等が相まって、あらゆる事態から我が国を守り抜く。(略)

1 我が国自身の防衛体制の強化(略)

2 日米同盟による共同抑止・対処

(前略)米国との同盟関係は、我が国の安全保障政策の基軸であり、我が国の防衛力の抜本的強化は、米国の能力のより効果的な発揮にも繋がり、日米同盟の抑止力・対処力を一層強化するものとなる。日米は、こうした共同の意思と能力を顕示することにより、グレーゾーンから通常戦力による侵攻、さらに核兵器の使用に至るまでの事態の深刻化を防ぎ、力による一方的な現状変更やその試みを抑止する。(略)

(1)日米共同の抑止力・対処力の強化

(前略)日米共同による宇宙・サイバー・電磁波を含む領域横断作戦を円滑に実施するための協力及び相互運用性を高めるための取組を一層深化させる。あわせて、我が国の反撃能力については、情報収集を含め、日米共同でその能力をより効果的に発揮する協力態勢を構築する。(略)さらに、核抑止力を中心とした米国の拡大抑止が信頼でき、強靭なものであり続けることを確保するため、日米間の協議を閣僚レベルのものも含めて一層活発化・深化させる。(略)

さらに、日米一体となった抑止力・対処力の強化の一環として、日頃から、双方の施設等の共同使用の増加、訓練等を通じた日米の部隊の双方の施設等への展開等を進める。

(2)同盟調整機能の強化(略)

(3)共同対処基盤の強化(略)

(4)在日米軍の駐留を支えるための取組

(前略)普天間飛行場の移設を含む在沖縄米軍施設・区域の整理・統合・縮小、部隊や訓練の移転等を着実に実施することにより、負担軽減を図っていく。(略)

3 同志国等との連携

(前略)オーストラリアとの間では、(略)日米防衛協力に次ぐ緊密な協力関係を構築し、外務・防衛閣僚級協議(「2+2」)を含む各レベルでの協議、共同訓練、防衛装備・技術協力等を深化させる。(略)

インドとの間では、(略)二国間及び多国間の軍種間交流等を更に深化させるとともに、共同訓練、防衛装備・技術協力等を推進する。

英国、フランス、ドイツ、イタリア等との間では、グローバルな安全保障上の課題のみならず、欧州及びインド太平洋地域の課題に相互に関与を強化する。(略)共同で実施する北朝鮮に向けた瀬取り監視やソマリア沖・アデン湾における海賊対処を通じて連携を強化する。(略)

韓国との間では、北朝鮮による核・ミサイルの脅威に対し、日米同盟及び米韓同盟の抑止力・対処力の強化の重要性を踏まえ、日米韓三か国による共同訓練を始めとした取組により日米韓の連携を強化する。(略)

東南アジア諸国との間では、(略)東アジア首脳会議、ASEAN地域フォーラム、拡大ASEAN国防相会議、日ASEAN防衛担当大臣会合等を通じ、その動きを支援する。(略)

中国との間では、「建設的かつ安定的な関係」の構築に向けて、日中安保対話を含む多層的な対話や交流を推進していく。(略)

ロシアとの関係については、力による一方的な現状変更は認められないとの考えの下、ウクライナ侵略を最大限非難しつつ、G7を始めとした国際社会と緊密に連携し、適切に対応する。(略)

Ⅳ 防衛力の抜本的強化に当たって重視する能力

(前略)我が国の防衛上必要な7つの機能・能力の基本的な考え方とその内容は以下のとおり。

1 スタンド・オフ防衛能力

(前略)今後、おおむね10年後までに、航空機発射型スタンド・オフ・ミサイルを運用可能な能力を強化するとともに、変則的な軌道で飛翔することが可能な高速滑空弾、極超音速誘導弾、その他スタンド・オフ・ミサイルを運用する能力を獲得する。(略)

2 統合防空ミサイル防衛能力

(前略)今後、おおむね10年後までに、滑空段階での極超音速兵器への対処能力の研究や、小型無人機等に対処するための非物理的な手段による迎撃能力を一層導入することにより、統合防空ミサイル防衛能力を強化する。

3 無人アセット防衛能力(略)　／　4 領域横断作戦能力(略)　／　5 指揮統制・情報関連機能(略)

6 機動展開能力・国民保護(略)　／　7 持続性・強靱性(略)

Ⅴ 将来の自衛隊の在り方

1 7つの重視分野における自衛隊の役割(略)

2 自衛隊の体制整備の考え方

(前略)統合運用の実効性を強化するため、既存組織の見直しにより、陸海空自衛隊の一元的な指揮を行い得る常設の統合司令部を創設する。(略)また、宇宙作戦能力を強化し、宇宙利用の優位性を確保し得る体制を整備することにより、航空自衛隊を航空宇宙自衛隊とする。(略)

3 政策立案機能の強化(略)

Ⅵ 国民の生命・身体・財産の保護・国際的な安全保障協力への取組

1 国民の生命・身体・財産の保護に向けた取組(略)

2 国際的な安全保障協力への取組

(前略)核兵器・化学兵器・生物兵器といった大量破壊兵器等の軍備管理・軍縮及び不拡散についても、関係国や国際機関等と協力しつつ、取組を推進していく。(略)

Ⅶ いわば防衛力そのものとしての防衛生産・技術基盤

(前略)

1 防衛生産基盤の強化(略)

2 防衛技術基盤の強化(略)

3 防衛装備移転の推進

(前略)防衛装備移転三原則や運用指針を始めとする制度の見直しについて検討する。その際、三つの原則そのものは維持しつつ、防衛装備移転の必要性、要件、関連手続の透明性の確保等について十分に検討する。また、防衛装備移転を円滑に進めるため、基金を創設し、必要に応じた企業支援を行うこと等により、官民一体となって防衛装備移転を進める。

Ⅷ 防衛力の中核である自衛隊員の能力を発揮するための基盤の強化(略)　／　Ⅸ 留意事項(略)

出典:内閣官房HP
https://www.cas.go.jp/jp/siryou/221216anzenhoshou/boueisenryaki.pdf
アクセス日:2024年1月25日

略 語

ABM	対弾道ミサイル Anti-Ballistic Missile	
AEOI	イラン原子力庁 Atomic Energy Organization of Iran	
ATT	武器貿易条約 Arms Trade Treaty	
CASD	連続航行抑止力 Continuous at Sea Deterrent	
CCW	特定通常兵器使用禁止制限条約 Convention on Certain Conventional Weapons	
CD	（ジュネーブ）軍縮会議 Conference on Disarmament	
CMC	クラスター弾連合 Cluster Munition Coalition	
CTBT	包括的核実験禁止条約 Comprehensive Test Ban Treaty	
CTBTO	CTBT機構。現在は準備委員会をさす。 CTBT Organization	
CTC	（国連）反テロリズム委員会 Counter–Terrorism Committee	
CTED	国連テロ対策委員会執行事務局 United Nations Counter-Terrorism Committee Executive Directorate	
C3+3	北東アジア非核兵器地帯設立をめざす3+3国際市民連合 Coalition 3+3	
DDR	武装解除・動員解除・社会復帰 Disarmament, Demobilization, Reintegration	
DMZ	非武装地帯 Demilitarized Zone	
DPRK	朝鮮民主主義人民共和国 Democratic People's Republic of Korea	
FMCT	兵器用核分裂性物質生産禁止条約 Fissile Material Cut-off Treaty	
GGE	政府専門家会合 Group of Governmental Experts	
GX	グリーントランスフォーメーション Green Transformation	
IAEA	国際原子力機関 International Atomic Energy Agency	
ICBL	地雷禁止国際キャンペーン International Campaign to Ban Landmines	
ICBM	大陸間弾道ミサイル Intercontinental Ballistic Missile	
ICC	国際刑事裁判所 International Criminal Court	
ICJ	国際司法裁判所 International Court of Justice	
ICRC	赤十字国際委員会 International Committee of the Red Cross	
IHL	国際人道法 International Humanitarian Law	

IRBM	中距離弾道ミサイル Intermediate-range Ballistic Missile
JAXA	宇宙航空研究開発機構 Japan Aerospace Exploration Agency
JCPOA	共同包括的行動計画 Joint Comprehensive Plan of Action
LAWS	自律型致死兵器システム Lethal Autonomous Weapon Systems
LOW	警報即発射 Launch on Warning
MD	ミサイル防衛 Missle Defense
MDA	相互防衛協定 Mutual Defense Assistance
MIRV	多弾頭独立目標再突入体 Multiple Independently-Targetable Reentry Vehicle
MTCR	ミサイル技術管理レジーム Missile Technology Control Regime
NAC	新アジェンダ連合 New Agenda Coalition
NATO	北大西洋条約機構 North Atlantic Treaty Organization
NCG	核協議グループ Nuclear Consultative Group
NNSA	（米）国家核安全保障管理局 National Nuclear Security Administration
NPDI	不拡散・軍縮イニシアチブ Non-Proliferation and Disarmament Initiative
NPR	核態勢見直し Nuclear Posture Review
NPT	核不拡散条約 Treaty of the Non-Proliferation of Nuclear Weapons
NWC	包括的核兵器禁止条約 Nuclear Weapons Convention
OSA	政府安全保障能力強化支援 Official Security Assistance
PLO	パレスチナ解放機構 Palestine Liberation Organization
P3+3	北東アジア非核兵器地帯3+3設立をめざす国際議員連盟 Parliamentarians for 3+3
SACO	沖縄日米特別行動委員会 Special Action Committee on Okinawa
SALW	小型兵器・軽兵器 Small Arms and Light Weapons
SIPRI	ストックホルム国際平和研究所 Stockholm International Peace Research Institute
SKR	キラーロボット反対キャンペーン Stop Killer Robots
SLBM	潜水艦発射弾道ミサイル Submarine-Launched Ballistic Missile
SSBN	弾道ミサイル搭載原子力潜水艦 Ballistic Missile Submarine (Nuclear-Powered)
START	戦略兵器削減条約 Strategic Arms Reduction Treaty
TPNW	核兵器禁止条約 Treaty on the Prohibition of Nuclear Weapons
UAV	無人航空機 Unmanned Aerial Vehicle
UNRWA	国連パレスチナ難民救済事業機関 United Nations Relief and Works Agency for Palestine Refugees in the Near East

索引

ピース・アルマナック刊行委員会

〒222-0032 神奈川県横浜市港北区大豆戸町1020-5　第4西山ビル304号室
［電話］045-633-1796　［FAX］045-633-1797
［E-mail］office@peacedepot.org　［URL］http://www.peacedepot.org/

刊行委員(50音順)(章の責任者は、別の記載がない限り、章内のガイドの執筆者である)
梅林宏道(ピースデポ特別顧問)共同刊行委員長
榎本珠良(明治学院大学国際学部准教授)第6章責任者
河合公明(長崎大学核兵器廃絶研究センター教授)
木元茂夫(情報紙「自衛隊は何をしているのか」主宰)第7章責任者
高原孝生(明治学院大学名誉教授)
中村桂子(長崎大学核兵器廃絶研究センター准教授)第2章責任者
藤田明史(大学非常勤講師、平和学)
前川大(朝鮮半島非核化合意監視プロジェクト)第4章責任者
役重善洋(同志社大学人文科学研究所嘱託研究員)ハイライト、第5章責任者
湯浅一郎(ピースデポ前代表)第8章責任者
渡辺洋介(ピースデポ研究員)共同刊行委員長、第1章、第3章責任者

編集委員　役重善洋、湯浅一郎、渡辺洋介(編集長)

刊行委員以外の執筆者
清末愛砂(室蘭工業大学大学院教授)
福本道夫(第9次横田基地公害訴訟原告団長)
森山隆(「武器と市民社会」研究会共同代表)

編集協力者
田井中雅人、高木規行、山口大輔、山中悦子

翻訳協力者
桜井伸之

ピース・アルマナック2024
―核兵器と戦争のない地球へ

発行日　2024年6月30日　初版第1刷発行　　　　　　　　　　定　価　2,900円＋税
編著者　ピース・アルマナック刊行委員会©
監修者　梅林 宏道
発行者　高須 次郎
発行所　緑風出版
〒113-0033 東京都文京区本郷2-17-5 ツイン壱岐坂
［電話］03-3812-9420　［FAX］03-3812-7262　［郵便振替］00100-9-30776
［E-mail］info@ryokufu.com　［URL］http://www.ryokufu.com/

印刷・用紙・製本　中央精版印刷　　　　　　　　　　　　　　　　　E1500